그리스도를 통해 만물을 통일하시는 하나님의 위대한 경륜을 유장한 필체로 그려 내는 에베소서. 누가 에베소 서신에 담긴 우주적 교회를 향한 하나님의 의중을 한 치의 손상도 없이 캐내어 독자들에게 전해 줄까? 에베소 서신은 바울의 편지이기 전, 교회를 향한 하나님의 영원한 말씀이라 믿고 설교하는 이가 그 사람입니다. 저자는 철저하게 신(神) 중심적 설교를 추구합니다. 꼼꼼한 주해를 바탕으로 구구절절 속에 담긴 보화를 드러내는 저자의 장인 정신에 놀라움을 금치 못합니다. 무리한 해석은 보이지 않으며 본문의 자명한 의미 파악이 돋보입니다. 한 절도 지나침이 없고, 각 단락의 핵심적인 메시지를 드러냅니다. 전형적인 강해 설교의 표본으로서 한국판 마틴 로이드 존스 목사님을 보는 것 같습니다. 좋은 강해 설교자가 되기를 바라는 목회자와 신학생에게 적극 추천합니다.

류호준 백석대학교 신학대학원 구약학 교수

삼위일체 하나님을 사랑하고, 바울을 존중하고, 바울이 편지를 보낸 에베소 교회 공동체를 살피며, 자신이 섬기는 전주대학교 교회 공동체를 사랑하는 신학자이자 목사님인 저자가 에베소 서신으로 전달한 하나님의 말씀이 우리에게 선물로 주어졌다. 이에 대한 감사를 표현하는 길은 책을 읽으면서 이 말씀을 들은 회중처럼 반응하는 것이다. 그러면 성경의 모든 말씀을 잘 듣고 배워 순종하게 될 것이다. 그것이 말씀을 말씀으로 대우하는 방식이다.

첫째, 이 책에는 구체적인 설교 실제에서 성경을 하나님의 말씀으로 귀하게 여기는 태도가 나타나 있다. 그리하여 성경으로 성경을 해석한다는 종교개혁의 원칙에 충실한 해석을 보여 준다. 둘째, 성경 본문을 존중하고, 바울이 에베소 교회에 보낸 편지임을 명백히 하며 주해하고 강해한다. 에베소서 1장 1절을 그대로 삼키는 신학자가 줄어들고 있는데, 한국도 예외는 아니다. 그러한 가운데 성경신학에 근거한 조직신학 추구를 위해 성경신학도 잘 아는 신학자가 성경을 존중하여 에베소서를 바울의 글로 받아들이며, 하나님께서 바울을 통해 주시는 메시지를 찾아 성도들에게 전하는 이 책을 중시할 수밖에 없다.

저자의 의도는 "이 서신은 성령의 역사로 말미암아 우리 모두를 하나님의 사람으로 거룩하게 하고 그리스도 안에서 신실한 자로 빚어 낼 것입니다"라고 말하는 대목에서 아주 잘 드러난다. 이 강해 말씀을 읽으며 바울을 통해 주신 하나님의 뜻으로 나아가는 귀한 여정이 되기를 바란다.

이승구 합동신학대학원대학교 조직신학 교수

냉철하면서도 영혼을 사랑하는 순수함, 교회를 살리려 몸부림치는 열정이 고스란히 나타난 귀한 강해 설교집입니다. 학문을 겸비했으나 결코 차갑지 않은, 그래서 교회와 주님을 더 사랑하게 하며, 생동감 있는 신앙으로 사는 것이 얼마나 좋은 것인지를 알게 해주는 책입니다.

기독교는 실제입니다. 하나님의 부르심을 받은 성도들이 이 땅에서 살아 내는 것이 신앙입니다. 그렇기 때문에 삶이 없는 신앙은 있을 수 없습니다. 그리고 교회 없는 신앙은 생각할 수 없습니다. 교회는 모든 신앙의 산실입니다.

이 책은 정확한 해석과 주해, 그리고 설교로 엮었습니다. 교회의 소중함을 모르고 복음의 감격을 모르는 이 시대에 복음의 소중함과 교회의 소중함에 눈을 뜨게 해줄 것입니다. 그리고 이 책을 통해 하늘의 소망이 더욱더 굳게 세워질 것입니다. 어려운 내용도 쉽게 표현하는 저자의 글을 읽는 동안 독자들은 행복한 시간을 가질 것이라 확신합니다.

홍동필 전주새중앙교회 담임목사

나는 한병수 교수를 그의 책『개혁파 정통주의 신학 서론』을 통해 처음 만났다. 저자의 매력이 물씬 배어 나왔다. 계속하여 왕성한 저술로 한국 교회와 성도를 섬기며 교회의 신학자와 교사의 역할을 다하는 저자에게 감사하던 차에, 그가 섬기는 전주대학교 대학교회 강단에서 설교한 에베소서 강해가『교회란 무엇인가』로 출간되었다. 목회 현장에서 전파된 이 메시지는 보편교회를 향한 저자의 성경적 소망과 확신, 그리고 지역 교회를 향한 따뜻한 애정을 담고 있다. 2000년 전 사도 바울을 통해 에베소 교회에 말씀하신 하나님께서, 저자를 통해 21세기의 한국 교회에 새롭게 들려주시는 말씀을 들으라. 이 책을 읽는 독자들이 교회를 향한 하나님의 영광스러운 부르심을 확인하고, 성경적 교회의 이상을 신앙의 실재로 경험하는 은혜를 누리길 바란다.

김형익 벧샬롬교회 담임목사

심오하고 탁월한 사상을 가진 신학자들의 사상에 접근하는 가장 좋은 방법은, 그들이 설교한 글을 읽는 것입니다. 이는 최고 수준의 신학적·철학적 함의를 가진 사상을 전개하는 신학자라 하더라도, 장삼이사張三李四들이 모인 회중에게는 자신의 가장 깊은 사상을 가장 쉽고 명료한 언어로 풀어내려는 욕구를 가지기 때문입니다. 한병수 목사는 교부 및 개혁파 정통주의 신학 사상을 제대로 전공한, 그것도 이미 상당한 수준의 논문 및 저술들을 발표한 국내의 권위자입니다. 그리고 그의 전작인『신학의 통일성』에서 주장한 바와 같이 파편화된 신학을 통합적·통전적으로 전개하는 학자입니다.

그는 이 책에서, 머리말에서 내세운 8가지 해석학적 전제를 끝까지 견지하면서, 철저한 주해, 신학적 묵상, 실천적 적용에 대해 할 수 있는 최고의 통찰을 실존의 언어로 풀어내고 있습니다. 즉, 에베소서를 통해 1세기 당시의 에베소 교회를 향해 바울이 하고 싶었던 말의 의도를 정확히 짚어 내는 동시에, 에베소서를 살펴려면 피할 수 없는 신학 개념들(예를 들어 예정과 같은)을, 21세기를 살아가는 젊은 청년들이 이해하고 공감할 수 있는 정황 가운데서 선포하고 있는 것입니다. 그리고 무엇보다도 (에베소서의 주제가 그러하기에) 그의 설교는 주께서 죽음과 부활을 통해 값 주고 사신 교회를 향한 사랑으로 충만합니다. 신학적이고도 은혜로운 설교를 통해 성경적 교회를 실현하려는 모든 분들에게 이 책을 권합니다.

이정규 시광교회 담임목사

교회란 무엇인가

교회란 무엇인가

2018년 5월 28일 초판 1쇄 발행
2023년 7월 12일 초판 3쇄 발행

지은이 한병수
펴낸이 박종현

(주) 복 있는 사람
주소 서울특별시 마포구 연남동 246-21(성미산로23길 26-6)
전화 02-723-7183, 7734(영업·마케팅)
팩스 02-723-7184
이메일 hismessage@naver.com
등록 1998년 1월 19일 제1-2280호

ISBN 978-89-6360-251-6 03230

이 도서의 국립중앙도서관 출판예정도서목록(CIP)은
서지정보유통지원시스템 홈페이지(http://seoji.nl.go.kr)와 국가자료공동목록시스템
(http://www.nl.go.kr/kolisnet)에서 이용하실 수 있습니다. (CIP 제어번호: 2018014444)

교회란 무엇인가

EPHESIANS

에베소서 강해

한병수

복 있는 사람

서문

"기독교는 관념이 아니라 언제나 실재였다." 식사하던 중에 하신 홍정길 목사님의 말이었다. 듣는 순간 심쿵했다. 나의 신학과 신앙을 강타했다. 사실 구약의 신앙은 그 시대의 실재였고, 신약의 신앙도 그 시대의 실재였기 때문에 진정한 기독교가 되려면 구약과 신약의 신앙 모두가 우리 시대의 실재여야 한다. 오늘날 기독교는 초대교회 신앙과 종교개혁 신앙을 흠모한다. 그래서 기념한다. 그러나 초대교회 신앙은 그 시대의 실재였고, 종교개혁 신앙도 자기 시대의 실재였다. 초대교회 및 종교개혁 신앙이 제대로 기념되기 위해서는 그 신앙이 기념되는 것이 아니라 우리 시대에도 실재여야 한다. 그 실재의 실체는 무엇일까? 그 실체는 사랑이다.

하나님은 사랑이고 하나님의 뜻도 사랑이고 그 뜻의 성취도 사랑이다. 사랑은 관념이고 상태이고 행위이다. 사랑하면 하나님을 알고 하나님의 뜻에 머물고 하나님의 뜻을 성취하게 된다. 사랑의 대상은 하나님과 이웃이다. 기독교의 실재는 하나님과 이웃 사랑이다. 성경은 기독교의 자궁이다. 기독교의 실재인 하나님 사랑과 이웃 사랑은 그 자궁에서 잉태된다. 그 자궁인 성경이 가리키는 실체는 그리스도 예수이시다. 그래서 완전한 하나님과 완전한 인간이신 예수님은 하나님 사랑과 이웃 사랑의 실체이고 근원이다.

그러한 그리스도 예수의 몸 혹은 충만인 교회는 하나님 사랑과 이웃 사랑의 요람이고 열매이고 교실이고 현장이다. 이 사실을 나는 에베소 서신에서 발견했다. 교회는 신비롭다. 교회의 연령은 오순절을 지나 태초를 지나 영원으로 소급된다. 교회의 근원은 전도의 미련한 방식을 지나 증인을 지나 구원을 지나 예수를 지나 창조와 타락을 지나 예정을 지나 하나님의 뜻으로 소급된다. 교회의 울타리는 예루살렘 지역을 지나 온 유대를 지나 사마리아 땅을 지나 땅끝까지 확대된다. 교회의 구성원은 과거를 포함하고 현재를 포함하고 미래를 포함하고 땅만이 아니라 하늘까지 포함한다.

이러한 하나님의 교회를 가장 아름답게 노래한 에베소서 전체를 9개월간 설교했다. 설교자로 경험한 에베소서, "세상에서 가장 아름다운 글"*이라는 찬사에 전적으로 동의한다. 설교를 준비할 때마다 심장이 격하게 박동했다. 횟수가 더할수록 교회에 대한 이해와 교회를 향한 사랑이 더욱 깊어졌다. 미숙한 것이지만 설교를 진행하며 세운 성경 해석학의 몇 가지 전제들을 소개한다.

1. 모든 성경이 그렇듯이 에베소 서신도 하나님의 말씀이다. 하

---

* H. N. Coleridge (ed.), *Specimens of the Table Talk of the late Samuel Taylor Coleridge* (London, 1835), 88.

나님의 감동으로 되었다는 성경 자체의 증언을 무시하고 성경을 인간의 가공물 혹은 역사의 배설물로 보는 해석학을 나는 거부했다. 이는 비록 사람의 언어와 사람의 붓으로 쓰였고 역사의 한 시간대를 배경으로 삼은 인간의 글이지만 특정한 시대에 국한되지 않고 모든 시대의 모든 사람들을 위해 쓰인 영원한 하나님의 진리이기 때문이다. 그 시대의 시간대와 그 시대의 인물들과 문화들과 언어들과 사건들을 쓰시되 그것에 제한되지 않으시는 하나님을 주목하지 않으면 성경의 인간화는 필히 발생한다.

2. 에베소 서신은 분명히 바울의 글이지만 근원적인 저자는 하나님 자신이다. 그러므로 인간 바울의 의중을 파악하는 것보다는 일종의 도구인 바울을 근원적인 저자로서 감동하신 하나님의 뜻을 찾으려는 태도를 견지했다. 이를 위해서는 글의 주어로서 바울의 의도를 존중하되 근원적인 주어이신 하나님을 더욱 주목해야 했다. 동일한 글도 주어가 달라지면 의미의 차원이 완전히 달라진다. 하나님의 생각은 사람의 생각과 다르되 하늘이 땅보다 높음 같다고 이사야는 평가한다.

3. 성경의 해석자는 성경 자체이다. 그래서 난해한 구절은 명료한 구절의 도움으로 해석한다. 추정은 후순위다. 이러한 해석학의 황금률은 사도들과 경건한 교부들과 종교개혁 주역들이 모두 고수했던 해석학의 원리였다. 성경 텍스트의 의미와 그 의미의 범위는 사람의 천재성 혹은 합의가 아니라 성경 자체가 규정한다. 성경의 예언은 성경의 다른 예언이 제어해야 가

장 안전하다. 나는 비록 자신의 부족함 속에서도 이러한 성경 자체의 규정과 제어를 존중하려 했다.

4. 신약은 구약의 해석이다. 에베소 서신도 구약의 한 해석이다. 구약과 무관한 에베소서 이해는 금물이다. 바울은 구약에 정통했고 구약을 둘러싼 당시의 왜곡된 해석을 발칵 뒤집었다. 이는 유대인의 집단적인 반론을 각오해야 하는 일이었다. 그러한 반론에 미세한 빈틈도 주지 않으려고 구약에 대한 한 치의 오석도 용납되지 않는 분위기 속에서 작성해야 했다. 구약에 대한 바울의 이러한 태도를 고려하여 설교할 때마다 구약과 신약의 유기적인 대화를 시도했다.

5. 하나님의 말씀은 해석의 전인격적 균형을 요청한다. 텍스트를 음소의 단위까지 쪼개고 분석하는 일도 간과할 수 없지만 다시 통합하여 의미의 유기적인 재구성이 뒤따라야 한다. 그래서 여러 분석적인 주석들을 참조하고 한 걸음 더 나아가 사랑과 정의, 진노와 긍휼, 이론과 실천, 앎과 삶, 영혼과 육체, 빛과 어둠, 선과 악, 시간과 영원, 하늘과 땅, 개인과 공동체, 세상과 교회 사이의 해석학적 조화를 시도했다. 이는 성경이 우리의 전인격, 즉 영성과 지성과 감성과 의지와 덕성과 사회성과 신체성 중에서 어떠한 것도 배제하지 않기 때문이다.

6. 성경은 성령의 조명을 따라 믿음으로 해석해야 한다. 역사적, 문법적, 고고학적, 문맥적, 어원적 의미를 찾으려는 인문학적 연구도 필요하다. 그것은 해석의 기초적인 작업이며 주석서의 중요한 역할이다. 그러나 인문학적 작업을 해석의 전부로 여

기면 성령의 조명과 믿음의 눈으로 보이지 않는 것까지 읽어 내는 작업은 배제된다. 성령은 계시의 절정이신 예수님의 말씀을 생각나게 하고 가르치는 진리의 영이시다. 그래서 신앙적인 해석과 인문학적 해석을 다 취하고자 했다.

7. 에베소 서신의 청중은 교회 공동체다. 그래서 에베소 서신의 장르에 맞게 이 책은 학자들을 의식한 논문도 아니고, 세상 학문과 대립각을 세운 변증서도 아니고, 개인의 견해를 담은 에세이도 아니고, 객관적인 사실을 규명하는 보고서도 아니다. 성도들 개개인을 하나님 앞에 온전하게 세우고 하나님과 이웃을 섬기는 일에 온전할 수 있도록 선포하고 가르치고 치유하고 격려하고 위로하고 권면하기 위해 저술된 강해서다. 오석誤釋을 의식하며 이에 어울리는 문체와 어법을 선택했다.

8. 성경은 특정한 민족이나 지역의 교회에만 주어지지 않고 하나님의 모든 백성을 위하여 주어진 말씀이다. 그래서 성경을 해석할 때에 보편교회 의식의 끈을 놓치지 않아야 하고 메시지를 전달할 때에 하나님의 백성 전체를 의식하며 선포해야 한다. 그래서 비록 여전히 부족함이 많지만 지금 지구촌에 있는 모든 하나님의 백성을 의식하고, 내가 살아가는 지금의 시대만이 아니라 오는 세대들을 메시지의 청중으로 의식하며 서신을 해석하고 선포하려 했다.

이 강해서에 수록된 설교들은 모두 전주대학교 대학교회 주일예배 문맥에서 전달된 것들이다. 사랑하고 존경하는 대학교회 성도들을 위한 설교이기 때문에 그들의 신앙과 삶의 상태가 설교의 촉매였고 전제였고 준비였다. 행복하고 즐겁고 기쁘고 편안하고 진실하게 설교를 준비하고 선포할 수 있었던 것도 성도들 덕분이다. 그래서 이 에베소서 강해는 성도들과 나의 합작으로 결실한 작품이다. 아낌없는 사랑과 기도로 지지해 주신 성도들께 진심으로 감사를 드린다. 부족한 목회자의 사역을 과분한 사랑과 격려와 응원으로 추천사를 써주신 홍동필 목사님과 류호준 교수님과 이승구 교수님과 김형익 목사님과 이정규 목사님께 감사를 드린다. 그리고 설교에 전념할 수 있도록 항상 배려해 준 아내 강은경과 세 아이들, 은진이와 긍휼이와 혜리에게 고마움을 전한다. 주님께는 영광을, 교회에는 덕을, 세상에는 빛과 소금의 역할을 감당하는 작은 도구로 쓰이길 소원한다.

전주대학교 대학교회에서
한병수

차례

1부.

교회를 영원부터 세우시는 하나님

1.
은혜와 평강

---

¹ 하나님의 뜻으로 말미암아 그리스도 예수의 사도 된 바울은 에베소에 있는 성도들과 그리스도 예수 안에 있는 신실한 자들에게 편지하노니 ² 하나님 우리 아버지와 주 예수 그리스도로부터 은혜와 평강이 너희에게 있을지어다. | 엡 1:1-2

교회란 무엇인가? 이 질문에 대한 최고의 답변을 우리는 에베소서 안에서 발견할 수 있습니다. 에베소 교회에 보낸 바울의 편지를 펼치면서 저는 교회의 기원과 본질과 속성과 구성과 기능과 조직과 목적을 찾아 떠나는 여정의 첫걸음을 내딛고 싶습니다. 이 서신은 하나님과 교회의 아름다운 사랑을 노래하고 있습니다. 사랑은 신과 피조물을 연결하는 신비로운 관계의 띠입니다. 하늘과 땅의 모든 만물이 그리스도 안에 포괄되는 이 거대한 사랑의 하모니는 오직 하나님의 뜻에서 시작된 것이고 삼위일체 하나님의 의논을 따라 영원 속에서 작곡된 노래이며 5개의 악장, 즉 예정과 창조와 타락과 구속과 완성으로 구성되어 있습니다. 이 사랑의 하모니는 지금도 연주되고 있습니다.

에베소서 전체는 6장으로 구성되어 있고 1-3장은 주로 그리스도 안에서 이루어진 하나님의 사랑을 다루고, 4-6장은 하나님의 사랑을 입은 사람들이 살아가는 그리스도 안에서의 이웃 사랑을 다루고 있습니다. 박윤선 목사님은 에베소서 주제를 장별로 제시하되, 1장의 주제는 "그리스도 안에서의 영적인 소유"이고, 2장의 주제는 "그리스도 안에서의 영적인 위치"이고, 3장의 주제는 "그리스도 안에서의 영적인 공동체"이고, 4장의 주제는 "그리스도 안에서의 영적인 교제"이고, 5장의 주제는 "그리스도 안에서의 영적인 생활"이고, 6장의 주제는 "그리스도 안에서의 영적인 승리"라고 말합니다. 이로 본다면 에베소서 주제는 마치 "그리스도 안에서"인 것 같습니다. 실제로 이 서신에는 처음부터 끝까지 그리스도 안에 나타난 하나님의 속성과 영광과 은혜와 역사가 기록되어 있습니다. 저는 하나님과 교회에 초점을 두면서 1장의 주제는 교회를 영원부터 세우시는 하나님, 2장의 주제는 교회를 하나 되게 하시는 하나님, 3장의 주제는 교회를 교회답게 하시는 하나님, 4장의 주제는 예수를 닮아 가는 교회, 5장의 주제는 이웃을 사랑하는 교회, 6장의 주제는 세상과 전투하는 교회로 해석하고 있습니다.

에베소는 어떤 곳인가

바울이 편지를 보내는 에베소는 어떤 곳일까요? 저의 눈에는 부패한 세상의 대명사와 같은 곳입니다. 에베소는 아시아 지방의 로마제국 수도급 도시로서 지금의 터키 서부해안 항구도시 중의 하나이며 해상과 육상의 주요 무역로가 교차되는 아시아 지방의 교통과 상업의 중심지라 할 수 있습니다. 그리고 밀레도와 서머나의 중간 지점에 위치하여 로마와 동양을 이어 주는 교통의 요지였고, 당시에 인구 50만 명이나 살았던 거대 도시 에베소는 또한 로마제국 종교의 중심지 역할까지 했습니다. 특별히 황제를 숭배하기 위해 바쳐진 신전이 무려 세 개나 될 정도로 제국 내에서도 대표적인 황제숭배 도시로 이방적인 명성이 자자했던 곳입니다.

게다가 풍요를 상징하는 고대근동 여신인 아데미 숭배의 본거지로 100개 이상의 거대한 기둥과 18미터 높이의 지붕과 115미터의 길이와 45미터의 너비를 자랑하던 아데미 신전도 있습니다. 이 신전으로 인해 에베소는 수많은 아데미 신도들의 방문이 줄을 이었으며 숙박업과 기념품 사업도 성행한 곳입니다. 아데미 여신상을 만드는 상인들의 조합까지 형성되어 도시 안에서 막강한 영향력을 행사하고 심지어 귀신을 쫓는 마술과 부적 판매업도 상당히 번창한 곳입니다. 누가의 기록을 보십시오. "또 마술을 행하던 많은 사람이 그 책을 모아 가지고 와서 모든 사람 앞에서 불사르니 그 책값을 계산한즉은 오만이나 되더라."^{행 19:19} 이 구절에서 우리는 그곳에 마술을 행하던 사람들이 많았고 마술 관련 출판계의 규모도 대단히 컸음을 확인할 수 있습니다.

정치와 경제와 교통과 무역과 종교에 있어서 로마제국 안에서 너무도 중요했던 도시 에베소에 바울은 2차 전도여행 기간에 먼저 브리스길라와 아굴라 부부에게 복음을 전파하고 교회를 세웁니다. 이 에베소 교회는 바울이 3차 전도여행 기간에 하나님의 말씀을 3년 동안 주야로 가르치며 눈물로 세운 곳입니다. "그러므로 여러분이 일깨어 내가 삼 년이나 밤낮 쉬지 않고 눈물로 각 사람을 훈계하던 것을 기억하라."^{행 20:31} 이후에 에베소 교회를 섬겼던 교역자들 중에는 아굴라, 브리스길라, 아볼로, 디모데, 두기고 등이 있습니다.^{행 18:18-24; 20:4; 21:29, 딤전 1:3, 딤후 4:12} 그리고 에베소는 바울이 죽은 이후에 요한이 마리아와 함께 말년을 보낸 곳입니다.

에베소 교회는 어떤 곳일까요? 요한계시록 2장에 나타난 에베소 교회의 모습을 정리하면 다음과 같습니다. (1)실천과 수고와 인내가 다른 지역의 교회와는 구별된 헌신적인 교회였다. (2)악한 자들을 용납하지 않는 도덕적인 기준이 높았던 교회였다. (3)자칭 사도라고 주장하는 거짓 사도들을 검증하고 검증되지 않은 자들은 퇴출했던 신학적인 교회였다. (4)주님의 이름을 위하여 오래 견디고 게으르지 않은, 진실하고 성실한 교회였다. (5)육체의 악행을 조장한 니골라 분파에 동화되지 않은 경건한 교회였다. (6)그러나 하나님을 향한 첫사랑을 버려서 책망을 받은 교회였다. 계시록에 기록된 내용이기 때문에 다소 시차가 있겠지만 바울이 편지를 쓸 당시의 에베소 교회의 상황으로 이해해도 큰 무리는 없을 것입니다.

발신자의 신분

에베소 서신은 이러한 교회에 보낸 편지였을 것입니다. 편지의 서두에서 먼저 바울은 발신자와 수신자의 신분을 밝히며 인사말을 건넵니다. 1절을 보십시오. "하나님의 뜻으로 말미암아 그리스도 예수의 사도 된 바울은 에베소에 있는 성도들과 그리스도 예수 안에 있는 신실한 자들에게 편지하노니." 여기에서 바울은 발신자인 자신을 "그리스도 예수의 사도"라고 밝힙니다. 일반적인 의미에서 사도는 "왕이나 권세자의 권한을 위임받아 특정한 공무를 수행하기 위해 파견을 받은 사람"을 가리키는 말입니다. "그리스도 예수의 사도"는 예수님의 권한을 위임받아 하나님의 나라 직무를 수행하기 위해 파견을 받은 자입니다. 사도의 직무는 복음 전파, 증인 역할, 교회 설립, 말씀 교육, 교회 감독, 권징 시행, 성경 기록 등으로 요약될 수 있을 것입니다. 바울은 자신의 신분과 직분과 정체성을 정확하게 알았으며 그에 걸맞은 삶을 추구하고 구현한 분입니다. 자신의 기호와 계획과 판단을 따라 자신을 위하여 살아가지 않고 자신을 보내신 주님을 위하여 살아간 분입니다. 그래서 공적인 서신에 자신을 그리스도 예수의 사도라고 당당하게 표현한 것입니다.

사도만이 아니라 모든 하나님의 사람들은 하나님의 부르심을 받았고 하나님께 소속된 자입니다. "내가 너를 구속하였고 내가 너를 지명하여 불렀나니 너는 내 것이라." [사 43:1] 이러한 부르심을 따라 우리는 모두 하나님의 동등한 자녀이며 그의 동등한 백성이며 천국의 동등한 시민이 되었으며 우리 각자는 하나님 나라의 직무를 수행하는 다양한 직분을 받았으며 그 직분들 사이에는 신분의 높낮이나 지위의 아래위나 존엄의 우열이 없습니다.

사도 바울은 주님의 어떠한 부르심을 받은 자인가요? "이 사람은 내 이름을 이방인과 임금들과 이스라엘 자손들에게 전하기 위하여 택한 나의 그릇이라." [행 9:15] 바울은 이방인과 임금들과 이스라엘 자손 모두에게 복음을 전파하기 위해 택함을 받은 자입니다. 그래서 바울 자신은 유대인과 이방인, 헬라인과 야만인 모두에게 빚진 자라고 밝힙니다.^{롬 1:14} 이것을 보면 바울의 소명이 대단히 웅장해 보입니다. 그래서 우리들 중에 부러움을 느끼는 사람들이 많을 것입니다. 그러나 바울이 자신의 소명을 감당하기 위해 감수해야 할 고난에 대한 주님의 말씀을 들어 보십시오. "그가 내 이름을 위하여 얼마나 고난을 받아야 할 것을 내가 그에게 보이리라."^{행 9:16} 부러움을 느끼는 사람은 바울의 화려한 소명만 보고 그의 고단한 삶은 보려고 하지 않습니다.

바울은 자신의 부르심에 합당한 고난을 누구보다 치열하게 관통한 분입니다. 주님께서 예언하신 고난의 길을 충실히 걸어간 바울 자신의 증언을 들어 보십시오. "내가 수고를 넘치도록 하고 옥에 갇히기도 더 많이 하고 매도 수없이 맞고 여러 번 죽을 뻔하였으니 유대인들에게 사십에서 하나 감한 매를 다섯 번 맞았으며 세 번 태장으로 맞고 한 번 돌로 맞고 세 번 파선하고 일주야를 깊은 바다에서 지냈으며 여러 번 여행하면서 강의 위험과 강도의 위험과 동족의 위험과 이방인의 위험과 시내의 위험과 광야의 위험과 바다의 위험과 거짓 형제 중의 위험을 당하고 또 수고하며 애쓰고 여러 번 자지 못하고 주리며 목마르고 여러 번 굶고 춥고 헐벗었노라."^{고후 11:23-27}

바울이 가진 소명의 영광은 그냥 주어진 것이 아닙니다. 고난의 과정을 거치지 않은 영광은 없습니다. 그래서 바울은 말합니다. "자녀이면 또한 상속자 곧 하나님의 상속자요 그리스도와 함께한 상속자니 우리가 그와 함께 영광을 받기 위하여 고난도 함께 받아야 할 것이니라."^{롬 8:17} 주님께서 받으신 영광을 바울처럼 받기를 원한다면 주님과 함께 십자가의 고난도 함께 받아야 한다고 말합니다. 여전히 바울의 부르심이 부러운 분이 계십니까? 부러워할 필요가 없습니다.

동등한 하나님의 자녀와 백성으로 부르심을 받은 우리는 각자가 고유한 소명을 가지고 있습니다. 비교나 시기나 질투 없이 각자의 그 부르심에 합당하게 행하며 살아가면 되는 것입니다.

주님의 부르심을 받은 바울의 말입니다. "주께서 각 사람에게 나눠 주신 대로 하나님이 각 사람을 부르신 그대로 행하라."^{고전 7:17} 바울은 자신에게 주신 소명을 분명히 알았으며 다른 곳에 관심과 의식을 소비하지 않고 오직 그 소명의 완수를 위해 자신에게 주어진 부르심의 상을 위하여 목숨까지 아끼지 않고 충성되게 살아간 분입니다. "푯대를 향하여 그리스도 예수 안에서 하나님이 위에서 부르신 부름의 상을 위하여 달려가노라."^{빌 3:14} 사랑하는 성도 여러분, 사도의 고유한 부르심을 받은 바울처럼 우리 각자에게 주어진 이 땅에서의 고유한 사명을 충실히 수행하되 부름의 상을 위하여 그 사명의 푯대를 향하여 전력으로 질주하는 삶을 사시길 바랍니다.

바울은 자신이 사도로 부르심을 받은 것은 개인의 자발적인 선택의 결과가 아니라 "하나님의 뜻으로 말미암아" 이루어진 일이라고 말합니다. 이는 신분의 신적인 근거를 확보하기 위해 꾸며 낸 권위 조작용 멘트가 아닙니다. 바울이 주님과 조우한 순간을 보십시오. 때는 바울이 예수의 일당을 척결하기 위해 그 본거지를 치려고 공적인 발걸음을 옮기던 중입니다. 다메섹 도상에서 홀연히 임한 빛으로 말미암아 땅에 엎드러질 때, 그는 주님의 음성을 듣습니다. "사울아, 사울아, 네가 어찌하여 나를 박해하느냐."^{행 9:4} 바울은 그곳에서 극적으로 예수를 만나 회심한 이후에 사도직을 받습니다. 이는 바울 자신의 주도적인 뜻이 아니라 하나님의 주권적인 뜻에 의한 것입니다. 물론 사도직이 자신의 뜻으로 말미암지 않았다고 해서 바울이 싫어했던 것은 아닙니다.

비록 자신은 교회 비방자요 박해자요 폭행자이며, 그래서 "죄인 중에 내가 괴수"라고 고백할 수밖에 없었지만, 그럼에도 불구하고 사도의 직분을 자신에게 맡기신 것에 대해 무한한 은혜로 여기며 감사한 마음으로 사도의 직무에 충성을 다했던 분입니다. 사랑하는 성도 여러분, 우리도 바울과 다르지 않습니다. 우리들 중에 자신을 죄인 중에서도 괴수라고 여기지 않아도 될 괜찮은 자가 아무도 없습니다. 죄인들의 괴수 됨 때문에 우리는 주님께서 우리를 어떤 직분으로 부르시고 무슨 일을 우리에게 맡기셔도 바울처럼 하나님의 무한한 은혜로 여기며 감사한 마음으로 충성할 수밖에 없습니다. 우리 각자가 받은 소명은 하나님의 뜻으로 말미암은 것입니다. 하나님의 뜻으로 말미암은 소명은 인간의 힘과 능력이 아니라 여호와의 신, 즉 성령의 능력으로 말미암아 이루어질 수 있습니다.

수신자의 상태

편지의 내용은 수신자의 영적인 정체성과 상태와 무관하지 않습니다. 바울이 보낸 편지의 수신자는 "에베소에 있는 성도들과 그리스도 예수 안에 있는 신실한 자들"로 구성되어 있습니다. 에베소에 있는 모든 성도들이 "그리스도 예수 안에 있는 신실한 자들"일 것이지만, 여기에서 "성도들"과 구별하여 언급된 "신실한 자들"은 교회의 제도적인 직분자일 가능성이 높습니다. 어쨌든 이 서신은 하나님의 거룩한 사람들과 신실한 사람들, 교회의 지체들과 직분자들 모두에게 주어진 하나님의 말씀이기 때문에 누구든지 거룩하고 신실한 하나님의 사람이 되고자 하는 모든 사람들이 귀를 기울여야 하는 글입니다. 이 서신은 성령의 역사로 말미암아 우리 모두를 하나님의 사람으로 거룩하게 하고 그리스도 안에서 신실한 자로 빚어 낼 것입니다.

은혜와 평강

바울은 2절에서 수신자를 향해 인사말을 건넵니다. "하나님 우리 아버지와 주 예수 그리스도로부터 은혜와 평강이 너희에게 있을지어다." 은혜와 평강은 참으로 아름답고 조화로운 말입니다. 은혜와 평강으로 구성된 바울의 인사말은 기독교 진리의 등뼈 혹은 가장 간략한 구조와도 같습니다. 교회에는 언제나 은혜와 평강이 있습니다. 이것을 교회 공동체의 처음과 나중으로 보아도 무방할 것입니다. 자세히 보십시오. 인사말 안에서는 "은혜"가 먼저 등장하고 "평강"이 나중에 나옵니다. 바울은 위로부터 주어지는 하나님의 은혜와 평강을 교회 공동체의 원인과 결과라고 말하는 듯합니다. 은혜는 평강의 원인이고 평강은 은혜의 결과라는 관계성도 눈에 걸립니다.

은혜는 인간 편에서의 어떤 조건이나 공로와는 무관하게 위로부터 주어지는 하나님의 선물을 일컫는 말입니다. 인생에서 하나님의 은혜가 아닌 것이 없습니다. 먼저 신분을 보십시오. 우리가 하나님의 자녀가 되는 권세를 얻은 것은 하나님의 전적인 사랑에서 비롯되는 일입니다. 이 사랑의 크기는 측량할 수가 없습니다. 그래서 요한은 말합니다. "아버지께서 어떠한 사랑을 우리에게 베푸사 하나님의 자녀라 일컬음을 받게 하셨는가."^{요일 3:1} 사람들은 하나님의 무한한 사랑이 너무도 커서 그 사랑을 마치 없는 것처럼 여깁니다. 그러나 인간이 측량할 도구나 능력이 없다는 이유로 하나님의 무한한 사랑이 없어지는 것도 아니고 있던 것이 소멸되는 것도 아닙니다.

됨됨이와 직분을 보십시오. 우리가 지금의 우리가 된 것은 우리의 노력이 아니라 하나님의 은혜로 말미암아 이루어진 일입니다. "내가 나 된 것은 하나님의 은혜로 된 것이니 내게 주신 그의 은혜가 헛되지 아니하여 내가 모든 사도보다 더 많이 수고하였으나 내가 한 것이 아니요 오직 나와 함께하신 하나님의 은혜로라."_{고전 15:10} 하나님의 은혜와 무관하게 저절로 이루어진 일들은 하나도 없습니다. 바울은 이러한 은혜의 인사말을 통하여 우리의 모든 신분과 됨됨이와 직분이 하나님의 은혜로 말미암은 결과임을 가르치고 있습니다. 성도의 삶이 감사일 수밖에 없는 이유가 여기에 있습니다. 존재하고 살고 활동하는 모든 것들은 다 하나님의 은혜 안에 있습니다.

그리고 바울은 에베소 교회에 평강을 기원하고 있습니다. 평강은 어떤 대상과의 관계성 속에서의 평화 혹은 화목의 내면적인 상태를 일컫는 말입니다. 코넬리우스 플랜팅가 Jr. 교수는 평강을 "만사의 당위적 존재 양식"the way things ought to be 으로 정의하고 있습니다.[*] 우주의 조화와 질서로서 하나님과 나의 화목, 나와 나의 화목, 나와 너의 화목, 나와 자연의 화목이 평강의 개념에 포함되어 있습니다. 이 평강을 깨뜨린 것이 바로 죄이며 그 죄는 필히 불안과 갈등을 만듭니다.

---

[*]   코넬리우스 플랜팅가 Jr., 『우리의 죄, 하나님의 샬롬』, 오현미 옮김(서울: 복 있는 사람, 2017), p. 36.

1부. 교회를 영원부터 세우시는 하나님

죄의 해결책은 평강의 왕이신 그리스도 예수라고 성경은 말합니다. 하나님과 우리의 화목은 예수의 죽음으로 말미암은 것입니다. "우리를 자기와 화목하게 하시고 또 우리에게 화목하게 하는 직분을 주셨으니."^{고후 5:18} 화목을 가능하게 하신 그리스도 예수 안에 머물러 있지 않으면 그 화목은 유지될 수 없습니다.

하나님의 사람들이 이 땅에서 살아가는 삶의 영역은 바로 그리스도 안입니다. 하나님과 우리의 화목은 다른 모든 존재와의 화목을 가능하게 만드는 화목의 샘입니다. 나아가 하나님과 화목한 자에게는 반드시 수행해야 하는 사명도 있습니다. 화목의 사신^{使臣}이 되는 것입니다. "우리를 자기와 화목하게 하시고 또 우리에게 화목하게 하는 직분을 주셨으니."^{고후 5:18} 주님과의 화목은 사방으로 번져서 땅끝까지 이르는 속성을 가지고 있습니다. 사랑하는 사람만이 아니라 땅끝에 해당되는 원수까지 화목의 대상으로 삼게 된다는 것입니다. 이러한 화목의 직분은 선택이 아닙니다. "모든 사람과 더불어 화목하라."^{롬 12:18} 사람과의 화목만이 아닙니다. 자연도 화목의 대상으로 분류되고 있습니다. "들에 있는 돌이 너와 언약을 맺겠고 들짐승이 너와 화목하게 살 것이니라."^{욥 5:23}

평강은 우리에게 무상으로 주어진 것이지만 값없이 공짜로 만들어진 것은 아닙니다. 평강을 위하여 지불된 대가가 적지 않습니다. 먼저 우리가 살아가고 있는 세상을 보십시오. 사람과 사람, 지역과 지역, 민족과 민족, 나라와 나라의 불화로 인하여 지금 세상은 막대한 지용을 지불하고 있습니다. 2015년도 기준으로 전 세계 국가들의 군비 지출 총액은 1조 7천억 달러(한화로는 1천9백 50조 원)에 달합니다.

이러한 천문학적 액수의 비용을 지불해도 화목과 평화가 보장되는 것은 아닙니다. 이것은 하나님의 섭리로서 평강의 출처가 인간에게 있지 않고 하나님께 있음을 교훈하고 있습니다. 그래서 바울은 "하나님 우리 아버지와 주 예수 그리스도로부터" 평강이 있기를 기원한 것입니다. 여기에서 바울은 아버지 하나님과 그리스도 예수가 모든 화목과 평강의 출처라고 말합니다.

사랑하는 성도 여러분, 아버지 하나님과 그리스도 예수께 천상의 평강과 화목을 우리 모두에게 주시라고 바울처럼 구하시길 바랍니다. 싸우고 대립하고 갈등하고 분열하고 분리하고 찢어지는 사람이 아니라 어디를 가든지 누구를 만나든지 어떠한 상황 속에서도 화목과 평강을 구하고 실질적인 열매를 맺으시길 바랍니다. "화평하게 하는 자는 복이 있나니 그들이 하나님의 아들이라 일컬음을 받을 것임이요."^{마 5:9} 성경은 우리가 하나님의 자녀라는 호칭이 아니라 평화라는 자녀 됨의 면모를 갖추어야 한다고 말합니다. 모든 사람들과 모든 피조물과 더불어 화평을 맺음으로 하나님의 자녀다운 자녀가 되시기를 바랍니다.

주님께서 우리를 하나님의 자녀로 부르신 이유가 바로 평강에 있습니다. "너희는 평강을 위하여 한 몸으로 부르심을 받았나니."^{골 3:15} 평강은 혼자서 단독으로 얻어지는 것이 아닙니다. 공동체 안에 평강이 있습니다. 그러나 서로 분열되어 있으면 평강이 아니라 공포가 지배할 것입니다. 평강은 우리가 오직 하나의 몸을 이루어야 비로소 확보되는 것입니다. 그리고 주님께서 평강의 출처라는 사실도 잊지 마십시오. 평강은 인간의 창작물이 아닙니다. 주님은 평강의 샘입니다.

1부. 교회를 영원부터 세우시는 하나님

그러므로 화평의 직책을 수행하기 위해서는 하나님께 기도해야 하는 것입니다. 주님께 구하시고 주님의 평강이 우리를 다스리게 하십시오. "모든 지각에 뛰어난 하나님의 평강이 그리스도 예수 안에서 너희 마음과 생각을 지키시리라."^{빌 4:7}

2.
영원한 예정_ 찬양의 이유

³ 찬송하리로다. 하나님 곧 우리 주 예수 그리스도의 아버지께서 그리스도 안에서 하늘에 속한 모든 신령한 복을 우리에게 주시되 ⁴ 곧 창세전에 그리스도 안에서 우리를 택하사 우리로 사랑 안에서 그 앞에 거룩하고 흠이 없게 하시려고 ⁵ 그 기쁘신 뜻대로 우리를 예정하사 예수 그리스도로 말미암아 자기의 아들들이 되게 하셨으니 ⁶ 이는 그가 사랑하시는 자 안에서 우리에게 거저 주시는 바 그의 은혜의 영광을 찬송하게 하려는 것이라. | 엡 1:3-6

바울은 지금 투옥된 상황에서 죄수의 몸으로 사랑과 위로의 붓길을 움직이고 있습니다. 에베소 교회는 바울이 개척했고 성도들은 3년이나 밤낮으로 그 개척자의 가르침을 받은 바 있습니다. 그러하기 때문에 에베소 교회의 성도에게 바울의 영향력과 중요성은 지대했을 것입니다. 그런데 지금은 에베소 교회에 정신적 지주였던 바울이 죄인의 신분으로 감옥에 갇혀 언제 유명을 달리할지 모르는 상황에 처해 있습니다. 영적 정체성을 확립해 준 바울이 죄인이 되었기에 에베소 교회의 정체성도 위태롭게 흔들리는 상황에서 하나님의 자녀와 백성의 신분조차 무효로 돌아갈지 모른다는 위기감이 온 교회에 엄습했을 터입니다. 그런 상황에서 바울은 에베소 교회의 성도들을 향해 은혜와 평강을 구한 이후에 하나님께 찬양을 드립니다. 1장 3-14절에 한 문장으로 묘사된 찬양의 이유는 하나님의 영원한 예정과 그리스도 예수의 구속과 구원으로 이끄시는 성령의 인도로 구성되어 있습니다. 여기서는 찬양의 이유 중에서 하나님의 영원한 예정만을 다루고 싶습니다.

찬양의 이유

인사말이 끝난 직후에 하나님께 드리는 바울의 찬양이 3절에 기록되어 있습니다. "찬송하리로다. 하나님 곧 우리 주 예수 그리스도의 아버지께서 그리스도 안에서 하늘에 속한 모든 신령한 복을 우리에게 주시되." 무엇보다 찬양은 창조자인 하나님과 피조물인 우리의 관계성에 기초한 것입니다. 창조된 모든 존재들이 창조자께 찬양을 드리는 것은 마땅한 일이라고 시인은 말합니다. "할렐루야, 우리 하나님을 찬양하는 일이 선함이여. 찬송하는 일이 아름답고 마땅하도다."[시 147:1] "그것들이 여호와의 이름을 찬양함은 그가 명령하시므로 지음을 받았음이로다."[시 148:5] 이 세상에서 하나님을 찬송하지 않아도 될 피조물은 하나도 없습니다. 하나님 찬양에 침묵할 수 있는 피조물도 전혀 없습니다. 하늘이 하나님의 영광을 찬양하고 궁창이 주께서 손으로 행하신 일들을 선포하고 있습니다. 하늘과 궁창이 하나님을 찬양하고 있다는 사실은 하나님을 찬양하는 것에서 배제된 피조물이 하나도 없음을 강조하고 있습니다. 모든 피조물은 각자의 고유한 음색을 가지고 이 찬양의 우주적인 하모니에 참여하고 있습니다. 이것은 예고편일 뿐입니다. 장차 새 하늘과 새 땅에서는 보다 웅장하고 화려하고 아름다운 찬양의 하모니와 심포니가 모든 피조물에 의해 울려 퍼질 것입니다.

바울은 창조에 근거한 찬양만이 아니라 창세전부터 이루어진 일들에 대해서도 찬양을 드리되, 하나님이 그리스도 안에서 하늘에 속한 모든 신령한 복을 우리에게 주셨기 때문에 찬양을 드린다고 말합니다. 하나님은 우리에게 벌이 아니라 복 주시기를 원하는 분입니다. 그리스도 안에서 하늘에 속한 신령한 복을 하나도 빠뜨리지 않고 모두 주시는 분입니다. 그리스도 예수를 우리에게 보내신 것은 그 복의 전부를 주겠다는 의사와 주셨다는 사실을 표현한 것입니다. 그래서 모든 신령한 복의 원천이신 그리스도 예수께서 세상 끝 날까지 항상 함께 있는 자라면 그 누구도 이 복에서 배제되지 않을 것입니다. 모든 복의 전부를 모든 하나님의 사람에게 주셨기 때문에 차별이 없습니다.

이 복은 "하늘에 속한" 복이라고 말합니다. 하나님이 우리에게 그리스도 안에서 주시려는 복은 땅의 복이 아니라 하늘의 복입니다. 이 땅에서 주어진 것이 아닙니다. 땅의 어떠한 것이 복의 내용물인 것도 아닙니다. 땅에서는 생산할 수도 기대할 수도 제공할 수도 없는 오직 위로부터 주어지는 복입니다. 땅의 유한하고 변하고 일시적인 복이 아니라 하늘의 무한하고 불변하고 영원한 복입니다. 그리고 이 복은 "신령한" 복입니다. 육신과 관련된 복이 아니라 영혼과 관계된 복입니다. 그래서 사람이 아니라 성령만이 주실 수 있는 복입니다. 베드로는 하늘에 속한 신령한 복에 대해 바울과 약간 다르게 말합니다.

"그의 신기한 능력으로 생명과 경건에 속한 모든 것을 우리에게 주셨으니."^{벧후 1:3} 우리가 받은 복은 영혼의 생명과 경건에 속한 복입니다. 육신은 흙으로 돌아가기 때문에 육신과 관계된 복은 우리의 몸이 먼지가 되면 소멸되고 말 것입니다. 하지만 영혼은 죽어서도 영원하기 때문에 영혼의 복은 죽은 이후에도 소멸되지 않을 것입니다.

하나님은 우리에게 하늘에 속한 신령한 복을 주시되 일부가 아니라 전부를 주신다고 바울은 말합니다. 우리 각자가 신령한 복의 일부분을 가졌다면 서로 비교하며 열등감과 우월감을 가질지도 모릅니다. 그러나 하나님이 주신 신령한 복은 그 전부를 우리 모두에게 부족함이 없도록 주셨기에 비교와 시기와 질투가 있을 수 없습니다. 있다면 오해와 무지에서 비롯된 것입니다. 주님께서 복의 전부를 주신다는 사실에 대한 오해와 무지를 보여 주는 좋은 사례는 탕자 이야기에 등장하는 탕자의 형입니다. 돌아온 탕자를 향한 아버지의 반응부터 보십시오. "제일 좋은 옷을 내어다가 입히고 손에 가락지를 끼우고 발에 신을 신기라."^{눅 15:22} 이것을 들은 탕자의 형은 탕자를 환대하는 아버지가 편애하는 것 같아서 시기하고 원망하고 불평까지 했습니다. 그러나 아버지는 장남의 어리석은 비교와 부당한 질시와 미련한 원망을 듣고 이렇게 말합니다. "너는 항상 나와 함께 있으니 내 것이 다 네 것이로되."^{눅 15:31} 탕자의 아버지는 탕자에게 고작해야 잔치를, 탕자의 형에게는 아버지의 전부를 주었다고 말합니다. 하나님 아버지도 우리 각자에게 전부를 주시는 분입니다.

그리고 바울은 하늘의 신령한 모든 복들이 그리스도 안에서 주어지는 것이라고 말합니다. 이는 그리스도 밖에서는 하늘의 복이 인간에게 주어지는 다른 방법이 없다는 말입니다. 하늘의 복은 사람들의 노력과 의지와 소원과 조건을 구비하면 주어지는 조건적인 복과는 다릅니다. 하늘의 복은 땅의 방법이 아니라 하늘의 방법에 의해서만, 즉 그리스도 안에서만 주어지는 것입니다. 복의 일부가 아니라 전부를 주는 유일한 방법은 "그리스도 안에서" 주는 것입니다. 하늘의 모든 신령한 복은 생명을 내어 주신 그리스도 자신이며 그에게서 산출되는 것입니다. 예수님을 우리에게 주신 것은 하늘에 속한 모든 신령한 복을 전부 주신 것입니다. 알라딘의 램프나 도깨비 방망이를 가지면 특정한 복을 얻은 것이 아니라 모든 복을 얻는 방식이기 때문에 복의 전부를 얻은 것입니다. 이와 유사하게 하나님의 아들이요 그 형상의 본체이신 그리스도 예수를 우리에게 보내 주셨다는 것은 어떠한 것도 아끼지 않으시고 하나님의 복 전체를 우리에게 주셨다는 뜻입니다. "자기 아들을 아끼지 아니하시고 우리 모든 사람을 위하여 내주신 이가 어찌 그 아들과 함께 모든 것을 우리에게 주시지 아니하겠느냐."롬 8:32 모든 것을 주셨다는 의미에서 제자들을 향해 이렇게 말합니다. "내 이름으로 무엇이든지 내게 구하면 내가 행하리라."요 14:14

신령한 복의 구체적인 내용

바울은 4절에서 하늘에 속한 모든 신령한 복의 구체적인 내용을 설명하고 있습니다. "곧 창세전에 그리스도 안에서 우리를 택하사 우리로 사랑 안에서 그 앞에 거룩하고 흠이 없게 하시려고." 하늘에 속한 복은 바로 우리가 창세전에 그리스도 안에서 하나님의 택하심을 받았다는 것입니다. 바울은 현재 땅에서 이루어진 일들 때문이 아니라 창조 이전에 이루어진 일 때문에 찬양한 것입니다. 여기에서 찬양의 이유와 내용은 시공간을 넘어 영원한 선택의 차원까지 확대되고 있습니다. 특별히 하나님의 택하심이 이루어진 시점은 "창세전"이라고 말합니다. 이는 하나님의 택하심에 원인으로 작용한 시공간 안에서의 피조물이 없다는 말입니다. 하나님은 이 세상의 어떠한 조건이나 원인이나 자격이나 변수에 영향을 받지 않으시는 분입니다. 나아가 세상의 그 무엇에 의존하지 않은 선택이기 때문에 그 선택을 취소하고 변경할 변수도 이 세상에는 없습니다.

선택의 대상은 "우리"라고 말합니다. 이는 선택의 대상이 인류의 모든 사람들이 아니라 "우리"라고 분류되는 인류의 일부라는 것입니다. 아마도 세상의 모든 사람들이 다 선택을 받으면 좋겠다는 것이 일반 사람들의 보편적인 생각일 것입니다. 그러나 성경은 그 구체적인 이유와 원인에 대해 침묵하고 있지만 선택의 대상은 세상 사람들의 일부라고 분명히 말합니다. 이 땅에 육신으로 오신 예수님을 설명할 때에도 마태는 세상의 모든 사람들이 아니라 "자기 백성을 그들의 죄에서 구원할 자"^{마 1:21} 라고 말합니다. 인류의 일부를 선택하신 하나님의 이유나 의도가 궁금할 것입니다. 그러나 이 세상의 시공간을 살아가는 우리는 성경이 그어 놓은 침묵의 경계선을 함부로 넘어가지 않는 것이 좋습니다. 하나님이 감추신 것을 억지로 들추고 닫으신 것을 억지로 여는 것은 우리에게 유익한 것도 아닙니다. 적정선을 이탈하지 마십시오. 성경은 우리에게 필요한 것은 하나도 빠뜨리지 않았고 ^{sola scriptura} 우리에게 필요하지 않은 어떠한 것도 담고 있지 않습니다. ^{tota scriptura} 우리에게 성경은 그 자체가 최적의 유익이며 앎의 적정선인 것입니다.

선택의 목적에 대해서 바울은 우리를 "거룩하고 흠이 없게" 하는 것이라고 말합니다. 우리를 선택하신 하나님의 뜻은 땅에서의 부와 장수와 명성과 건강과 출세와 권력에 있지 않습니다. 우리의 거룩함에 있습니다. 그런데 주의해야 할 것은 우리의 거룩함과 흠 없음이 선택을 가능하게 한 원인이 아니라 선택의 결과라는 것입니다. 선택도 하나님의 은혜이고 거룩하고 흠 없게 되는 것도 하나님의 은혜로 말미암은 것입니다. 거룩함과 흠 없음의 정도는 도덕적인 깨끗함, 언어의 깔끔함, 용모의 단정함에 있지 않습니다. 선택의 목적은 사람들의 눈에 보이려는 것이 아니라 하나님의 눈앞에서의 거룩함과 흠 없음을 이루기 위한 것입니다. 거룩함은 하나님께 구별된 상태를 의미하고 흠 없음은 주님의 형상을 온전히 이루는 것과 관계된 것입니다. 거룩하고 흠 없는 사람은 바로 하나님께 구별된 사람이요 하나님의 자녀다운 사람이요 그래서 부족함이 없는 사람을 뜻합니다.

우리를 거룩하고 흠 없게 하시는 하나님의 방식에 대해 바울은 우리가 "사랑 안에서" 거룩하고 흠이 없는 온전한 사람이 되는 것이라고 말합니다. 이는 조건도 없고 자격도 없는 우리에게 베푸시는 하나님의 무조건적 사랑 안에서만 거룩함과 흠 없음을 기대할 수 있다는 것입니다. 하나님의 사랑 안에 거하는 것은 하나님의 계명을 듣고 순종해야 가능한 일입니다. "너희도 내 계명을 지키면 내 사랑 안에 거하리라."요 15:10 사랑해 보십시오. 사랑하면 변화되고 사랑하면 성장하고 사랑하면 온전함에 이릅니다. 거룩함과 흠 없음을 이루려면 가정과 교회와 직장과 일터와 학교의 현장에서 사랑하며 사십시오. 사랑을 받고 사랑을 하는 관계성이 없는 모든 공동체는 우리를 퇴보하게 만듭니다. 우리에게 허락된 모든 관계들은 신적인 작정의 관점에서 보면 우리의 거룩함과 흠 없음을 위한 하나님의 배려이며 섭리적인 장치라고 보아도 무방할 것입니다.

하나님의 뜻에 기초한 예정

이제 5절을 보십시오. "그 기쁘신 뜻대로 우리를 예정하사 예수 그리스도로 말미암아 자기의 아들들이 되게 하셨으니." 하나님의 영원한 택하심은 이 세상의 그 무엇도 아닌 하나님의 "기쁘신 뜻"에만 의존하는 것입니다. 이는 우리의 믿음이나 선행이나 신분이나 직위나 가정의 배경 중 어떠한 것도 선택의 원인이 아니라는 것입니다. "원하는 자로 말미암음도 아니요 달음박질하는 자로 말미암음도 아니요 오직 긍휼히 여기시는 하나님으로 말미암음이니라." 롬 9:16 우리가 원한다고 선택되는 것이 아니며 우리가 수고의 성실한 땀을 흘린다고 선택되는 것이 아닙니다. 선택의 전적인 근거는 오직 하나님께 있습니다. 하나님은 어떠한 것에도 영향을 받지 않고 "하고자 하시는 자를 긍휼히 여기시고 하고자 하시는 자를 완악하게" 롬 9:18 하시는 절대적인 분입니다.

이에 대하여 사람들은 하나님을 부당한 분이라고 생각하기 쉽습니다. 그러나 이런 생각은 하나님에 대한 무지에서 비롯된 것입니다. 하나님은 가장 지혜롭고 가장 공의롭고 가장 자비롭고 가장 정직하고 가장 신중하고 가장 정확하고 가장 탁월하고 가장 선하고 가장 진실하신 분입니다. 하나님을 비교할 존재가 이 세상에는 없고 하나님을 설명할 비유도 이 세상에는 없습니다. 이토록 위대하신 분이 무엇을 하든지 마음대로 하신다는 것은 가장 공의롭고 가장 선하고 가장 진실하고 가장 정확하고 가장 아름다운 일입니다. 하나님의 존재가 완전하기 때문에 완전한 존재가 그대로 반영된 행위도 완전한 것입니다. 만약 다른 요소가 그분의 판단과 행위에 개입하게 된다면 그분보다 못한 것이 추가되는 것이기 때문에 개선이 아니라 오히려 개악이 초래될 것입니다. 하나님의 뜻 이외에 그분의 결정과 판단에 관여하는 땅의 조건들이 없으면 없을수록 더욱 공의로울 것입니다.

그리고 택함을 받은 우리를 가리키는 명시적인 신분은 종이나 친구나 동료나 백성이 아닌 "하나님의 자녀"라고 바울은 말합니다. 하나님의 선택은 우리를 당신의 자녀로 삼으시기 위한 것입니다. "자녀"라는 신분은 부모의 모든 권위와 존엄성과 가치와 기업을 유산으로 물려받는 자입니다. 그래서 바울은 말합니다. "자녀이면 또한 상속자 곧 하나님의 상속자요 그리스도와 함께한 상속자니." ^{롬 8:17} 그리고 우리가 하나님의 자녀가 된 것은 '그리스도 예수로 말미암은 것'이라고 말합니다. 어떤 뜻일까요? 독생자인 그리스도 예수의 죽음으로 말미암아 우리가 하나님의 자녀가 되었다는 뜻입니다. 그러므로 하나님의 자녀라는 신분의 고결함은 예수님의 생명을 대가로 지불할 정도로 지대한 것입니다. 찬송이 일평생 마르지 않을 이유가 여기에 있습니다.

선택의 목적

왜 하나님은 이토록 놀라운 선택의 은혜를 베푸신 것일까요? 6절을 보십시오. "이는 그가 사랑하시는 자 안에서 우리에게 거저 주시는 바 그의 은혜의 영광을 찬송하게 하려는 것이라." 하나님은 당신이 베푸신 은혜의 영광을 찬송하게 하시려고 우리를 만세 전부터 택하신 것입니다. 인간이 태어나서 살아가는 이유는 자기를 위함이 아닙니다. 우리의 삶은 은혜로운 하나님의 영광을 찬양하기 위한 삶입니다. 이것은 바울의 독창적인 사고가 아닙니다. 이사야 선지자의 기록을 보십시오. "이 백성은 내가 나를 위하여 지었나니 나를 찬송하게 하려 함이니라."^{사 43:21} 인간은 자신이나 타인을 위하여, 가정이나 회사를 위하여, 민족과 국가를 위하여 창조된 존재가 아닙니다. 하나님을 위하여 지어졌고 하나님을 찬송하는 목적을 가지고 있습니다. 이러한 이해는 잠언의 지혜자도 공유하고 있습니다. "여호와께서 온갖 것을 그 쓰임에 적당하게 지으셨나니 악인도 악한 날에 적당하게 하셨느니라."^{잠 16:4} 모든 피조물을 그 쓰임에 적당하게 지으시되 악인도 악한 날에 적당하게 하셨다면 피조물 중에 하나님의 영광에 기여하지 않은 존재는 하나도 없을 것 같습니다. 그래서 존 칼빈은 시편을 주석하며 "온 세상은 하나님의 선함과 지혜와 정의와 능력의 전시를 위한 극장"이라 했습니다. 그중에서도 인간의 창조와 하나님의 자녀로서의 재창조는 최고의 신적인 영광이 펼쳐지는 그 극장의 한복판일 것입니다. 이는 영광의 가장 찬란한 빛이 재창조에 있다는 것입니다.

우리는 하나님의 영광을 위하여 만세 전부터 하나님에 의해 창조와 구원으로 정하여진 자입니다. 영원 속에서 계획된 이 놀라운 은혜는 시공간에 속한 피조물이 감하거나 소멸할 수 없습니다. 창세 전부터 작정된 우리의 선택과 구원은 그리스도 예수의 생명이 그 대가로 지불된 것이어서 이보다 더 큰 하나님의 은혜와 사랑은 없습니다. 왜 이토록 큰 은혜와 사랑을 우리에게 주신 것일까요? 하나님의 의도와 목적이 있습니다. 그것은 우리가 하나님께 영광의 찬송이 되는 것입니다. 그래서 바울은 영원한 선택 때문에 주의 이름을 찬송한 것입니다. 찬송 때문에 하나님은 하늘에 속한 모든 신령한 복을 만세 전부터 정하시고 주신 것이라고 바울은 말합니다. 그래서 선택은 찬송의 이유이며 선택의 목적은 찬송인 것입니다. 하나님께 영광의 찬송이 된다는 것은 창조와 재창조의 목적이며 동시에 우리에게 최고의 복입니다. 그러므로 찬양의 입술이 다물어질 수 없습니다.

3.
영광의 찬송

⁷ 우리는 그리스도 안에서 그의 은혜의 풍성함을 따라 그의 피로 말미암아 속량 곧 죄 사함을 받았느니라. ⁸ 이는 그가 모든 지혜와 총명을 우리에게 넘치게 하사 ⁹ 그 뜻의 비밀을 우리에게 알리신 것이요 그의 기뻐하심을 따라 그리스도 안에서 때가 찬 경륜을 위하여 예정하신 것이니 ¹⁰ 하늘에 있는 것이나 땅에 있는 것이 다 그리스도 안에서 통일되게 하려 하심이라. ¹¹ 모든 일을 그의 뜻의 결정대로 일하시는 이의 계획을 따라 우리가 예정을 입어 그 안에서 기업이 되었으니 ¹² 이는 우리가 그리스도 안에서 전부터 바라던 그의 영광의 찬송이 되게 하려 하심이라. ¹³ 그 안에서 너희도 진리의 말씀 곧 너희의 구원의 복음을 듣고 그 안에서 또한 믿어 약속의 성령으로 인 치심을 받았으니 ¹⁴ 이는 우리 기업의 보증이 되사 그 얻으신 것을 속량하시고 그의 영광을 찬송하게 하려 하심이라. | 엡 1:7-14

하나님의 예정 이야기가 이어지고 있는 이 본문에는 찬양의 두 번째와 세 번째의 이유, 즉 그리스도 예수의 구속과 구원으로 이끄시는 성령의 역사가 언급되어 있습니다. 여러분은 어떠한 이유로 하나님

께 찬양과 경배를 돌립니까? 성도가 하나님께 영광을 돌리는 최고의 이유로서 구원의 예정과 성취와 적용을 대체하는 것은 없을 것입니다. 먼저 7절을 보십시오. "우리는 그리스도 안에서 그의 은혜의 풍성함을 따라 그의 피로 말미암아 속량 곧 죄 사함을 받았느니라." 여기에서 바울이 말하는 은혜의 풍성함은 어떤 것일까요? 이것을 생각하기 위해 우리는 다시 우리에게 주어진 구원을 상기할 필요가 있습니다. 우리는 하나님의 예정을 따라 그리스도 예수의 피로 말미암아 속죄함, 즉 죄의 용서를 받은 자입니다. 이것이 얼마나 놀라운 일일까요? 사실 우리는 첫째 아담 안에서 영원하고 무한하고 불변적인 하나님께 죄를 저질렀기 때문에 그 죄에 어울리는 영원하고 무한하고 불변적인 죄책을 가지고 있었으며 영원하고 무한하고 불변적인 형벌이 합당했던 자입니다.

죄와 은혜의 크기

인류 최초의 죄는 다른 일반적인 피조물이 저지른 죄가 아니라 하나님의 형상대로 지음을 받은 최고의 피조물인 인간이 저지른 죄입니다. 지극히 높은 분에게 피조물을 대표하는 만물의 영장이 저지른 죄의 무게와 크기와 심각성은 아마도 땅에서는 측량하지 못할 것입니다. 이로 보건대 하나님께 저질러진 죄의 문제는 대한민국 형법 제41조에 따라 재산을 몰수하고 벌금을 부과하고 자격을 정지 혹은 박탈하고 감옥에 가두고 사형에 처한다고 해결되는 문제가 아닙니다. 죄는 하나님과 관계된 것이어서 이 땅에서는 죄의 어떠한 해결책도 없습니다. 인간이 죽게 된 것은 하나님 앞에서 죄를 해결하는 것이 아니라 죄의 결과일 뿐입니다. 노아의 시대에 지면에서 모든 인간을 쓸어 간 홍수도 죄의 해결책이 아니라 창궐한 죄악의 적법한 결과였을 뿐입니다. 이는 그토록 끔찍한 홍수가 끝난 이후에도 인간이 어릴 때부터 악하다는 평가에 의해 입증되고 있습니다.^{창 8:21}

　　죄의 문제는 오직 그리스도 안에서 주어지는 은혜의 풍성함에 의해서만 해결되는 것이라고 바울은 말합니다. 이 땅에서 어떠한 대가로도 해결하지 못하였던, 심지어 온 인류가 물속에 장사 되는 형벌로도 해결되지 않았던 죄를 속량하신 주님의 은혜는 도대체 얼마나 큰 것일까요? 그 누구도 어떠한 도구로도 그 풍성함의 분량을 측량하지 못할 것입니다. 그래서 바울은 도무지 측량할 수 없어서 그 은혜의 풍성함을 노래할 수밖에 없었던 것입니다. 하나님을 향한 노래는 그저 감격하고 탄성을 지르며 인정하는 것 이외에 다른 어떠한 반응도 찾지 못할 때에 터져 나오는 것입니다.

지혜와 총명의 은혜

바울은 계속해서 이러한 비밀이 우리에게 알려진 내력을 8절에서 설명하고 있습니다. "이는 그가 모든 지혜와 총명을 우리에게 넘치게 하사." 창세 이전에 작정되고 이 땅에서 실현된 이 놀라운 비밀은 인간의 이성과 지각으로 파악되는 것이 아닙니다. 우리의 눈과 귀와 생각으로 알아낼 수 없는 하나님의 비밀한 일들을 깨닫는 것은 주님께서 우리에게 모든 지혜와 총명을 넘치게 하셨기 때문에 가능한 일이라고 바울은 말합니다. 주께서 우리에게 넘치도록 채우신 지혜와 총명은 어떤 것일까요? 어떠한 때에 지혜가 지혜가 되고 총명이 총명이 되는 것일까요?

예레미야 선지자의 기록을 보십시오. "명철하여 나를 아는 것과 나 여호와는 사랑과 정의와 공의를 땅에 행하는 자인 줄 깨닫는 것이라."렘 9:24 진정한 지혜와 총명은 하나님을 아는 지식에 이를 때에 진가를 발휘하는 법입니다. 그리스도 예수의 십자가는 하나님의 공의와 사랑이 동시에 행하여진 현장이기 때문에 최고의 지혜와 총명의 실체와 원천은 바로 예수님의 십자가를 아는 지식에 있습니다. 바울이 하나님의 풍성한 은혜를 찬송하고 "예수 그리스도와 그가 십자가에 못 박히신 것 외에는 아무것도 알지 아니하기로 작정"고전 2:2 한 이유도 바로 여기에 있습니다.

지금 바울은 감옥에서 에베소 성도의 정체성이 십자가의 희생으로 말미암아 주어진 주님의 풍성한 은혜에 근거한 것이라고 말합니다. 이는 존재와 정체성의 근거가 타인도 아니고 나 자신도 아닌 십자가의 사랑을 베푸신 그리스도 안에 있다는 것입니다. 그래서 바울은 자신이 이 세상에서 죄인으로 규정되고 감옥에 투옥되고 그곳에서 급사를 하더라도 흔들리지 말라고 말합니다. 이는 에베소 교회가 하나님과 맺은 부모와 자녀의 관계성 및 남편과 아내의 관계성은 바울의 어떠함에 의해서 변경되는 것이 아니라는 것입니다. 이러한 사실은 영적인 정체성의 위기에 봉착한 에베소 성도들의 진정한 위로였고, 지금도 흔들리는 우리의 존재와 정체성을 위로하고 있습니다. 우리에게 아무리 큰 은혜와 막대한 영향력을 끼친 목회자나 스승이나 배우자나 부모라고 할지라도 우리의 정체성을 맡겨도 될 신뢰의 궁극적인 대상으로 삼지 마십시오. 특정한 인간이나 존재나 사건이 주님보다 중요하게 여겨지면, 이 세상에는 변동되지 않는 것이 없기 때문에 우리의 신앙은 반드시 흔들릴 것입니다. 주님보다 중요하게 여겨지는 것이 있으면 교회에도 파벌과 분열과 분쟁과 분리가 발생하기 쉽습니다. 모든 성도가 오직 주님만 의지할 때에 교회에는 연합과 하나 됨이 있습니다.

계시의 은혜와 우리의 책임

하나님의 지혜와 명철을 따라 우리에게 알리신 것의 다소 구체적인 내용을 바울은 9절에서 말합니다. "그 뜻의 비밀을 우리에게 알리신 것이요 그의 기뻐하심을 따라 그리스도 안에서 때가 찬 경륜을 위하여 예정하신 것이니." 사람의 뜻도 자신의 영 외에는 아무도 알 수 없습니다. 하물며 하나님의 뜻은 더더욱 하나님 이외에는 누가 알 수 있을까요? 하나님의 뜻은 스스로 계시하지 않으시면 아무도 알 수 없습니다. 알리신 내용은 하나님의 기뻐하신 뜻을 따라 그리스도 안에서 때가 차서 이루어질 섭리를 위하여 예정하신 것입니다. 고린도 교회의 성도들을 향해서도 바울은 동일한 내용을 말합니다. "오직 은밀한 가운데 있는 하나님의 지혜를 말하는 것으로서 곧 감추어졌던 것인데 하나님이 우리의 영광을 위하여 만세 전에 미리 정하신 것이라." 고전 2:7 이것은 이 세상이 만세 전부터 예정하신 하나님의 뜻도 몰랐고 뜻을 예정하신 것도 몰랐다는 것입니다. 그러나 감추어진 그것을 때가 이르러 주님께서 알리셔서 알려진 것입니다.

　　　예수로 말미암아 우리의 죄를 사하시고 거룩하고 흠 없는 자녀로 삼으신 것은 만세 전부터 있었던 하나님의 뜻이었고 이미 그때부터 예정된 것이라는 말입니다. 우리의 구원은 시간의 역사 속에서 갑자기 발생된 일이 아니라 영원부터 예정된 일입니다. 하나님의 뜻은 영원부터 세워진 것이어서 시공간 속에 있는 어떤 사건이나 사물이나 사태나 상황도 변경하지 못할 것입니다. 하나님의 뜻은 하나님 스스로 철회하지 않으시는 이상 폐하여질 수 없습니다. 이는 어떠한 일이 발생해도 하나님의 뜻을 파괴하고 변경하고 소멸하는 일은 없을 것이기에 어떠한 근심이나 걱정이나 절망도 이 세상에는 없다는 말입니다. 사랑하는 성도 여러분, 이 세상에서 아무리 끔찍하고 심각한 일이 발생해도 그것에 놀라거나 두려움과 염려와 근심에 사로잡힐 필요가 없음을 믿으시기 바랍니다.

그리스도 예수 안에 감추어져 있는 지혜와 지식의 모든 보화를 소유한 자에게는 세상에 대하여 행하여야 할 사명이 있습니다. 즉, 그 비밀을 선포하고 공유하는 것입니다. 교회는 그리스도 예수의 몸입니다. 우리는 그의 몸이기 때문에 머리이신 주님께서 하나님의 감추어진 비밀을 드러내신 것처럼 하나님의 그 비밀한 뜻이 땅끝까지 이르도록 전하여야 할 책임이 우리에게 있습니다.

하나님의 궁극적인 뜻

전파해야 할 하나님의 궁극적인 뜻은 10절에 잘 언급되어 있습니다. "하늘에 있는 것이나 땅에 있는 것이 다 그리스도 안에서 통일되게 하려 하심이라." 그리스도 예수의 성육신과 죽으심과 부활과 승천의 목적은 그 그리스도 안에서 하늘과 땅의 모든 것들이 통일되는 것에 있다는 것입니다. "통일"은 만물의 통합과 조화와 균형과 질서와 공존과 회복과 완성을 가리키는 말입니다. 그런데 모든 만물과 역사가 가지고 있는 의미의 개별적인 조각들은 스스로 존재하지 않고 그리스도 안에서만 조화하고 통합되고 온전하게 될 수 있습니다. 그리스도 밖에서는 만물의 조화나 균형이나 질서나 공존이나 회복이나 완성을 기대할 수 없습니다.

그래서 바울은 말합니다. "만물이 그에게서 창조되되 하늘과 땅에서 보이는 것들과 보이지 않는 것들과 혹은 왕권들이나 주권들이나 통치자들이나 권세들이나 만물이 다 그로 말미암고 그를 위하여 창조되었고 또한 그가 만물보다 먼저 계시고 만물이 그 안에 함께 섰느니라."골 1:16-17 이는 그리스도 예수가 만물의 창조자인 동시에 보존자인 동시에 균형자인 동시에 조화자인 동시에 회복자인 동시에 완성자가 되신다는 것입니다. 인류의 역사에 흩어져 있던 의미의 조각들은 오직 그리스도 안에서 모이고 결합하여 비로소 만세 전부터 감추어진 하나님의 작정된 뜻이라는 하나의 통합적인 의미를 얻습니다.

그리스도 안에서 작정된 모든 일들은 오직 그리스도 안에서 성취되고 그 진정한 의미를 얻습니다. 하나님과 인간이신 그리스도 안에서만 하늘의 것과 땅의 것이 온전한 조화를 이루며 공존할 수 있습니다. 하나님 사랑과 이웃 사랑의 조화와 균형과 공존과 완성도 오직 그리스도 안에서의 일입니다. 그리스도 밖에서는 어떠한 사물도, 어떠한 사건도, 어떠한 일들도, 어떠한 인간도, 어떠한 노력도, 어떠한 삶도 의미가 없습니다. 세상에서 아무리 귀하고 유의미한 것이라고 할지라도 그리스도 밖이라면 헛되고 무익한 것입니다. 그리스도 밖에서의 무의미한 인생이 아니라 범사에 그리스도 안에 머물러서 최고의 가치와 의미를 구현하는 인생이 되시기를 바랍니다.

하나님의 기업과 우리의 기업

하나님이 만세 전부터 작정하신 일의 독특한 질서를 바울은 11절에서 언급하고 있습니다. "모든 일을 그의 뜻의 결정대로 일하시는 이의 계획을 따라 우리가 예정을 입어 그 안에서 기업이 되었으니." 하나님은 자기 뜻의 의논을 따라 모든 만물의 운명을 정하시고 역사를 이루시는 분입니다. 우리도 그런 하나님의 정하심을 따라 예정되어 그리스도 안에서 그의 기업이 되었다고 바울은 말합니다. 여기에서 저는 두 가지의 의미만 생각하고 싶습니다.

첫째, 만세 전부터 우리는 그리스도 안에서 하나님의 기업이 되었기 때문에 누구도 약탈할 수 없습니다. 하나님 이외에 다른 어떠한 존재도 우리의 소유권을 주장하지 못하고 삶을 주관하지 못합니다. 이 말의 구체적인 의미는 이런 것입니다. "너는 내 것이라. 네가 물 가운데로 지날 때에 내가 너와 함께할 것이라. 강을 건널 때에 물이 너를 침몰하지 못할 것이며 네가 불 가운데로 지날 때에 타지도 아니할 것이요 불꽃이 너를 사르지도 못하리니."사 43:1-2 이보다 더 큰 위로는 없을 것입니다.

둘째, 우리는 그리스도 안에서 하나님의 기업으로 정해졌기 때문에 주님만을 위해 존재하는 자입니다. 하나님의 뜻대로 예정된 우리가 주님만을 위해 살아가는 방식은 오직 하나님의 뜻을 따라 사는 것입니다. 하나님의 뜻대로 살면 어떠한 일들도 우리에게 선으로 변합니다. "우리가 알거니와 하나님을 사랑하는 자 곧 그의 뜻대로 부르심을 입은 자들에게는 모든 것이 합력하여 선을 이루느니라."^롬 ^{8:28} 우리는 하나님의 뜻을 따라 정해졌고 하나님의 뜻을 따라 살도록 지어졌고 하나님의 뜻대로 살아갈 때, 하나님의 영광을 상속하게 되는 것입니다. 환난이든 역경이든 시련이든 핍박이든 형통이든 과거의 일이든 현재의 일이든 미래의 일이든 이 세상에서 일어나는 모든 일들은 하나님의 뜻대로 부르심을 입은 우리에게 합력하여 선을 이룰 것입니다.

우리를 기업으로 삼으신 이유

우리를 만세 전부터 정하시고 그리스도 안에서 그의 기업으로 삼으신 이유를 바울은 12절에서 밝힙니다. "이는 우리가 그리스도 안에서 전부터 바라던 그의 영광의 찬송이 되게 하려 하심이라." 예정의 목적은 우리가 하나님께 영광의 찬송이 되는 것입니다. 이 목적을 위해 우리를 정하시고 자신의 기업으로 삼으신 하나님은 동일한 목적을 위하여 우리를 단련하되 범사에 보호해 주시고 인도해 주십니다. 이사야의 글을 보십시오. "내 이름을 위하여 내가 노하기를 더디 할 것이며 내 영광을 위하여 내가 참고 너를 멸절하지 아니하리라. 보라. 내가 너를 연단하였으나 은처럼 하지 아니하고 너를 고난의 풀무 불에서 택하였노라. 나는 나를 위하며 나를 위하여 이를 이룰 것이라. 어찌 내 이름을 욕되게 하리요. 내 영광을 다른 자에게 주지 아니하리라."^{사 48:9-11}

　　주님께서 우리에게 노하기를 더디 하며 인내하며 우리를 멸절하지 않으시는 이유는 하나님의 이름과 영광을 위한 것입니다. 고난의 풀무 가운데서 우리를 연단하는 이유도 하나님의 영광을 위한 것입니다. 지극히 부족하고 나약하고 변덕스러운 우리를 영광의 찬송으로 삼으시기 위한 하나님의 열심과 사랑에 무릎을 꿇지 않을 수 없습니다. 우리가 하나님 앞에서 영광스러운 존재가 되는 것은 우리의 실력과 노력의 결과가 아닙니다. 겉으로는 우리가 땀 흘리는 것 같은데 이면에는 하나님의 열심이 그렇게 만드는 것입니다. 이를 근거로 게을러도 된다고 생각하지 않고, 하나님의 열심에 부응하여 우리도 하나님의 영광을 향해 전력으로 질주함이 마땅할 것입니다.

먹든지 마시든지 살든지 죽든지 범사에 하나님의 영광을 구하시기 바랍니다. 우리가 살아야 할 이유는 어디에 있습니까? 환난에서 건짐을 받아야 할 이유는 어디에 있습니까? "여호와여, 주의 이름을 위하여 나를 살리시고 주의 의로 내 영혼을 환난에서 끌어내소서." 시 143:11 나아가 주님을 위해 그의 이름을 땅끝까지 전파하여 모든 족속을 제자로 삼으시기 바랍니다. "내 아들들을 먼 곳에서 이끌며 내 딸들을 땅끝에서 오게 하며 내 이름으로 불려지는 모든 자 곧 내가 내 영광을 위하여 창조한 자를 오게 하라." 사 43:6-7 하나님의 영광을 위해 부르심을 받은 모든 사람들을 땅끝에서 오게 하고 연합하는 것이 우리가 살아내고 이루어야 하는 하나님의 뜻입니다.

그리고 "그리스도 안에서"만 우리가 영광의 찬송이 된다는 사실을 생각하고 싶습니다. 우리는 하나님께 직접 영광을 돌릴 수 없습니다. 오직 그리스도 예수를 통해서만 가능한 일입니다. 로마서 전체를 정리하는 바울의 마지막 기원을 보십시오. "이 복음으로 너희를 능히 견고하게 하실 지혜로우신 하나님께 예수 그리스도로 말미암아

1부. 교회를 영원부터 세우시는 하나님

영광이 세세 무궁하도록 있을지어다. 아멘."^{롬 16:26-27} 그리스도 예수를 통하지 않고서는 그 누구도 하나님께 영광을 돌릴 자격이나 능력을 가지고 있지 않습니다. 그래서 바울은 그리스도 예수로 말미암아 하나님께 영광을 돌립니다. 그리스도 안에 있지 아니한 사람은 누구라도 하나님께 영광을 돌리지 못합니다. 이는 마치 죄인이 지성소에 들어갈 수 없음과 같습니다. 하나님께 영광을 돌린다는 지성소의 출입보다 죄인에게 더 큰 영광은 없을 것입니다. 하나님은 당신에게 영광을 돌리는 자에게 그 영광에 동참할 수 있는 영광을 주십니다. "만일 하나님이 그로 말미암아 영광을 받으셨으면 하나님도 자기로 말미암아 그에게 영광을 주시리니 곧 주시리라."^{요 13:32} 그리스도 예수로 말미암아 아버지 하나님께 영광을 돌리면 예수께서 영광을 받으시고 우리도 그 영광에 동참하는 후사의 특권을 누리게 된다는 것입니다.

우리가 구원을 받아 하나님께 영광의 찬송이 되는 방식으로 그에게 영광을 돌리는 것은 그리스도 안에서만 가능한 일이면서 동시에 성령의 역사도 있어야 함을 13절에서 바울은 말합니다. "그 안에서 너희도 진리의 말씀 곧 너희의 구원의 복음을 듣고 그 안에서 또한 믿어 약속의 성령으로 인 치심을 받았으니." 그리스도 안에서 우리는 진리의 말씀을 듣습니다. 그 말씀을 들음으로 말미암아 믿음이 나오고 그 믿음으로 말미암아 우리는 구원에 이릅니다. 그래서 진리의 말씀은 우리에게 구원의 복음이 된다고 바울은 말합니다. 동시에 그리스도 안에 거하면 성령의 인 치심을 받습니다. 구원의 복음을 듣는 것과 성령의 실제적인 역사는 결코 분리될 수 없습니다. 우리에게 복음이신 그리스도 예수로 말미암아 우리가 죄 사함을 받고 하나

님의 자녀로 거듭나는 것은 성령으로 말미암는 것입니다. "성령으로
아니하고는 누구든지 예수를 주시라 할 수 없느니라." ^{고전 12:3}

성령의 확실한 보증

성령은 어떠한 일을 하실까요? 바울은 14절에서 말합니다. "이는 우
리 기업의 보증이 되사 그 얻으신 것을 속량하시고 그의 영광을 찬송
하게 하려 하심이라." 성령은 우리에게 하나님의 영원한 기업, 즉 영
원한 생명과 구원의 보증이 되십니다. 사회에서 보증이 없으면 어떠
한 거래도 성사되지 않습니다. 충분한 돈이 있거나, 충분한 부동산이
있거나, 충분한 인맥이 있거나, 충분히 믿음직한 인격을 구비하고 있
어야 안심하고 거래하는 것입니다. 만약 대통령 혹은 국가의 보증이
있다면 기업들은 아무런 의심도 없이 대출도 하고 사업도 벌일 것입
니다. 그런데 영원한 구원과 영원한 기업에 대해서는 이 세상의 어떠
한 것이 보증의 자격을 가질 수 있을까요? 이 세상에서 썩어 없어지
는 유한하고 변동적인 것들은 결코 영원한 것을 보증하지 못할 것입
니다. 부모가, 친구가, 재물이, 우리의 업적이, 국가가 구원을 보증해
줄 수 있을까요? 이 땅에서는 구원의 어떠한 보증도 없습니다.

그래서 하나님은 우리에게 우리의 영원한 기업을 능히 보증하
실 영원하고 무한하고 불변적인 성령을 보내신 것입니다. "죽을 것이
생명에 삼킨 바 되게 하려 함이라. 곧 이것을 우리에게 이루게 하시고
보증으로 성령을 우리에게 주신 이는 하나님이시니라." ^{고후 5:4-5} 성령
이 없이는 영원한 생명의 구원을 확신할 자가 우리들 중에는 아무도
없습니다. 죽은 자도 살리시는 이의 영에 의해서만 우리는 영원히 살

1부. 교회를 영원부터 세우시는 하나님

수 있습니다. "예수를 죽은 자 가운데서 살리신 이의 영이 너희 안에 거하시면 그리스도 예수를 죽은 자 가운데서 살리신 이가 너희 안에 거하시는 그의 영으로 말미암아 너희 죽을 몸도 살리시리라."롬 8:11 우리를 보증하는 성령은 우리를 결코 떠나지 않으시고 버리지도 않으시고 세상 끝 날까지, 아니 그 이후에도 영원토록 함께하실 것입니다.

　　이처럼 하나님의 영광은 아버지 하나님의 뜻과 아들의 구속과 성령의 역사로 구원을 받은 우리가 그리스도 예수 안에서 그로 말미암아 성령의 역사를 통하여 영광의 찬미가 됨으로써 하늘에서 이루어진 뜻이 땅에서도 성취되고 하늘에 속한 것과 땅에 속한 것이 그리스도 안에서 통일되는 방식으로 완성되는 것입니다. 이러한 이유로 바울은 삼위일체 하나님께 찬양을 드립니다. 바울은 에베소 성도들을 위해 이러한 영광의 완성을 위해 수고하는 사환에 불과한 자입니다. 사환의 신변에 문제가 생겼다고 해서 하나님의 교회가, 성도 개개인의 정체성이 변경되는 일은 결코 없습니다. 바울은 하나님의 존재와 그의 구원에 대한 올바른 지식과 찬양으로 당시의 에베소 교회를, 그리고 지금의 우리를 위로하고 있습니다. 진정한 위로와 평강은 하나님의 말씀을 올바르게 이해하고 감격하고 찬양하는 것에 있습니다. 상황에, 돈에게, 사람에게 위로와 평강을 구걸하지 마십시오. 바울의 깨달음과 감사의 찬양을 통해 여러분 모두가 하나님께 영광의 찬미가 되시기를 바랍니다.

4.
교회를 위한 기도

15 이로 말미암아 주 예수 안에서 너희 믿음과 모든 성도를 향한 사랑을 나도 듣고 16 내가 기도할 때에 기억하며 너희로 말미암아 감사하기를 그치지 아니하고 17 우리 주 예수 그리스도의 하나님, 영광의 아버지께서 지혜와 계시의 영을 너희에게 주사 하나님을 알게 하시고 18 너희 마음의 눈을 밝히사 그의 부르심의 소망이 무엇이며 성도 안에서 그 기업의 영광의 풍성함이 무엇이며 19 그의 힘의 위력으로 역사하심을 따라 믿는 우리에게 베푸신 능력의 지극히 크심이 어떠한 것을 너희로 알게 하시기를 구하노라. | 엡 1:15-19

바울은 자신이 개척한 에베소 교회가 참으로 아름다운 곳이라는 소문을 듣습니다. 15절을 보십시오. "이로 말미암아 주 예수 안에서 너희 믿음과 모든 성도를 향한 사랑을 나도 듣고." 에베소 교회는 믿음과 사랑이 가득한 곳입니다. 수직적인 면에서는 하나님을 향한 예수 안에서의 믿음이 있고, 수평적인 면에서는 모든 성도를 향한 예수 안에서의 사랑이 있습니다. 믿음은 하나님과 우리의 관계성을 묶어 주고 사랑은 모든 성도들 사이의 관계성을 묶는 띠입니다. 믿음과 사랑은 결코 분리될 수 없습니다. 믿음과 사랑의 아름다운 조화에 대해 바울은 갈라디아 교회에 보낸 편지에서 이렇게 말합니다. "그리스도 예수 안에서는 할례나 무할례나 효력이 없으되 사랑으로써 역사하는 믿음뿐이니라."^{갈 5:6} 그리스도 예수 안에서는 하나님을 향한 믿음이 반드시 이웃을 향해 사랑으로 역사해야 한다고 말합니다.

믿음과 사랑의 조화

하나님에 대한 신앙은 좋은데 성도들에 대한 사랑은 싸늘한 사람들이 있고, 반대로 성도들에 대한 사랑은 뜨거운데 예수님에 대한 믿음은 부실한 사람들이 있습니다. 교회에 출석하는 대부분의 성도들은 믿음이 좋은 분들일 것입니다. 그러나 우리 주변에 있는 성도들을 사랑하지 않는다면 믿음은 역사하지 못합니다. 믿음이 아무리 강력해도 사랑으로 이어지지 않으면 효력을 발휘하지 못하는 외적인 할례의 의식과 다를 바가 없습니다. "산을 옮길 만한 모든 믿음이 있을지라도 사랑이 없으면 내가 아무것도 아니요."^{고전 13:2} 태산 같은 믿음도 사랑이 없으면 아무것도 아닙니다. 이에 대하여 야고보는 이렇게 말합니다. "영혼 없는 몸이 죽은 것같이 행함[사랑 혹은 선행]이 없는 믿음은 죽은 것이니라."^{약 2:26} 믿음과 사랑이 분리되는 것은 영혼과 몸이 분리되는 것과 같습니다. 분리되면 죽습니다. 사랑이 없는 믿음의 실상을 야고보는 영혼이 없는 몸이라고 말합니다.

그리고 바울은 에베소 교회의 성도들이 가진 믿음에서 비롯된 그리스도 안에서의 사랑이 특정한 소수가 아니라 "모든 성도"를 향하고 있다고 말합니다. 이는 에베소 교회에 속한 지체들 중에 사랑에서 배제되는 사람이 하나도 없다는 것입니다. 어쩌면 "모든 성도"는 하나님의 백성 전체를 가리키고 있는지도 모릅니다. 우리의 사랑은 누구까지 그 대상으로 포함하고 있습니까? 사랑의 범위가 나 자신이나, 가족이나, 출석하는 교회나, 거주하는 지역이나, 속한 나라에 국한되어 있지는 않습니까? 하나님의 백성 전체를 사랑의 대상으로 삼으시기를 바랍니다. 범사에 항상 하나님의 교회 전체를 의식하며 사십시오. 바울은 말합니다. "나와 같이 모든 일에 모든 사람을 기쁘게 하여 자신의 유익을 구하지 아니하고 많은 사람의 유익을 구하여 그들로 구원을 받게 하라."^{고전 10:33} 믿음의 사람들은 자신이 좋아하는 특정한 소수의 기쁨과 유익이 아니라 모든 일에 모든 사람을 기쁘게 하는 자입니다. 이것은 바울처럼 "지혜 있는 자나 어리석은 자에게 다 내가 빚진 자라"^{롬 1:14}는 채무자 의식에서 비롯되는 것입니다. 화평함과 거룩함을 추구할 때에도 "모든 사람"을 그 대상으로 삼습니다.^{히 12:14} 하나님의 사람들은 이렇게 사랑에 있어서 하나님이 사랑하는 것처럼 사랑해야 하기 때문에 사랑의 규모가 하나님의 수준만큼 커질 수밖에 없습니다.

바울의 기도

에베소 성도들의 믿음과 사랑의 소문을 들은 바울은 기도하게 되었다고 16절에서 밝힙니다. "내가 기도할 때에 기억하며 너희로 말미암아 감사하기를 그치지 아니하고." 바울은 에베소 교회의 훌륭한 모습 때문에 하나님께 감사를 계속해서 드린다고 말합니다. 다른 성도의 견고한 믿음과 따뜻한 사랑 이야기를 들을 때 감사의 기도로 반응하는 것은 참으로 아름다운 일입니다. 그러나 속담에 "사촌이 땅을 사면 배가 아프다"는 말이 있습니다. 대부분의 사람들은 다른 사람이 잘되는 꼴을 보지 못합니다. 가까운 사람일 경우에는 그 증세가 더욱 심합니다. 심지어 교회 안에서도 어떤 사람들은 다른 지체들의 향기로운 신앙과 사랑을 들으면 질투하고 시기하고 폄하하는 경향을 보입니다. 하지만 교회 공동체는 그리스도 안에서 서로에게 사랑과 선행에 이르도록 돌아보고 권면하는 곳입니다. 타인의 행복과 형통과 기쁨을 함께 축하하며 함께 감사하는 곳입니다. 감사의 기도가 자신에게 제한되지 않게 하십시오. 감사의 영역을 나에게서 하나님의 교회 전체로 넓히시기 바랍니다.

하나님을 아는 지식

하나님의 교회 전체를 위해 바울이 드리는 기도의 첫 번째 내용을 17절에서 보십시오. "우리 주 예수 그리스도의 하나님, 영광의 아버지께서 지혜와 계시의 영을 너희에게 주사 하나님을 알게 하시고." 교회의 가장 큰 복은 하나님을 아는 것입니다. 하나님의 교회가 교회답게 되기 위한 과제의 최우선은 하나님을 아는 지식에 있습니다. 하나님에 대해 무지하면 교회가 흥하지 않는 것이 아니라 분명히 망합니다. "내 백성이 지식이 없으므로 망하는도다"^{호 4:6}라는 말씀은 결코 틀리지 않습니다. 그래서 하나님을 아는 지식은 선택이 아닙니다. 교회의 흥망이 거기에 달려 있기에 필수적인 것입니다. 어느 시대에나 어느 곳에서나 교회가 망하는 것의 배후에는 항상 하나님에 대한 무지가 있습니다. 심각하게 추락하고 있는 지금의 기독교도 예외가 아닙니다. 하나님을 너무도 모르고 있습니다. 본회퍼의 말처럼 순종하지 않아서 하나님을 알지 못하고 하나님을 알지 못해서 순종하지 않는 악순환이 교회의 숨통을 조이고 있습니다.

하나님을 아는 지식은 지혜와 계시의 영이신 성령의 조명 없이는 불가능한 일입니다. 그 지식은 인간의 지식과 사고와 논리와 분석과 판단의 결과물이 아니라 성령의 가르침에 의해 주어지는 것입니다. 그래서 바울은 지혜와 계시의 영을 주시라고 구합니다. 지혜와 계시의 영은 어떤 사람에 의해서 주어지는 것이 아니라 오직 영광의 아버지에 의해서만 주어지는 것입니다. 그래서 바울은 "성령을 받으라"요 20:22고 명령하지 않고 영광의 아버지께 간구를 드립니다. 인간이 마치 성령 하나님의 출입을 좌우하는 것처럼 내뱉는 무례한 말과 불손한 태도는 결코 올바르지 않습니다. 우리는 성령을 지휘하고 통제하고 분배하는 자가 아니라 성령 하나님께 간구하는 자입니다. 그런데도 "성령을 받으라"고 하신 예수님의 어법을 차용하고 오용하고 과용하는 분들이 적지 않습니다. 듣기에도 민망한 표현들을 종교적인 자아도취 상태에서 쏟아내는 분들이 기독교의 거룩함과 진실성과 권위와 위엄과 품격을 적잖게 훼손하고 있습니다.

성령 하나님은 아버지 하나님이 아들의 이름으로 우리에게 보내시는 분입니다. 그분만이 우리에게 예수님의 말씀을 깨우쳐 주십니다. "보혜사 곧 아버지께서 내 이름으로 보내실 성령 그가 너희에게 모든 것을 가르치고 내가 너희에게 말한 모든 것을 생각나게 하리라."요 14:26 원래 모든 진리는 인간이 생산하는 것도 아니고 스스로 도달할 수 있는 것도 아닙니다. 오직 진리의 영만이 생산하고 공급하고 전달하는 분입니다. "진리의 성령이 오시면 그가 너희를 모든 진리 가운데로 인도하시리니."요 16:13 진리이신 그리스도 예수께로 나아가고 오직 그로 말미암아 아버지께 나아가기 위해서는 우리를 모든 진리 가운데로 이끄시는 성령 하나님의 인도가 없으면 안 됩니다. 이처럼 하나님을 아는 지식은 삼위일체 하나님의 공통적인 사역으로 말미암아 주어지는 것입니다.

성도의 부르심과 영광

교회를 위한 기도의 두 번째 내용이 18절에 언급되어 있습니다. "너희 마음의 눈을 밝히사 그의 부르심의 소망이 무엇이며 성도 안에서 그 기업의 영광의 풍성함이 무엇이며." 바울은 우리 마음의 눈을 밝혀 주시라는 기도를 드립니다. 원래 인류는 눈이 어둡지 않았는데 아담과 하와의 죄와 부패로 말미암아 자신의 인간적인 눈은 밝아졌고 마음의 영적인 눈은 어두워졌습니다. 그래서 우리는 보아도 보지 못하고 들어도 듣지 못하고 마음으로 생각해도 깨닫지를 못합니다. 지각을 통해 지식을 얻었다고 하는 순간에도 마땅히 알아야 할 것을 알지 못합니다. 마음의 눈이 밝아지기 전에 보고 듣고 생각한 모든 지식들은 오히려 우리가 진리의 지식에 이르는 것에 장애물로 작용하기 쉽습니다. 심지어는 우리의 지각이 죄일 수도 있습니다. "본다고 하니 너희 죄가 그대로 있느니라."요 9:41 잘못 보고 잘못 듣고 잘못 생각하는 것은 거짓을 영접하는 것과 다르지가 않습니다.

지혜와 계시의 영으로 하나님을 알고 마음의 눈이 밝아지면 "부르심의 소망"이 어떤 것인지를 깨닫게 될 것입니다. 왜 하나님은 우리를 당신의 자녀와 백성으로 부르신 것일까요? 앞에서 언급한 것처럼 "거룩하고 흠이 없게 하시려고" 우리를 부르셨고 그런 거룩함 속에서 하나님께 영광의 찬송이 되게 하려는 것입니다. 아버지 하나님께 만세 전부터 작정하신 영광의 찬송이 되는 구체적인 방법은 로마서 8장에 잘 묘사되어 있습니다. "하나님이 미리 아신 자들을 또한 그 아들의 형상을 본받게 하기 위하여 미리 정하셨으니 이는 그로 많은 형제 중에서 맏아들이 되게 하려 하심이니라. 또 미리 정하신 그들을 또한 부르시고 부르신 그들을 또한 의롭다 하시고 의롭다 하신 그들을 또한 영화롭게 하셨느니라."롬 8:29-30 창세전부터 예정하신 우리를 부르신 하나님은 우리를 의롭다 하시고 영화롭게 하셔서 온전한 거룩함에 이르게 하실 것입니다.

마음의 눈이 밝아지면 성도에게 주어진 기업의 영광이 얼마나 풍성한 것인지도 깨달을 것입니다. 그 영광의 풍성함은 이 땅에서의 어떠한 재벌과도 비교할 수 없습니다. 주께서 성도에게 기업을 나누실 때에 분배의 방식과 규정이 있습니다. "수가 많은 자에게는 기업을 많이 줄 것이요 수가 적은 자에게는 기업을 적게 줄 것이니 그들이 계수된 수대로 각기 기업을 주되."민 26:54 여기에서 "계수된 수"는 내가 희생의 사랑으로 섬기는 사람들의 수를 가리키며, 그 수가 클수록 거기에 비례하는 크기의 기업을 받는다는 것입니다. 이는 사랑의 크기가 곧 기업의 크기이며 온 세상을 품으시는 하나님의 사랑을 품으면 온 세상을 기업으로 얻는다는 뜻입니다.

조지 뮬러는 스스로 독립해서 살아갈 수 없는 15만여 명의 고아들을 64년 동안 사랑으로 돌보며 섬긴 분입니다. 그가 받은 기도의

1부. 교회를 영원부터 세우시는 하나님

응답이 무려 2만 5천 번이 넘습니다. 액수로 환산하면 천문학적 금액의 기부금을 받은 셈입니다. 왜 이렇게 막대한 기업을 얻은 것일까요? 고아들을 향한 사랑의 결과라고 저는 해석하고 싶습니다. 장애아를 돌보고 교육하고 섬기는 밀알재단은 선한 일에 사용해 달라는 여러 독지가의 막대한 기부금을 받고 있습니다. 이 경우도 사랑의 크기가 기업의 크기와 비례함을 보여 주는 좋은 본보기일 것입니다. 여러분은 사랑으로 섬기고 돌보는 섬김의 대상이 얼마나 많습니까? 나 자신만을 사랑하는 자는 일인분의 기업을 분깃으로 받을 것입니다. 배우자를 사랑하는 자는 더 큰 기업을, 가족을 사랑하는 자는 그것보다 더 큰 기업을, 사회를 사랑하는 자는 그것보다 더 큰 기업을, 나라와 민족을 사랑하는 자는 그것보다 더 큰 기업을, 온 세상을 사랑하는 사람은 더 큰 기업을, 온 인류를 사랑하는 자라면 더 큰 기업을 분깃으로 받을 것입니다. 사랑의 섬김에 비례하는 크기의 기업을 얻는다는 사실을 잊지 마십시오.

　　그러나 왕 같은 제사장인 우리에게 주어지는 궁극적인 기업은 이 땅의 그 무엇이 아닙니다. 대제사장 아론에게 주어진 기업과 같은 것입니다. "너는 이스라엘 자손의 땅에 기업도 없겠고 그들 중에 아무 분깃도 없을 것이나 내가 이스라엘 자손 중에 네 분깃이요 네 기업이니라."민 18:20 그러나 하나님은 대제사장 아론에게 주어진 기업만은 아닙니다. 야곱 전체에게 하나님은 기업이 되십니다. 예레미야 선지자는 "만물의 조성자"이며 "만군의 여호와"인 하나님을 "야곱의 분깃"으로 명시하고 있습니다.렘 10:16 하나님을 분깃으로 받은 자가 누리는 영광의 풍성함은 어떤 것일까요? (1)하나님의 자녀가 된 신분의 권세를 누린다는 사실과 (2)후사로서 그리스도 예수와 함께 하나님의 나라를 상속할 것이라는 사실과 (3)하나님의 성품을 누리며 나타낼 것이라는 사실과 (4)하나님과 더불어 영원한 기쁨과 소망과 사랑과 만족과 안식과 위로와 행복을 누릴 것이라는 사실과 (5)하늘과 땅의 만물이 그리스도 안에서 통일되게 하는 일에 쓰임을 받는다는 사실에 있습니다. 이보다 더 큰 영광의 풍성함은 이 세상 어디에도 없습니다. 성령으로 인해 마음의 눈이 밝아지면 상상을 초월하는 이러한 영광의 풍성함 때문에 일평생 모든 슬픔과 고통을 훨씬 압도하는 감사와 찬송이 입술에서 마르지 않을 것입니다.

신적인 능력의 지극히 크심

교회를 위한 바울의 세 번째 기도는 19절에 나옵니다. "그의 힘의 위력으로 역사하심을 따라 믿는 우리에게 베푸신 능력의 지극히 크심이 어떠한 것을 너희로 알게 하시기를 구하노라." 하나님은 하늘과 땅과 그 가운데에 있는 모든 만물을 창조하고 보존하고 통치하는 분입니다. 이러한 창조의 능력만이 아니라 우리를 하나님의 자녀와 백성으로 삼으신 재창조의 능력도 가지신 분입니다. 주님께서 우리에게 베푸신 능력의 지극히 크심은 자연과 관계된 것보다 우리가 스스로는 해결할 수 없는 죄를 제거해 주셨다는 사실에 있습니다. 이로써 우리를 사탄의 권세와 사망의 권세와 어둠의 권세와 죄의 저주에서 해방시켜 주셨기에 하나님의 능력에 대한 찬양이 입술에서 저절로 나옵니다. "여호와여, 주의 능력으로 높임을 받으소서. 우리가 주의 권능을 노래하고 찬송하게 하소서."시 21:13 그러나 하나님의 능력은 너무나도 커서 이 세상에는 측량한 사람도 없고 저울질할 도구도 없습니다. 그래서 다윗은 말합니다. "누가 능히 여호와의 권능을 다 말하며 주께서 받으실 찬양을 다 선포하랴."^{시 106:2} 이 세상의 모든 사람들이 찬양하고 인류의 역사 전체에 걸쳐서 찬양해도 여호와의 놀라운 권능에 합당한 찬양을 다 드릴 수 없을 것입니다. 이러한 하나님의 능력을 알지 못하면 우리는 인간의 능력에 근거하여 쉽게 근심하고 낙망하고 두려워할 것입니다. 그런데 성령께서 우리를 가르치지 않으시면 누구도 그 능력을 알 자가 없습니다. 주님의 교회는 다른 지체들의 기쁨과 행복과 만족과 형통 때문에 늘 감사하고 지혜와 계시의 영으로 말미암아 하나님을 알고 하나님의 안목으로 우리를 자녀로 부르신 부르심의 소망이 무엇인지, 주님께서 성도에게 허락하신 기업의 풍성한 영광은 무엇이며, 주님의 놀라운 역사로 말미암아 우리에게 베푸신 능력의 지극히 크심이 어떠한 것인지를 반드시 깨달아야 하기에 바울은 교회를 위해 기도한 것입니다. 우리도 그렇게 기도하고 또한 그런 기도의 열매가 되시기를 바랍니다.

5.

교회의 본질

²⁰ 그의 능력이 그리스도 안에서 역사하사 죽은 자들 가운데서 다시 살리시고 하늘에서 자기의 오른편에 앉히사 ²¹ 모든 통치와 권세와 능력과 주권과 이 세상뿐 아니라 오는 세상에 일컫는 모든 이름 위에 뛰어나게 하시고 ²² 또 만물을 그의 발아래에 복종하게 하시고 그를 만물 위에 교회의 머리로 삼으셨느니라. ²³ 교회는 그의 몸이니 만물 안에서 만물을 충만하게 하시는 이의 충만함이니라. | 엡 1:20-23

바울은 인사말, 교회의 기원(하나님의 영원한 작정), 교회를 위한 기도를 언급한 이후에 교회의 본질에 대해 언급하되 교회를 하나님의 무한한 능력의 결과로서 설명하고 있습니다. 하나님의 무한한 능력으로 세워진 교회는 당연히 이 세상의 모든 통치와 권세와 능력과 주권만이 아니라 음부의 권세도 건드리지 못하는 그리스도 예수의 몸이라고 바울은 말합니다. 교회가 그리스도 예수의 몸이기 때문에 교회의 본질과 정체성은 그리스도 예수가 누구냐에 의해 좌우될 것입니다.

그리스도 안에 나타난 하나님의 능력

바울은 그리스도 예수의 역사성과 하나님의 능력에 대해 20절에서 설명하고 있습니다. "그의 능력이 그리스도 안에서 역사하사 죽은 자들 가운데서 다시 살리시고 하늘에서 자기의 오른편에 앉히사." 하나님의 지극히 큰 능력은 그리스도 안에서 확인할 수 있다고 바울은 말합니다. 그 능력이 발휘된 두 가지의 사건은 바로 그리스도 예수를 죽은 자들 가운데서 다시 살리신 것과 그를 아버지 하나님의 오른편에 앉히신 것입니다. 이처럼 하나님은 죽음의 권세를 이기고 죄의 저주를 소멸하고 사탄의 권세를 꺾는 무한한 능력을 가지고 계십니다.

예수께서 하나님의 오른편에 계시다는 말의 의미가 21절에 잘 묘사되어 있습니다. "모든 통치와 권세와 능력과 주권과 이 세상뿐 아니라 오는 세상에 일컫는 모든 이름 위에 뛰어나게 하시고." 하나님의 오른편은 하늘과 땅의 모든 권세를 소유하고 집행하는 최고의 지위와 모든 통치와 권세와 능력과 주권을 능가하는 최고의 권위를 의미하는 말입니다. 하나님의 오른편은 이 세상만이 아니라 오는 세상에도 등장하게 될 모든 이름 위에 뛰어나게 되는 곳입니다. 그리스도 예수께서 그렇게 되신 것이 바로 하나님의 무한한 능력이 역사한 가장 대표적인 일입니다.

그런데 하나님의 무한한 능력을 사모하는 많은 분들이 그 능력의 개념을 오해하는 것 같습니다. 그 능력의 역사를 모든 통치와 권세와 능력과 주권과 이 세상뿐 아니라 오는 세상에 일컫는 모든 이름 위에 뛰어나게 되는 예수의 권위적인 으뜸으로 이해하지 않습니다. 기적을 일으키고 손을 얹어서 사람을 쓰러지게 하여 한 사람의 영혼을 통제하는 신비로운 카리스마 발산을 하나님의 능력이 발휘된 것으로 여깁니다. 이상한 소리를 내고 미래의 일들을 발설하고 질병을 치료하는 것에서 찾으려는 경향을 보입니다. 물론 하나님의 능력은 실제로 만물을 붙들고 질병도 고치고 심지어 죽은 자도 살아나게 하듯 자연의 질서를 초월하는 초자연적 힘이기도 하지만 보다 궁극적인 의미는 이 세상이 줄 수 없는 하나님의 형상을 우리 안에 온전하게 하는 힘입니다.

하나님의 능력에 대한 바울의 구체적인 이해를 보십시오. "십자가의 도가 멸망하는 자들에게는 미련한 것이요 구원을 받는 우리에게는 하나님의 능력이라."^{고전 1:18} 구원을 받는 우리에게 하나님의 능력은 십자가의 도입니다. 멸망하는 자들의 눈에는 십자가의 도가 미련하게 보인다고 말합니다. 놀라운 것은 교회 안에서도 십자가의 도가 미련한 것으로 여겨지고 있다는 것입니다. 십자가를 좋아하는 교회가 거의 없습니다. 하나님의 능력을 욕구의 충족과 소원의 성취와 성공의 달성과 쾌락의 분출을 가능하게 하는 막대한 에너지로 여기면서, 정작 그 능력의 본질인 십자가의 도에는 눈길도 보내지 않습니다. 십자가는 교회의 인격과 삶에 머리 둘 곳이 없습니다.

나아가 바울은 이렇게 말합니다. "오직 부르심을 받은 자들에게는 유대인이나 헬라인이나 그리스도는 하나님의 능력이요 하나님의 지혜니라."^{고전 1:24} 그리스도 자신이 우리에게 능력이요 지혜라고 말합니다. 하나님의 무한한 능력을 구한다는 것은 그리스도 자신을 구한다는 것과 같습니다. 그 능력을 취한 자는 하나님의 아들의 형상, 즉 그리스도 예수의 마음과 생각과 뜻과 계획과 성품을 우리 안에 온전히 이룬 자입니다. 하나님의 능력은 육체와 직결된 것이 아닙니다. 기쁨과 평강과 소망과 관계되어 있습니다. "소망의 하나님이 모든 기쁨과 평강을 믿음 안에서 너희에게 충만하게 하사 성령의 능력으로 소망이 넘치게 하시기를 원하노라."롬 15:13 진정한 능력의 소유자는 어떠한 상황 속에서도 믿음으로 기뻐하고 평안하고 소망이 넘치는 자입니다.

사람을 움직이는 십자가의 능력

우리에게 주어진 하나님의 능력은 모든 사상과 가치관을 그리스도 앞에 무너지게 만듭니다. "우리의 싸우는 무기는 육신에 속한 것이 아니요 오직 어떤 견고한 진도 무너뜨리는 하나님의 능력이라. 모든 이론을 무너뜨리며 하나님 아는 것을 대적하여 높아진 것을 다 무너뜨리고 모든 생각을 사로잡아 그리스도에게 복종하게 하니."고후 10:4-5 사람의 생각은 주먹으로 꺾이지 않습니다. 논리로 꺾이는 것도 아닙니다. 인간의 견고한 진과 완고한 이론은 그 배후에 욕심과 죄가 도사리고 있어서 힘이나 말로는 결코 변경되지 않습니다. 본질상 하나님을 대적하는 인간은 쉽게 변하지 않습니다. 인간이 앞세우는 힘과 말의 법칙은 본질을 가리고 흐리게 만드는 전략적 들러리일 뿐입니다. 적당한 힘과 말의 사용이 완전히 불필요한 것은 아니지만 능력의 본질은 아닙니다. 본질로 간주하는 순간 사탄의 전략에 말려드는 것입니다. 마귀의 일들을 멸하고 마귀의 모든 견고한 진지를 훼파하는 하나님의 능력은 십자가의 도입니다. 그리스도 자신이 바로 사탄의 머리를 깨뜨리는 힘입니다. 이것은 태초부터 주님께서 친히 인류의 조상에게 약속하신 것입니다. "내가 너로 여자와 원수가 되게 하고 네 후손도 여자의 후손과 원수가 되게 하리니 여자의 후손은 네 머리를 상하게 할 것이요 너는 그의 발꿈치를 상하게 할 것이니라."^{창 3:15}

그리고 하나님의 능력은 인간 원수들이 우리 앞에서 쩔쩔매게 만드는 완력 행사와는 무관한 것입니다. 오히려 그들의 강한 힘에 눌려서 당하는 부끄러운 고난도 견디고 당당하게 복음을 전하는 힘이라고 말합니다. "너는 내가 우리 주를 증언함과 또는 주를 위하여 갇힌 자 된 나를 부끄러워하지 말고 오직 하나님의 능력을 따라 복음과 함께 고난을 받으라."^{딤후 1:8} 바울은 하나님의 능력이 있으면 복음과 함께 고난도 받을 수 있다고 말합니다. 우리가 복음 때문에 당하는 고난을 피하려고 하고 그 고난을 견디지 못하고 복음의 선포까지 접는다면 그것은 하나님의 능력이 없음을 보여 주는 것입니다. 이처럼 바울은 하나님의 능력을 영적인 차원에서 이해하고 하나님의 증인 됨을 부끄러운 것으로 여기지 않고 담대히 복음을 전파하되 그로 말미암아 당하는 고난도 피하지 않게 만드는 힘이라고 말합니다. 그런 하나님의 능력이 그리스도 안에서 역사했던 것입니다.

그리고 그리스도 안에서 역사했던 하나님의 능력은 우리 안에서도 동일하게 역사하는 힘입니다. 그리스도 예수는 신성에 있어서 모든 피조물 위에 계신 분이지만 인성에 있어서 예수님은 죄가 없으신 것 외에는 모든 면에 있어서 우리와 같습니다. 우리와 같으셨던 예수께서 아버지 하나님의 권능으로 그의 오른편에 앉아 계시다는 것은 2장 6절에 언급된 것처럼 우리도 그리스도 예수와 함께 살리셨고 함께 일으키사 함께 그 하늘에 앉히실 것이라는 의미가 내포되어 있습니다. 이처럼 그리스도 안에서 나타난 하나님의 무한한 능력은 우리와 무관하지 않습니다. 다른 곳에서 바울은 이렇게 말합니다. "그리스도께서 약하심으로 십자가에 못 박히셨으나 하나님의 능력으로 살아 계시니 우리도 그 안에서 약하나 너희에게 대하여 하나님의 능력으로 그와 함께 살리라." 고후 13:4

교회의 유일한 머리이신 그리스도

바울은 하나님의 능력이 그리스도 안에서 역사한 또 하나의 내용을 22절에서 소개하고 있습니다. "또 만물을 그의 발아래에 복종하게 하시고 그를 만물 위에 교회의 머리로 삼으셨느니라." 즉, 하나님의 능력은 만물을 그리스도 예수의 발아래에 복종하게 만들었고 예수를 만물 위에서 교회의 머리가 되게 했습니다. 기독교는 성경을 따라 예수만이 교회의 머리라고 말합니다. 그리스도 외에 어떠한 왕이나 교황이나 목사나 장로나 사람도 교회의 머리일 수 없습니다. 교회는 온 천하의 모든 나라와 모든 장소와 모든 시대와 모든 계층과 모든 신분에 속한 하나님의 사람들로 구성된 곳입니다. 특정한 시대에만 살거나 특정한 나라에만 속하거나 특정한 장소에만 머물거나 특정한 계층에만 속하거나 특정한 신분만을 가진 인간은 결코 그러한 교회의 머리일 수 없습니다. 성경의 표현에 따르면 인간은 "마른 나무"와 같고 잠시 있다가 사라지는 아침의 "안개"와 같고 "지렁이"와 같고 "구더기"와 같습니다. 그런 인간에게 과도한 권위와 신분을 부여하지 마십시오.

　　머리가 누구냐에 따라 교회의 정의는 완전히 달라질 것입니다. 교회는 왕의 몸이나 교황의 몸이나 목사의 몸이나 장로의 몸이 아님니다. 종교개혁 시대에 중세의 왜곡된 교회관을 개혁하고 교회의 올바른 정의를 확립하려 할 때에 경건한 믿음의 사람들은 오직 그리스도 예수만이 머리라고 했습니다. 그리스도 예수는 교회의 머리만이 아니라 "모든 통치자와 권세의 머리"^{골 2:10}도 되십니다. 그렇기 때문에 아무리 높은 권력자라 할지라도 교회를 무너뜨릴 수는 없습니다. 하늘과 땅의 모든 만물은 그리스도 예수께서 통치의 일을 수행하는 수단이요 발판일 뿐입니다. "발아래에" 복종하고 있다는 말은 만물이 그리스도 예수의 권위 아래에 있다는 뜻입니다. 그래서 이 세상에는 그리스도 예수의 사랑에서 우리를 끊어 낼 어떠한 환경이나 피조물도 없습니다. "누가 정죄하리요. 죽으실 뿐 아니라 다시 살아나신 이는 그리스도 예수시니 그는 하나님 우편에 계신 자요 우리를 위하여 간구하시는 자시니라. 누가 우리를 그리스도의 사랑에서 끊으리요. 환난이나 곤고나 박해나 기근이나 적신이나 위험이나 칼이랴."^{롬 8:34-35} 만물보다 크시고 만물을 지배하고 계신 그리스도 예수께서 교회의 머리가 되시기 때문에 당연한 것입니다.

교회의 성경적인 정의

이어서 바울은 23절에서 교회의 성경적인 정의를 내립니다. "교회는 그의 몸이니 만물 안에서 만물을 충만하게 하시는 이의 충만함이니라." 기독교의 역사에서 교회는 시대마다 교파마다 참으로 다양한 개념으로 정의되어 왔습니다. 대표적인 견해로서 마르틴 루터는 교회를 믿는 사람들의 모임, 즉 신자들의 공동체로 규정하고, 칼빈은 교회를 하나님의 택하심을 받은 사람들의 총수, 즉 택자들의 공동체로 규정하고, 본회퍼는 교회를 거룩한 사람들의 모임, 즉 성도들의 공동체로 규정하고 있습니다. 교회를 신자들 혹은 택자들 혹은 성도들의 모임으로 규정하는 견해들은 모두 성경에 기초한 것입니다. 그러나 성경 자체의 명시적인 규정은 바울이 본문에서 제공하고 있습니다. 즉, 교회는 그리스도 예수의 몸이라는 것입니다. 나아가 "만물을 충만하게 하시는 이의 충만"을 교회의 본질로 언급하고 있습니다. 이 규정에 의하면, 교회는 만물을 충만하게 하시는 그리스도 예수로 충만해야 교회답게 된다는 것입니다.

교회가 교회답게 되려면 무엇보다 교회의 머리이신 그리스도 예수가 누구신지 알아야 할 것입니다. 몸의 정체성과 상태와 목적은 모두 머리에게 전적으로 의존하고 있기 때문에 우리가 예수를 어떻게 아느냐에 따라 완전히 다른 교회관을 가질 것입니다. 베드로의 고백처럼 예수는 직분과 사역에 있어서 그리스도시며, 존재에 있어서는 살아 계신 하나님의 아들이십니다. '그리스도'는 하나님의 기름 부으심을 받은 공직자를 의미하고 구약에서 그런 공직자들 중에는 왕과 선지자와 제사장이 있습니다. 그리스도 예수가 교회의 머리라고 한다면 교회는 존재에 있어서 하나님의 자녀이며 직분과 사역에 있어서는 왕과 선지자와 제사장의 직분과 사명에 충실해야 예수의 진정한 몸일 것입니다. 사랑하는 성도 여러분, 하나님의 자녀로서 온 세상을 희생적인 사랑의 섬김으로 통치하는 왕의 직분을, 때를 얻든지 못 얻든지 온 천하의 만민에게 예수의 복음을 전파하는 선지자의 직분을, 가난하고 연약하고 무지하고 비천하고 소외되고 외로움에 처한 자들에게 구제의 손길을 뻗어 하나님의 자비를 전하는 제사장의 직분을 충성되게 수행하는 교회가 되시기를 바랍니다.

요약하면 교회의 정의는 그리스도 예수의 몸이고, 교회의 본질은 만물 안에서 만물을 충만하게 하시는 그리스도 예수의 충만이며, 교회가 가장 교회다울 때에는 조직이 튼튼하고 행정이 꼼꼼하고 재정이 빵빵하고 성도가 바글바글할 때가 아니라 교회의 정의에 걸맞게 그리스도 예수 자체로 충만할 때입니다. 교회가 그리스도 예수로 충만하게 될 때에 비로소 교회답게 된다는 것은 바울의 개인적인 소견이 아니라 만세 전부터 작정된 하나님의 뜻입니다. "하나님이 미리 아신 자들을 또한 그 아들의 형상을 본받게 하기 위하여 미리 정하셨으니 이는 그로 많은 형제 중에서 맏아들이 되게 하려 하심이니라."롬 8:29

그렇다면 교회가 예수님의 어떠한 것들로 충만해야 교회다운 교회인 것일까요? "확실한 이해의 모든 풍성함과 하나님의 비밀인 그리스도를 깨닫게 하려 함이니 그 안에는 지혜와 지식의 모든 보화가 감추어져 있느니라."골 2:2-3 그리스도 안에 감추어져 있는 지혜와 지식의 모든 보화를 다 깨닫고 취하시기 바랍니다. 그러면 확실한 이해의 모든 풍성함과 하나님의 비밀을 깨닫게 될 것입니다. 나아가 하나님의 신성에 참여하는 자가 되십시오. "그의 신기한 능력으로 생명과 경건에 속한 모든 것을 우리에게 주셨으니……신성한 성품에 참여하는 자가 되게 하려 하셨느니라."벧후 1:3-4 우리가 하나님의 신성에 참여하는 것은 하나님의 신비로운 능력으로 생명과 경건에 속한 모든 것을 우리에게 주신 이유라고 베드로는 말합니다.

하나님의 신성에 참여하는 것은 인간의 신격화를 의미하는 것이 결코 아닙니다. 신성의 참여자가 된다는 것은 그리스도 예수로 가득 채워지는 것을 뜻합니다. 그리스도 예수의 뜻으로 충만한 교회가 되십시오. 주님의 뜻은 아버지 하나님의 뜻을 온전히 이루는 것, 즉 택하신 모든 백성이 주께로 돌아오는 것입니다. 주님의 명령으로 충만해야 하는데 그 명령은 다음과 같습니다. "새 계명을 너희에게 주노니 서로 사랑하라. 내가 너희를 사랑한 것같이 너희도 서로 사랑하라."요 13:34 예수의 성품, 즉 성령의 열매인 사랑과 희락과 화평과 인내와 자비와 양선과 충성과 온유와 절제의 열매가 풍성한 교회가 되십시오. 주님의 말씀으로 충만해야 하는데 그 말씀은 그리스도 예수를 가리켜 기록된 모든 성경을 가리키기 때문에 성경에 박식한 교회가 되시기를 바랍니다. 우리를 본 사람들의 입술에서 그리스도 예수의 얼굴을 보았다는 고백이 나오도록 예수의 향기로 충만한 교회가 되시기를 바랍니다. 진리의 교육과 복음의 선포와 환우의 치유와 빈자의 구제라는 예수님의 사중적인 사역으로 충만한 교회가 되시기를 바랍니다. 모든 상황에서 그리스도 예수가 기준이 된 판단을 내림으로 예수의 의로운 판단력이 주장하는 교회가 되시기를 바랍니다. 그리고 주님께서 무리에게 가르치신 가난과 애통과 온유와 의와 긍휼과 청결과 화평과 박해라는 복으로 가득한 교회가 되시기를 바랍니다. 이러한 교회가 교회다운 교회이며 그리스도 예수의 진정한 몸입니다.

사랑하는 성도 여러분, 주님의 교회는 본질에 충실해야 함을 잊지 마십시오. 그리고 비본질적 사안에 대해서는 여러분의 관심과 시간과 감정을 낭비하지 마십시오. 교회다운 교회 설립과 확장에 우리의 모든 에너지를 모은다면 하나님은 분명히 우리에게 당신의 영광을 보이시고 천국을 이 땅에서도 누리게 하실 것입니다.

| 스터디 가이드 |

1. **은혜와 평강**: 우리를 하나님의 자녀로 삼으신 것은 하나님의 값없는 은혜로 말미암은 것이며 그 은혜의 종착지는 하나님과 나와 타인과 자연 사이의 평강이다. 교회는 온 세상에서 풍성한 은혜와 우주적인 평강의 유일한 공동체다.

2. **영원한 선택**: 하나님의 자녀를 부르시고 거룩하게 하시는 은혜의 기원은 영원 전으로 소급된다. 그러므로 하나님의 자녀들이 모인 교회는 어떠한 조건도 고려되지 않은 하나님의 기뻐하신 뜻을 따라서만 이루어진 영원한 선택에 기초한다.

3. **영광의 찬송**: 주님께서 만세 전부터 우리를 자녀로 부르신 이유는 하나님의 이름을 높이고 증거하는 영광의 찬송이 되게 하려 하심이다. 하나님의 자녀가 그에게 찬송이 된다는 것은 구약과 신약이 동일하게 가르치는 인생의 목적이다.

4. **교회의 기도**: 하나님의 교회가 반드시 알아야 할 것은 하나님 자신, 우리가 갈망해야 할 부르심의 소망, 우리에게 주어진 기업의 영광의 풍성함, 우리에게 베푸신 능력의 지극히 크심이다. 이것은 오직 지혜와 계시의 영이신 성령에 의해서만 알려진다.

5. **교회의 본질**: 교회는 그리스도 예수의 몸이며, 만물 안에서 만물을 충만하게 하시는 주 예수의 충만이다. 교회는 탄탄한 조직이나 헌금의 큰 액수나 성도의 중다한 수효나 왕성한 활동이 아니라 예수로 충만할 때에 비로소 교회답게 된다.

2부.

교회를 하나 되게 하시는 하나님

6.
본질적인 변화

¹ 그는 허물과 죄로 죽었던 너희를 살리셨도다. ² 그때에 너희는 그 가운데서 행하여 이 세상 풍조를 따르고 공중의 권세 잡은 자를 따랐으니 곧 지금 불순종의 아들들 가운데서 역사하는 영이라. ³ 전에는 우리도 다 그 가운데서 우리 육체의 욕심을 따라 지내며 육체와 마음의 원하는 것을 하여 다른 이들과 같이 본질상 진노의 자녀이었더니 ⁴ 긍휼이 풍성하신 하나님이 우리를 사랑하신 그 큰 사랑을 인하여 ⁵ 허물로 죽은 우리를 그리스도와 함께 살리셨고 (너희는 은혜로 구원을 받은 것이라) ⁶ 또 함께 일으키사 그리스도 예수 안에서 함께 하늘에 앉히시니 ⁷ 이는 그리스도 예수 안에서 우리에게 자비하심으로써 그 은혜의 지극히 풍성함을 오는 여러 세대에 나타내려 하심이라. | 엡 2:1-7

우리가 하나님의 자녀가 된다는 것은 피상적인 호칭의 변화도 아니고 인간 문맥 안에서 합의된 사회적인 신분의 변화도 아닙니다. 성격이나 습관이나 스타일의 변화도 아닙니다. 우리가 하나님의 자녀가 되었다는 것은 본질의 근원적인 변화를 가리키는 말입니다. 그리스도 예수를 믿고 하나님의 자녀가 되기 이전의 우리를 회고해 보십시오. 바울은 과거의 우리를 언급하며 진노의 자녀였던 우리가 하나님의 자녀가 되기 위해 받았던 긍휼의 은혜가 얼마나 컸는지를 언급하고 있습니다. 역사를 망각한 민족은 망한다는 금언처럼 우리도 과거의 우리를 알지 못하면 지금의 우리를 인지하지 못하고 우리의 본질적인 변화를 선물하신 하나님께 감사로 반응할 줄도 모를 것입니다.

그때에는 진노의 자녀였던 사람

바울은 1절에서 우리가 허물과 죄로 죽었던 자라고 말합니다. "그는 허물과 죄로 죽었던 너희를 살리셨도다." 여기에서 허물과 죄는 아담과 하와가 저지른 최초의 죄와 우리가 저지른 실질적인 죄를 포괄하고 있습니다. 허물과 죄는 하나님의 법을 위반하는 것이고 법의 저자이신 하나님께 도전하고 반역하는 것입니다. 생명의 근원이신 하나님께 대립각을 세우는 것 자체가 죽음을 자초하는 일입니다. 이렇게 하나님의 법과 죄와 사망은 연결되어 있습니다. "사망이 쏘는 것은 죄요 죄의 권능은 율법이라."^{고전 15:56} 하나님의 법을 어기면 정죄를 당하고 죄는 사망이 출입하는 문입니다. 허물과 죄에서 자유로운 사람은 아무도 없습니다. 그래서 하나님의 택함을 받은 택자든 버림을 받은 유기자든 죄로 인하여 모두 죽을 수밖에 없습니다. 우리도 허물과 죄로 죽었던 자입니다. 그리스도 예수는 죽었던 우리를 살리신 분입니다. 죄인을 살리기 위해서는 사망의 원인인 죄를 제거해야 하고 죄를 제거하기 위해서는 하나님의 율법에 온전히 순종해야 할 것입니다. 율법의 완전한 순종은 하나님과 이웃을 사랑하는 것입니다. 예수님은 하나님의 모든 율법을 완전하게 준수하여 하나님을 사랑하고 우리의 죄를 대신하여 죽음으로 이웃을 사랑한 분입니다.

바울은 죽었던 우리의 구체적인 삶을 2절에서 묘사하고 있습니다. "그때에 너희는 그 가운데서 행하여 이 세상 풍조를 따르고 공중의 권세 잡은 자를 따랐으니 곧 지금 불순종의 아들들 가운데서 역사하는 영이라." 하나님의 자녀가 되기 이전에 영적으로 죽은 자들의 삶은 주로 세 가지로 구성되어 있습니다.

첫째, 허물과 죄 가운데서 행합니다. 바울은 하나님과 분리된 인생의 모든 행실을 허물과 죄로 분류하고 있습니다. 비록 사람들의 눈에 선하고 아름답고 의롭고 자비롭고 진실 되어 보여도 하나님의 엄밀한 기준 앞에서는 모두 허물과 죄입니다. 그래서 죄인의 인생은 살았으나 죽은 삶입니다. 살아가는 내내 진노의 날에 임할 하나님의 진노를 쌓고 있습니다.

둘째, 이 세상의 풍조를 따릅니다. 사람들이 허물과 죄 가운데서 살아가는 삶의 배후에는 세상의 풍조에 대한 추종이 있습니다. "세상 풍조"는 세상의 잘못된 가치관과 기준과 전통과 상식과 관습과 관행을 통칭하는 말입니다. 다시 말하면 하나님을 떠난 사람들 사이에서 합의된 사고와 언어와 행동의 모든 제도적, 문화적, 규범적 질서를 뜻합니다. 하늘의 풍조로 거듭나지 않은 모든 사람들의 사고와 언어와 행실은 모두 세상의 풍조에 물들어 있습니다. 사람들은 허물과 죄가 가득한 세상의 풍조 가운데서 살아가기 때문에 존재의 머리끝에서 발끝까지 거룩한 말씀의 물로 깨끗하게 세척되지 않으면 안 됩니다. 그런데 문제는 자신을 스스로 깨끗하게 할 자가 없다는 것입니다.

셋째, 공중의 권세 잡은 자를 따릅니다. 사람들이 허물과 죄 가운데서 살아가는 이유는 세상의 풍조를 따르기 때문이고 세상의 풍조에서 벗어나지 못하는 것의 배후에는 공중의 권세 잡은 자의 추종이 있다고 바울은 말합니다. 공중의 권세 잡은 자는 가만히 있지 않고 불순종의 아들들 가운데서 역사하는 영입니다. 대표적인 사례들을 보면, 아담과 하와가 타락했던 것도 그 배후에 불순종의 영이 역사했고,^{창 3:1} 욥이 재앙을 당할 때에도 갈대아 사람들과 스바 사람들을 충동한 어두움의 영이 역사했고,^{욥 1:12} 가룟 유다가 예수님을 배반했던 것도 예수를 팔라고 주문하는 어두움의 영이 역사했던^{요 13:2} 일이라고 성경은 분명히 말합니다. 세상 사람들의 불신앙과 불순종의 배후에는 이러한 영의 작용이 있습니다. "만일 우리의 복음이 가리었으면 망하는 자들에게 가리어진 것이라. 그중에 이 세상의 신이 믿지 아니하는 자들의 마음을 혼미하게 하여."^{고후 4:3-4}

바울은 하나님의 자녀가 되기 이전의 우리도 세상 사람들과 동일하게 불순종의 아들들 가운데서 역사하는 영의 미혹을 받아 세상의 풍조를 따라 허물과 죄 가운데서 행했다고 3절에서 말합니다. "전에는 우리도 다 그 가운데서 우리 육체의 욕심을 따라 지내며 육체와 마음의 원하는 것을 하여 다른 이들과 같이 본질상 진노의 자녀이었더니." 바울은 우리도 세상에서 우리 육체의 욕심을 따라 살았다고 말합니다. 욕심의 말로에 대해 야고보는 말합니다. "욕심이 잉태한즉 죄를 낳고 죄가 장성한즉 사망을 낳느니라."^{약 1:15} 욕심이 영혼의 자궁에 착상하면 죄를 낳습니다. 죄가 성장하면 사망을 낳습니다. 욕심과 죄와 사망의 끊이지 않는 사슬에서 자유로운 사람은 하나도 없습니다. 욕심을 해결하는 기독교의 해법은 욕심의 충족도 아니고 무소유와 무욕과 무정념과 무집착의 방식도 아닙니다. 우리의 욕심을 다스리는 유일한 방법은 성령의 소욕을 추구하는 것입니다. "내가 이르노니 너희는 성령을 따라 행하라. 그리하면 육체의 욕심을 이루지 아니하리라."갈5:16

그리고 과거의 우리는 육체와 마음의 원하는 것을 행동으로 옮겼다고 바울은 말합니다. 사람들은 대체로 자신의 몸이 요구하는 것과 마음의 소원을 실행하는 것을 죄라고 생각하지 않습니다. 그들의 눈에는 그것이 당연한 것이고 마땅한 것입니다. 하지만 성경은 우리의 육체와 마음이 죄로 인하여 타락했기 때문에 몸이든 마음이든 늘 죄를 소원하며 죄를 행한다고 말합니다. 거듭나기 이전에는 더더욱 그렇지만 거듭난 이후라 할지라도 육체와 마음의 소원이 괜찮다고 생각하여 방치하는 것은 위험한 일입니다. "근신하라. 깨어라. 너희 대적 마귀가 우는 사자같이 두루 다니며 삼킬 자를 찾나니."벧전5:8 우리가 처해 있는 영적인 상황은 결코 녹록하지 않습니다. 굶주린 사자처럼 마귀가 삼킬 자를 맹렬히 찾고 있습니다. 마귀는 우리로 하여금 육신과 마음의 원하는 것을 행하도록 매 순간마다 최고의 전력을 기울이고 있습니다.

이 문제를 해결하는 유일한 방법은 우리의 소원을 치열하게 거절하고 하나님의 소원을 따라 우리의 인생을 주관해 주시고 그 소원을 마음에 품고 행하게 해달라고 주님처럼 기도하는 것입니다. "나의 원대로 마시옵고 아버지의 원대로 하옵소서."마26:39 아버지 하나님의 소원을 소원하지 않으면 인간의 부패한 소원이 우리의 마음을 장악할 것입니다. 하나님은 강제나 억지로가 아니라 우리의 마음에 소원을 두고 행하시는 분입니다. 그래서 바울은 말합니다. "너희 안에서 행하시는 이는 하나님이시니 자기의 기쁘신 뜻을 위하여 너희에게 소원을 두고 행하게 하시나니."^{빌 2:13} 거듭난 하나님의 사람에게 육체와 마음의 인간적인 소원은 우리 안에 두신 하나님의 거룩한 소원과 늘 대치하고 있습니다. 이런 상태에서 우리는 예수님의 기도처럼 나의 소원이 아니라 아버지의 소원대로 하시라는 전적인 위탁의 기도를 드림으로 세상의 풍조에서 벗어날 수 있습니다.

바울은 인간의 보다 심각한 상태를 지적하되 거듭나기 이전의 우리를 "본질상 진노의 자녀"라고 말합니다. 여기에서 문제의 심각성은 하나님의 신적인 심판과 징계가 합당한 진노의 자녀라는 사실이 어떤 사유나 언어나 행위와 관계되기 이전에 인간의 본성과 관계되어 있다는 점입니다. 인간의 아름다운 본성에 문제가 생긴 것은 하나님을 거역한 인류 최초의 불순종 때문에 발생된 일입니다. 불순종의 죄는 단순히 사회법을 어긴 것이 아니라 존재의 근원이고 본성의 원천이신 하나님께 저질러진 일이기 때문에 인간에게 존재와 본성 차원의 근원적인 문제가 생긴 것입니다. 진노의 자녀는 본성의 차원에서 그러하기 때문에 자신이 어떤 존재인지 모르고, 무슨 잘못을 저지르고 있는지를 깨닫지도 못하고, 혹시 깨달아도 인정하지 않고, 혹시 인정해도 하나님의 은혜 없이는 스스로 돌이킬 수도 없습니다. 이러한 진노의 자녀는 자신에게 어떤 문제가 발생해도 그 원인을 파악하지 못합니다. "악인의 길은 어둠 같아서 그가 걸려 넘어져도 그것이 무엇인지 깨닫지 못하느니라."^{잠 4:19} 이러한 무지는 우리가 올바른 생각을 하고 경건한 언어를 구사하고 선한 행동을 한다고 해서 회복될

2부. 교회를 하나 되게 하시는 하나님

수 있는 상태가 아닙니다. 본질상 진노의 자녀가 진노의 상태에서 벗어날 수 있으려면 인간의 본성이 바뀌어야 가능한데, 그 일은 피조물의 몫이 아닙니다. 창조자급에서만 기대할 수 있는 일입니다.

이제는 하나님의 풍성한 은혜로 거듭난 사람

그러나 하나님은 그 기대를 저버리지 않으시고 본질적인 구원을 베풀어 주셨다고 바울은 4-5절에서 말합니다. "긍휼이 풍성하신 하나님이 우리를 사랑하신 그 큰 사랑을 인하여 허물로 죽은 우리를 그리스도와 함께 살리셨고 (너희는 은혜로 구원을 받은 것이라)." 하나님은 진실로 긍휼이 풍성하신 분입니다. 우리를 지극히 큰 사랑으로 사랑하신 분입니다. 우리에게 풍성한 긍휼과 놀라운 사랑을 베푸셔서 우리의 본질을 바꾸시고 구원하신 분입니다. 바울은 예수님과 함께 우리를 살리신 구원의 이유가 하나님의 은혜와 사랑에 있다고 말합니다. 이는 우리에게 어떤 자격이나 능력이나 공로나 원인이 없는 구원을 베풀어 주셨다는 것입니다. 이처럼 바울은 구원의 유일하고 근원적인 원인을 하나님의 사랑과 긍휼에 돌립니다. 이것은 신약의 시대에만 그러한 것이 아닙니다. 예레미야 선지자도 같은 고백을 했습니다. "여호와의 인자와 긍휼이 무궁하시므로 우리가 진멸되지 아니함이니이다."애 3:22 사도는 선지자의 가르침을 그대로 계승한 것입니다.

바울은 6절에서 우리를 구원하신 하나님의 놀라운 은혜를 계속해서 말합니다. "또 함께 일으키사 그리스도 예수 안에서 함께 하늘에 앉히시니." 우리를 예수님과 함께 살리신 하나님은 또한 우리를 예수님과 함께 일으키사 하늘에 함께 앉히신 분입니다. 우리를 예수께서 계신 천상적인 영역에 앉히신 것은 먼 미래가 아니라 이미 이루어진 완료라는 사실을 잊지 마십시오. 비록 땅의 방법으로 증명할 수는 없지만 우리는 지금 이 땅에서가 아니라 주님께서 계신 천상의 자리에 앉아 있습니다. 복음송 「하늘 소망」 가사처럼 실제로 "나 지금은 비록 땅을 벗하며 살지라도 / 내 영혼 저 하늘을 디디며 사네"가 기대가 아니라 이미 이루어진 사실이 된 것입니다. 그리스도 안에서 우리가 무서운 진노의 자리를 떠나 하나님의 영광에 동참하는 자녀의 자리로 이동하는 극적인 반전이 일어난 것입니다.

이러한 문맥에서 예수님의 마지막 유언을 생각해 보십시오. "볼지어다. 내가 세상 끝 날까지 너희와 항상 함께 있으리라."[마 28:20] 우리는 대체로 이 유언을 이해하되 우리가 살아가는 이 세상에 성령을 보내셔서 죽을 때까지 우리를 떠나지 않으실 것이라고 간주해 왔습니다. 그러나 바울은 우리가 지금 하늘에 주님과의 동석이 완료된 상태라고 말합니다. 하늘은 물리적인 고공의 하늘이 아닙니다. 하늘은 주님께서 거하시는 곳입니다. 그런데 세상 끝 날까지 우리와 함께 계신다고 하셨기 때문에 현재 우리는 분명히 주님과 동거하고 동행하고 있습니다. 이에 대한 히브리서 기자의 표현을 보십시오. "너희가 이른 곳은 시온 산과 살아 계신 하나님의 도성인 하늘의 예루살렘과 천만 천사와 하늘에 기록된 장자들의 모임과 교회와 만민의 심판자이신 하나님과 및 온전하게 된 의인의 영들과 새 언약의 중보자이신 예수와 및 아벨의 피보다 더 나은 것을 말하는 뿌린 피니라."[히 12:22-24] 우리가 이미 하늘에 도달해서 예수와 하나님의 백성 전체와 나란히 앉아 있습니다. 이것은 최면도 아니고 환상도 아니고 가능성도 아니고 바람도 아닌 우리에게 이미 이루어진 현실의 일입니다.

이러한 사실에 기독교의 넉넉한 여유가 있습니다. 하나님의 사람들은 보다 높은 지위를 얻고 보다 고상한 신분을 취득하고 보다 높은 액수의 월급을 받으려고 발버둥을 치지 않습니다. 그럴 필요가 없습니다. 우리는 이미 더 이상 높아질 수 없는 하늘의 그리스도 옆자리에 앉아 있습니다. 우리는 더 이상 고상할 수 없는 하나님의 자녀라는 최고의 신분을 가지고 있습니다. 우리는 최고의 액수와도 비교할 수 없는 하나님 자신을 최고의 상급과 최대의 기업으로 이미 받은 자입니다. 최상의 풍요로움 속에 이미 거하는 우리는 이제 취하는 방향이 아니라 나누는 방향으로 수고의 땀을 흘려야 할 때입니다. 어떻게 하면 자신에게 주어진 최고의 선물을 분배하고 공유할 수 있을지에 관심과 에너지를 집중해야 할 때입니다. 이미 주어진 하나님의 놀라운 은총과 자신의 고귀하고 풍요로운 상태를 알지 못하면 교회도 이 세상처럼 경쟁과 대결의 부끄러운 질서에 순응하고 말 것입니다.

우리를 그리스도 예수와 함께 살리시고 함께 일으키사 함께 앉히신 이유를 바울은 7절에서 밝힙니다. "이는 그리스도 예수 안에서 우리에게 자비하심으로써 그 은혜의 지극히 풍성함을 오는 여러 세대에 나타내려 하심이라." 그리스도 예수 안에서 우리에게 베푸신 은혜의 막대한 풍성함을 다음 세대에게 알리시기 위해 그렇게 하셨다고 말합니다. 만약 우리가 이전에 살던 것처럼 세상의 풍조와 어두움의 영과 육신의 소욕을 따른다면 하나님의 풍성한 사랑과 은혜를 우리 자신도 망각하고 다음 세대들도 경험하지 못하게 되는 이중적인 병폐가 생길 것입니다. 우리에게 베푸신 하나님의 자비와 긍휼은 우리 세대의 전유물이 아닙니다. 그리스도 안에서 우리에게 주어진 하나님의 자비는 우리를 위함도 있지만 오고 오는 모든 세대들을 위함도 있습니다. 우리 세대만을 생각하는 편협하고 단절적인 사고가 아니라 하나님 나라의 역사적인 길이와 공간적인 넓이를 동시에 생각하는 의식의 전환을 하나님은 각 세대의 교회에게 요청하고 있습니다.

7.
선물과 자랑

　　8 너희는 그 은혜에 의하여 믿음으로 말미암아 구원을 받았으니 이것은 너희에게서 난 것이 아니요 하나님의 선물이라. 9 행위에서 난 것이 아니니 이는 누구든지 자랑하지 못하게 함이라. 10 우리는 그가 만드신 바라. 그리스도 예수 안에서 선한 일을 위하여 지으심을 받은 자니 이 일은 하나님이 전에 예비하사 우리로 그 가운데서 행하게 하려 하심이니라. 11 그러므로 생각하라. 너희는 그때에 육체로는 이방인이요 손으로 육체에 행한 할례를 받은 무리라 칭하는 자들로부터 할례를 받지 않은 무리라 칭함을 받는 자들이라. 12 그때에 너희는 그리스도 밖에 있었고 이스라엘 나라 밖의 사람이라. 약속의 언약들에 대하여는 외인이요 세상에서 소망이 없고 하나님도 없는 자이더니 13 이제는 전에 멀리 있던 너희가 그리스도 예수 안에서 그리스도의 피로 가까워졌느니라. | 엡 2:8-13

　　과거에 우리는 본질상 진노의 자녀로서 이 세상의 풍조에 휩쓸리고 공중의 권세를 잡은 불순종의 영에 이끌려서 살아가는 자였지만, 지금 우리는 하나님의 은혜에 의하여 믿음으로 말미암아 구원을 받은 자입니다. 태초에 인간은 하나님의 형상을 따라 최고의 피조물로 다른 존재와는 비교할 수 없도록 탁월하게 지음을 받았지만 하나님께 범죄하고 타락하여 최악의 피조물로 추락을 했습니다. 만물보다 심히 부패하고 거짓된 피조물이 된 것입니다.

그러나 때가 이르러서 긍휼과 자비가 무궁하신 하나님의 재창조에 의해 우리는 태초의 상태보다 더 영광스러운 신분을 얻고 더 영화로운 상태에 이른 것입니다. 지금 우리는 하나님의 자녀와 하나님의 백성과 천국의 시민이 되었으며 그런 신분으로 이 땅에서 살아가고 있습니다. 그러나 바울은 우리가 망각하지 말아야 할 것이 있다고 말합니다.

하나님의 선물

8절을 보십시오. "너희는 그 은혜에 의하여 믿음으로 말미암아 구원을 받았으니 이것은 너희에게서 난 것이 아니요 하나님의 선물이라." 즉, 구원의 출처는 우리가 아니라는 것입니다. 구원은 하나님의 선물로서 우리에게 주어진 것입니다. 바울은 우리의 구원이 "그 은혜에 의하여 믿음으로 말미암아" 이루어진 것이라고 말합니다. 여기에는 우리의 구원이 마치 하나님의 은혜와 우리의 믿음이 절반씩 섞인 합작품인 것처럼 묘사되어 있습니다. 그래서 구원에 있어서 하나님과 우리가 마치 대등한 동역자 혹은 동료인 것처럼 이해하기 쉽습니다. 내가 일하지 않으면 하나님은 아무것도 못하시는 분이라는 오해와 착각의 동일한 결을 따라 내가 믿음으로 협조하지 않으면 하나님의 은혜는 아무리 풍성해도 무익해질 것이라고 말합니다.

그러나 이러한 이해가 불경스러운 오해라는 것은 바울이 은혜와 믿음으로 주어지는 구원을 "하나님의 선물"로 규정하고 있다는 사실에서 확인할 수 있습니다. 바울은 우리가 예전에는 허물과 죄로 분명히 죽은 자였음을 밝힙니다. 영적인 반응을 전혀 못하였던 자입니다. 영적으로 완전히 죽은 자에게는 구원의 어떠한 자격이나 조건이나 원인이나 가능성을 기대할 수 없습니다. 그래서 구원은 나에게서 나오지 않고 위로부터 주어진 하나님의 완전한 선물인 것입니다.

우리의 믿음은 비록 우리가 주어로 되어 있더라도 순수한 우리의 것이 아닙니다. 그런데도 적잖은 분들이 믿음을 자기의 것으로 여기며 구원에 자신도 일말의 조건이나 원인으로 기여한 것처럼 말합니다. 사실 성경에는 믿음을 구원의 조건으로 제시하며 "믿으면 구원을 받는다"라는 언급들이 많이 있습니다.롬 10:9, 요 12:36, 행 16:31 충분히 오해할 수 있습니다.

그러나 그 믿음은 우리가 공로로 내세울 수 있는 구원의 조건이 아닙니다. 만약 우리가 어떤 식으로든 구원에 보탬이 되었다면 구원은 일종의 보상이지 선물이 아닐 것입니다. 구원이 나에게서 나온 것이라면 구원에 기여한 만큼의 생색을 낼 수 있겠지만 성경은 단호하게 위로부터 하나님에 의해 선물로 주어진 것이라고 말합니다. "은혜에 의하여 믿음으로 말미암아" 구절도 자세히 살펴보십시오. 그것은 믿음으로 말미암아 구원을 받았다는 것 그 자체가 "은혜에 의하여" 이루어진 것이라는 뜻입니다. 우리의 믿음은 믿어서 믿어진 것이 아니라 믿어져서 믿은 것입니다. 믿음에는 능동태의 성격도 있지만 수동태의 성격이 더 강합니다. 믿음의 수동성이 선행하지 않으면 능동적인 반응은 불가능한 일입니다. 그렇기 때문에 우리들 중에 누구도 자신의 믿음이 다른 사람의 믿음보다 더 크다고 자랑할 수 없습니다.

더욱 놀라운 것은 믿음과 구원만이 하나님의 선물은 아니라는 것입니다. 고린도 성도들을 향한 바울의 말입니다. "우리가 무슨 일이든지 우리에게서 난 것같이 스스로 만족할 것이 아니니 우리의 만족은 오직 하나님으로부터 나느니라."고후 3:5 여기에서 "무슨 일이든지"라는 표현은 사물과 사건과 상태와 사태 일체를 가리키는 말입니다. 즉, 나에게 있는 것들 중에 하나님이 출처가 아닌 나에게서 나온 것은 하나도 없다는 뜻입니다. 우리의 모든 것들은 하나님의 선물이며 우리의 모든 만족은 하나님께 있습니다. 만족의 다른 근원은 없습니다.

같은 맥락에서 바울은 이런 질문을 던집니다. "네게 있는 것 중에 받지 아니한 것이 무엇이냐. 네가 받았은즉 어찌하여 받지 아니한 것같이 자랑하느냐."고전 4:7 바울의 말처럼 우리에게 있는 것들 중에 받지 아니한 것은 하나도 없습니다. 전도자도 동일한 것을 말합니다. "사람마다 먹고 마시는 것과 수고함으로 낙을 누리는 그것이 하나님의 선물인 줄도 또한 알았도다."전 3:13 열심히 일해서 번 돈으로 먹고 마시고 즐기는 것조차도 하나님의 선물로 분류하고 있습니다. 이처럼 하나님의 선물이 아닌 것이 하나도 없습니다. 그렇기 때문에 자랑할 근거가 하나님 이외에는 그 어디에도 없습니다. 의식주를 비롯하여 우리에게 있는 모든 것들에 대한 우리의 반응은 자랑이 아니라 오직 하나님께 감사와 찬양을 드리는 것입니다.

우리의 자랑

이제 9절을 보십시오. "행위에서 난 것이 아니니 이는 누구든지 자랑하지 못하게 함이라." 새로운 삶의 출발점인 구원은 우리의 행위에서 난 것이 아닙니다. "행위"라는 말에는 우리가 구원의 주체라는 의미가 내포되어 있습니다. 그런데 바울은 우리가 결코 구원의 주체가 아니라는 차원에서 구원이 행위에서 난 것이 아니라고 말합니다. 하지만 혈통을 따라 스스로를 아브라함 자손으로 여긴 이스라엘 백성은 하나님의 명령에 자신들이 온전히 순종하면 하나님의 선택된 백성이 되고 하나님의 나라에 들어갈 것이라는 착각을 했습니다. 그래서 율법의 준행을 강조했고 율법의 인간적인 준행을 자랑했고 그것을 자신의 뿌듯한 의로 여기기도 했습니다.

바울은 이러한 자신의 혈족을 향해 다소 혹독한 평가를 내립니다. "내가 증언하노니 그들이 하나님께 열심이 있으나 올바른 지식을 따른 것이 아니니라. 하나님의 의를 모르고 자기 의를 세우려고 힘써 하나님의 의에 복종하지 아니하였느니라." 롬 10:2-3 믿음의 주체가 자기라고 생각하면, 순종의 주체가 자기라고 생각하면, 구원의 주체가 자기라고 생각하면, 사람들은 자신의 의로움에 빠집니다. 자기를 자랑하고 자기의 의를 세웁니다. 그렇게 하면서 하나님의 의를 무시하고 버립니다. 그러나 바울은 구원을 비롯하여 모든 좋은 것들은 사람의 행위에서 난 것이 아니라고 말합니다. 구원이 인간의 행위에서 비롯되지 않도록 선물로서 주신 하나님의 의도는 그 누구도 구원에 대해 자랑하지 못하게 하려는 것이라고 바울은 말합니다.

"선물"은 선물 수령자의 실력이나 공로나 신분을 증명하는 것이 아닙니다. 선물 수여자의 마음과 성품을 증거하는 것입니다. 즉, 은혜에 의하여 믿음으로 말미암아 얻은 구원의 선물은 하나님의 자비와 긍휼의 사랑을 증거하고 있습니다. 모세의 기록을 보십시오. "여호와께서 너희를 기뻐하시고 너희를 택하심은 너희가 다른 민족보다 수효가 많기 때문이 아니니라. 너희는 오히려 모든 민족 중에 가장 적으니라. 여호와께서 다만 너희를 사랑하심으로 말미암아, 또는 너희의 조상들에게 하신 맹세를 지키려 하심으로 말미암아 자기의 권능의 손으로 너희를 인도하여 내시되."^{신 7:7-8}

사랑하는 성도 여러분, 자신을 자랑하지 마십시오. 자신의 재능과 외모와 목소리를 자랑하지 마십시오. 다윗을 보십시오. "내가 주께 감사하오음은 나를 지으심이 심히 기묘하심이라. 주께서 하시는 일이 기이함을 내 영혼이 잘 아나이다."^{시 139:14} 다윗은 자신이 너무나도 놀랍고 아름답게 지어진 것을 인하여 자기를 자랑하지 않고 창조자 하나님께 찬양을 드립니다.

부와 명성도 자랑하지 마십시오. 전도자는 말합니다. "또한 어떤 사람에게든지 하나님이 재물과 부요를 그에게 주사 능히 누리게 하시며 제 몫을 받아 수고함으로 즐거워하게 하신 것은 하나님의 선물이라."^{전 5:19} 지식과 재능도 자랑하지 마십시오. 모세는 말합니다. "네 하나님 여호와를 기억하라. 그가 네게 재물 얻을 능력을 주셨음이라."^{신 8:18}

가문과 혈통도 자랑하지 마십시오. 바울은 육신을 따라 자신에 대해 이렇게 말합니다. "나는 팔 일 만에 할례를 받고 이스라엘 족속이요 베냐민 지파요 히브리인 중의 히브리인이요 율법으로는 바리새인이요."^{빌 3:5} 그는 유대인 중의 유대인, 로마인 중에 태생적인 시민권 소유자, 이스라엘 백성의 태조인 사울 왕조의 혈통에서 난 자이며 학문적인 혈통에 있어서는 당대의 최고 석학인 가말리엘 수제자의 스펙을 가졌지만 이 모든 것들을 자랑의 근거로 삼지 않고 배설물로 여긴 분입니다.

지위나 권세도 자랑하지 마십시오. 지위나 권세가 높다고 해서 낮은 사람들을 무시하는 것은 자신을 자랑하는 것과 같습니다. 지위와 권세의 출처가 자신에게 있지 않다는 사실을 바울은 이렇게 말합니다. "권세는 하나님으로부터 나지 않음이 없나니 모든 권세는 다하나님께서 정하신 바라."^{롬 13:1} 장수도 자랑하지 마십시오. 인생의 연한은 하나님께 의존하고 있습니다. "이는 만민에게 생명과 호흡과 만물을 친히 주시는 이심이라."^{행 17:25} 우리의 생명과 인생의 길이도 하나님의 선물로서 주어진 것입니다. 모든 인생은 하나님이 허락하신 기간 동안 살다가 가는 것입니다.

믿음과 인격과 성품과 경건과 섬김도 모두 하나님의 은혜로 주어진 것입니다. "내가 나 된 것은 하나님의 은혜로 된 것이니 내게 주신 그의 은혜가 헛되지 아니하여 내가 모든 사도보다 더 많이 수고하였으나 내가 한 것이 아니요 오직 나와 함께하신 하나님의 은혜로라."^{고전 15:10} 그래서 우리에게 자랑할 것은 하나도 없습니다. 오직 모든 것들을 선물로 주신 주님만을 자랑하는 저와 여러분이 되시기를 바랍니다.

선행_ 자랑의 방식

이제 10절을 보십시오. "우리는 그가 만드신 바라. 그리스도 예수 안에서 선한 일을 위하여 지으심을 받은 자니 이 일은 하나님이 전에 예비하사 우리로 그 가운데서 행하게 하려 하심이니라." 하나님이 인간을 창조하신 태초의 목적은 선을 행하게 하려 함이라고 바울은 말합니다. 하나님이 만물과 인간을 만드신 이후에 내리신 평가는 보시기에 "심히 좋았다" 혹은 "심히 선하다"는 것입니다. 즉, 인간으로 하여금 선을 행하도록 선한 존재로 만드신 것입니다. 그러나 하나님의 명령을 거역하고 하나님과 원수가 된 이후에는 선행이 아니라 죄악만을 행하는 존재로 전락하고 말았습니다.

　　모세는 인간의 부패한 상태를 이렇게 표현하고 있습니다. "내가 다시는 사람으로 말미암아 땅을 저주하지 아니하리니 이는 사람의 마음이 계획하는 바가 어려서부터 악함이라."^{창 8:21} 인간에 대한 다윗과 바울의 평가도 다르지가 않습니다. "다 치우쳐 함께 더러운 자가 되고 선을 행하는 자가 없으니 하나도 없도다."^{시 14:3. 참조 롬 3:12} 선을 행하려는 사람도 없고 선을 행하는 사람도 없고 선을 행할 수 있는 사람도 없습니다. 이는 인간이 선과 무관하고 선에 역행하는 자가 되었다는 뜻입니다. 그러나 그리스도 예수 안에서는 선한 일을 행할 수 있습니다. 우리는 그리스도 안에서 선을 행하도록 지음을 받은 자입니다. 그리스도 예수는 우리에게 창조의 본래 목적인 선행을 가능하게 만드신 분입니다. "그가 우리를 대신하여 자신을 주심은 모든 불법에서 우리를 속량하시고 우리를 깨끗하게 하사 선한 일을 열심히 하는 자기 백성이 되게 하려 하심이라."^{딛 2:14} 그리스도 밖에서의 인간은 선하지도 않고 선을 행하려고 하지도 않고 행할 수도 없습니다.

　　주님께서 우리를 불법에서 건지시고 깨끗하게 하신 이유는 선한 일에 힘쓰는 백성이 되게 하시려는 것입니다. 구약에서 선행은 정의와 공의로 표현되어 있습니다. 이사야의 글을 보십시오. "무릇 만군의 여호와의 포도원은 이스라엘 족속이요 그가 기뻐하시는 나무는 유다 사람이라. 그들에게 정의를 바라셨더니 도리어 포학이요 그들에게 공의를 바라셨더니 도리어 부르짖음이었도다."^{사 5:7} 이는 주님께서 그렇게도 아끼시는 이스라엘 족속이 주님께서 그렇게도 바라시던 정의를 버리고 포학을 택했으며, 공의를 버리고 타인의 입에서 절규가 터지게 했다는 말입니다. 즉, 하나님의 소원과 바람은 묵살되고 인간의 부패한 소욕만 악취를 풍겼다는 것입니다.

오늘날 교회는 이러한 구약의 이스라엘 백성과 다르지가 않습니다. 지금 한국의 교회에는 불법을 자행하고 불륜을 저지르고 부도덕을 끼치고 사기와 횡령을 일삼는 신학자나 목회자나 성도가 적지 않습니다. 간접적인 범죄자는 더 많습니다. 이념에 사로잡혀 너무도 확연한 범죄자를 방조하고 옹호하고 변호하는 사람들이 교회에 얼마나 많은지 모릅니다. 그 범죄자의 손에서 떨어지는 뇌물성 떡고물에 군침을 흘리는 목회자도 적지 않습니다. 이들은 주님께서 목숨을 희생하며 우리를 깨끗하게 하신 목적, 즉 선을 행하게 하시려는 주님의 의도에 정면으로 역행하고 있습니다.

구원 이전과 이후

11-13절을 보십시오. "그러므로 생각하라. 너희는 그때에 육체로는 이방인이요 손으로 육체에 행한 할례를 받은 무리라 칭하는 자들로부터 할례를 받지 않은 무리라 칭함을 받는 자들이라. 그때에 너희는

그리스도 밖에 있었고 이스라엘 나라 밖의 사람이라. 약속의 언약들에 대하여는 외인이요 세상에서 소망이 없고 하나님도 없는 자이더니 이제는 전에 멀리 있던 너희가 그리스도 예수 안에서 그리스도의 피로 가까워졌느니라." 여기에서 바울은 그때와 이제를 비교하며 생각해야 한다고 말합니다. 구원 이전과 이후의 상태를 동시에 생각하지 않으면 구원 이후에도 구원 이전처럼 살아갈 수 있습니다. 그래서 바울은 하나님의 자녀가 되었어도 이방인의 습성대로 살아가고, 그리스도 안에 있어도 그리스도 밖에 있는 것처럼 살아가고, 약속의 말씀이 있어도 없는 것처럼 약속과 무관하게 살아가고, 소망이 있음에도 불구하고 절망 가운데서 살아가며, 하나님이 함께 계심에도 불구하고 하나님이 계시지 않는 것처럼 무신론의 삶을 살아가는 그런 사람이 되지 말라고 말합니다.

이방인과 무할례자 신분으로 있었던 그때에 에베소 성도들은 "그리스도 밖에 있었고 이스라엘 나라 밖의 사람"이며 "약속의 언약들에 대하여는 외인이요 세상에서 소망이 없고 하나님도 없는 자"입니다. 바울은 구원이 주어지기 이전의 에베소 성도들의 모습을 통해 이방인과 할례를 받지 않은 무리에 해당하는 세상 사람들의 특징적인 상태와 성도의 상태가 얼마나 다른지를 간략하게 설명하고 있습니다. 구원을 받지 못한 사람들은 그리스도 밖에 있습니다. 그러나 구원을 받은 우리들은 그리스도 안에 있습니다. 그리스도 안에 있기 때문에 우리에게 구원이 있습니다. 우리가 생명 자체이신 그리스도 안에 있으면 영원한 생명싸개 안에 거하는 셈이어서 죽음의 기운이 우리를 공격하지 못하고 엄습할 수 없습니다. 그리스도 안에는 정죄와 형벌의 근거가 전혀 없습니다.

　　그러나 세상 사람들은 그리스도 밖에 있으며 하나님의 약속과 무관한 자입니다. 하지만 구원을 받은 자에게는 하나님의 모든 약속이 그리스도 안에서 이루어질 것입니다. 하나님의 모든 약속은 그리스도 안에서 "예"만 있습니다. 하나님의 약속들 중에 몇 가지만 보십시오. "그가 우리에게 약속하신 것은 이것이니 곧 영원한 생명이니라."요일 2:25 하나님은 우리에게 영원한 생명을 주십니다. "만일 우리가 우리 죄를 자백하면 그는 미쁘시고 의로우사 우리 죄를 사하시며 우리를 모든 불의에서 깨끗하게 하실 것이요."요일 1:9 하나님은 우리의 죄를 용서해 주시고 깨끗하게 해주십니다. "오직 성령의 열매는 사랑과 희락과 화평과 오래 참음과 자비와 양선과 충성과 온유와 절제니 이 같은 것을 금지할 법이 없느니라."갈 5:22-23 하나님은 우리에게 성령의 풍성한 열매를 주십니다. "나의 하나님이 그리스도 예수 안에서 영광 가운데 그 풍성한 대로 너희 모든 쓸 것을 채우시리라."빌 4:19 하나님은 우리의 모든 필요를 풍성하게 채워 주십니다. "모든 눈물을 그 눈에서 닦아 주시니 다시는 사망이 없고 애통하는 것이나 곡하는 것이나 아픈 것이 다시 있지 아니하리니 처음 것들이 다 지나갔음이러라."계 21:4 하나님은 우리의 모든 슬픔과 고통을 끝내실 것입니다.

　　그러나 세상 사람들의 마음에는 영원한 생명과 기쁨과 평강과 만족에 대한 소망이 없습니다. 잠시 있다가 썩어 없어지는 세상의 그 무엇에 모든 소망을 걸고 있습니다. 보이는 것을 소망하는 세상 사람과는 달리 성도는 보이지 않는 것을 바라고 믿습니다. 성도는 죽음 너머의 거룩한 삶과 무덤 너머의 영원한 세계를 믿음의 눈으로 바라보며 사모하는 자입니다. 세상 사람들은 죽음의 권세 앞에서 절망하며 떨지만 성도는 부활의 소망으로 인해 어떠한 두려움과 흔들림도 없습니다.

소망이 있는 로마 교회 성도들을 향해 바울은 이렇게 기도하고 있습니다. "소망의 하나님이 모든 기쁨과 평강을 믿음 안에서 너희에게 충만하게 하사 성령의 능력으로 소망이 넘치게 하시기를 원하노라."롬 15:13 인생의 크기는 소망의 크기라는 말이 있습니다. 사랑하는 성도 여러분, 누구도 빼앗을 수 없는 하늘의 불변적인 소망이 믿음의 사람에게 있음을 믿으시기 바랍니다.

성도의 소망은 결코 막연하지 않습니다. 잘될지도 모른다는 추측이 아닙니다. 잘될 수 있다는 가능성도 아닙니다. 그리스도 안에서의 소망은 믿는 우리에게 "바라는 것들의 실상"히 11:1이기 때문에 불안함이 없습니다. 우리의 소망은 이미 우리에게 주어진 것의 완성을 소망하는 것입니다. 너무도 확고한 것이며 변경될 수 없는 것입니다. "주여, 이제 내가 무엇을 바라리요. 나의 소망은 주께 있나이다."시 39:7 우리의 소망은 주님께 뿌리를 내리고 있습니다. 누가 감히 소망의 뿌리이신 주님을 뽑아낼 수 있을까요? 우리의 주님은 그 누구에 의해서도 제거될 수 없습니다. "의인은 그의 죽음에도 소망이 있느니라." 잠 14:32 지혜자의 말처럼 죽음도 우리의 소망을 제거할 수 없습니다. 오히려 죽음은 우리의 하늘 소망으로 들어가는 문입니다.

세상 사람들은 하나님이 없는 자입니다. 그분들은 하나님의 존재를 인정하지 않고 하나님 없이 살아가고 있습니다. 어떤 과학자는 과학적인 도구로 검증되지 않아서 "신은 없다"고 말합니다. 어떤 철학자는 대다수의 유능한 인물들이 신을 믿지 않지만 소득원이 없어질 것 같아서 무신론의 입장을 비겁하게 숨기고 있다고 말합니다. 그들이 보기에 신은 답답하고 절망적인 현실을 부정하고 외면하는 도피의 관념적인 출구일 뿐입니다. 또한 신은 약자들이 자신들의 처지와 마음의 비참함과 고통을 무디게 만드는 종교적인 공갈 젖꼭지일 뿐입니다. 신은 비천한 자들이 사회에 불평하지 않고 자신들의 상태에 만족하며 자족하게 만드는 민중의 아편일 뿐입니다. 신은 가난한 자들이 부자들을 살인하지 못하게 만드는 부자들의 고안물과 장난감일 뿐입니다. 심지어 독일 철학자인 니체는 종교란 노예의 도덕이며, 신은 죽었다고 말했습니다.

그러나 다윗의 생각은 다릅니다. "어리석은 자는 그의 마음에 이르기를 하나님이 없다 하는도다. 그들은 부패하고 그 행실이 가증하니 선을 행하는 자가 없도다."시 14:1 마음으로 "하나님이 없다"고 말하는 자는 성경에 따르면 어리석은 자입니다. 그러나 우리가 하나님의 존재를 부정하고 하나님 없이 살아가는 사람들을 비난하고 정죄할 필요는 없습니다. 오히려 그들을 불쌍히 여기며 어떻게 사랑하며 섬길까를 고민하는 것이 좋습니다. 저는 무신론을 주장하는 분들의 글들을 자주 읽습니다. 그런 글들을 읽으면서 저는 그분들을 미워하고 공격하는 것보다 저 자신을 돌아보는 계기로 삼습니다. 하나님을 믿는다고 하면서 무신론의 삶을 살고 있지는 않은지를 말입니다.

바울은 디도에게 실천적 무신론에 대해 다음과 같은 말로 경계하고 있습니다. "그들이 하나님을 시인하나 행위로는 부인하니 가증한 자요 복종하지 아니하는 자요 모든 선한 일을 버리는 자니라."

딛 1:16 입술은 믿음의 거인인데, 행실은 무신론에 가까운 사람들이 교회에 있습니다. 입술로는 하나님을 사랑하고 있지만 행위로는 이생의 자랑과 육신의 정욕과 안목의 정욕을 사랑하는 사람들이 교회에 있습니다. 입술로는 원수까지 사랑하나 행위로는 교묘하게 보복하는 사람들이 교회에 있습니다. 입술로는 하나님과 뜨거운 기도의 대화를 나누지만 행위로는 하나님과 무관한 사람들이 교회에 있습니다. 입술은 선행의 수호자인 듯하지만 삶으로는 악행을 저지르고 그것을 두둔하는 사람들이 교회에 있습니다.

우리는 어떻게 살아가고 있습니까? 우리의 삶은 하나님의 존재를 부정하고 있지는 않습니까? 그리스도 안에 있으면서 그리스도 밖에 있는 것처럼 하나님 없이 살아가고 있지는 않습니까? 하나님의 마음, 하나님의 사랑, 하나님의 뜻, 하나님의 자비, 하나님의 목적이 없는 삶을 살고 있지는 않습니까? 하나님을 알기만 하고 따르려고 하지는 않고 있지 않습니까?

그런 사람들에 대해 요한은 이렇게 말합니다. "그를 아노라 하고 그의 계명을 지키지 아니하는 자는 거짓말하는 자요 진리가 그 속에 있지 아니하되."요일 2:4 야고보는 "사람이 선을 행할 줄 알고도 행하지 아니하면 죄니라"약 4:17 하고 말합니다. "행함이 없는 믿음은 그 자체가 죽은 것이라."약 2:17 이런 믿음은 영혼이 없는 몸이 죽은 것과 같습니다. 이것은 야고보가 삶의 실천적인 행위가 없는 신앙의 공허한 관념을 꼬집은 말입니다.

그리스도 예수를 알기 이전에 우리는 본질상 진노의 자녀로서 불순종의 영에게 이끌려 세상의 풍조에 이리저리 휩쓸리며 그리스도 밖에서 소망도 없고 하나님도 없이 살았지만 이제는 그렇지 않습니다. 우리는 그리스도 안에 있습니다. 영원하고 불변적인 구원의 소망이 있습니다. 세상 끝 날까지 우리와 함께하신다고 약속하신 하나님이 지금 우리와 함께 계십니다. 멀리 떨어져 있던 우리가 이제는 하나님께 너무나도 가까이 있습니다. 하나님이 우리 안에, 우리가 하나님 안에 있음을 믿고 기쁨으로 주님과 동행하는 저와 여러분이 되시기를 바랍니다.

8.
하나 됨의 목적

¹⁴ 그는 우리의 화평이신지라. 둘로 하나를 만드사 원수 된 것 곧 중간에 막힌 담을 자기 육체로 허시고 ¹⁵ 법조문으로 된 계명의 율법을 폐하셨으니 이는 이 둘로 자기 안에서 한 새사람을 지어 화평하게 하시고 ¹⁶ 또 십자가로 이 둘을 한 몸으로 하나님과 화목하게 하려 하심이라. 원수 된 것을 십자가로 소멸하시고 ¹⁷ 또 오셔서 먼 데 있는 너희에게 평안을 전하시고 가까운 데 있는 자들에게 평안을 전하셨으니 ¹⁸ 이는 그로 말미암아 우리 둘이 한 성령 안에서 아버지께 나아감을 얻게 하려 하심이라. | 엡 2:14-18

세상은 불화와 대립과 갈등과 분열로 몸살을 앓고 있습니다. 부한 자와 가난한 자, 경영자와 노동자, 교수와 학생, 목회자와 성도, 부모와 자녀, 남편과 아내 등 대부분의 사람들은 화목이 실종된 현실의 살벌한 긴장 속에서 살아가고 있습니다. 사람들은 왜 이렇게도 서로를 공격하며 대립하고 싸우고 분열하는 것일까요? 제가 보기에 그것은 사랑의 부재 혹은 결핍에서 비롯된 것입니다. 사랑은 나를 위하지 않고 타인을 위하는 것입니다. 나를 향하지 않고 타인을 향하는 것입니다.

나의 이득이 아니라 타인의 유익을 추구하는 것입니다. 나의 행복보다 타인의 행복을 앞세우는 것입니다. 바울은 말합니다. "누구든지 자기의 유익을 구하지 말고 남의 유익을 구하라." 고전 10:24

타인의 유익을 구하는 이타적인 사랑이 없는 모든 사람들은 자신을 향하고 자신을 위합니다. 자신의 유익을 추구하고 자신의 행복과 기쁨을 추구하고 자신의 출세와 성공을 구합니다. 이렇게 각자가 자신을 관심과 의식의 일 순위에 두면 모든 타인들은 당연히 후순위로 밀려날 수밖에 없습니다. 이해의 충돌이 생기고 서로 밀리지 않으려고 상대방을 공격하고 짓누르고 짓밟아야 한다는 판단을 내립니다. 결국 가정과 교회와 사회는 내가 물어뜯지 않으면 물리고, 밟지 않으면 밟히는 정글처럼 변합니다. 이러한 문제의 해결책은 하나밖에 없습니다. 서로를 사랑하는 것입니다. 타인을 위해 심지어 죽기까지 사랑하는 것입니다. 사망은 내게 역사해도 생명은 타인에게 역사하는 그런 사랑을 고집하는 것입니다. 이 사랑은 예수께서 죽음의 십자가 위에서 보여 주신 것입니다. 이 사랑만이 경쟁과 갈등과 대립과 전쟁을 이기고 제거할 수 있습니다. 가정과 사회와 국가의 화평은 바로 십자가의 사랑으로 말미암는 것입니다. 십자가의 해결책이 교회의 손에 쥐어져 있습니다.

우리의 화평이신 예수

바울은 본문에서 예수님이 "우리의 화평"이 되신다고 말합니다. 예수님은 진실로 하나님과 죄인 사이의 화평이 되시고 사람과 사람 사이의 화평이 되십니다. 예수님이 없으면 하나님과 죄인의 화평도 없고 사람과 사람 사이의 화평도 없고 사람과 자연 사이의 화평도 없습니다. 예수님은 둘을 하나로 만드신 분입니다. 하나님과 사람 사이에 죄로 막힌 벽을 허무시고, 사람과 사람 사이의 벽을 허무신 분입니다. 분리와 불화의 벽을 허무시기 위해 예수님은 십자가 위에서 죽으셔야 했습니다. 골로새서 1장 20절을 보십시오. "그의 십자가의 피로 화평을 이루사 만물 곧 땅에 있는 것들이나 하늘에 있는 것들이 그로 말미암아 자기와 화목하게 되기를 기뻐하심이라."

십자가의 희생이 없었다면 하나님과 만물 사이의 화평은 없었을 것입니다. 죄인이 하나님과 화목하기 위해서는 먼저 율법의 요구를 충족하지 않으면 안 됩니다. 그런데 율법은 죄인에게 죽음의 법이며 사망을 요구하고 있습니다. 이러한 요구의 충족을 위해 예수님은 우리를 대신하여 죽음의 십자가를 짊어지신 것입니다. 그렇게 함으로써 "법조문으로 된 계명의 율법"을 폐하신 것입니다.

바울은 예수께서 "자기 안에서 한 새사람을 지어 화평하게 하시고"라고 말합니다. 여기에서 "새사람"은 누굴까요? "새사람"은 바로 그리스도 안에서 둘이 하나가 된 공동체를 뜻합니다. 하나님의 모든 사람들은 그리스도 안에서 각자가 한 지체로서 참여하여 하나의 공동체를 이룬다는 것입니다. 각 지체가 그리스도 안에서 하나의 부분으로 참여하여 모든 지체들이 화평의 하나 됨을 이룹니다. 이 "새사람"은 십자가로 말미암은 자입니다. 하나의 독립된 사람이 아니라 우리가 함께 만드는 공동체, 즉 교회를 뜻합니다.

이러한 관점에서 볼 때 우리 개개인은 혼자가 아닙니다. 교회 공동체가 태초의 아담과 하와처럼 한 사람을 이루고 있습니다. 비록 혼자인 것처럼 느껴져도 외로워하지 마십시오. 스스로 고립되어 있지 마십시오. 그리스도 예수로 말미암아 거듭난 하나님의 자녀들은 홀로 존재하지 않고 존재할 수도 없습니다. 십자가의 죽음으로 이루고자 하신 예수님의 뜻은 새 사람, 즉 교회 공동체를 만드는 것입니다. 그래서 우리는 서로 분리되지 않고 그리스도 예수의 공동체적 몸, 즉 이 세상 사람들이 한 번도 생각하지 못했던 새로운 사람을 이루어야 하는 것입니다.

새로운 사람

예수님이 죽으신 목적이 여기에 있습니다. 진실로 그분은 십자가로 둘을 하나로 만드신 분입니다. 예수의 십자가 죽음으로 말미암아 이루어진 교회 공동체를 "새사람"으로 본 바울의 관점은 그 역사적인 의미가 깊습니다. 인간의 공동체적 재창조 개념은 그 역사를 소급하면 심지어 태초의 사람과 관계된 것입니다. 태초에 인간이 창조될 당시의 기록을 보십시오. "하나님이 자기 형상 곧 하나님의 형상대로 사람을 창조하시되 남자와 여자를 창조하시고."^{창 1:27} 동일한 내용의 보다 구체적인 내용이 창세기 5장 1-2절에 나와 있습니다. "이것은 아담의 계보를 적은 책이니라. 하나님이 사람을 창조하실 때에 하나님의 모양대로 지으시되 남자와 여자를 창조하셨고 그들이 창조되던 날에 하나님이 그들에게 복을 주시고 그들의 이름을 사람이라 일컬으셨더라."

사람을 창조하실 때에 남자만 창조하신 것도 아니고 여자만 창조하신 것도 아닙니다. 남자와 여자를 창조하신 것입니다. 그런데 성경은 남자와 여자를 창조한 시점을 일컬어 "사람"을 창조하신 때라고 말합니다. 그리고 하나님은 이 둘을 한 몸으로 짝지으사 사람의 뜻대로 분리할 수 없게 했습니다. 사랑하는 여러분, 사람이 사람답게 되는 것은 남자와 여자가 둘이 하나로 연합하고 사랑으로 하나의 공동체를 이룰 때입니다. 이처럼 우리가 분리될 수 없는 공동체의 정체성을 가졌다는 것은 창조 자체가 태초부터 이미 가르쳤던 것입니다.

그리고 잠언 18장 1절을 보십시오. "무리에게서 스스로 갈라지는 자는 자기 소욕을 따르는 자라. 온갖 참 지혜를 배척하느니라." 우리는 공동체의 한 지체로서 공동체 안에 있을 때에 참된 지혜자가 될 수 있습니다. 그러나 교회에서 소통하고 교류하고 섞이는 일 없이 스스로 갈라지는 자가 되면 온갖 참 지혜를 배척하는 우매자가 될 수밖에 없습니다. 교회에는 다양한 구성원이 하나의 공동체를 이루고 있습니다. 당연히 생김새가 다르고 출신이 다르고 경험이 다르고 생각이 다르고 견해가 다를 수밖에 없습니다. 그런데도 함께 더불어 있으면 어떤 일이 생길까요? 아픔과 갈등과 대립이 발생할 것입니다. 그러나 바로 그러한 때가 변화와 성장의 때입니다.

지혜자는 이렇게 말합니다. "철이 철을 날카롭게 하는 것같이 사람이 그의 친구의 얼굴을 빛나게 하느니라."^{잠 27:17} 애완견을 키우고 화초를 가꾸며 타인과의 인격적인 만남을 기피하는 분들이 있습니다. 그런 방식으로 고독과 외로움을 달래시는 분들은 비록 약간의 유익이 있고 우아해 보이지만 인격적인 성장을 기대할 수는 없습니다. 철이 철을 날카롭게 하듯이, 인간은 인간에 의해서 날카롭게 다듬어질 수 있습니다. 사랑하는 성도 여러분, 우리가 하나의 공동체적 몸임을 믿고 지속적인 사랑의 인격적인 교류를 가지시길 바랍니다. 여러분 개개인이 성장하고 우리의 공동체가 주님의 몸으로, 새로운 사람으로 자라나게 될 것입니다.

이제 예수께서 십자가로 이루신 평화의 범위를 보십시오. "또 오셔서 먼 데 있는 너희에게 평안을 전하시고 가까운 데 있는 자들에게 평안을 전하셨으니."엡 2:17 예수님은 먼 곳에 있는 사람들과 가까운 곳에 있는 사람들 모두에게 화평이 되십니다. 여기에서 "먼 데 있는 너희"는 에베소 성도들과 같은 이방인을 가리키고 "가까운 데 있는 자들"은 유대인을 가리키는 말입니다. 바울은 말합니다. "너희는 유대인이나 헬라인이나 종이나 자유인이나 남자나 여자나 다 그리스도 예수 안에서 하나이니라."갈 3:28 모든 사람들이 그리스도 안에서는 하나이고 하나여야 하기 때문에 이를 위하여 바울은 유대인과 이방인, 지혜자와 야만인 모두에게 화평의 복음에 대해 빚쟁이가 되었다고 말합니다. 사랑하는 성도 여러분도 바울처럼 화평의 복음에 대한 빚쟁이가 되시기를 바랍니다. 복음의 빚쟁이는 범사에 모든 하나님의 사람들로 구성된 보편교회 의식을 가지고 살지 않으면 안 됩니다.

눈에 보이는 교회의 지체들만 의식하지 마십시오. 그리스도 예수의 몸은 하나의 지역 교회 교인등록 명부에 기록된 자만이 아니라 땅끝의 교회도 포함하고 있습니다. 내가 좋아하는 사람만을 포함하지 않습니다. 나를 힘들게 하는 원수들도 몸의 지체로서 포함되어 있습니다. 예수님의 몸은 가깝고 먼 모든 하나님의 사람들을 포함하고 있습니다. 사랑하는 성도 여러분, 자기가 출석하는 교회만이 아니라 지역 교회들 전체를 한 몸의 지체로 품으시기 바랍니다. 나아가 대한민국 교회들과 아시아 교회들도 품으시길 바랍니다. 나아가 유럽 교회들과 아프리카 교회들과 아메리카 교회들도 연합과 화평의 대상으로 품으시길 바랍니다. 심지어 각자에게 원수와 같은 사람들도 교회의 지체로 여기시고 사랑으로 축복하고 기도하며 품으시길 바랍니다.

나아가 그리스도 예수의 몸은 온 세상과 모든 역사에 존재했고 존재하고 존재할 모든 하나님의 사람들 전체를 가리키는 말입니다. 과거의 교회와 현재의 교회와 미래의 교회까지 다 의식하며 품으시길 바랍니다. 이는 이 모든 하나님의 사람들이 동일하신 그리스도 안에서 "새사람"을 이루고 있기 때문입니다. 사랑하는 성도 여러분, 하나님의 백성 전체를 범사에 의식하고 가슴에 품은 하나님의 사람이 되시기를 바랍니다. 할 수만 있다면 그렇게 하십시오. 바울은 로마 교회 성도들을 향해 이렇게 말합니다. "할 수 있거든 너희로서는 모든 사람과 더불어 화목하라."롬 12:18

십자가의 화평

사실 모든 사람들을 십자가의 사랑으로 화평을 이루지 못하는 사람은 주님께 합당하지 않다고 성경은 말합니다. 마태복음 10장 38절을 보십시오. "또 자기 십자가를 지고 나를 따르지 않는 자도 내게 합당하지 아니하니라." 사망은 나에게 역사하고 생명은 타인에게 역사하는 십자가의 사랑으로 모든 사람들을 사랑하신 예수님의 부적합한 제자가 아니라 합당한 제자가 되시기를 바랍니다. 바울은 자신이 그리스도 예수와 함께 십자가에 못 박혔으며 그래서 "이제는 내가 사는 것이 아니요 오직 내 안에 그리스도께서 사시는 것이라"갈 2:20고 말합니다.

나아가 자신만이 아니라 "그리스도 예수의 사람들은 육체와 함께 그 정욕과 탐심을 십자가에 못 박았느니라"^{갈 5:24} 하고 말합니다. 진실로 우리 모두는 정욕과 탐심을 버리고 "자기를 낮추시고 죽기까지 복종"^{빌 2:8}하신 주님께서 우리 안에 사시는 자입니다. 낮아짐과 순종으로 주님처럼 살아갈 때에 우리는 이 세상의 모든 사람들과 화평할 수 있습니다. 겸손과 순종으로 하나님을 기쁘시게 하면 심지어 원수와도 더불어 화목할 수 있습니다. 지혜자는 말합니다. "사람의 행위가 여호와를 기쁘시게 하면 그 사람의 원수라도 그와 더불어 화목하게 하시느니라."^{잠 16:7} 하나님은 예수님에 대해 "이는 내 사랑하는 아들이요 내 기뻐하는 자"^{마 3:17}라고 하십니다. 온전한 순종으로 하나님을 기쁘시게 하사 우리 같은 원수들도 하나님과 화목하게 만드신 독생자 예수께서 우리 안에 사신다면 원수라도 우리와 더불어 화평할 수밖에 없습니다.

사랑하는 여러분, 왜 우리는 모든 사람들과 더불어 화평하며 하나 됨을 이루어야 하는 것일까요? 바울은 이렇게 기록하고 있습니다. "이는 그로 말미암아 우리 둘이 한 성령 안에서 아버지께 나아감을 얻게 하려 하심이라."^{엡 2:18} 하나 됨의 목적은 바로 아버지 하나님께 나아가는 것에 있습니다. 우리는 성령 안에서 하나가 될 때에 아버지 하나님께 나아갈 수 있습니다. 다른 하나님의 사람들과 더불어 화목하지 않으면 아버지 하나님께 나아갈 수 없습니다. 이러한 원리는 주님께서 그렇게 정하신 것입니다. 형제 및 자매와 화목하지 않고서도 아버지 하나님께 나아갈 자는 없습니다.

마태복음 5장 23-24절을 보십시오. "예물을 제단에 드리려다가 거기서 네 형제에게 원망 들을 만한 일이 있는 것이 생각나거든 예물을 제단 앞에 두고 먼저 가서 형제와 화목하고 그 후에 와서 예물을 드리라." 하나님의 다른 자녀와 화목과 연합을 이룬 이후에야 비로소 아버지 하나님께 예배자로 나아갈 수 있습니다. 심지어 히브리서 기자는 이렇게 말합니다. "모든 사람과 더불어 화평함과 거룩함을 따르라. 이것이 없이는 아무도 주를 보지 못하리라."[히 12:14] 모든 사람과 더불어 화평하지 않으면 주님을 보지도 못한다고 말합니다. 누군가와 화목하지 못하는 자는 이처럼 하나님의 영광을 보지 못하는 불이익을 당합니다. 이는 우리가 누군가를 미워하고 불화하면 다른 누구보다 자기 자신이 일차적인 피해자가 된다는 것입니다.

요한은 이렇게 기록하고 있습니다. "그의 형제를 사랑하는 자는 빛 가운데 거하여 자기 속에 거리낌이 없으나 그의 형제를 미워하는 자는 어둠에 있고 또 어둠에 행하며 갈 곳을 알지 못하나니."[요일 2:10-11] 우리가 어둠 가운데서 은밀하고 부끄러운 일을 행하는 이유는 어디에 있습니까? 우리가 어디로 가야 할 것인지를 알지 못하는 이유는 어디에 있습니까? 사랑의 부재와 결핍에 있습니다. 형제와 자매를 사랑하면 빛 가운데서 우리가 마땅히 가야 할 지존자의 은밀한 곳을 발견할 수 있습니다. 하나님의 영광과 은혜가 임하는 자리에 거할 수 있습니다. 우리가 주님께 영광의 찬미가 되는 예배의 현장을 발견하게 될 것입니다.

우리가 사랑하면 어둠에서 벗어날 것입니다. 동시에 형통의 길이 열릴 것입니다. 시인은 그것을 이렇게 노래하고 있습니다. "예루살렘을 위하여 평안을 구하라. 예루살렘을 사랑하는 자는 형통하리로다."[시 122:6] 여기서 "예루살렘"은 장소를 의미하지 않습니다. 문자적인 의미는 '평화의 터'입니다. 영적인 의미로는 '그리스도 예수의 몸', '교회', '평화의 공동체'를 가리키는 말입니다. 즉, 시인은 평화의 공동체에 평화를 구하라고 말합니다. 평화의 공동체를 사랑하면 형통의 길이 열린다고 말합니다. 이는 어둠의 길에서 형통의 대로로 들어가길 원하시는 분들은 화평을 추구하고 화평의 공동체 전체를 사랑해야 한다는 뜻입니다.

주님의 이름을 기념하기 위해 예배의 자리에 나아오는 성도 여러분, 혹시 다른 지체들과 화목하지 못한 분들이 계십니까? 가족 중에, 교회 안에서, 일터에서 사랑의 화평을 이루지 못한 분들이 계십니까? 그래서 예배의 지성소로 들어가는 길과 문이 보이지 않는 분이 계십니까? 캄캄한 어두움에 거하고 계시지는 않습니까? 먼저 모든 사람들과 더불어 화평을 이루시기를 바랍니다. 어떻게 하냐고요? 십자가의 희생적인 사랑이 답입니다. 사랑을 받을 자격이 없다고 생각되는 분들이라 할지라도 주님께서 원수였던 우리를 사랑하신 것처럼 그분들을 사랑해 주십시오. 그분의 사랑으로 우리는 하나님 아버지께 담대히 나아갈 수 있습니다. 그러한 주님처럼 많은 사람들이 우리로 말미암아 아버지 하나님께 나아갈 수 있도록 화평의 통로가 되시기를 바랍니다.

그리스도 예수의 십자가로 말미암아 우리 모두가 화평의 몸을 이루게 된 목적은 아버지 하나님께 나아감에 있습니다. 이 목적에 맞도록 우리 모두가, 온 우주와 역사 전체에 흩어져 있는 우리 모두가 사랑으로 화목하게 되어 영광의 아버지께 함께 나아가는 '새사람', '새로운 공동체'가 되시기를 바랍니다.

9.
하나님의 성전

¹⁹ 그러므로 이제부터 너희는 외인도 아니요 나그네도 아니요 오직 성도들과 동일한 시민이요 하나님의 권속이라. ²⁰ 너희는 사도들과 선지자들의 터 위에 세우심을 입은 자라. 그리스도 예수께서 친히 모퉁잇돌이 되셨느니라. ²¹ 그의 안에서 건물마다 서로 연결하여 주 안에서 성전이 되어 가고 ²² 너희도 성령 안에서 하나님이 거하실 처소가 되기 위하여 그리스도 예수 안에서 함께 지어져 가느니라. | 엡 2:19-22

"성전"은 이스라엘 백성의 정체성이 담긴 말입니다. 하나님이 애굽에서 종 되었던 이스라엘 백성을 해방시켜 자유롭고 독립된 하나님의 백성으로 부르신 이후에, 그들은 하나님의 성전을 중심으로 생활해 왔습니다. "성전"은 이스라엘 백성의 정체성과 삶을 좌우하는 곳입니다. 지금도 상당수의 유대인은 예루살렘 지역에 성전이 건축되어 얻어지는 이스라엘 나라의 회복을 위해 노력하고 있습니다. 그러나 예수님의 생각은 다릅니다. "너희가 이 성전을 헐라. 내가 사흘 동안에 일으키리라."^{요 2:19} 이 발언은 훗날에 유대인이 예수님을 법정에 넘길

때에 가장 결정적인 유죄의 증거로 인용했던 말입니다.[마 26:61] 유대인 사회에서 성전을 허문다는 것은 그들의 정체성을 파괴하고 삶의 근간을 뒤흔드는 일로 여겨졌기 때문에 그런 것입니다.

스스로 만드신 하나님의 성전

예수님은 구약 시대에 성전으로 여겨졌던 물리적인 예루살렘 성전을 헐면 자신이 사흘 동안 다시 일으킬 것이라고 하십니다. 다시 일으키는 성전은 시온주의 유대인이 생각하는 그런 건축물 개념과는 완전히 다른 것입니다. 먼저 예수님이 생각하는 성전은 사람의 손으로 지어진 것이 아니라 예수님 자신이 친히 세우시는 것입니다. 같은 맥락에서 바울도 하나님은 사람의 "손으로 지은 전에 계시지 아니하시고"[행 17:24]라고 했습니다. 예수님이 친히 세우시는 성전에 대하여 요한은 "예수는 성전 된 자기 육체를 가리켜 말씀하신 것이라"[요 2:21]는 설명을 붙입니다. 이는 예수님이 세우시는 성전은 바로 예수님의 육체, 예수님의 몸이라는 말입니다.

성전에 대한 요한의 이러한 설명과 무관하지 않게 바울도 교회를 정의하며 "만물 안에서 만물을 충만하게 하시는"[엡 1:23] 그리스도 예수의 몸이라고 말합니다. 즉, 성전은 예수님의 몸이고 예수님의 몸은 교회이기 때문에 구약의 성전과 신약의 교회는 서로 다르지가 않습니다. 그래서 바울은 교회인 우리가 바로 "살아 계신 하나님의 성전"[고후 6:16]임을 명확하게 밝힙니다. 그런데 이러한 개념은 예수님의 성육신 이후에 비로소 발견된 것이 아닙니다. 바울은 고린도 성도에게 보낸 편지에서 이렇게 말합니다. "하나님의 성전과 우상이 어찌

일치가 되리요. 우리는 살아 계신 하나님의 성전이라. 이와 같이 하나님께서 이르시되 내가 그들 가운데 거하며 두루 행하여 나는 그들의 하나님이 되고 그들은 나의 백성이 되리라."^{고후 6:16}

교회와 성전이 하나라는 신약의 개념은 구약에 기초한 것입니다. 교회 된 우리가 하나님의 성전이 된다는 것의 구약적인 의미는 바로 "나는 그들의 하나님이 되고 그들은 나의 백성이 되리라"는 것입니다. 이는 택함을 받은 믿음의 조상 아브라함 이후로 지금까지 하나님과 우리 사이에 주어진 언약의 총화로서 모든 역사를 관통하고 있는 하나님의 뜻입니다. 지금도 우리는 이 언약이 성취되어 가는 과정, 즉 하나님의 백성이 되어 가는 과정에 있습니다. 함께 살펴보는 본문은 예수님을 중심으로 이러한 과정을 정교하게 묘사하고 있습니다.

19절을 보십시오. "그러므로 이제부터 너희는 외인도 아니요 나그네도 아니요 오직 성도들과 동일한 시민이요 하나님의 권속이라." 과거에 에베소의 성도들은 외인과 이방인의 신분으로 살았지만 "이제부터" 그리스도 안에서는 외인도 아니고 나그네도 아니라는 것입니다. 유대인과 피 한 방울 섞이지 않은 사람들도 그리스도 안에서는 외부인도 아니고 뜨내기도 아닙니다. 유대인 성도들과 함께 천국의 동일한 시민이요 하나님의 동일한 권속이 된 자입니다. 우리가 "하나님의 권속"이 되었다는 것은 하나\님을 가장으로 모신 같은 가정의 구성원이 되었다는 뜻입니다.

존 길이 잘 설명한 것처럼, 하나님의 집에는 하나님이 모두의 아버지가 되시며, 예수님은 모두의 맏형이며, 모세를 비롯한 사역자들 모두는 그 집에서 일하는 사환이며, 그 집에는 다양한 종류의 성도

들이 있습니다. 유대인과 이방인이 하나의 가족이 된 집입니다. 나아
가 모든 시대의 성도들과 모든 국가의 성도들과 모든 민족의 성도들
과 모든 언어의 성도들과 모든 문화의 성도들과 모든 지역의 성도들
이 어떠한 차별도 없이 동일한 천국의 시민과 동일하신 하나님의 가
족을 형성하고 있습니다. 하나님의 집에는 아비들도 있고 어미들도
있습니다. 청년들도 있고 신생아도 있습니다.

그리스도 안에서는 이제부터 그 누구도 이방인과 나그네 근성
을 가지고 이리저리 눈치 볼 필요가 없습니다. 여러분은 이제 외인이
아닙니다. 나그네도 아닙니다. 그리스도 안에서는 이방인이 없습니
다. 손님이 없습니다. 고개를 드십시오. 마음을 강하게 하십시오. 하나
님께 속한 백성의 정당한 자부심을 가지시기 바랍니다. 천국의 시민
권을 당당하게 누리시기 바랍니다. 여러분은 하나님에 대하여 이방
인이 아닙니다. 하나님의 사랑과 은혜에 대하여 이방인이 아닙니다.
그분과의 연합과 은총의 보좌에 대하여 이방인이 아닙니다. 그리스
도 예수의 인격과 사역에 대하여 이방인이 아닙니다. 그분의 의로움
과 거룩함과 지혜와 선하심에 대하여 이방인이 아닙니다. 우리의 위
로자와 교사와 양자의 영이신 성령에 대하여 우리는 이방인이 아닙
니다. 은혜의 언약과 약속들과 축복들에 대하여 이방인이 아닙니다.
이 모든 것들은 하나님의 도성으로 들어와 동등한 가족의 일원으로
살아가는 우리 모두에게 전부 주어진 것입니다. 신적인 은총의 강물
이 그 도성의 사방으로 흐르고 있습니다. 우리는 객도 아니고 구경꾼
도 아닙니다. 자녀이기 때문에 그것들 중에 어느 것 하나라도 누리지
않는 것이 이상한 것입니다. 전부를 당당하게 누릴 수 있는 자녀임을

잊지 마십시오.

선지자들 및 사도들의 터 위에 세워진 교회

그러나 우리가 주의하며 생각해야 할 부분이 있습니다. 바울은 우리
가 천국의 시민과 하나님의 가족이 되는 원리가 있다고 말합니다.
"너희는 사도들과 선지자들의 터 위에 세우심을 입은 자라. 그리스도
예수께서 친히 모퉁잇돌이 되셨느니라."엡 2:20

바울은 선지자들 및 사도들이 가르친 하나님의 진리가 우리의
정체성을 지탱하는 기초가 되어야 한다고 말합니다. 구약과 신약의
모든 말씀을 바르게 알고 우리의 인격과 삶으로 존중하지 않으면 우
리의 정체성이 무너질 수 있다는 것입니다. 성경을 무시하는 자는 자
신의 정체성과 존재의 기반을 스스로 허무는 자입니다. 성경을 배우
고 실천하는 자는 그 기반을 견고히 다지는 자입니다.

목회자의 길을 가면서 참으로 다양한 사람들을 만납니다. 성
품과 신앙이 아름답고 아늑하고 안정된 사람들도 만나지만 성품과
신앙이 까칠하고 차갑고 불안정한 사람들도 만납니다. 그 원인을 면
밀히 관찰해 보면 하나님의 진리에 대한 부요함의 차이에서 비롯된
것이라는 사실이 보입니다. 하나님 아버지와 그리스도 예수를 아는
지식에서 자라 가면 인격과 신앙의 냉기와 뾰족함과 불안정은 반드
시 해결될 것입니다. 제가 이렇게 단호하게 말씀드리는 것은 영생을
유일하신 참 하나님과 그의 보내신 그리스도 예수를 아는 지식으로
정의하신 예수님의 말씀에 근거한 것입니다. 고매하고 깊고 너그럽
고 안정된 인품을 소유하고 싶다면 하나님의 말씀을 주야로 부지런

2부. 교회를 하나 되게 하시는 하나님

히 묵상해 보십시오. 하나님을 아는 지식의 분량대로 안정감 있게 성장하실 것입니다. 천국의 시민이요 하나님의 권속인 우리가 가져야 할 품위는 하나님의 진리에 의해서만 마련되는 것입니다. 다른 어떠한 것에 의해서도 확보될 수 없습니다. 세상의 괜찮아 보이는 곳을 기웃거릴 필요가 없습니다.

　　나아가 바울은 그리스도 예수께서 진리의 터 위에 세우심을 받은 우리에게 모퉁이의 머릿돌이 되신다고 말합니다. 이것은 예수님이 자신의 정체성을 스스로 규정하실 때에 밝히신 것입니다. "건축자들이 버린 돌이 모퉁이의 머릿돌이 되었나니."^{막 12:10} 모퉁이의 머릿돌은 벽과 벽을 연결하고 건물 전체를 지탱하는 주춧돌을 의미하는 말입니다. 모퉁이의 머릿돌이 없는 건물을 상상할 수 없듯이 그리스도 없는 하나님의 성전을 우리는 상상할 수가 없습니다. 우리는 오직 "그의 안에서 건물마다 서로 연결하여 주 안에서 성전이 되어 가고"^{엡 2:21} 있습니다. 하나님의 성전에 참여하고 있는 우리 개개인은 그리스도 예수에게 연결되어 있습니다. 그래서 우리가 그리스도 예수를 떠나면 아무것도 할 수 없습니다. 겉으로는 살아 움직이나 속으로는 영혼의 무기력에 빠질 것입니다.

지어지고 있는 성전

그리고 바울은 덧붙여서 말합니다. "너희도 성령 안에서 하나님이 거하실 처소가 되기 위하여 그리스도 예수 안에서 함께 지어져 가느니라."^{엡 2:22} 우리가 하나님이 거하시는 처소가 되기 위하여 그리스도 예수 안에서 함께 지어져 가는 것은 "성령 안에서"의 일입니다. 성령을 떠나서는 하나님의 성전으로 지어져 갈 수 없습니다. 그리스도 예수와 성령 안에서 우리는 하나님이 거하시는 성전으로 지어져 가고 있는 중입니다. 여기에서 우리는 우리가 하나님의 성전으로 지어지는 것은 삼위일체 하나님의 연합적인 사역임을 확인할 수 있습니다. 이는 하나님의 최대 관심사가 바로 성전 건축에 있다는 것입니다. 하나님은 시인의 입술을 빌려서 자신의 성전이라 할 "땅에 있는 성도들은 존귀한 자들이니 나의 모든 즐거움이 그들에게 있도다"시 16:3 라고 하십니다. 모든 즐거움을 거기에 걸고 계십니다. 온 세상의 모든 만물과 역사가 성전 된 성도를 위해 동원되는 것은 당연한 일입니다.

하나님의 모든 즐거움이 머무는 그의 나라요 성전인 교회는 음부의 권세가 결코 건드릴 수 없는 곳입니다. 악한 존재들이 만지지도 못합니다. 하나님의 즐거움을 건드리는 자는 하나님께 도전하는 자입니다. 교회를 멸시하는 자는 하나님을 멸시하는 자입니다. 교회를 핍박하는 자는 하나님을 핍박하는 자입니다. 예수님은 바울이 교회를 핍박했을 때에 예수님 자신을 핍박한 것이라고 했습니다. 교회에 대한 하나님의 이러한 사랑과 생각 때문에 바울은 말합니다. "너희는 너희가 하나님의 성전인 것과 하나님의 성령이 너희 안에 계시는 것을 알지 못하느냐. 누구든지 하나님의 성전을 더럽히면 하나님이 그 사람을 멸하시리라."고전 3:16-17 바울은 하나님의 성전을 더럽히면 하나님이 그 더럽힘의 원흉을 멸망시킬 것이라고 말합니다. 뼈도 못 추리게 하실 것입니다.

바울의 언급에서 저는 무엇보다 "너희"라고 하는 성전의 공동체적 성격을 주목하고 싶습니다. 우리 개개인이 하나님의 성전일 수

2부. 교회를 하나 되게 하시는 하나님

도 있겠지만 바울은 여기에서 "너희"라는 공동체가 하나님의 성전임을 강조하고 있습니다. 우리 모두는 함께 하나님의 성전으로 지어져 가고 있으며 각자는 성전의 한 부분으로 참여하고 있습니다. 예외가 없습니다. 우리들 중에 누구도 성전에서 불필요한 존재가 없습니다. 성전에서 각자에게 맡겨진 부분은 고유하기 때문에 우리 개개인을 대신할 어떤 대체물이 없습니다. 우리는 각자가 그리스도 예수에게 연결되어 하나의 거대한 성전을 이루고 그곳에서 고유한 역할을 수행하며 저마다 독보적인 존재감을 그 성전에서 얻습니다. 그러므로 하나님의 성전을 세우기 위해서는 한 사람의 영웅이 필요하지 않고 모든 개개인이 그리스도 예수에게 연결되어 서로 협력하는 연합이 필요합니다.

사랑하는 성도 여러분, 교회에서 믿음의 영웅이 되어야 한다는 강박감에 빠지지 마십시오. 머리이신 그리스도 이외에는 교회에서 그 누구도 특별한 영웅일 수 없습니다. 자신을 높이지 마십시오. 특정한 개인을 높이려고 하지도 마십시오. 우리는 모두 하나의 동일한 성전으로 함께 지어져 가는 천국의 시민이요 하나님의 가족에 소속된 하나의 구성원일 뿐입니다. 그 이상도 그 이하도 아닙니다. 그렇기 때문에 자신을 폄하하고 열등감에 짓눌리고 자해하는 것도 올바르지 않습니다. 존재감의 과잉과 결핍은 모두 하나님의 성전을 파괴하는 행위일 수 있습니다. 저는 우리 개개인이 그리스도 안에서 동등한 하나로서 하나님의 성전에 연합하고 협력하는 공동체가 되기를 진심으로 원합니다.

하나님의 성전 된 공동체

하나님은 당신의 성전을 더럽히는 자를 가만히 두시지 않습니다. 반드시 멸망시킬 것이라고 바울은 말합니다. 성전의 가장 큰 특징은 거룩함에 있습니다. "하나님의 성전은 거룩하니 너희도 그러하니라."고전 3:17 하나님의 거룩한 성전은 바로 '우리'라고 말합니다. 우리는 '거룩한 무리'라는 의미를 가진 성도의 이름을 가지고 있습니다. 그 이름에 걸맞은 삶을 사십시오. 하나님의 성전을 더럽히지 마십시오. 성전의 한 부분인 자신을 더럽히지 마십시오. 성전의 다른 한 부분인 형제와 자매를 더럽히지 마십시오. 다른 형제와 자매가 거룩함을 상실하지 않도록 도와주십시오. 그렇게 함으로써 하나님의 성전을 거룩하게 지키시기 바랍니다. 어떤 식으로든 하나님의 성전인 교회 공동체를 더럽히면 하나님이 친히 세우신 성전을 파괴하는 것입니다.

하나님의 성전인 우리를 더럽게 만드는 것은 어디에서 나오는 것일까요? 예수님은 사람의 마음에서 나오는 것들이 사람을 더럽게 한다고 하십니다.마 15:19 마음에서 나오는 것들에는 어떤 것들이 있을까요? "마음에서 나오는 것은 악한 생각과 살인과 간음과 음란과 도둑질과 거짓 증언과 비방이니."마 15:19 이로 보건대 인간의 마음은 온갖 악독의 공작소와 같습니다. 이러한 인간의 마음을 절대로 신뢰하지 마시기를 바랍니다. 오히려 자신의 부패한 마음과 단호한 대립각을 세우시고 정당한 싸움을 거십시오. 살인하지 말라, 간음하지 말라, 도둑질을 말라, 거짓말을 말라 등과 같은 하나님의 십계명은 마치 우리에게 자신의 사악하고 부패한 마음과 본격적인 싸움판을 벌이라고 명하시는 듯합니다. 구약에서 이러한 십계명의 전투적인 자세는 신약에서 자기부인 개념과 절묘하게 연결되어 있습니다. 이처럼 성경은 우리가 싸워야 할 적이 외부의 대적들이 아니라 우리 자신이 바로 최후의 적이라고 말합니다. 자기를 부인하는 것을 달리 말한다면, 우리를 자극하고 미혹하고 속이는 사탄의 전략에 말려들지 않도록 부패한 자아를 치열하게 죽이는 것입니다.

하나님의 성전을 더럽히지 않는 것과 함께 우리가 힘써야 하는 것은 무너진 하나님의 성전이나 성전의 일부를 재건하는 것입니다. 성전을 재건하는 것의 중요성을 우리는 여호수아, 스룹바벨, 에스라, 느헤미야 같은 인물들의 이야기를 통해 확인할 수 있습니다. 그들의 이야기를 통해 확인되는 또 하나의 사실은 무너진 성전을 재건하는 방법은 한 사람의 지도자가 아니라 성전의 각 부분들이 서로 연결되어 고유한 도움을 주고받아야 한다는 것입니다. 경제가 무너진 분들, 관계가 무너진 분들, 건강이 무너진 분들, 심리가 불안정한 분들, 습관이 무너진 분들, 의욕이 무너진 분들이 계십니까? 혹은 여러분 주변에 계십니까? 서로가 서로에게 집요한 관심을 가지고 재건에 힘쓰시길 바랍니다. 각자의 재능과 역할을 가지고 사랑과 격려와 위로와 용서와 배려와 관용의 손을 뻗어 무너진 지체들의 지친 손을 붙잡아 주십시오.

성전다운 성전

우리는 무너진 곳을 보수하는 성전의 소극적인 재건을 넘어, 보다 적극적인 재건의 단계로 들어가지 않으면 안 됩니다. 하나님의 성전을 재건하는 보다 적극적인 방법은 예레미야 선지자의 다소 긴 기록에 잘 나타나 있습니다. "너희 길과 행위를 바르게 하라. 그리하면 내가 너희로 이곳에 살게 하리라. 너희는 이것이 여호와의 성전이라, 여호와의 성전이라, 여호와의 성전이라 하는 거짓말을 믿지 말라. 너희가 만일 길과 행위를 참으로 바르게 하여 이웃들 사이에 정의를 행하며 이방인과 고아와 과부를 압제하지 아니하며 무죄한 자의 피를 이곳에서 흘리지 아니하며 다른 신들 뒤를 따라 화를 자초하지 아니하면 내가 너희를 이곳에 살게 하리니 곧 너희 조상에게 영원무궁토록 준 땅에니라." 렘 7:3-7

이 말씀은 우리의 길과 행실을 바르게 하지 않는다면 우리는 여호와의 성전이 아니라는 것입니다. 아무리 주변에서 "여호와의 성전이라, 여호와의 성전이라, 여호와의 성전이라" 하는 거짓말을 해도 믿지 말라고 말합니다. 교회에 다닌다는 외적인 출석이 성전의 정체성을 보증하는 것은 아닙니다. 여호와의 성전다운 성전을 재건하고 싶다면 선지자의 말처럼 여러분의 길과 행실을 바르게 하십시오. 이웃들 사이에 정의와 공의를 행하시기 바랍니다. 의지할 곳이 없는 연약한 이방인과 고아와 과부를 압제하지 마십시오. 무죄한 자의 피를 흘리는 곳은 성전이 아닙니다. 다른 신들을 신뢰하는 것도 성전과는 반대되는 불법적인 짓입니다. 하나님의 성전은 정의와 사랑과 진리가 강물처럼 흐르는 곳입니다. 그러할 때에 우리는 성전을 더럽히지 않는 자가 되는 것입니다.

하나님의 교회에 부지런히 다닌다고 할지라도 공직이나 기업이나 학교나 가정이나 시장에서 정의를 구현하지 않고 불의를 행한다면 그는 성전을 더럽히는 자입니다. 가난하고 무지하고 무력하고 비천한 자들을 약하다는 이유로 멸시하는 자들도 하나님의 성전을 더럽히고 파괴하는 자입니다. 죄가 없음에도 불구하고 고소하고 유죄라고 판결하는 자들도 하나님의 성전이 아닙니다. 교회에도 출석하고 절에서도 예불을 드리고 원불교나 이단들의 집회에도 출입하며 악수의 손을 뻗으며 표를 구걸하는 정치인도 하나님의 성전이 아닙니다. 그러한 행위를 하고서도 거액의 헌금으로 하나님의 눈을 가리고 부지런한 출석으로 자신의 이미지를 관리하는 사람들은 가증한 자입니다. 하나님의 성전을 파괴하고 능멸하는 자입니다. 하나님의 성전을 우습게 여기지 마십시오.

하나님을 위한 성전

다윗은 자신이 원했으나 아들 솔로몬이 건축하게 된 "이 성전은 사람을 위한 것이 아니요 여호와 하나님을 위한 것이라"대상 29:1 고 말하면서 "내가 건축하고자 하는 성전은 크니 우리 하나님은 모든 신들보다 크심이라"대하 2:5 하고 말합니다. 물론 하나님의 성전인 우리 자신은 너무나도 작습니다. 그러나 우리를 성전으로 삼아 거하시는 하나님은 너무나도 크신 분입니다. 하나님의 성전인 우리는 사람을 위한 것이 아니라 여호와 하나님을 위한 것입니다. 우리가 하나님을 위해 살아갈 때에 비로소 성전다운 것입니다. 우리는 지극히 크신 하나님을 모시는 하나님의 전입니다. 하나님을 모셨기 때문에 우리는 큰 자입니다. 사람을 위하는 순간 작아질 수밖에 없습니다. 더러워질 수밖에 없습니다. 하나님의 손에 의해서 멸망하게 될 것입니다. 교회가 거룩함을 상실할 때에 세상에서 비방과 조롱을 당하는 것은 하나님의 손에 의한 멸망과 파괴라고 보아도 무방할 것입니다.

다윗이 분명히 밝힌 것처럼, 우리 개개인과 교회 공동체는 모두 사람을 위한 것이 아니라 하나님을 위한 것입니다. 바울도 동일한 것을 가르치고 있습니다. "너희도 성령 안에서 하나님이 거하실 처소가 되기 위하여 그리스도 예수 안에서 함께 지어져 가느니라."엡 2:22 "성령 안에서" 그리고 "그리스도 예수 안에서" 우리는 하나님을 모시는 성전으로 건축되어 가고 있습니다. 이것은 아버지 하나님이 자신에게 영과 진리 안에서 예배하는 자를 찾고 계시다는 예수님의 말씀과 무관하지 않습니다.요 4:24 성전의 일차적인 기능은 예배를 드리는 것입니다. 하나님의 성전은 이제 건물이 아니라 우리이기 때문에, 우리가 가는 곳마다 하나님의 이름이 성령과 그리스도 안에서 기념될 때에 우리는 비로소 성전다운 성전이 되는 것입니다. 교회만이 예배의 처소인 것은 아닙니다. 믿음의 조상이 거처하는 곳마다 제단을 쌓은 것처럼 여러분도 출입하는 모든 곳에 하나님의 제단을 쌓으시기 바랍니다.

이렇게 영과 진리로 예배하는 자가 준비되는 것은 아버지 하나님의 뜻입니다. 이것을 말씀하신 예수님은 또한 "나를 보내신 이의 뜻은 내게 주신 자 중에 내가 하나도 잃어버리지 아니하고 마지막 날에 다시 살리는 이것"요 6:39 이라고 말합니다. 예수님은 어제나 오늘이나 내일도 영원토록 동일하게 자신에게 주어진 자들을 살리고 계십니다. 그리고 그렇게 다시 살아난 자들로 하여금 영과 진리 안에서 하나님을 예배하는 성전이 되도록 일하고 계십니다. 누가 성전을 만들고 계십니까? 예수님이 바로 이러한 성전을 건축하는 주체가 되십니다. 그러므로 교회는 영과 진리 안에서 하나님을 예배하기 위해 주님께서 친히 세우시는 성전인 것입니다. 하나님을 위한 이 성전은 누구도 건드릴 수 없습니다. 그래서 예수님은 아주 엄중한 말씀을 하십니다. "내가 이 반석 위에 내 교회를 세우리니 음부의 권세가 이기지 못하리라."마 16:18 이는 예수님이 친히 주님의 교회를 세우는 주체이시며, 어떠한 세력도 그 교회를 건드릴 수 없고 더럽힐 수 없고 파괴할 수 없다는 뜻입니다. 교회 때문이 아니라 교회를 세우시는 주님 때문에 교회는 보존될 것입니다.

그 무엇에 의해서도 파괴되지 않는 하나님의 성전은 건물이 아닙니다. 그것은 하나님의 영원한 택하심을 따라 부르심을 받은 자들로 구성되어 있습니다. 그 성전의 모퉁잇돌은 그리스도 예수시고, 선지자들 및 사도들은 성전의 기초이며, 기도와 말씀으로 섬기는 목회자들 모두는 성전에서 일하는 사환이며, 모든 성도들은 다른 누구에 의해서도 대체될 수 없는 성전의 고유한 부분이며, 그 성전의 가장 중요한 목적은 하나님이 거하시는 것이며 그분을 영원토록 영과 진리로 예배하는 것입니다. 하나님이 거하시는 성전을 더럽히는 자는 멸망할 것입니다. 우리의 신앙적인 만족과 안심은 성전을 더럽히지 않는 소극적인 태도에 있지 않습니다. 하나님의 성전인 우리는 온전한 거룩함을 이루고 지켜야 하고 무너진 부분을 재건해야 하고 정의와 사랑과 진리로 하나님의 성전을 성전답게 만들어 가는 일에 각자의 재능과 역할을 따라 협력해야 할 것입니다.

1. **본질의 변화**: 우리는 모두 과거에 본질상 진노의 자녀였기 때문에 믿고 하나님의 자녀가 되는 신분의 변화는 본질의 변화를 의미한다. 긍휼이 풍성하신 하나님이 본질 차원의 변화까지 이루신 이유는 큰 사랑과 은혜의 지극히 풍성함을 나타내기 위함이다.

2. **선물과 자랑**: 하나님의 자녀가 되는 신분의 본질적인 변화는 스스로 이룬 업적이 아니라 하나님의 선물이다. 선물은 수령자의 고귀함을 표현하고 수여자의 성품과 사랑과 관심을 표현하기 때문에 하나님만 자랑해야 한다고 바울은 교훈한다.

3. **하나 됨의 목적**: 주님은 하나님과 인간 사이의 막힌 담과 사람들 사이의 막힌 담을 허무시고 둘이 하나 되게 만드셨다. 자신과 타인의 하나 됨을 이루시고 평화를 전하신 주님의 목적은 한 성령 안에서 아버지 하나님께 나아감을 얻게 하려 하심이다.

4. **하나님의 성전**: 우리가 평화의 공동체를 이루고 사랑의 띠로 묶여서 하나 되는 이유는 우리가 하나님께 나아가는 것이면서 동시에 성령 안에서 하나님이 거하실 처소가 되기 위함이다. 건물이 아니라 그리스도 안에서 사랑으로 하나 된 우리가 하나님의 성전이다.

3부.

교회를 교회답게 하시는 하나님

10.
복음의 일꾼

¹ 이러므로 그리스도 예수의 일로 너희 이방인을 위하여 갇힌 자 된 나 바울이 말하거니와 ² 너희를 위하여 내게 주신 하나님의 그 은혜의 경륜을 너 희가 들었을 터이라. ³ 곧 계시로 내게 비밀을 알게 하신 것은 내가 먼저 간단 히 기록함과 같으니 ⁴ 그것을 읽으면 내가 그리스도의 비밀을 깨달은 것을 너 희가 알 수 있으리라. ⁵ 이제 그의 거룩한 사도들과 선지자들에게 성령으로 나 타내신 것같이 다른 세대에서는 사람의 아들들에게 알리지 아니하셨으니 ⁶ 이 는 이방인들이 복음으로 말미암아 그리스도 예수 안에서 함께 상속자가 되고 함께 지체가 되고 함께 약속에 참여하는 자가 됨이라. ⁷ 이 복음을 위하여 그의 능력이 역사하시는 대로 내게 주신 하나님의 은혜의 선물을 따라 내가 일꾼이 되었노라. | 엡 3:1-7

누구든지 예수를 믿으면 구원을 받습니다. 절망적인 죽음이 희망적인 생명으로 바뀝니다. 진노의 자식이 하나님의 자녀로 변합니다. 이 땅 에서 살지만 천국을 디디며 사는 인생으로 변합니다. 이러한 복음의 능력은 유대인과 이방인 사이에 차별이 없습니다. 남자와 여자, 노인과 아이, 자유인과 종, 고용자와 노동자, 정규직과 비정규직, 부자와 빈자 사이에 어떠한 차별도 없습니다. 지금까지 지구촌에 등장했던 제도들 중에 이러한 종류의 평등과 질서를 구현했던 제도는 없습니다. 그러나 복음에는 하나님의 능력이 나타나서 신적인 차원의 평등과 질서가 이루어져 믿는 모든 사람들이 그리스도 안에서 하나님의 동등한 자녀로 거듭나고 동등하게 협력하여 거룩한 성전을 이룹니다.

아름다운 포로

참으로 놀라운 일입니다. 바울은 이것 때문에 특별히 "이방인을 위하여 그리스도 예수의 사로잡힌 자 혹은 포로"$^{ὁ δέσμιος τοῦ Χριστοῦ Ἰησοῦ}$가 되었다고 말합니다. 이는 자신이 하나님의 집을 세우는 일에 충성하는 예수님의 종이 되겠다는 것입니다. 그러나 바울은 실제로 감옥에 죄수로 사로잡혀 있습니다. 그럼에도 불구하고 바울은 예수님의 포로라면 감옥에의 부당한 투옥도 마다하지 않습니다. 광복과 국권의 회복을 염원했던 심훈은 이러한 시를 썼습니다. "그날이 와서, 오오 그날이 와서 / 육조 앞 넓은 길을 울며 뛰며 뒹굴어도 / 그래도 넘치는 기쁨에 가슴이 미어질 듯하거든 / 드는 칼로 이 몸의 가죽이라도 벗겨서 / 커다란 북을 만들어 들쳐 메고는 / 여러분의 행렬에 앞장을 서오리다." 광복의 날이 온다면 자신의 가죽을 벗겨서 해방을 알리는 북이 되겠다는 것입니다. 예수님의 포로가 되었다는 바울의 고백은 마치 자신의 가죽을 벗겨서 광복을 알리는 북이 되려는 심훈의 고백과도 같습니다. "전제와 같이 내가 벌써 부어지고."$^{딤후 4:6}$ 바울은 자신을 자신의 것으로 여기지 않고 제물로서 하나님 앞에 자신의 전부를 쏟아 부었다고 말합니다.

예수님의 포로가 되었다는 것은 능동태가 아니라 수동태의 성격이 있습니다. 그래서 바울의 포로 됨은 주님께 무슨 약점이나 덜미가 잡혀 강압에 의해서 이루어진 일이라고 생각하기 쉽습니다.

그러나 빌립보 교회에 보낸 바울의 편지를 보십시오. 바울은 자신에게 유익하던 모든 것들을 배설물로 여기면서 간절히 추구하는 바를 "오직 내가 그리스도 예수께 잡힌 바 된 그것을 잡으려"빌 3:12는 것이라고 말합니다. 여기에서 우리는 바울의 포로 됨이 그의 자발적인 결정과 소원임을 확인할 수 있습니다. 예수님에 의해 결박되는 것은 분명 수동적인 것인데 바울은 그것을 능동적인 자세로 받고 있습니다. 복음을 전파하는 일에 있어서도 동일한 태도를 보입니다. "내가 복음을 전할지라도 자랑할 것이 없음은 내가 부득불 할 일임이라. 만일 복음을 전하지 아니하면 내게 화가 있을 것이로다. 내가 내 자의로 이것을 행하면 상을 얻으려니와 내가 자의로 아니한다 할지라도 나는 사명을 받았노라."고전 9:16-17 복음을 전파하는 것은 필연적인 부득불의 일이지만 바울은 그것을 자발적인 의지로 행한다고 말합니다. 사실 필연성과 자발성은 개념상 서로 대립항일 수는 있어도 어울릴 수는 없습니다. 그런데도 바울은 그 모순적인 개념의 조합을 신앙의 원리로 제시하고 있습니다. 불가피한 일은 반드시 해야 하겠지만 자발성과 기쁨의 태도로 행하는 것이 성도의 지혜로운 삶입니다.

이제 "그리스도 예수께 잡힌 바"라는 추구의 내용을 보십시오. 대부분의 사람들은 자신에게 유익한 것이라고 판단되는 복을 하나님께 구하는 법입니다. 그런데 바울은 그러한 사사로운 기호를 표출하는 법이 없습니다. 물론 몸에 있는 가시를 제거해 달라는 기도를 세 번 드렸지만 "내 은혜가 네게 족하도다"^{고후 12:9}라는 주님의 답변을 받고서는 자기의 유익을 구하는 기도를 곧장 멈춥니다. 오히려 예수님의 죽으심을 본받아 어떻게 해서든지 죽은 자 가운데서 부활에 이르려 한다^{빌 3:10-11}는 역설적인 취향도 밝힙니다. 바울은 예수님의 권위와 능력과 유명세가 아니라 사람들이 꺼려 하는 주님의 죽으심을 어떠한 방법을 써서라도 본받으려 한다고 말합니다. '그리스도 예수의 포로'라는 말에는 주님의 멋지고 근사한 것보다는 주님의 죽으심을 닮겠다는 내용도 포함되어 있습니다. 바울은 어떻게 이런 소원을 가지게 된 것일까요? 우리는 바울이 보여 준 신앙의 놀라운 고백보다 그 신앙을 가능하게 하고 지탱하는 근원을 깨달아야 할 것입니다.

신앙의 근원

바울은 그 근원을 이미 설명하여 에베소 성도들로 하여금 알게 하였지만 3-4절에서 다시 밝히고 있습니다. "곧 계시로 내게 비밀을 알게 하신 것은 내가 먼저 간단히 기록함과 같으니 그것을 읽으면 내가 그리스도의 비밀을 깨달은 것을 너희가 알 수 있으리라." 이는 그가 그리스도 예수의 비밀을 계시로 말미암아 깨달았기 때문에 그의 포로가 되었다는 말입니다. "그리스도의 비밀", 즉 복음이 바울을 예수님의 포로로 만든 것입니다. 구원을 받고 천국을 간다는 거룩한 떡고물 때문이 아닙니다. 포로 됨의 근거는 그리스도 예수의 비밀에 있습니다. 그리스도 예수의 비밀은 하나님의 계시로 말미암아 깨닫는 것입니다. 이는 우리도 인간의 어설픈 추정이나 공허한 상상으로 고안된 것이 아니라 하나님의 분명한 계시로 말미암아 알려진 메시아의 비밀을 깨달아야 한다는 것입니다. 계시 이외의 다른 방법으로 알려진 메시아는 진짜 메시아가 아닙니다.

그리스도 예수의 비밀을 알려 준 계시에 대하여 바울은 5절에서 이렇게 말합니다. "이제 그의 거룩한 사도들과 선지자들에게 성령으로 나타내신 것같이 다른 세대에서는 사람의 아들들에게 알리지 아니하셨으니." 바울이 의미하는 하나님의 계시는 주님의 거룩한 선지자들 및 사도들이 성령으로 말미암아 받은 것입니다. 이는 구약과 신약이 바로 하나님의 계시라는 말입니다. 구약은 오실 메시아를 가르치고, 신약은 오신 메시아와 다시 오실 메시아를 가르치고 있습니다. 믿음의 조상에게 주신 언약은 약속의 자녀로 말미암아 모든 믿는 자들에게 하나님의 복이 전달되게 하겠다는 것인데, 그 자녀는 여럿을 가리키지 않고 "오직 한 사람을 가리켜 네 자손이라" 하셨는데, 그 자손이 바로 그리스도 예수라고 말합니다.^{갈 3:16} 구약에서 가리키는 이 메시아는 기름 부음을 받은 왕과 선지자와 제사장의 직무를 예표적인 차원에서 수행하신 분입니다. 그는 하늘과 땅의 모든 권세를 가지고 다스리는 왕 중의 왕입니다. 하나님의 뜻을 하나도 가감하지 않고 전하는 선지자가 되십니다. 하나님과 그의 백성을 화목하게 하실 제사장이 되십니다. 그는 멸망한 이스라엘 백성을 영적으로 새롭게 일으켜 하나님의 나라를 재건하실 것입니다.

신약에서 메시아는 왕 중의 왕이시나 종의 형체를 입고 오셔서 섬김을 받으시지 않고 섬기려고 오셨으며, 구약 선지자의 모든 약속과 율법을 다 이루시고 순종하사 인격과 삶으로 하나님의 뜻을 선포하신 선지자가 되셨으며, 짐승이 아니라 자신의 생명을 제물로 삼아 화목제를 드리신 제사장이 되십니다. 성육신과 죽음과 부활과 승천을 통하여 선지자와 제사장과 왕의 직분을 완수하고 하늘에 있는 것들과 땅에 있는 것들을 자신 안에서 통일하신 메시아는 마지막 때에 다시 우리에게 오실 것입니다. 다시 오실 그때에는 사람들의 일부는 심판의 부활로, 다른 일부는 생명의 부활로 모두 다시 살아나게 될 것입니다. 이러한 사실은 성령께서 다른 세대의 사람에게 알리지 않은 것이라고 바울은 말합니다. 이 말은 선지자들 및 사도들에 의해 기록된 성경 이외에 참 메시아의 비밀을 가르치는 다른 계시는 없다는 뜻입니다.

다른 계시가 없음에도 불구하고 다른 계시를 추구하고 거짓된 계시에 이끌리는 분들이 적지 않습니다. 그러나 모세의 엄중한 경고를 들어 보십시오. "내가 너희에게 명령하는 말을 너희는 가감하지 말고 내가 너희에게 내리는 너희 하나님 여호와의 명령을 지키라."^신 ^{4:2} 계시를 추가하지 마십시오. 구약과 신약으로 이루어진 성경의 완결된 계시는 결코 가감될 수 없습니다. 하나님의 말씀은 절대적인 진리이기 때문에 어떠한 가감이나 편집이나 왜곡이나 악용이 있어서는 안 됩니다. 비록 선한 의도가 있더라도 하나님의 말씀에 변경을 가하는 순간 변경의 원인으로 인해 절대적인 진리는 상대화될 것입니다. 이는 하나님의 말씀보다 더 큰 권위가 변경의 원인에 있다는 엉뚱한 주장을 내세우고 두둔하는 셈입니다. 결국 계시를 추가한 이단들은 성경보다 자신의 입에서 나오는 계시가 성경보다 높다고 말합니다. 우리도 얼마든지 이러한 계시 추가자의 대열에 동참할 수 있기 때문에 조심하지 않으면 안 됩니다.

하나님의 말씀을 가감하지 않는 세 가지 방법들이 있습니다. 첫째, 66권의 성경을 하나도 빼거나 더하지 않는 것입니다. 66권 중에서 특정한 책이나 장이나 절을 읽지 않는 방식으로, 혹은 성경의 책들 사이에 등급을 매기거나 차등을 두는 방식으로 성경을 가감하지 마시기를 바랍니다. 둘째, 성경 텍스트를 해석할 때 저자이신 하나님이 의도하신 뜻을 찾아내는 것입니다. 성경은 사사롭게 풀어서는 안 됩니다. 하나님의 말씀이기 때문에 나의 뜻과 기호를 투영하는 해석이 아니라 하나님의 성품과 뜻을 드러내는 해석을 함으로써 성경을 가감하지 마십시오. 셋째, 성경 텍스트의 해석된 의미를 삶의 곳곳에서 실천하는 것입니다. 알고도 행하지 않으면 죄입니다. 하나님과 자신과 타인을 속이는 일입니다. 성경을 눈과 이성만이 아니라 몸으로 해석하여 성경을 가감하지 않는 저와 여러분이 되시기를 바랍니다. 성경의 물리적인 가감이든 해석학적 가감이든 실천적인 가감이든 모두 하나님의 말씀을 더하거나 빼는 것입니다.

하나님의 말씀을 가감하면 필히 발생되는 일은 복음이 변한다는 것입니다. 복음의 변경과 왜곡의 심각성에 대해 바울은 이렇게 말합니다. "우리나 혹은 하늘로부터 온 천사라도 우리가 너희에게 전한 복음 외에 다른 복음을 전하면 저주를 받을지어다."[갈 1:8] 선지자들 및 사도들이 증거한 그리스도 예수의 비밀, 즉 복음을 증거하지 않고 가감하고 가공하여 다른 복음을 만들어서 증거하면 저주를 받는다는 것입니다. 이 저주의 대상에 대해서는 심지어 사도들과 천사들도 예외가 아닙니다. 왜 바울은 이토록 과격하고 불쾌한 "저주"라는 표현을 사용하는 것일까요? 그것은 바울이 생각하는 그리스도 예수의 비밀, 즉 복음이 너무도 위대하고 경이롭고 아름답고 자비롭고 정의롭고 영광스러운 것이기 때문입니다. 그러므로 인위적인 요소가 끼어들면 필히 변질을 낳습니다.

기독교의 진리에 있어서 본질적인 문제를 건드리는 경우에는 어떠한 양보나 타협도 있어서는 안 됩니다. 그러나 비본질적 사안에 대해서는 이해하고 양해하고 용납하고 인내하는 것이 좋습니다. 많은 분들이 본질과 비본질의 구분에서 실패하고 본질적인 문제에 대해서는 침묵하고 비본질적 문제에 대해서는 목에 격론의 핏대를 세웁니다. 바울이 말한 "복음"은 본질과 비본질 중에 어떤 것일까요? 기독교의 본질에 있어서도 노른자에 해당하는 것입니다. 그것이 변경되면 기독교 전체가 변경될 정도로 본질적인 것입니다. 그래서 바울은 복음을 건드리는 자에 대하여 "저주"라는 격한 언어의 사용도 불사했던 것입니다.

바울이 앞에서 간략하게 다루었던 복음의 핵심은, (1)아버지 하나님이 정하신 것, (2)그리스도 안에서 우리를 거룩하고 흠 없게 하려고 선택하신 것, (3)오직 성령의 역사와 능력으로 복음을 듣고 믿어 하나님의 자녀가 된다는 것입니다. 다시 말하면 이 복음은 하나님의 뜻이며, 하나님의 계획이며, 하나님의 은혜이며, 하나님의 선물이며, 하나님의 공로이며, 하나님의 역사라는 것입니다. 만약 이 복음에 대하여 하나님의 뜻이 아니라 인간의 뜻이라고 말하거나, 하나님의 계획이 아니라 우연적인 결과라고 한다거나, 하나님의 은혜가 아니라 우리의 협력이 있어야만 된다거나, 하나님의 선물이 아니라 인간적인 수고의 보상으로 본다거나, 하나님의 공로가 아니라 인간의 공로가 있다거나, 하나님의 역사가 아니라 인간이 이루는 것이라고 주장하는 모든 사람들은 하나님의 복음을 변경하는 자이며, 다른 복음을 생산하는 자이며, 결국 하나님의 저주가 합당한 자입니다.

올바른 복음의 열매

이제 6절을 보십시오. 올바른 복음이 가져오는 결과가 얼마나 놀라운 것인지를 보십시오. "이는 이방인들이 복음으로 말미암아 그리스도 예수 안에서 함께 상속자가 되고 함께 지체가 되고 함께 약속에 참여하는 자가 됨이라." 바울은 하나님의 복음으로 말미암아 이방인들 모두가 그리스도 예수 안에서 믿음의 유대인과 더불어 함께 (1)하나님의 상속자가 되고 (2)지체가 되고 (3)약속에 참여하는 자가 된다고 말합니다.

첫째 결과는 모든 하나님의 자녀들이 하나님의 동등한 상속자가 된다는 것입니다. 유대인은 적자이고 우리와 같은 이방인은 서자인 것이 아닙니다. 한국인은 하나님의 적자이고 외국인은 하나님의 서자인 것이 아닙니다. 유대인과 이방인, 한국인과 외국인 모두가 동일한 하나님 나라의 동등한 상속자가 되고 천국의 동일한 특권을 누립니다. 이 땅에서의 언어적, 민족적, 문화적, 경제적, 지리적 차이는 있지만 그런 차이들이 상속자들 사이에 차등을 만들지는 않습니다. 모든 하나님의 자녀들이 동등한 상속자가 된다는 것은 동일한 복음으로 말미암은 것이기 때문에 다른 무엇에 의해서도 변경되지 않습니다.

둘째 결과는 유대인과 이방인이 하나의 몸에 속한 지체들이 되었다는 것입니다. 각자는 지체이고 우리는 각자가 지체로 참여한 몸입니다. 하나의 지체는 몸이라는 정체성을 스스로 확립할 수 없습니다. 각 지체는 홀로 온전해질 수 없습니다. 홀로는 존재할 수도 없습니다. 서로 연결되어 있어야 온전한 몸의 정체성을 얻습니다. 하나님의 모든 자녀들은 서로가 서로의 존재를 온전하게 만드는 지체로서 분리되지 말아야 하고 분리될 수도 없습니다. 우리가 서로 분리될 수 없는 몸이기 때문에 자신을 사랑하는 것과 타인을 사랑하는 것은 다르지가 않습니다. 나를 사랑하는 것은 나를 사랑하는 것이고 다른 지체들을 사랑하는 것도 나를 사랑하는 것입니다. 우리가 유기적인 몸이기 때문에 만약 우리가 서로를 비방하고 핍박하고 거부하고 분열하면 자기 자신을 파괴하는 것이며 자해하는 것입니다.

예수님이 가르치신 "온 율법과 선지자의 강령"^{마 22:40}을 이런 관점에서 생각해 보십시오. "예수께서 이르시되 네 마음을 다하고 목숨을 다하고 뜻을 다하여 주 너의 하나님을 사랑하라 하셨으니 이것이 크고 첫째 되는 계명이요 둘째도 그와 같으니 네 이웃을 네 자신같이 사랑하라 하셨으니 이 두 계명이 온 율법과 선지자의 강령이니라."^{마 22:37-40} 율법의 본질이며 복음의 핵심은 하나님을 사랑하고 이웃을 사랑하는 것입니다. 이것은 부담스러운 숙제가 아닙니다. 불쾌한 강요도 아닙니다. 이웃을 사랑하는 것은 나를 사랑하는 것입니다. 그래서 이웃을 나 자신처럼 사랑해야 한다고 말씀하신 것입니다. 하나님을 사랑하는 것도 나를 사랑하는 것입니다. 우리가 가장 인간답게 되고 가장 행복하게 되고 가장 영화롭게 되고 가장 건강하게 되는 때는 바로 하나님을 사랑하는 때입니다. 그래서 하나님을 나 자신처럼,

즉 나의 마음을 다하고 목숨을 다하고 뜻을 다하여 힘을 다하여 사랑해야 한다고 말씀하신 것입니다.

셋째 결과는 함께 약속에 참여하는 자가 된다는 것입니다. 요한과 디도의 기록을 보십시오. "그가 우리에게 약속하신 것은 이것이니 곧 영원한 생명이니라."요일 2:25 "영생의 소망을 위함이라. 이 영생은 거짓이 없으신 하나님이 영원 전부터 약속하신 것인데."딛 1:2 믿음의 유대인과 이방인은 그리스도 예수의 복음으로 말미암아 모두 영원한 생명의 약속에 참여하는 자입니다. 그래서 우리는 하나님의 나라에서 영원토록 살면서 영원토록 동거하게 될 것입니다. 이 땅에서는 혈통에 따른 가족끼리 한 집에서 지냅니다. 그러나 하나님의 나라에서 우리 모두는 복음으로 인해 하나의 거대한 가족이 되어 함께 한 집에서 살아가게 될 것입니다. 지금 교회에 모인 분들을 보십시오. 영원토록 동거하며 살 분들이 여러분 옆에 있습니다. 그리스도 예수의 복음은 이처럼 놀라운 결과들을 낳습니다. 즉, 복음으로 말미암아 우리는 하나님 나라의 동등한 상속자가 되고, 그리스도 예수의 몸에 고유한 지체들로 참여하고, 모두가 함께 영원한 생명을 얻습니다.

복음을 대하는 태도

이러한 복음을 대하는 바울의 태도가 7절에 나옵니다. "이 복음을 위하여 그의 능력이 역사하시는 대로 내게 주신 하나님의 은혜의 선물을 따라 내가 일꾼이 되었노라." 즉, 복음의 일꾼이 되었다고 말합니다. 복음의 일꾼, 사환, 종 혹은 사역자는 무엇보다 복음을 위하는 자입니다. 복음을 위한 것이라면 모든 것을 포기할 용의가 있는 자입니다. 바울을 보십시오. "내가 모든 사람에게서 자유로우나 스스로 모든 사람에게 종이 된 것은 더 많은 사람을 얻고자 함이라.……내가 복음을 위하여 모든 것을 행함은 복음에 참여하고자 함이라." 고전 9:19, 23 바울은 지극히 자유로운 자였지만 복음을 위한 것이라면 모든 사람에게 종이 되는 것을 마다하지 않았던 분입니다. 복음을 위한 일이라면 모든 것을 행할 수 있고 행했다고 말합니다. 복음의 일꾼은 바로 이러한 자입니다. 자신이 사는 것이 아니라 복음이 그 안에서 사는 자입니다.

　　복음의 일꾼은 하나님의 능력에 의지하는 자입니다. 하나님의 능력을 따라 우리에게 주어진 은혜의 선물이 있지만 그 선물도 하나님의 능력에 의해서 활용되는 것입니다. 그래서 하나님의 역사가 없으면 복음의 일꾼은 아무것도 하지 못하고 아무것도 하지 않습니다. 오직 하나님의 능력이 이끄시는 대로 이끌리며 순종하는 자입니다. 자신의 지혜와 힘으로는 복음의 일꾼이 될 수 없습니다. 우리는 오직 하나님의 능력에 의해서만 복음을 섬길 수 있습니다. 하나님의 능력은 십자가의 도입니다. "십자가의 도가 멸망하는 자들에게는 미련한 것이요 구원을 받는 우리에게는 하나님의 능력이라." 고전 1:18 십자가의 도는 타인을 위하여 자신이 낮아지고 죽는 것입니다. 생명은 타인에게 역사하고 사망은 자신에게 역사하는 것입니다. 우리에게 주어진 어떠한 은사도 이러한 십자가의 도를 따르지 않으면 오용될 수밖에 없습니다. 주인이신 하나님이 아니라 청지기에 불과한 자신을 주어진 은사의 주인으로 여깁니다. 이는 교만하고 무지하고 어리석은 것입니다.

　　복음의 일꾼은 무엇을 행하는 자일까요? 바울은 말합니다. "이 은혜는 곧 나로 이방인을 위하여 그리스도 예수의 일꾼이 되어 하나님의 복음의 제사장 직분을 하게 하사 이방인을 제물로 드리는 것이 성령 안에서 거룩하게 되어 받으실 만하게 하려 하심이라."^{롬 15:16} 복음의 일꾼은 복음의 제사장 직분을 수행하는 사람인데, 이방인을 제물로 드리는 자라고 말합니다. 여기에서 제물은 잡아서 죽이는 짐승이 아닙니다. 로마서 12장 1절에 언급된 "거룩한 산 제물"을 의미하는 말입니다. 이는 복음을 전파하여 이방인이 믿게 되면 하나님의 자녀가 될 것인데, 자녀 된 그 이방인을 하나님께 산 제물로 드린다는 것입니다. 이것이 바로 이방인을 제물로 드린다는 말의 뜻입니다. 복음의 일꾼은 믿지 않는 자들에게 복음을 증거하는 자입니다. 온 천하에 다니며 만민에게 복음을 증거하고 모든 족속으로 제자를 삼는 자입니다. 바울은 그런 자가 되었다고 말합니다. 그런 그것을 하나님의 은혜라고 말합니다. 복음을 증거하는 것은 결코 하기 싫은 숙제가 아닙니다. 오히려 복음 때문에 바울의 심장에는 희락의 맥박이 뛰고 있습니다.

사랑하는 성도 여러분, 그리스도 예수의 비밀인 복음을 선지자들 및 사도들이 기록한 성경 전체에 기초하여 올바르게 깨달아 아시기를 바랍니다. 이 복음을 알면 설레는 복음의 일꾼이 될 수밖에 없습니다. 온 천하의 만민에게 복음을 증거하게 될 것입니다. 자신이 사는 자가 아니라 복음이 그 안에 사는 자가 될 것입니다. 이러한 복음의 일꾼이 되시기를 바랍니다.

11.
지극히 작은 자보다 더 작은 자

⁸ 모든 성도 중에 지극히 작은 자보다 더 작은 나에게 이 은혜를 주신 것은 측량할 수 없는 그리스도의 풍성함을 이방인에게 전하게 하시고 ⁹ 영원부터 만물을 창조하신 하나님 속에 감추어졌던 비밀의 경륜이 어떠한 것을 드러내게 하려 하심이라. ¹⁰ 이는 이제 교회로 말미암아 하늘에 있는 통치자들과 권세들에게 하나님의 각종 지혜를 알게 하려 하심이니 ¹¹ 곧 영원부터 우리 주 그리스도 예수 안에서 예정하신 뜻대로 하신 것이라. ¹² 우리가 그 안에서 그를 믿음으로 말미암아 담대함과 확신을 가지고 하나님께 나아감을 얻느니라. ¹³ 그러므로 너희에게 구하노니 너희를 위한 나의 여러 환난에 대하여 낙심하지 말라. 이는 너희의 영광이니라. | 엡 3:8-13

하나님은 겸손한 자에게는 은혜를 베푸시고 교만한 자에게는 진노를 쏟으시는 분입니다. 그래서 겸손한 자에게는 언제나 풍성한 은혜가 있습니다. 자신을 마음이 온유하고 겸손한 분이라고 소개하신 예수님은 은혜와 진리가 극도로 충만하신 분입니다. 하나님과 동등 됨을 취할 것으로 여기지 않으시고 종의 형체를 입으신 예수님은 가장 겸

3부. 교회를 교회답게 하시는 하나님

손하신 분이기 때문에 최고의 은혜로 충만하신 것입니다. 이러한 예수님의 온유와 겸손의 마음을 품고자 하였고 품으라고 권하였던 사도가 있습니다. 길리기아 다소 출신의 바울이 바로 그입니다.

사도의 겸손한 고백

사실 겸손의 사도 바울은 지혜와 지식과 열정과 성취에 있어서 "지극히 크다는 사도들보다 부족한 것이 조금도 없는"^{고후 11:5} 분입니다. 오히려 모든 영역에 있어서 훨씬 더 탁월한 분입니다. 그럼에도 불구하고 그는 자신을 "사도 중에 가장 작은 자"^{고전 15:9}라고 말합니다. 이전에 하나님의 교회를 제거하기 위해 획기적인 특심을 부리며 기독교의 본산지인 예루살렘 지역의 종교적 초토화를 도모한 자였기 때문에 "사도라 칭함받기를 감당하지 못할 자"^{고전 15:9}라고도 했습니다. 자신이 보기에 사도의 자격도 구비되지 않았으나 사도들 중에 마지막에 사도로 가담하게 되었다고 생각하여 "맨 나중에 만삭되지 못하여 난 자 같은"^{고전 15:8} 사도라고 했습니다. 심지어 "죄인 중에 내가 괴수"^{딤전 1:15}라는 고백까지 했습니다. 겸손의 행보는 끝이 없어 보입니다.

　　이제 본문의 8-9절을 보십시오. "모든 성도 중에 지극히 작은 자보다 더 작은 나에게 이 은혜를 주신 것은 측량할 수 없는 그리스도의 풍성함을 이방인에게 전하게 하시고 영원부터 만물을 창조하신 하나님 속에 감추어졌던 비밀의 경륜이 어떠한 것을 드러내게 하려 하심이라." 평소에 자신을 낮추었던 겸손한 바울은 여기에서 자신을 "모든 성도 중에 지극히 작은 자보다 더 작은 나"라고 밝힙니다. 이는 모든 성도들 중에 자기보다 더 작은 사람은 없다는 것입니다. "오직 겸손한 마음으로 각각 자기보다 남을 낫게 여기고"^{빌 2:3}라고 한 교훈을 바울은 자신에게 적용하고 있습니다. 타인과의 관계에서 결코 포기하지 말아야 할 태도는 그 타인이 누구든지 그를 나보다 낫게 여기라는 것입니다. "여기고"라는 말은 사실보다 태도를 가리키는 말입니다. 학력이나 이력이나 출신을 불문하고 그러한 겸손의 태도를 가지라는 것입니다.

도대체 어떠한 유익이 있길래 바울은 모든 사람들에 대해 그들을 자기보다 낫게 여기고자 했던 것일까요? 이에 대하여는 바울 자신의 말을 들어 보십시오. "하나님께서 세상의 미련한 것들을 택하사 지혜 있는 자들을 부끄럽게 하려 하시고 세상의 약한 것들을 택하사 강한 것들을 부끄럽게 하려 하시며 하나님께서 세상의 천한 것들과 멸시받는 것들과 없는 것들을 택하사 있는 것들을 폐하려 하시나니 이는 아무 육체도 하나님 앞에서 자랑하지 못하게 하려 하심이라."^{고전} ^{1:27-29} 여기에서 바울은 세상의 미련하고 연약하고 비천하고 없는 것들을 택하셔서 있는 것들을 폐하시고 강하고 지혜로운 자들을 부끄럽게 하시는 것이 하나님의 확고한 섭리라고 말합니다. 하나님의 섭리는 순응의 대상이지 변경의 대상이 아닙니다.

바울은 하나님의 섭리를 깨달았고 자신의 삶을 기꺼이 거기에 순응했던 분입니다. 하나님의 섭리에 의하면, 지극히 작은 자보다도 더 작은 자가 된 자는 연약하고 작은 자를 쓰시는 하나님께 가장 크게 쓰임을 받을 것입니다. 낮으면 낮을수록 더 크게 더 넓게 더 많이 더 오래 쓰임을 받을 것입니다. 이처럼 더 낮을수록 더 약할수록 더 큰 복을 받습니다. 바울은 자신이 지극히 작은 자들보다 더 작은 자가 되기를 주저하지 않았고 지극히 작은 자들보다 더 작은 자로 알려지는 것을 수치로 여기지 않았고 오히려 약한 것들을 자랑의 내용으로 분류한 분입니다. 바울은 참으로 세상의 방향과는 다른 역방향의 삶을 살았던 분입니다. 낮아짐과 연약함을 사모했고 추구했고 자랑했고 심지어 기뻐했던 분입니다.^{고후 12:10} 우리가 본받아야 하는 삶도 바울이 보여 준 이 시대를 거스르는 역류의 삶입니다. 우리가 추구해야 하는 삶은 높아지는 삶이 아니라 낮아지는 삶, 강해지는 삶이 아니라 약해지는 삶입니다.

사실 바울의 이러한 낮아짐과 자발적인 연약함은 그리스도 예수의 낮추심에 비하면 아무것도 아닙니다. 바울의 경우는 인간 문맥 안에서의 낮아짐과 연약함일 뿐입니다. 그러나 주님은 하나님과 동등 됨을 취할 것으로 여기지 않으시고 종의 형체로 낮아지신 분입니다. 이러한 낮아짐은 창조자와 피조물 사이의 격차를 뛰어넘은 것이고 인간의 상상을 초월하는 것입니다. 바울은 스스로 낮아짐과 약해짐을 통해 예수님의 낮아짐과 약해짐의 복음을 증거하는 길을 갔습니다. 이를 위하여 예수님의 낮추심을 본받되 심지어 주님의 죽음까지 어떻게 해서든지 본받으려 했습니다.

바울은 지극히 작은 자보다 더 작은 자신에게 하나님이 주신 은혜가 있다고 말합니다. 겸손과 은혜는 연동되어 있습니다. 베드로의 말처럼 하나님은 교만한 자를 멸하시나 겸손한 자에게는 은혜를 주십니다.^{벧전 5:5} 낮으면 낮을수록 더 큰 은혜가 주어질 것이고 높으면 높을수록 더 큰 멸망을 당하게 될 것입니다. 이러한 인과율은 하나님이 통치의 원리로서 정해 놓으신 것이기 때문에 인간이 임의로 변경할 수 없는 것입니다. 더 큰 은혜를 원한다면 겸손의 경주에서 전력을 다하시기 바랍니다. 낮아짐은 은혜의 탁월한 준비이기 때문에 결코 부끄러운 일이 아닙니다. 우리에게 더 큰 은혜를 주길 원하시는 하나님은 일부러 백성을 낮추시는 분이라고 모세는 말합니다.^{신 8:16}

바울이 말하는 은혜는 바로 측량할 수 없는 그리스도 예수의 풍성함을 이방 사람에게 전파하는 것입니다. "영원부터 만물을 창조하신 하나님 속에 감추어졌던 비밀의 경륜이 어떠한 것"을 그들에게 드러내는 것입니다. 바울은 이것을 은혜로 간주하고 있습니다. 그리스도 예수의 전파를 힘들고 고단하고 피하고 싶은 숙제로 여기지를 않고 하나님의 은혜라고 말합니다. 사실 예수님을 이방의 모든 사람에게 전파하는 것은 쉽지 않은 일입니다. 동족에게 예수님을 전하는 것도 어려운데, 문화와 언어와 가치관이 다른 이방 민족에게 전도하는 것은 얼마나 더 어려운 일일까요?

복음을 제대로 증거하기 위해서는 자신의 민족적인 정체성과 익숙한 습관과 체질화된 삶의 기준을 내려놓지 않으면 안 됩니다. 바리새인 중의 바리새인, 히브리인 중의 히브리인, 율법의 준행에 있어서는 타의 추종을 불허했던 바울의 경우를 보십시오. "내가 모든 사람에게서 자유로우나 스스로 모든 사람에게 종이 된 것은 더 많은 사람을 얻고자 함이라."^{고전 9:19} 복음을 전한다는 것은 자신의 자유를 포기하는 일입니다. 자유만 포기하는 것이 아니라 복음을 전파하는 대상에게 종이 되어야 하는 일입니다. 그가 가난하면 가난하게 되고, 그가 연약하면 연약하게 되고, 그가 율법 아래에 있으면 은혜 아래에 있더라도 율법 아래로 내려가고, 율법이 없는 자들에 대해서는 율법이 없는 자처럼 그들의 눈높이에 맞도록 다가가는 것입니다. 이것은 마치 나의 기호와 기준과 유익과 판단을 완전히 포기하는 죽음과 같습니다. 그런데도 바울은 지금 이것을 은혜라고 말합니다.

사실 바울은 자신의 것을 내려놓는 일을 복음 증거자가 받는 상급으로 여깁니다. "그런즉 내 상이 무엇이냐. 내가 복음을 전할 때에 값없이 전하고 복음으로 말미암아 내게 있는 권리를 다 쓰지 아니하는 이것이로다."고전 9:18 복음 때문에 포기하는 것들이 발생되면 여러분도 그 포기 자체를 하나님의 영광스러운 상급으로 여기시기 바랍니다. 주님은 복음을 산출하고 전하기 위해 자신의 신적인 권리까지 버리신 분입니다. 우리가 복음 때문에 희생하고 포기하는 내용이 생긴다면 바로 주님께서 그러하신 것처럼 복음을 증거하는 자가 되기 때문에 권리의 포기조차 상급이 되는 것입니다.

바울이 희생적인 소명을 은혜라고 생각한 문맥적인 이유는 하나님이 "측량할 수 없는 그리스도의 풍성함"을 이방 민족에게 전파하고 영원부터 하나님 안에 감추어진 비밀의 경륜을 나타내는 사명을 "지극히 작은 자보다 더 작은" 자신에게 맡겼다는 사실에 있습니다. 맡길 만한 사람에게 맡겨져야 하는데 자격도 안 되는 사람에게 맡겨진 이 사명을 바울은 너무도 과분한 것이라고 본 것입니다. 시간의 역사를 관통할 뿐만 아니라 영원부터 영원까지 이르는 하나님의 비밀을 깨닫고 전달하는 직분을 가졌다는 것보다 더 황홀하고 감격스러운 일은 없을 것입니다. 그래서 바울은 비록 고단하고 막대한 희생이 뒤따르는 길이지만 이 땅에서의 어떠한 희생과 비용을 지불한다 할지라도 그 사명을 감당할 수만 있다면 기꺼이 맡아서 감당하는 일꾼이 되고자 했던 것입니다.

교회가 나타내는 비밀의 경륜

이제 바울은 하나님이 자신을 통하여 비밀의 경륜을 나타내려 하신
목적을 10-11절에서 밝힙니다. "이는 이제 교회로 말미암아 하늘에
있는 통치자들과 권세들에게 하나님의 각종 지혜를 알게 하려 하심
이니 곧 영원부터 우리 주 그리스도 예수 안에서 예정하신 뜻대로 하
신 것이라." 목적은 바로 하늘에 있는 통치자들 및 권세들이 교회로
말미암아 하나님의 각종 지혜를 알게 되는 것이라고 말합니다. 이것
은 (1)그리스도 예수로 말미암아 하나님의 택하신 백성들을 구원하
는 하나님의 지혜는 얼마나 놀라운 것이며 (2)그 지혜를 땅끝까지 전
달하는 교회의 사명은 얼마나 막중한 것인지를 나타내고 있습니다.

먼저 하나님의 놀랍고 비밀한 지혜를 보십시오. 이 지혜는 심
지어 하늘의 어떠한 권세들도 알지 못했던 것이라고 바울은 말합니
다. 이 지혜는 "영원부터 우리 주 그리스도 예수 안에서 예정하신 뜻
대로" 준비된 것입니다. 천사들이 개입한 적도 없고 천사들과 상의한
적도 없고 천사들의 귀에 들려 준 적도 없습니다. 이 지혜는 오직 하
나님만 알고 계셨던 것입니다. 그래서 바울은 이 지혜를 "영원부터
하나님 속에 감추어졌던 비밀의 경륜"으로 표현한 것입니다. 이 지혜
는 너무도 신비로운 것이어서 바울은 로마서 11장에서 다음과 같은
탄성을 지릅니다. "깊도다 하나님의 지혜와 지식의 풍성함이여, 그의
판단은 헤아리지 못할 것이며 그의 길은 찾지 못할 것이로다."롬 11:33
하나님의 지혜와 지식은 인간이 스스로는 헤아릴 수도 없고 추적할

수도 없고 인지할 수도 없을 정도로 풍성하고 깊은 것이라고 바울은 말합니다.

사랑하는 성도 여러분, 이 세상에서 하나님의 지혜보다 더 놀랍고 더 중요하고 더 긴급하고 더 아름다운 지혜는 없습니다. 그 지혜를 따라 그리스도 예수를 믿으면 구원을 받습니다. 영원한 생명을 얻습니다. 하나님의 자녀라는 신분을 갖습니다. 천국의 시민권을 누립니다. 이것보다 더 사랑스러운 지혜가 있을 수 있을까요? 과학적인 지식도 좋습니다. 인문학적 지식도 좋습니다. 역사적인 지식도 좋습니다. 예술적인 지식도 좋습니다. 신체적인 지식도 좋습니다. 사회적인 지식도 좋습니다. 그러나 그리스도 예수를 알아 구원에 이르는 지식과는 도무지 비교할 수 없습니다. 이것은 세상과 천사들이 알지 못하는 것입니다. 오직 하나님 안에 감추어진 것입니다.

그런데 이토록 놀랍고 신비로운 하나님의 지혜가 '교회를 통하여' 나타나고 있습니다. 온 세상이 교회를 통해서만 이 지혜를 알게 될 뿐만 아니라 하늘의 천사들도 오직 교회를 통해서만 이 지혜를 알게 된다고 바울은 말합니다. 천사들은 하나님의 비밀한 지혜를 몰랐는데 천사들도 모르는 하나님의 지혜를 우리는 알고 있습니다. 사랑하는 성도 여러분, 천사들을 흠모하지 마십시오. 천사들을 두려워할 필요도 없습니다. 천사들을 만나려고 애쓰지도 마십시오. 천사들의 매혹적인 속삭임에 귀를 기울이지 마십시오. 무슨 신령한 지혜와 지식을 천사에게 구걸할 필요도 없습니다. 베드로도 바울과 같은 맥락에서 말합니다. "성령을 힘입어 복음을 전하는 자들로 이제 너희에게 알린 것이요 천사들도 살펴보기를 원하는 것이니라."^{벧전 1:12} 이 말은 우리가 천사들의 입술을 기대하는 것이 아니라 천사들이 우리의 입술에 귀를 기울이고 있다는 것입니다. 그러므로 천사들에 의해 미혹되지 마시기를 바랍니다. 교회는 천사들에 의해서도 휘둘리지 않는 곳입니다. 오히려 천사들도 흠모하는 곳입니다.

사랑하는 성도 여러분, 하나님이 설정해 놓으신 교회의 위상이 어떤 것인지를 깨달아 아시기를 바랍니다. 바울의 글입니다. "성도가 세상을 판단할 것을 너희가 알지 못하느냐. 세상도 너희에게 판단을 받겠거든 지극히 작은 일 판단하기를 감당하지 못하겠느냐. 우리가 천사를 판단할 것을 너희가 알지 못하느냐. 그러하거든 하물며 세상 일이랴." ^{고전 6:2-3} 교회는 세상과 천사를 판단하는 곳입니다. 세상의 기준에 의해 교회가 평가를 받는다면 참으로 부끄러운 일입니다. 천사에게 판단을 요청하는 것도 부끄러운 일입니다. 이러한 일들은 주님께서 정해 놓으신 질서를 허무는 일입니다. 그런데 교회가 그런 어리석은 일을 자초하고 있다고 바울은 개탄하고 있습니다. 이는 세상이 우리에 의해서 판단을 받아야 정상인데, 오히려 교회가 세상의 기준에도 미치지 못하여 세상의 판단을 받는 형국 때문입니다.

지금의 교회도 고린도 교회처럼 얄팍한 도덕성과 우매한 판단과 이기적인 처신으로 세상의 따끔한 비판을 받고 있습니다. 세상을 판단해야 하는 곳이 세상의 판단을 받고 있습니다. 세상의 어설픈 저울로도 가볍게 들리는 존재의 경박함이 교회의 사회적인 이미지를 대변하고 있습니다. 세상에 삶의 기준과 원리를 수혈하고 빛과 소금의 역할을 수행해야 할 곳이 세상의 기준에 의해서도 멸시와 조롱을 당하고 있습니다. 언어와 행실과 사랑과 정직과 공의에 있어서 본을 보여야 할 곳이 거짓과 미움과 분열과 불의의 온상이 되었다고 손가락질을 당하고 있습니다. 온 세상을 판단하고 하늘의 천사들도 판단해야 하는 교회가 왜 이렇게 추락한 것입니까?

사탄은 하나님의 지혜가 교회를 통해서만 전파될 수 있음을 정확히 알고 있습니다. 그래서 하나님의 지혜를 막으려고 교회의 입술을 봉쇄하기 위해 전심을 다하고 있습니다. 사탄의 전략은 이중적인 것입니다. (1)교회의 신뢰도를 떨어뜨려 교회의 입술에서 출고되는 어떠한 말도 신뢰할 수 없는 거짓으로 여기게 만드는 것과 (2)교회 혹은 기독교에 대한 사회적인 적대감을 조장하는 것입니다. 실제로 수단을 가리지 않고 다 동원하여 교회의 부패를 도모하고 있습니다. 우리가 저항해야 하는 가장 중요한 부분은 교회가 거룩한 곳이어야 한다는 것입니다. 즉, 외부의 적대적인 분위기야 어떠하든 교회 자체가 먼저 하나님의 진리와 사랑으로 정화되고 무장되지 않으면 안 된다는 말입니다.

교회는 하나님의 성령이 거하시는 하나님의 전입니다. 영원부터 하나님 안에 감추어진 최고의 지혜가 알려지고 그 지혜를 알려 주는 곳입니다. 그리스도 예수를 믿으면 죄 사함과 의롭다 하심을 얻고 하나님의 자녀와 백성이 되어 영원토록 하나님과 함께하며 하나님을 영화롭게 하는 삶을 살아가게 된다는 지혜 말입니다. 교회는 바로 이 하나님의 놀랍고 비밀한 지혜로 말미암아 온 세상과 하늘의 천사들도 판단하는 곳입니다. 천사들도 이 지혜를 알고자 교회의 입술에 귀를 기울이고 있습니다. 교회는 그런 곳입니다. 여러분은 교회가 어떤 곳이기를 원하고 계십니까? 지금 여러분이 소망하고 만들어 가시는 교회의 모습은 어떤 것입니까? 만세 전부터 하나님 안에 감추어져 있던 지혜로운 교회의 원본과 과연 같습니까? 세상과 천사들을 판단할 역량을 구비하고 있습니까? 여러분 자신은 교회를 어떻게 생각하고 계십니까?

존귀한 성도

다윗은 교회를 향해 이렇게 말합니다. "땅에 있는 성도들은 존귀한 자들이니 나의 모든 즐거움이 그들에게 있도다."시 16:3 교회는 너무나도 존귀한 곳입니다. 우리의 모든 즐거움을 얻고 지속적인 즐거움의 샘이어야 하는 곳입니다. 우리의 모든 행복과 기쁨과 만족과 소망과 신뢰와 사랑을 얻어야 하는 곳입니다. 교회가 이러한 것들을 기대해도 되는 곳입니까? 네, 되는 곳입니다. 그런데 과연 지금의 교회는 그런 곳입니까? 오히려 그러한 기대들이 와르르 무너지는 곳은 아닙니까? 그래서 우리의 후세대가 교회로 들어오지 않고 세상으로 나가고 있지는 않습니까? 교회는 믿음과 소망과 사랑이 넘치는 곳입니다. 그런 교회를 만들어 가십시다.

하나님의 교회는 만물 안에서 만물을 충만하게 하시는 그리스도 예수의 몸입니다. 지혜와 지식의 모든 보화가 담긴 그리스도 예수의 몸입니다. 그래서 교회는 너무나도 소중하고 보배롭고 아름다운 곳입니다. 최고의 것을 기대해도 좋은 곳입니다. 교회를 향한 주님의 사랑을 보십시오. 주님은 교회를 사랑하되 그 교회를 위하여 자신을 주실 정도로 그의 사랑이 컸습니다.엡 5:25 그토록 사랑했기 때문에 예수님과 교회는 분리될 수 없고 심지어 동일시될 정도로 하나였고 지금도 머리와 몸으로 결합되어 있습니다. 그렇기 때문에 바울이 회심하기 전에 "교회"를 핍박할 때에 어찌하여 "나"를 핍박하는 것이냐고 말씀하신 것입니다. 다시 묻습니다. 여러분은 교회를 어떻게 생각하고 계십니까? 너무도 사랑하여 나와 분리될 수 없는 하나로 간주하고 계십니까? 너무도 사랑하기 때문에 최고의 기쁨과 즐거움과 만족을 거기에서 기대하고 거기에 두고 계십니까?

바울은 예수님의 모범을 따라 하나님의 교회를 지극히 사랑한 분입니다. 그리스도 예수의 심장으로 교회를 얼마나 사랑하고 있는지에 대해서는 하나님이 증인이 되신다고 당당하게 말합니다. "내가 예수 그리스도의 심장으로 너희 무리를 얼마나 사모하는지 하나님이 내 증인이시니라."^{빌 1:8} 나아가 바울은 교회의 확장을 위해 자신의 목숨까지 걸었던 분입니다. "내가 달려갈 길과 주 예수께 받은 사명 곧 하나님의 은혜의 복음을 증언하는 일을 마치려 함에는 나의 생명조차 조금도 귀한 것으로 여기지 아니하노라."^{행 20:24} 이처럼 바울은 하나님의 교회를 위하여 자신의 생명조차 조금도 귀한 것으로 여기지를 않았던 분입니다. 바울은 이 사명을 억지로 수행하고 있지 않습니다. 환난과 고통이 따르는 일이라고 할지라도 교회를 사랑하기 때문에 사명자의 길이 괴롭지가 않은 것입니다. 오히려 바울은 이렇게 말합니다. "나는 이제 너희를 위하여 받는 괴로움을 기뻐하고 그리스도의 남은 고난을 그의 몸 된 교회를 위하여 내 육체에 채우노라."^{골 1:24} 사랑하면 괴로움도 기뻐할 수 있습니다. 주님께서 당하셨던 억울한 고난도 자신의 육체에 채우기를 거부하지 않고 오히려 환영할 수도 있습니다.

유쾌한 환난

실제로 바울은 복음을 증거하여 하나님의 교회를 세우기 위해 자신을 죽음의 벼랑으로 떠미는 가혹한 채찍질과 감옥의 억울하고 빈번한 출입도 마다하지 않습니다. 에베소 교회에 보내는 이 편지도 감옥에서 쓴 것입니다. 바울은 감옥에 갇히는 것을 전혀 개의치 않는 것 같습니다. 그러나 성도들의 마음은 다릅니다. 바울의 투옥이 에베소 성도들의 마음에는 근심과 낙담의 원인일 수밖에 없습니다. 사랑하는 성도들이 낙심하고 있다는 사실을 감지한 바울은 자신이 감옥에 있기에 위로를 받아야 할 상황인데, 오히려 그들에게 위로의 말을 건넵니다. 13절을 보십시오. "그러므로 너희에게 구하노니 너희를 위한 나의 여러 환난에 대하여 낙심하지 말라. 이는 너희의 영광이니라."

에베소 교회를 개척한 바울이 자기들 때문에 죄수의 신분으로 감옥에 갇히자 에베소 성도들은 근심에 빠집니다. 이에 바울은 자신이 당하는 환난은 낙심의 이유가 아니라 "너희의 영광"이라 말하며 그 이유를 이렇게 밝힙니다. 12절을 보십시오. "우리가 그 안에서 그를 믿음으로 말미암아 담대함과 확신을 가지고 하나님께 나아감을 얻느니라." 지금 담대함과 확신을 가지고 하나님께 나아감을 얻는 근거가 어디에 있다고 바울은 말합니까? 그리스도 예수에게 있다고 말합니다. 오직 그리스도 예수로 말미암아 우리는 담대함과 확신을 얻고, 그로 말미암아 창조자와 구원자와 통치자와 심판자가 되신 하나님께 나아갈 수 있습니다. 바울의 이 권면은 예수님이 제자들을 향해 이미 가르치신 것입니다. "예수께서 이르시되 내가 곧 길이요 진리요 생명이니 나로 말미암지 않고는 아버지께로 올 자가 없느니라."요 14:6

그런데 바울은 왜 자신의 환난이 에베소 교회에게 영광이 된다고 했을까요? 무엇보다 예수님을 십자가에 못 박고 교회를 없애려는 당시의 분위기 속에서 바울이 죄수로 규정되고 투옥을 당했다는 것은 그가 진짜 사도라는 증거일 것입니다. "무릇 그리스도 예수 안에서 경건하게 살고자 하는 자는 박해를 받으리라."딤후 3:12 이것을 뒤집어서 본다면, 박해는 경건한 삶의 증거이며 핍박은 제대로 된 예수님의 제자라는 징표라는 것입니다. 그래서 바울은 이렇게도 말합니다. "형제들아, 내가 그리스도 예수 우리 주 안에서 가진 바 너희에 대한 나의 자랑을 두고 단언하노니 나는 날마다 죽노라."고전 15:31 바울은 이처럼 교회를 위한 죽음을 자랑하며 환영했던 분입니다. 교회를 위하여 죽는다는 것은 교회를 너무나도 사랑하여 교회를 위하여 죽으셨던 주님처럼 교회를 사랑하고 있다는 뜻입니다. 바울은 그런 사람이 되고자 교회를 위해 여러 환난을 당하면서 그 환난을 자랑하고 환영하며 환난의 괴로움을 영광으로 여긴 것입니다.

사랑하는 성도 여러분, 바울은 자신을 지극히 작은 자보다 더 작은 자로 여기고 있습니다. 참으로 겸손한 자입니다. 주님은 겸손한 자에게 은혜를 베풀어 주십니다. 은혜가 주어지는 원리를 너무나도 잘 아는 바울은 그 은혜를 받고자 더 겸손한 길을 걷습니다. 바울에게 주어진 은혜는 바로 영원부터 하나님 안에 감추어진 비밀의 경륜, 즉 그리스도 예수를 믿음으로 말미암는 구원의 복음을 이방 민족에게 전파하는 것입니다. 이것은 세상의 석학들도 알지 못하는 일이었고 심지어 하늘의 천사들도 교회의 입술을 통해 듣고 알기를 원했던 바입니다. 교회는 하늘과 땅의 모든 이들에게 이토록 고귀하고 고유하고 보배롭고 아름다운 하나님의 지혜를 알리는 곳입니다. 너무나도 귀한 곳입니다. 사랑스러운 곳입니다. 생명을 조금도 귀한 것으로 여기지 않을 정도로 위하여도 될 존귀한 곳입니다.

이 교회는 주님께서 친히 세우시는 곳입니다. 교회를 섬기는 모든 자들은 주님의 집에서 일하는 사환일 뿐입니다. 그러므로 사람이 아니라 주님께만 담대함과 확신을 두십시오. 어떠한 상황 속에서도 사람들에 의해 흔들리지 마십시오. 의심하지 마십시오. 오직 주님으로 말미암아 아버지 하나님께 나아가면 모든 문제의 모든 해결책을 얻을 것입니다. 환난과 핍박과 고난이 오더라도 낙심하지 마십시오. 십자가의 길을 주님과 동행하면 되는 것입니다. 그래서 그리스도 안에서의 환난은 우리에게 영광으로 변할 것입니다. 십자가의 길보다 더 영광스러운 길은 없습니다.

12.
교회의 본질을 회복하라

¹⁴ 이러므로 내가 하늘과 땅에 있는 각 족속에게 ¹⁵ 이름을 주신 아버지 앞에 무릎을 꿇고 비노니 ¹⁶ 그의 영광의 풍성함을 따라 그의 성령으로 말미암아 너희 속사람을 능력으로 강건하게 하시오며 ¹⁷ 믿음으로 말미암아 그리스도께서 너희 마음에 계시게 하시옵고 너희가 사랑 가운데서 뿌리가 박히고 터가 굳어져서 ¹⁸ 능히 모든 성도와 함께 지식에 넘치는 그리스도의 사랑을 알고 ¹⁹ 그 너비와 길이와 높이와 깊이가 어떠함을 깨달아 하나님의 모든 충만하신 것으로 너희에게 충만하게 하시기를 구하노라. ²⁰ 우리 가운데서 역사하시는 능력대로 우리가 구하거나 생각하는 모든 것에 더 넘치도록 능히 하실 이에게 ²¹ 교회 안에서와 그리스도 예수 안에서 영광이 대대로 영원무궁하기를 원하노라. 아멘. | 엡 3:14-21

에베소 서신은 두 부분으로 구성되어 있습니다. 1-3장은 기독교의 교리를 다루고, 4-6장은 교리의 실천을 다룹니다. 이 장[*]에서는 기독교 진리의 마지막 부분을 다룰 것입니다. 여러분은 교회를 위해 무엇을 기도하고 계십니까? 사람들이 모인 교회에는 기도해야 할 참으

로 다양한 문제들이 있습니다. 첫째, 가장 심각한 것으로서 성경을 하나님의 말씀이 아니라 인간의 기록물과 역사의 배설물로 여긴다는 것입니다. 둘째, 하나님도 한 분이시고 중보자도 한 분이시고 성령도 한 분이시고 믿음도 하나이고 세례도 하나인데 교회는 나누어져 있다는 것입니다. 셋째, 목회자는 교회에서 세속적인 권력자로 변질되고 성도들은 기복적인 형통의 노예가 되었다는 것입니다. 넷째, 교회 안에서는 경건의 겉모양을 취하지만 사회 속에서는 이기적인 종교인의 삶을 산다는 것입니다. 다섯째, 하나님 앞에서 깨끗한 그릇이 되는 것보다 사람들 앞에서 금그릇과 은그릇이 되려고 한다는 것입니다. 여섯째, 주님과의 인격적인 만남이 아니라 형식적인 예배를 드린다는 것입니다. 일곱째, 하나님의 눈으로 우주와 역사를 보지 않고 인간적인 관점에 기초한 교회의 세속적인 이상만을 추구하고 있다는 것입니다. 이외에도 더 많은 문제들을 교회에서 발견할 수 있을 것입니다.

바울은 누구보다 더 많은 교회들을 개척했고 말씀으로 가르쳤고 교회를 위해 기도했던 분입니다. 교회에 대한 생각이 누구보다 많았고 교회의 문제들도 가장 깊이 통감했을 바울은 본문에서 하늘과 땅에 있는 모든 족속에게 이름을 주신 아버지 하나님 앞에서 특정한 지역의 교회가 아니라 우주의 보편적인 교회를 위해 기도하고 있습니다. 이 기도에는 특정한 교회의 구체적인 문제점들 혹은 죄악들이 열거되어 있지는 않습니다. 모든 시대의 모든 교회를 위한 보편적인 바람을 담고 있습니다. 지금 우리에게 너무나도 필요한 것입니다. 이 기도가 우리의 기도가 되기를 바라는 마음으로 사랑하는 성도들과 함께 나누기를 원합니다.

3부. 교회를 교회답게 하시는 하나님

기도의 우주적인 대상

먼저 14-15절을 보십시오. "이러므로 내가 하늘과 땅에 있는 각 족속에게 이름을 주신 아버지 앞에 무릎을 꿇고 비노니." 바울은 자신이 기도하는 대상이신 하나님을 "하늘과 땅에 있는 각 족속에게 이름을 주신 아버지"로 이해하고 있습니다. 기도의 내용과 방향은 기도하는 대상에 의해 제한될 수밖에 없습니다. 말 못하는 짐승에게 설명을 구할 수 없고 발이 없는 식물에게 이동을 부탁할 수는 없습니다. 같은 맥락에서 "입이 있어도 말하지 못하며 눈이 있어도 보지 못하며 귀가 있어도 듣지 못하며 코가 있어도 냄새 맡지 못하며 손이 있어도 만지지 못하며 발이 있어도 걷지 못하며 목구멍이 있어도 작은 소리조차 내지 못하"시 115:5-7는 우상에게 우리는 어떠한 부탁이나 도움도 구할 수 없습니다.

그러나 우리가 기도하는 대상은 우리에게 "하늘과 땅에 있는 각 족속에게 이름을 주신 아버지"가 되십니다. 하늘과 땅의 모든 피조물과 민족에게 창조와 구원의 주체가 되십니다. 하늘과 땅을 아우를 정도로 큰 분이시고 다른 누구보다 친밀하게 나아갈 수 있는 아버지가 되십니다. 그러므로 기도자는 기도의 대상이신 하나님의 정체성에 걸맞은 태도를 취하는 게 좋습니다. 위대하신 아버지를 대하는 자녀의 태도 말입니다. 기도의 본질은 아버지와 자녀 사이의 관계에 의존하고 있습니다. 그러므로 자녀가 아버지께 드리는 기도는 구걸이 아닙니다. 대가를 지불해야 하는 거래도 아닙니다. 갚아야만 하는 대출이나 대여도 아닙니다. 기도의 내용은 하늘과 땅의 그 어떠한 것에도 제한되지 않습니다. 무엇이든 언제든지 부탁하고 호소하고 간구할 수 있습니다.

　모든 것이 가능하신 분에게 무엇을 구하면 좋을까요? 교회를 위해 여러분은 어떠한 것을 구하고 싶습니까? 많은 성도들의 등록을 구하고 싶습니까? 헌금의 증액을 구하고 싶습니까? 예배당의 신축을 구하고 싶습니까? 교회를 위한 바울의 기도를 보십시오. 16절입니다. "그의 영광의 풍성함을 따라 그의 성령으로 말미암아 너희 속사람을 능력으로 강건하게 하시오며." 첫째, 바울은 겉 사람의 건강이 아니라 속사람의 강건함을 추구하고 있습니다. 바울은 사탄의 가시 때문에 육체적인 건강이 좋지 않아서 세 번이나 기도를 드렸지만 "내 은혜가 네게 족하도다"라는 주님의 응답을 듣고 기도를 멈추었던 경험이 있습니다. 비록 육신의 가시는 제거되지 않았지만 이 경험을 통해 무엇을 마땅히 기도해야 하는 것인지에 대한 깨달음은 얻었을 것입니다. 속사람의 건강이 유지되는 비결로서 바울은 성령으로 말미암는 능력을 기도하고 있습니다.

　사도행전 1장 8절을 보십시오. "오직 성령이 너희에게 임하시면 너희가 권능을 받고 예루살렘과 온 유대와 사마리아와 땅끝까지 이르러 내 증인이 되리라." 능력으로 속사람이 강건하게 되는 비결은 성령의 임하심 이외에는 없습니다. 다른 방식에 의한 속사람의 강건함은 완고함과 고집과 생떼와 억지의 다른 이름일 뿐입니다. 속사람의 진정한 건강은 성령의 능력에 의해서만 주어지는 것입니다. 우리들 중에 성령께서 마음에 임하지 않으신 분이 있습니까? 아무도 없을 것입니다. 그리스도 예수를 구주로 영접한 모든 사람들의 마음에는 성령 하나님이 계십니다. 그런 방식으로 그리스도 예수는 세상 끝 날까지 우리와 함께하십니다.

　　성령께서 우리에게 주시는 능력은 어떤 것입니까? 많은 사람들은 믿음과 병 고치는 은사와 능력 행함과 예언함과 영들 분별함과 방언 말함과 방언들 통역함을 성령의 능력으로 여깁니다. 그러나 바울은 이렇게 말합니다. "십자가의 도가 멸망하는 자들에게는 미련한 것이요 구원을 받는 우리에게는 하나님의 능력이라."고전 1:18 십자가가 멸망하는 자에게는 약함이고 죽음이고 실패이고 절망이고 손해이고 미련함일 뿐이지만 믿는 자에게는 하나님의 능력이 거기에 있다고 말합니다. 모세의 손에 있었던 마른 지팡이가 바다를 갈라서 이스라엘 백성에게 구원을 준 하나님의 능력이 되었듯이 저주와 죽음의 십자가가 온 인류에게 구원을 준 하나님의 능력이 되었다는 것입니다. 또한 바울은 그리스도 자신이 하나님의 능력이 되신다고 말합니다. "오직 부르심을 받은 자들에게는 유대인이나 헬라인이나 그리스도는 하나님의 능력이요 하나님의 지혜니라."고전 1:24 그래서 바울은 그리스도 예수와 그의 달리신 십자가 외에는 어떠한 것도 알지 않기로 작정했고 자랑하지 않기로 작정했던 것입니다.

　　성령으로 말미암는 능력으로 속사람이 강건하게 됨은 무엇을 위한 것입니까? 성령의 능력으로 말미암은 속사람의 강건함은 하나님의 풍성한 영광에 합당한 속사람의 소유자가 되기 위한 것입니다. 나의 이름과 성공을 만방에 자랑하고 알리기 위함이 아닙니다. 성공으로 자신의 이름을 온 세상에 날린 사람들을 보십시오. 그들은 성령의 능력으로 말미암은 속사람의 강건함 없이도 그렇게 했습니다. 지금도 그들은 성령의 능력을 구하지도 않고 필요를 느끼지도 않습니다. 그러나 하나님의 영광을 위해서는 성령의 능력으로 말미암아 그 영광에 합당한 사람으로 준비되지 않으면 안 됩니다. 예수와 십자가의 도를 깨닫지 않으면 안 됩니다. 그리고 예수와 십자가를 아는 능력의 소유자는 주님의 영광을 위해 살지, 자신을 위해 살지는 않습니다.

믿음의 동행

이제 바울은 하나님의 영광에 부합한 자가 되기 위하여 필요한 기도의 내용들을 말합니다. 17절을 보십시오. "믿음으로 말미암아 그리스도께서 너희 마음에 계시게 하시옵고." 먼저는 믿음으로 말미암아 주님께서 우리의 마음에 계셔야 한다는 것입니다. 주님께서 우리의 머리에 지식과 정보의 형태로 거하시는 것은 온전한 거하심이 아닙니다. 전인격을 가리키는 우리의 마음에 예수님이 계셔야 한다고 바울은 말합니다. 이는 우리가 머리의 이해를 넘어서 그리스도 예수를 전심으로 신뢰해야 한다는 뜻입니다. 어떤 신학자는 그리스도 예수와의 인격적인 교류는 없다고 말합니다. 예수는 하나님 앞에서 온전하게 살았던 도덕과 윤리의 모델이지 우리와 실제로 교류하는 분은 아니라는 것입니다. 그래서 그를 모델로서 알기만 하면 된다고 말합니다.

그러나 예수님은 우리에게 삶의 모델을 제시하고 떠나신 분이 아닙니다. 예수님이 승천하기 직전에 남기신 유언의 끝자락을 읽어 보십시오. "내가 세상 끝 날까지 너희와 항상 함께 있으리라."마 28:20 주님은 우리와 함께하시기를 원하시고 함께 있겠다고 약속을 하셨으며 지금도 성령으로 말미암아 우리의 마음 안에 약속하신 대로 계십니다. 초대교회 시대와는 달리 지금 예수님은 눈에 보이지도 않고 귀에 들리지도 않고 손으로 만지지도 못하는 분이지만 우리는 오직 믿음으로 우리의 마음에 계신 주님을 알고 교통할 수 있습니다.

사랑하는 성도 여러분, 믿음으로 말미암아 그리스도 예수께서 우리 모두의 마음에 계시기를 기도드립니다. 단순히 우리의 두개골에 출입하는 분이 아니라 우리의 심장과 전인격을 관통하는 분이 되시기를 바랍니다. 머리에 지식으로 예수님을 모신 사람들은 따지고 비판하고 정죄하는 일에 늘 관심을 쏟습니다. 그러나 마음에 주님이 계신 사람들은 자신의 희생적인 십자가로 타인의 허물을 덮습니다.

사랑을 아는 지식

17절 후반부를 보십시오. "너희가 사랑 가운데서 뿌리가 박히고 터가 굳어져서." 주님을 마음에 모시면 사랑에 존재의 뿌리가 박힌 사람이 되는 것입니다. 사랑의 토대 위에 세워진 인격자가 된다는 것입니다. 사랑에 뿌리가 내린 사람은 늘 사랑을 먹습니다. 그에게서 나오는 것도 사랑밖에 없습니다. 하나님의 사랑을 섭취하고 이웃 사랑으로 배설하는 자입니다. 우리의 생각과 의식과 가치와 판단과 실천의 뿌리는 어디에 내리고 있습니까? 사랑 때문에 생각하고, 사랑 때문에 의식하게 되고, 사랑 때문에 가치를 발견하고, 사랑 때문에 판단이 좌우되고, 사랑 때문에 행동하고 있습니까? 어떠한 토대 위에 존재하고 사십니까? 과연 사랑이 우리의 생각과 가치와 의식과 판단과 삶의 존폐를 좌우하고 있습니까? 바울은 우리가 오직 사랑에만 뿌리를 내리고 그 사랑의 토대 위에 세워지는 인생이 되기를 기도하고 있습니다.

18절과 19절 전반부에 이어지는 바울의 기도를 보십시오. "능히 모든 성도와 함께 지식에 넘치는 그리스도의 사랑을 알고 그 너비와 길이와 높이와 깊이가 어떠함을 깨달아." 여기에서 바울은 그리스도 예수의 사랑을 깨닫게 해달라는 기도를 올립니다. 우리의 마음에 거하시는 그리스도 예수의 사랑을 우리는 알고 있습니까? 바울이 생각하고 실천했던 주님의 사랑은 어떤 것입니까? "사랑은 오래 참고 사랑은 온유하며 시기하지 아니하며 사랑은 자랑하지 아니하며 교만하지 아니하며 무례히 행하지 아니하며 자기의 유익을 구하지 아니하며 성내지 아니하며 악한 것을 생각하지 아니하며 불의를 기뻐하지 아니하며 진리와 함께 기뻐하고 모든 것을 참으며 모든 것을 믿으며 모든 것을 바라며 모든 것을 견디느니라." 고전 13:4-7

예수님은 우리를 사랑하되 우리의 죄악을 오래 참으시는 분입니다. 난폭한 우리에게 온유함을 보이시는 분입니다. 우리의 것을 시기하지 않고 오히려 우리가 더 가지길 원하시는 분입니다. 자랑하지 않고 오히려 스스로를 숨기시되 아버지의 사랑만 자랑하신 분입니다. 교만하지 않고 하늘에서 땅까지 낮아지는 겸손을 보이신 분입니다. 무례히 행하지 않으시고, 비록 창조자의 권위를 가지신 분이지만 피조물에 대해서도 예를 갖추신 분입니다. 무례한 자들이 뺨을 때리고 조롱의 침을 뱉더라도 묵묵히 죄인의 자리에서 그들과 동일한 우리를 위해 부당한 사형까지 당하신 분입니다. 자신의 유익이 아니라 이 땅에서 처음부터 끝까지 항상 우리의 유익을 구하신 분입니다.

주님은 우리를 사랑하되 성내지 않으시고 오히려 긍휼과 자비를 베푸신 분입니다. 성전에서 의분을 쏟으신 적이 있지만 그것은 긍휼과 자비의 한 양태였을 뿐입니다. 한 번도 악한 것을 생각하지 않으시고 악한 것들을 포함한 모든 것들이 합력하여 우리에게 선을 이루게 하신 분입니다. 불의를 기뻐하지 않으시고 오직 공의와 정직을 기뻐하고 행하신 분입니다. 인간적인 기준이 아니라 하늘의 절대적인 기준을 따라 정의의 극상품 포도를 맺으신 분입니다. 거짓을 기뻐하지 않으시고 오직 진리만을 기뻐하신 분입니다. 진실로 예수님은 모든 것을 찾고 믿고 바라고 견디신 분입니다. 주님은 우리에게 관념적인 사랑이 아니라 전인격의 실천적인 사랑을 베푸신 분입니다.

바울은 이러한 주님의 사랑을 소수의 지도자가 아니라 모든 성도가 함께 깨닫게 해달라고 기도하고 있습니다. 주님의 사랑은 특정한 소수의 전유물이 아닙니다. 모든 하나님의 사람들이 깨달아야 하는 것입니다. 그런데 이 사랑은 지식을 초월하는 것이라고 바울은 말합니다. 이것은 두 가지의 뜻을 가지는데, 첫째, 지식으로 주님의 사랑을 다 깨달을 수는 없다는 말입니다. 이 사랑은 실천해야 비로소 제대로 깨닫게 되는 것입니다. 둘째, 주님의 사랑은 지적으로 깨닫는 것에서 멈출 수 없다는 말입니다. 즉, 행동에까지 이르러야 한다는 것입니다. 지식만이 아니라 삶으로도 깨달아야 한다는 말이고, 그 사랑은 머리에만 담는 것이 아니라 몸을 포함한 우리의 전 존재에 담아야 한다는 말입니다.

사랑하는 성도 여러분, 이러한 주님의 사랑이 머리의 지식을 초월하여 우리의 존재와 삶 전체를 관통하고 뒤덮는 은혜가 있으시길 바랍니다.

주님의 사랑이 필요하지 않을 정도로 부요한 사람이 없고 주님의 사랑을 전하지 못할 정도로 가난한 사람도 없습니다. 주님은 모든 성도가 타인에게 나누어 줄 수 있도록 적당한 분량의 사랑을 각자에게 베푸시는 분입니다. 주님의 사랑에 대한 바울의 생각에서 확인한 것처럼 사랑을 알고 실천하는 것은 결코 많은 시간과 돈을 요구하는 것이 아닙니다. 인내에 돈이 필요하지 않습니다. 시기하지 않기 위하여 지불해야 하는 비용은 없습니다. 교만하지 않기 위하여 계산해야 하는 비용도 없습니다. 주님의 사랑은 돈이 없어도 사랑할 수 있고 바빠도 사랑할 수 있고 힘이 없어도 사랑할 수 있고 육신의 건강이 없어도 사랑할 수 있습니다. 주님의 사랑은 땅의 그 어떠한 조건에 의해서도 제한되지 않습니다.

사랑의 차원

사랑에는 다양한 차원들이 있습니다. 바울은 그리스도 예수의 사랑에 "너비와 길이와 높이와 깊이"라는 차원들이 있다고 말합니다. 비록 세상의 모든 사람들이 "사랑"이라는 동일한 단어를 사용하고 있지만 주님의 사랑에는 세상의 사랑과는 차원을 달리하는 정도의 차이가 있다는 것입니다. 사랑의 넓이는 사랑의 대상과 관계된 것입니다. 주님께서 특정한 민족이나 계층이나 성별이나 연령이나 시대가 아니라 모든 민족과 계층과 성별과 연령과 시대를 포괄하는 사랑을 하셨다는 것입니다. 세상의 사랑은 좋아하는 자만을 대상으로 삼지만, 주님의 사랑에는 주께서 좋아하신 사람만이 아니라 원수였던 사람도 포함되어 있습니다.

사랑의 길이에 대해서는 주님께서 시공간 속에서 비로소 시작되고 잠시만 반짝이다 그치는 사랑이 아니라 창세전부터 시작되고 영원토록 소멸되지 않고 지속되는 사랑을 하셨다는 것입니다. 세상의 사랑은 일시적인 것입니다. 변덕스러운 이별과 헤어짐이 있습니다. 그래서 언제 끝날지 모른다는 두려움과 염려가 있습니다. 그러나 주님의 사랑에는 식거나 종결되는 끝이 없습니다. 영원부터 영원까지 이어지는 주님의 사랑은 그 길이를 측량할 수 없습니다. 그렇기 때문에 주님의 사랑이 상실될지 모른다는 두려움과 근심과 걱정이 전혀 없습니다. 예레미야 선지자는 말합니다. "옛적에 여호와께서 나에게 나타나사 내가 영원한 사랑으로 너를 사랑하기에 인자함으로 너를 이끌었다 하였노라." 렘 31:3

사랑의 높이는 사랑의 주체와 관계된 것입니다. 세상의 사랑은 땅의 피조물에 의한 것입니다. 그러나 주님의 사랑은 하늘에 계신 하나님에 의한 것입니다. 지극히 높으신 분의 사랑이기 때문에 너무도 높아서 때때로 우리는 그 사랑을 측량할 수도 없고 심지어 잘 느끼지도 못합니다. 다른 사랑들은 쉽게 알 수 있습니다. 개의 사랑은 꼬리를 흔드는 것입니다. 경영자의 사랑은 제때에 월급을 주는 것입니다. 대통령의 사랑은 국민의 목소리에 귀를 기울이는 것입니다. 스승의 사랑은 잘 가르치는 것입니다. 부모의 사랑은 잘 양육하는 것입니다. 우리는 스승과 부모의 사랑이 하늘처럼 높다고 말합니다. 하물며 하늘들의 하늘도 담아내지 못하는 지극히 높으신 하나님의 무한한 사랑은 어떻게 알 수 있을까요? 측량할 수가 없습니다.

그럼에도 불구하고 바울은 지극히 높으신 주님의 사랑의 높이를 깨닫게 해달라는 기도를 드립니다. 요한은 주님의 사랑에 대해 이렇게 말합니다. "하나님의 사랑이 우리에게 이렇게 나타난 바 되었으니 하나님이 자기의 독생자를 세상에 보내심은 그로 말미암아 우리를 살리려 하심이라."요일 4:9 지극히 높으신 하나님의 사랑은 우리를 살리기 위해 독생자의 생명을 우리에게 주신 것입니다. 하나님과 사람이신 그리스도 예수의 생명을 먼지나 티끌에 불과한 피조물인 우리에게 주셨다는 것입니다. 그런데 이 세상에는 그런 사랑을 측량할 수 있는 도구가 없고 가늠할 수 있는 비유도 없습니다. 사람의 마음이나 귀나 눈으로는 깨달을 수 없습니다. 그래서 바울은 이것이 "영적인 것"이며 영적인 일이기에 영적인 것에 의해서만 분별되는 것이라고 말합니다.고전 2:13 그래서 스스로가 아니라 오직 성령에 의해서만 알 수 있다고 말합니다.

사랑의 깊이는 어떤 것일까요? 주님의 사랑은 다른 무엇에 의해서도 흔들리지 않는다는 것입니다. 사랑의 뿌리가 너무도 깊어서 그 무엇에 의해서도 뽑히지를 않습니다. 바울은 말합니다. "내가 확신하노니 사망이나 생명이나 천사들이나 권세자들이나 현재 일이나 장래 일이나 능력이나 높음이나 깊음이나 다른 어떤 피조물이라도 우리를 우리 주 그리스도 예수 안에 있는 하나님의 사랑에서 끊을 수 없으리라."롬 8:38-39 주님의 사랑은 너무도 깊어서 어떠한 것도 그 사랑을 근절할 수 없습니다. 그리고 주님의 사랑은 너무도 깊어서 마르지를 않습니다. 너무도 심오해서 다 알았다고 단언할 수 있는 사람이 없습니다. 주님의 사랑에는 졸업장이 없습니다. 배우고 또 배우고, 경험하고 또 경험해야 하는 것입니다. 사랑의 깊이는 하나님의 깊은 것도 통달하고 계신 성령에 의해서만 깨달아질 수 있습니다.

예수의 충만

그래서 우리는 성령으로 말미암아 능력으로 우리의 속사람이 강건하게 되지 않으면 주님의 사랑도 깨닫지 못하고 그 너비와 길이와 높이와 깊이는 더더욱 깨달을 수 없습니다. 이제 바울은 주님의 사랑을 알되 다양한 차원들을 깨달아야 하는 이유를 밝힙니다. 19절 후반부를 보십시오. "하나님의 모든 충만하신 것으로 너희에게 충만하게 하시기를 구하노라." 이 구절은 주님의 사랑을 깨달아야 하는 목적이 하나님의 모든 충만하신 것으로 충만하게 되는 것이라고 말합니다. 하나님의 모든 충만하신 것은 그리스도 안에 있습니다. 믿음으로 말미암아 그리스도 예수가 우리의 마음에 거하시면 우리가 그의 사랑을 알되 그 너비와 길이와 높이와 깊이를 알고 결국 하나님의 모든 충만하신 것들로 채워질 것입니다. 주님의 사랑 이외에 다른 방법은 없습니다.

교회를 위한 바울의 기도는 믿음과 사랑과 소망으로 요약될 수 있습니다. 그리스도 예수를 마음에 모시는 믿음과, 그리스도 예수의 넓고 길고 높고 깊은 사랑과, 하나님의 모든 충만하신 것으로 충만하게 채워짐에 대한 우리의 소망은 이렇게 분리되지 않고 연동되어 있습니다. 그리스도 예수의 몸 된 교회는 만물을 만물 안에서 충만하게 하시는 주님의 충만을 소망하고 있습니다. 그러나 주님으로 충만하지 않으면 교회가 교회답지 못합니다. 주님으로 충만하게 되려면 모든 성도가 그리스도 예수의 사랑을 머리가 아니라 가슴으로 알되 성경이 말하는 사랑의 너비와 길이와 높이와 깊이에 도달하지 않으면 안 됩니다. 이 사랑은 관념이 아니라 그리스도 예수가 내 안에 계셔야만 알 수 있습니다. 그리스도 예수께서 우리 안에 거하시는 것은 그분을 믿음으로 영접하는 방법밖에 없습니다. 나아가 우리의 믿음은 성령께서 우리의 속사람을 능력으로 강건하게 하셔야 믿어지는 것입니다. 하늘과 땅의 모든 성도들을 자녀로 삼으신 아버지 하나님께 바울처럼 교회를 위해 기도하는 우리 모두가 되기를 원합니다.

그러나 이렇게 기도하는 궁극적인 목적이 있음을 잊지 마십시오. 20-21절을 보십시오. "우리 가운데서 역사하시는 능력대로 우리가 구하거나 생각하는 모든 것에 더 넘치도록 능히 하실 이에게 교회 안에서와 그리스도 예수 안에서 영광이 대대로 영원무궁하기를 원하노라. 아멘." 하나님은 우리가 기도하고 생각하는 모든 것보다 더 넘치도록 능히 이루실 분입니다. 기도자의 당당함은 여기에 있습니다. 우리의 기도를 들으시는 하나님은 전능하신 분이며 동시에 풍성하신 분입니다. 그러므로 우리는 하나님께 눈치를 볼 필요가 없습니다.

교회를 위해 기도하는 바울이 가슴에 품은 궁극적인 목적은 교회와 그리스도 안에서 영광이 세세토록 하나님께 돌려지는 것입니다. 영광은 우리가 스스로 하나님께 돌릴 수는 없습니다. 오직 그리스도 안에서만 가능한 일입니다. 그래서 하나님께 영광이 돌려지는 이 궁극적인 목적이 달성되기 위한 기도는 (1)우리가 하나님의 본체이신 그리스도 예수의 충만으로 채워지게 해달라는 것입니다. (2)주님의 충만은 주님의 사랑을 알아야만 가능하기 때문에 사랑의 너비와 길이와 높이와 깊이를 깨닫게 해달라는 것입니다. (3)주님의 사랑은 머리로 이해하는 것이 아니라 우리가 주님 안에 주님께서 우리 안에 거하시는 연합에 의해서만 깨달을 수 있기 때문에 믿음을 달라는 것입니다. (4)그 믿음은 오직 성령으로 말미암아 우리의 속사람이 능력으로 강건하게 되어야만 주어지는 선물이기 때문에 성령의 도우심을 달라는 것입니다.

에베소 서신의 교리 부분이 하나님의 영광으로 끝나기 때문에 모든 사람들의 신학과 신앙도 하나님의 영광을 마침표로 삼는 것입니다. 그런 성도와 교회가 되시기를 바랍니다.

| 스터디 가이드 |

1. **복음의 일꾼**: 바울은 이방인의 구원을 위해 부르심을 받은 자발적인 주님의 포로가 되었다고 고백한다. 복음의 비밀을 제대로 깨달음은 복음과 함께 고난도 받고 복음에 합당한 삶을 살며 복음의 행복한 포로로 자원하게 된다.

2. **겸손의 비밀**: 바울은 자신을 지극히 작은 자보다 더 작은 자라고 고백한다. 겸손한 자의 모습이다. 그러나 진정한 겸손의 표본은 창조자가 피조물의 옷을 입고 스스로 낮추셔서 종이 되신 그리스도 예수시다. 겸손은 예수를 닮아 가는 은혜의 첩경이다.

3. **본질의 회복**: 바울은 교회의 본질을 회복시켜 달라고 기도한다. 믿음으로 말미암아 그리스도 예수로 충만해진 교회, 그리스도 예수의 사랑의 깊이와 높이와 너비와 길이를 깨달아 알아서 그 사랑에 뿌리를 내리고 터가 굳어진 교회가 되게 해달라는 내용이다.

4부.

예수를 닮아 가는 교회

13.

교회의 하나 됨

¹ 그러므로 주 안에서 갇힌 내가 너희를 권하노니 너희가 부르심을 받은 일에 합당하게 행하여 ² 모든 겸손과 온유로 하고 오래 참음으로 사랑 가운데서 서로 용납하고 ³ 평안의 매는 줄로 성령이 하나 되게 하신 것을 힘써 지키라. ⁴ 몸이 하나요 성령도 한 분이시니 이와 같이 너희가 부르심의 한 소망 안에서 부르심을 받았느니라. ⁵ 주도 한 분이시요 믿음도 하나요 세례도 하나요 ⁶ 하나님도 한 분이시니 곧 만유의 아버지시라. 만유 위에 계시고 만유를 통일하시고 만유 가운데 계시도다. | 엡 4:1-6

예수께서 잡히시기 직전에 온 인류의 대제사장 자격으로 아버지 하나님께 올린 기도가 있습니다. 첫째는 자신을 위한 기도, 둘째는 제자들을 위한 기도, 셋째는 세상을 위한 기도를 아버지 하나님께 올립니다. 자신과 제자들과 세상을 위한 기도는 서로 연동되어 있습니다. "아버지여, 아버지께서 내 안에, 내가 아버지 안에 있는 것같이 그들도 다 하나가 되어 우리 안에 있게 하사 세상으로 아버지께서 나를 보내신 것을 믿게 하옵소서. 내게 주신 영광을 내가 그들에게 주었사

오니 이는 우리가 하나가 된 것같이 그들도 하나가 되게 하려 함이니이다."요.17:21-22 주님의 기도는 성부와 성자가 하나이신 것처럼 제자들도 하나가 되게 해달라는 것입니다. 그런 하나 됨의 목적과 결과는 온세상이 제자들을 통하여 그리스도 예수의 하나님 되심과 희생적인 십자가의 사랑을 깨닫게 된다는 것입니다. 이 하나 됨을 위하여 예수님은 주님의 제자들로 하여금 주님께서 아버지와 함께 가지셨던 은혜와 진리가 충만한 영광을 보게 하셨다고 하십니다. 우리 모두가 주님의 영광을 경험하고 추구할 때 우리는 하나가 될 것입니다.

예수의 포로

본문에서 바울은 교회의 하나 됨을 위한 예수님의 기도를 정확히 인지하고 있기 때문에 교회를 향해 하나 됨을 힘써 지키라고 권합니다. 그러면서 바울은 교회의 하나 됨을 이루는 네 가지의 방법과 일곱 가지의 근거를 제시하고 있습니다. 1절의 앞부분을 보십시오. "그러므로 주 안에서 갇힌 내가 너희를 권하노니." 바울은 자신을 "주 안에서 갇힌 나"라고 밝힙니다. 이는 우리가 주님을 사로잡은 것이 아니라 우리가 주님에 의해 사로잡혀 있어야 한다는 말입니다. 주님은 우리의 종이 아니시고 우리가 주님의 종입니다. 우리가 주님을 종으로 사로잡고 있으면 주님을 종교적 장신구로 이용할 가능성이 높습니다. 우리가 주님께 사로잡혀 있다는 것은 주님과 우리가 하나라는 뜻입니다. 이는 앞으로 교회에 권면할 내용이 바울 개인의 사사로운 바람이 아니라 주님께 사로잡힌 종을 통하여 전하기를 원하시는 주님의 뜻이라는 뉘앙스를 풍기는 말입니다. 하나 됨의 비법은 바울의 사사로운 견해에 있지 않다는 것입니다. 그 비법은 오직 자신을 사로잡고 계신 주님께만 있습니다.

　　나의 생각이 아니라 주님의 생각을 전한다는 것은 교회의 하나 됨을 추구하는 자의 기본적인 태도입니다. 주님의 종들이 각자 자신들의 견해를 밝히고 그것을 중심으로 교회를 섬긴다면, 교회는 결코 하나 되지 못하고 목회자의 개성을 따라 분열될 수밖에 없을 것입니다. 교회의 하나 됨은 온 교회가 주님의 말씀과 뜻을 따를 때에만 가능한 일입니다. 교단도 다양하고 신학교도 다양하고 목회자도 다양하기 때문에 어떠한 교단도 어떠한 신학교도 어떠한 목회자도 교회를 하나 되게 만드는 기준이나 토대일 수는 없습니다. 그래서 바울은 말합니다. "우리나 혹은 하늘로부터 온 천사라도 우리가 너희에게 전한 복음 외에 다른 복음을 전하면 저주를 받을지어다."^{갈 1:8} 같은 맥락에서 베드로도 다음과 같이 말합니다. "성경의 모든 예언은 사사로이 풀 것이 아니니 예언은 언제든지 사람의 뜻으로 낸 것이 아니요 오직 성령의 감동하심을 받은 사람들이 하나님께 받아 말한 것임이라."^{벧후 1:20-21} 사도들이 증거한 복음을 중심으로 모여야 교회는 하나 될 수 있다는 것입니다. 사람의 사사로운 뜻과 해석은 온 교회가 하나 되는 연합의 토대를 마련할 수 없습니다.

　　교회의 하나 됨을 파괴하는 원흉은 목회자 개개인의 사사로운 신학에 있습니다. 적잖은 목회자가 주님의 관점이 아니라 자신의 사사로운 관점으로 성경을 읽고 주님의 관심사가 아니라 자신의 사적인 관심사를 따라 특정한 측면을 지나치게 강조하고 있습니다. 신학의 다양성은 긍정적인 면과 부정적인 면을 모두 가지고 있습니다. 긍정적인 면은 하나님의 진리가 너무도 크기 때문에 한 명의 신학자에 의해서는 결코 다 표현될 수 없다는 것입니다. 그래서 각자의 신학적인 성향에 맞는 진리의 부분들을 드러내고 그 부분들이 하나의 거대한 진리로 통합되면 풍성하고 아름답고 조화로운 하나님의 영광을 드러낼 수 있습니다. 그러나 부정적인 면은 신학을 하나님의 진리가 아니라 목사 각자의 사사로운 생각을 담아내는 그릇으로 삼는다는 것입니다. 신학을 배우고 가르치는 목회자가 자신을 전적으로 부인하지 않으면 교회를 위한 신학의 사유화 혹은 개인화는 불가피한 결과로 초래될 것입니다. 바울처럼 전인격이 그리스도 예수에게 사로잡혀 있지 않으면 사적인 신학이 생산되어 교회는 분열될 수밖에 없습니다.

부르심에 합당한 삶 속에서의 하나 됨

교회가 하나 되는 방법을 알아보기 위해 먼저 1절 후반부를 보십시오. "너희가 부르심을 받은 일에 합당하게 행하여." 부르심을 받은 일에 합당하게 행하지 않으면 각자의 사적인 일들을 추구할 것이기 때문에 사역에 있어서 교회의 분열은 가속화될 것입니다. 바울은 다른 곳에서 이렇게 말합니다. "형제들아, 너희는 각각 부르심을 받은 그대로 하나님과 함께 거하라."고전 7:24 모든 하나님의 사람들은 각자가 받은 부르심이 서로 다르지만 방향은 하나이며 같습니다. 교회의 공통적인 부르심에 따른 하나의 동일한 방향성은 어디에 있습니까? 온 교회는 어떠한 일을 위하여 부르심을 받은 것입니까? 예수님의 부르심을 받은 제자들의 공통적인 소명을 한번 보십시오. "이에 열둘을 세우셨으니 이는 자기와 함께 있게 하시고 또 보내사 전도도 하며 귀신을 내쫓는 권능도 가지게 하려 하심이러라."^{막 3:14-15} 복잡하지 않습니다. 제자들이 부르심을 받은 일은 주님과 함께 있는 것과 전도하며 귀신을 내쫓고 마귀의 일을 멸하는 것입니다.

교회의 하나 됨은 우리 개개인이 범사에 주님과 동거하고 동행하는 것에 있습니다. 주님을 떠나 끼리끼리 모이면 교회에 분열이 생깁니다. 오직 그리스도 안에서만 남녀의 하나 됨, 노소의 하나 됨, 빈부의 하나 됨, 주종의 하나 됨, 유대인과 이방인의 하나 됨이 있습니다. 그런데 몸으로 주님을 떠나고, 마음으로 주님을 떠나고, 뜻으로 주님을 떠나고, 행동으로 주님을 떠나는 분들이 계십니다. 그리고 권력이나 지위나 돈이나 취미를 중심으로 하나 됨을 추구하는 분들이 계십니다. 그러나 주님과 함께 동거하고 동행하는 것 이외의 방법들로 하나 됨을 추구하면 반드시 갈등과 대립과 분열이 생깁니다. 결코 하나 될 수 없습니다. 하나가 되려고 해도 고작해야 인간적인 하나 됨일 뿐입니다. 그런 하나 됨은 진정한 하나 됨이 아니라 분열의 준비일 뿐입니다.

교회의 공통적인 부르심은 전도와도 관계되어 있습니다. 교회의 부르심은 복음의 진리를 온 천하의 만민에게 전파하는 것에 있습니다. 전도의 부르심과 무관한 일에 교회가 집중하면 반드시 영적인 질병이 생기고 갈등과 대립과 분열이 생깁니다. 유대인이 흩어지지 않고 자신의 정체성을 보존하는 방법은 토라를 암송하고 토라의 가르침에 머무는 것입니다. 실제로 유대인은 그런 방식으로 자신들의 정체성을 보존하고 있습니다. 기독교도 그리스도 예수의 복음을 계속해서 배우고 전하지 않으면 정체성이 모호하게 되고 결국은 같은 공간에 있더라도 갈라질 수밖에 없습니다. 교회의 하나 됨을 위해서는 계속해서 그리스도 예수를 아는 지식에서 자라가야 하고 온 땅에 두루 다니며 복음을 전파해야 하는 것입니다. 교회의 분열은 전도가 멈추는 그 지점에서 시작됩니다.

교회의 하나 됨은 마귀를 쫓아내고 마귀의 일을 멸하는 것과도 관련되어 있습니다. "하나님의 아들이 나타나신 것은 마귀의 일을 멸하려 하심이라."^{요일 3:8} 요한은 마귀의 일을 멸하는 것이 주님께서 이 땅에 오신 이유라고 말합니다. 지금도 주님은 부르신 교회 안에서 그 일을 행하고 계십니다. 그래서 교회의 공동체적 싸움에 대해 바울은 이렇게 말합니다. "우리의 씨름은 혈과 육을 상대하는 것이 아니요 통치자들과 권세들과 이 어둠의 세상 주관자들과 하늘에 있는 악의 영들을 상대함이라."^{엡 6:12} 마귀를 대적하고 마귀의 일을 멸하는 방법은 미워하지 않고 사랑하는 것이며, 보복하지 않고 용서하는 것이며, 불의가 아니라 공의를 행하는 것이며, 거짓이 아니라 정직을 말하고 행하는 것이며, 도둑질이 아니라 나눔과 베풂을 실천하는 것입니다. 이런 식으로 교회가 마귀를 내쫓고 그의 일을 멸하면 하나 됨을 이룰 것입니다.

그리고 교회의 하나 됨은 거룩함에 있습니다. 바울은 이렇게 말합니다. "하나님이 우리를 부르심은 부정하게 하심이 아니요 거룩하게 하심이니."^{살전 4:7} 부르심에 대한 바울의 이러한 생각은 진리로 제자들을 거룩하게 해달라는 주님의 기도에 근거한 것입니다.^{요 17:17} 거룩하지 않으면 하나 됨이 깨어질 수밖에 없습니다. "의와 불법이 어찌 함께하며 빛과 어둠이 어찌 사귀며 그리스도와 벨리알이 어찌 조화되며 믿는 자와 믿지 않는 자가 어찌 상관하며."^{고후 6:14-15} 거룩함과 하나 됨은 결코 대립적인 것이 아닙니다. 거룩함을 상실하면 하나 됨도 잃습니다. 그 둘은 영적으로 서로 연동되어 있습니다. 물론 교회의 통일성과 거룩성 중에 하나만 선택해야 했던 사건이 기독교의 역사에서 없었던 것은 아닙니다. 그 사건은 배교한 자들이 교회로 다시 돌아올 경우에 사랑으로 받아 줄 것인지, 아니면 진리의 검으로 잘라 버려야 할 것인지에 대한 것입니다. 사랑의 통일성과 진리의 거룩성 중에 택일해야 하는 것처럼 비화된 이 사건은 결코 사랑과 진리 혹은 통일성과 거룩성의 대립을 의미하지 않습니다. 이것도 취하고 저것도 버리지 말아야 하는 것입니다.

성도의 거룩함은 창세전부터 주님께서 의도하신 것입니다. 교회의 부르심은 당연히 영원부터 작정된 거룩함을 지향할 수밖에 없습니다. 그런데 만약 교회가 거룩함이 아니라 불결함을 지향하게 된다면 의와 불의, 그리스도와 벨리알, 성전과 우상 혹은 빛과 어두움의 공존이 불가능한 것처럼 거룩함과 불결함도 공존할 수 없기 때문에 교회의 하나 됨은 깨어지고 마는 것입니다. 교회의 참된 하나 됨을 원한다면 거룩함을 상실하지 마십시오. 음란한 마음과 불순한 생각과 불결한 언어와 지저분한 행실을 하나님의 말씀과 기도로 거룩하게 하십시오.

거듭난 성품 안에서의 하나 됨

교회의 하나 됨을 위한 두 번째 방법은 2절에 언급되어 있습니다. "모든 겸손과 온유로 하고 오래 참음으로 사랑 가운데서 서로 용납하고." 여기에는 겸손과 온유와 인내와 사랑과 용납이 하나 됨의 키워드로 나옵니다. 겸손하지 않고 교만하면 교회에 분쟁이 생깁니다. "교만에서는 다툼만 일어날 뿐이라."[잠 13:10] 자신의 입장만 내세우고 타인의 입장은 틀렸다고 생각하는 오만함은 분쟁의 자궁과 같습니다. 지혜자는 "무례하고 교만한 자를 이름하여 망령된 자"라고도 했습니다.[잠 21:24] 교회의 하나 됨을 원한다면 겸손한 귀를 가지시기 바랍니다. 귀를 열어서 상대방의 생각을 듣고 이해하면 분쟁이 생기지 않을 것입니다. 나아가 겸손에는 하나님과 사람 앞에서 받는 칭찬과 존귀가 반드시 따를 것입니다. 거기에 하나 됨이 있습니다.

온유하지 않고 거칠고 난폭하면 교회의 하나 됨은 파괴될 것입니다. 온유의 대명사인 모세는 그의 온유함이 온 지상에서 가장 탁월했던 분입니다. "이 사람 모세는 온유함이 지면의 모든 사람보다 더하더라."[민 12:3] 출애굽 총인구 200만 명에 육박하는 이스라엘 민족의 국론이 분열되지 않고 40년간 유지되고 결국은 약속의 땅으로 들어갈 수 있었던 것도 모세가 보인 온유함의 결과인 것 같습니다. 생각해 보십시오. 장정 60만 명의 불평과 원망과 비난과 도전을 40년간 받는다면 아마도 버틸 사람이 하나도 없을 것입니다. 그런데도 모세는 분노를 격발하지 않습니다. 가데스의 므리바 물가에서 백성이 원망할 때에 쏟아 낸 분노 외에는 한 번도 없습니다. 온유한 자가 되십시오. 그래야 하나님의 백성을 하나 되게 하고 모세처럼 섬길 수 있는 복을 누립니다. "온유한 자들은 땅을 차지하며 풍성한 화평으로 즐거워하리로다."[시 37:11] 온유한 자는 땅을 기업으로 받을 것입니다. 무수히 많은 사람들과 화평할 것이고 그들의 마음을 얻을 것입니다. 사람들은 온유한 자를 중심으로 모일 것입니다. 그래서 교회의 하나 됨은 온유한 자의 몫입니다.

교회의 역사에서 온유의 아이콘이 된 모세는 그리스도 예수에 비하면 천상적인 온유의 맛보기일 뿐입니다. 예수님은 60만 명의 불평과 원망을 40년간 받은 모세와는 비교할 수 없을 정도로 놀라운 온유함을 보이신 분입니다. 예수님은 수십억의 인구가 무려 2천 년간 자신을 부인하고 거부하고 비방하고 조롱하고 저주하고 배신하고 공격하고 심지어 채찍질과 침 뱉음과 가시관 씌움과 십자가에 못 박음으로 결국 죽음에 이르게 하였지만, 그럼에도 불구하고 분노를 격발하지 않으시고 오히려 사랑과 축복의 기도를 드린 분입니다. "아버지, 저들을 사하여 주옵소서. 자기들이 하는 것을 알지 못함이니이다."[눅 23:34] 사람들의 눈에는 미친 것처럼 보일 수도 있겠지만 자기의 생명이 부당하게 끊어지는 순간에도 분노가 아니라 자비를, 징계가 아니라 긍휼을 보이신 것입니다. 무능하고 무력하면 혹시 그러실 수 있을 것입니다. 그러나 예수님은 하늘과 땅의 모든 것을 그 뜻대로 행할 수 있는 전능하신 하나님의 권세를 가진 분이지만 그러신 것입니다.

나아가 교회의 하나 됨을 지키기 위해서는 인내를 가져야 한다고 바울은 권합니다. 타인과 잘 어울리지 못하고 고립되어 있는 사람들의 지배적인 특징은 인내가 없다는 것입니다. 타인을 인내하지 않고 분노를 즉각 쏟아 내는 것은 아주 이기적인 것입니다. 자신의 욕구를 내려놓지 않으면 갈라설 수밖에 없습니다. 분노라는 것은 타인에게 아픔을 주면서 자신의 속은 후련하게 되는 것을 추구하는 일입니다. 타인에게 피해를 주면서 자기의 소욕을 사수하는 것입니다. 그러나 사나운 표정이나 차가운 눈빛이나 뾰족한 언어에 그런 분노를 담아서 타인에게 전달하면 타인과의 관계는 결코 멀쩡할 수 없습니다.

사랑하는 성도 여러분, 교회에는 참으로 다양한 성격의 소유자가 공존하고 있습니다. 부딪힐 일들이 대단히 많고, 참아야 할 일들도 대단히 많습니다. 그때마다 분노를 격발하면 공동체는 살아남지 못할 것입니다.

그래서 바울은 다양한 성격의 소유자로 구성된 공동체가 살아남기 위해서는 서로를 용납해야 한다고 말합니다. 용납은 상대방이 바뀌지 않으면 수용하지 않겠다는 태도가 아니라 타인을 수용하기 위해 나를 변경하는 것입니다. 상대방을 바꾸지 않고 내가 바뀌는 용납은 상대방을 이해하고 상대방의 존엄성을 존중하고 상대방의 눈높이에 맞추고 상대방의 양심을 배려하고 상대방의 유익을 추구하는 것입니다. 용납은 상대방이 나와 어울리지 않는 기질과 성향을 가지고 있더라도 상대방을 고치려 하지 않고 나를 변화시켜 그에게 맞추는 것입니다. 각자가 서로에게 그러한 태도를 가질 때에 공동체는 아름다울 수 있습니다.

서로 용납하지 않고 인내를 온전히 이루지 않으면 성도들 사이에 혹은 목회자와 성도 사이에 앙금이 생길 것입니다. 어색함과 소통의 단절이 생길 것입니다. 분노를 다스리고 인내를 이루기 위해서 우리는 또다시 모세가 보여 준 인내의 실체이신 주님을 바라볼 수밖에 없습니다. "너희가 피곤하여 낙심하지 않기 위하여 죄인들이 이같이 자기에게 거역한 일을 참으신 이를 생각하라." 히 12:3 십자가의 수치와 고통과 억울함을 참으시되, 참으면 자신의 생명을 잃게 되는데도 참으신 분입니다. 주님처럼 각자에게 주어진 십자가를 날마다 매 순간마다 짊어지지 않으면 분노는 다스릴 수 없습니다. 주변에서 험담을 하거나 멸시의 표정을 짓는다면 곧바로 분노하지 마시고 자신을 돌아보는 계기로 삼으시길 바랍니다. 타인이 아니라 자신 안에서 문제를 발견하는 자가 지혜로운 자입니다. 관계성을 파괴하는 분노와 인내로 싸워 이기는 여러분이 되시기를 바랍니다.

분노를 이기는 인내를 온전히 이루는 바울의 처방은 "사랑 가운데서 서로 용납"하는 것입니다. 인내는 마음에서 생긴 분노를 짓누르는 것이 아닙니다. 분노를 마음에서 삭이고 또 삭이면 분노가 제거되지 않고 축적되어 결국에는 분노의 화신이 될 것입니다. 분노는 밖으로 표출되기 위한 출구와 기회를 어떤 식으로든 언젠가는 찾을 것입니다. 분노는 삭인다고 사라지는 것이 아닙니다. 오히려 분노를 처리하지 않고 그저 참기만 한다면 화병에 걸릴 수도 있습니다. 분노는 오직 사랑 안에서만 해소될 수 있습니다. 사랑하기 때문에 분노하지 않고 참아야 한다는 것입니다. 교회의 하나 됨은 결국 사랑의 크기에 의존할 수밖에 없습니다. 사랑의 크기만큼 분노를 이깁니다. 그리고 사랑 안에서의 인내는 특정한 누군가가 아니라 모두가 "서로"에게 실천해야 하는 것입니다. 인내를 타인에게 강요하지 마십시오. 인내의 주체는 타인이 아니라 '나'입니다. 교회가 하나 되기 위해서는 공동체의 구성원 모두가 서로를 사랑하기 때문에 서로를 참아야 하는 것입니다.

인내를 이루는 또 하나의 방법이 3절에 소개되어 있습니다. "평안의 매는 줄로 성령이 하나 되게 하신 것을 힘써 지키라." 여기에서 바울은 교회의 하나 됨이 성령께서 이루신 것이며, 그 하나 됨은 평화의 끈으로 묶인 것이며, 그 하나 됨을 보존하기 위해 노력해야 한다고 말합니다. 먼저 교회의 하나 됨은 성령께서 하시는 일입니다. 하나 됨을 파괴하는 것은 성령의 사역을 훼방하는 것입니다. 이로 보건대 서로를 정죄하고 비판하고 분노하고 교만하게 대하여 관계의 틈을 만든다면, 그것은 사람에게 행한 범죄가 아니라 성령을 대적하는 것입니다. 성령은 교회를 하나 되게 하신 분입니다. 이는 교회의 하나 됨을 원한다면 모두가 성령의 이끌림을 받아야 한다는 것입니다. 사람들이 아무리 노력해도 사람이 하나 됨을 산출하는 것은 아닙니다.

교회의 하나 됨을 잘 보여 준 초대교회 모습을 한번 보십시오. "그들이 다 성령의 충만함을 받고 성령이 말하게 하심을 따라 다른 언어들로 말하기를 시작하니라."[행 2:4] 오순절에, 인간의 교만 때문에 발생한 언어의 혼잡이 소통의 단절과 인간의 흩어짐을 초래했고, 결국 인간적인 하나 됨을 상실했던 초창기의 역사를 선한 방향으로 전환하는 사건이 터진 것입니다. 그것은 인간의 합의가 아니라 성령의 충만함과 성령이 말하게 하심을 따라 이루어진 일입니다. 형제의 친밀한 소통이 도무지 불가능할 것 같은 유대인과 이방인도, 주인과 종도, 지성인과 야만인도, 심지어 원수라고 할지라도 성령에 의해서는 하나가 될 수 있습니다. 이러한 초대교회 시대처럼 지금도 성령의 역사가 있다면 소통이 회복되고 흩어진 방언과 민족과 나라가 하나 될 수 있습니다. 성령의 역사는 지금도 있습니다.

4부. 예수를 닮아 가는 교회

하나 됨의 근거

바울은 교회의 하나 됨이 어떠한 근거에 기초한 것인지를 설명하고 있습니다. 4절을 보십시오. "몸이 하나요 성령도 한 분이시니 이와 같이 너희가 부르심의 한 소망 안에서 부르심을 받았느니라." 교회의 하나 됨은 몸이 하나라는 사실에 근거한 것입니다. 머리와 몸도 분리될 수 없지만 몸의 각 지체들도 서로 분리되면 그 어떤 지체도 온전할 수 없습니다. 몸은 절대적인 하나 됨을 요구하고 있습니다. 하나 됨은 몸의 몸 됨에 필수적인 것입니다. 교회는 그리스도 예수의 몸입니다. 그런데 오늘날 교회는 너무나도 심하게 분열되어 있습니다. 개별 교회와 개별 교파의 문턱이 너무나도 높습니다. 교파들이 서로 분열이나 단절에 가까운 구분을 추구하고 있습니다. '장자 교단'이나 '차자 교단'과 같은 유치한 표현으로 계급화와 서열화를 시도하는 종교적인 꼴불견도 간간이 보입니다. 이는 자신의 몸을 자해하는 어리석은 짓입니다.

그리고 교회의 하나 됨은 성령이 한 분이라는 사실에 근거한 것입니다. "우리가 유대인이나 헬라인이나 종이나 자유인이나 다 한 성령으로 세례를 받아 한 몸이 되었고 또 다 한 성령을 마시게 하셨느니라."^{고전 12:13} 교회를 하나 되게 하신 성령은 여러 성령들이 아닙니다. 하나 됨을 유지하기 위해 우리가 마시는 성령도 여러 성령들이 아닙니다. 교회는 오직 한 성령으로 하나가 되었고 한 성령을 마심으로 하나 됨을 유지하고 있습니다. 성령이 아닌 다른 영의 이끌림을 받으면 교회의 하나 됨은 유지될 수 없습니다. 교회가 분열되는 현장에는 언제나 다른 영의 역사가 있습니다. 마귀는 자신을 광명의 천사처럼 둔갑하여 우리를 속입니다. 이것을 분별하는 방법은 사도들이 전파한 예수와 성령과 복음에 신앙의 닻을 깊숙이 내리고 성령께 말씀에 근거한 영 분별력을 달라고 간구하는 것입니다. 그리고 우리 자신이 다른 영에 미혹되지 않도록 말씀 안에 거하시기 바랍니다.

교회의 하나 됨은 우리 각자가 하나의 동일한 소망으로 부르심을 받았다는 사실에 근거한 것입니다. 요한은 말합니다. "사랑하는 자들아, 우리가 지금은 하나님의 자녀라. 장래에 어떻게 될지는 아직 나타나지 아니하였으나 그가 나타나시면 우리가 그와 같을 줄을 아는 것은 그의 참모습 그대로 볼 것이기 때문이니 주를 향하여 이 소망을 가진 자마다 그의 깨끗하심과 같이 자기를 깨끗하게 하느니라." 요일 3:2-3 하나님의 자녀가 주를 향하여 가진 소망은 장차 우리가 주님과 같아져서 그의 참모습을 그대로 보게 된다는 것입니다. 이 소망에서 배제되는 하나님의 자녀는 없습니다. 부부는 같은 곳을 바라보는 자라는 말이 있습니다. 땅에서의 부부는 서로를 흠모하며 바라보는 자가 아니라 같은 방향을 바라보고 그 방향으로 발걸음을 내디뎌야 하나 됨을 유지할 수 있습니다. 서로를 쳐다보면 흠결만 보입니다. 실망하고 싫증을 느낄 가능성이 높습니다. 교회도 서로를 바라보면 서로의 연약함과 흠결만 보입니다. 서로에게 많은 기대를 하지 마십시오. 서로가 아니라 같은 소망의 방향을 지향해야 흩어짐을 면합니다.

하나 됨의 근거들은 5절에도 나옵니다. "주도 한 분이시요 믿음도 하나요 세례도 하나요." 주님은 한 분이시기 때문에 주님의 몸도 하나일 수밖에 없습니다. 하나의 머리에 몸이 여럿이면 괴물일 것입니다. 하나의 개교회, 한 지역의 교회들, 한 나라의 교회들, 한 시대의 교회들은 그리스도 예수의 몸들이 아닙니다. 몸들이 아니라 한 몸의 여러 지체들일 뿐입니다. 몸과 지체를 혼동하면 분열이 생기고 분열을 당연한 것으로 여깁니다. 그러나 머리와 지체를 구분하고, 머리도 하나이고 몸도 하나임을 인정하고 확신할 때에 우리는 교회의 하나 됨을 보존하기 위해 힘쓸 수 있습니다. 기독교의 역사에서 그리스도 외에 다른 존재를 교회의 머리로 여겼던 치욕적인 사건이 있었고 지금도 그런 시도들이 곳곳에서 자행되고 있습니다. 분명히 말하지만 교주와 교황이나 목사나 임금이나 대통령은 교회의 머리가 아닙니다. 머리는 예수밖에 없습니다. 머리가 많으면 교회는 하나 될 수 없습니다. 그리스도 외에 교회의 다른 머리는 그 어디에도 없습니다.

교회의 하나 됨은 믿음과 세례의 하나 됨에 근거한 것입니다. 이 믿음은 믿음의 내용을 가리키는 말입니다. 우리는 동일하신 창조자 하나님과 동일하신 구원자 하나님을 믿습니다. 동일한 복음과 동일한 성령과 동일한 예수님의 동일한 죽으심과 다시 사심을 믿습니다. 동일한 중생의 불 세례와 동일한 회개의 물 세례를 믿습니다. 동일한 용서와 동일한 속죄와 동일한 자녀 됨과 동일한 의로움과 동일한 성화와 동일한 영화를 믿습니다. 동일한 종말과 동일한 부활과 동일한 천국을 믿습니다. 믿음이 하나인데 믿음의 반석 위에 세워진 교회가 둘일 수는 없습니다. 그런데도 고린도 교회가 믿음의 다른 대상, 즉 다른 예수와 다른 영과 다른 복음을 너무도 쉽게 받아들인 사실을 바울은 다음과 같이 꼬집고 있습니다. "만일 누가 가서 우리가 전파하지 아니한 다른 예수를 전파하거나 혹은 너희가 받지 아니한 다른 영을 받게 하거나 혹은 너희가 받지 아니한 다른 복음을 받게 할 때에는 너희가 잘 용납하는구나."^{고후 11:4} 참된 예수와 영과 복음을 멀리하고 다른 것에 묘하게 이끌리는 고린도 교회의 불경한 기질은 오늘날의 적잖은 교회에도 나타나고 있습니다. 교회의 분열을 조장하는 마귀의 간교한 획책에 말려들지 마시기 바랍니다.

끝으로 교회의 하나 됨은 하나님이 한 분이심에 근거한 것입니다. 6절을 보십시오. "하나님도 한 분이시니 곧 만유의 아버지시라. 만유 위에 계시고 만유를 통일하시고 만유 가운데 계시도다." 하나님은 모든 역사와 만물의 처음과 나중이 되십니다. 처음부터 나중까지 오직 하나님만 유일한 신입니다. 하나님은 한 분밖에 없습니다. 다른 신은 없습니다. "나는 여호와라. 나 외에 다른 이가 없나니 나밖에 신이 없느니라."^{사 45:5} 하나님은 어떤 분입니까? 바울은 하나님이 만유의 아버지가 되신다고 말합니다. 즉, 만유를 존재하게 하셨고 만유 위에 계시고 만유를 통일하신 분이고 만유 가운데 계신 분입니다. 모든 존재가 하나님에 의해 통일되어 있습니다. 그 가운데 있는 교회는 당연히 하나님 안에서의 통일성을 가지고 있습니다. 이 거대한 통일성 개념을 교회가 늘 의식할 때에 비로소 천지의 만물과 인류의 역사 전체를 품을 수 있습니다.

사랑하는 성도 여러분, 교회는 그리스도 예수를 머리로 모신 단일한 몸입니다. 자녀들은 부모를 중심으로 부모와 더불어 하나의 가정을 이룹니다. 가정의 중심이 부모인 이유가 부모가 자녀들의 존재를 가능하게 했기 때문이듯, 교회도 그리스도 예수를 통하여 각 지체들이 존재하게 되었기 때문에 예수님이 중심일 수밖에 없습니다. 부모가 없는 가정이 존재할 수 없듯이 예수님이 없는 교회도 있을 수가 없습니다. 교회는 창조자요 구원자요 통치자요 동시에 인간이신 그리스도 예수를 머리로 모신 하나의 가정과 같은 곳입니다.

교회의 하나 됨은 저절로 유지되지 않습니다. 하나 됨이 파괴되면 교회가 온전할 수 없다는 사실을 잘 아는 마귀는 지금도 쉬지 않고 교회의 분열을 책동하고 있습니다. 그러나 준동되지 마십시오. 분열의 도구로 쓰임을 받지 마십시오. 다른 지체들에 대해 분노하고 미워하고 교만하고 무례하고 거칠게 대하지 마십시오. 성령께서 이루신 교회의 하나 됨을 보존하기 위해 우리는 우리의 부르심에 합당하게 행하고, 모든 겸손과 온유와 인내와 사랑 가운데서 참아야 하고 절박한 노력을 기울이지 않으면 안 됩니다. 교회의 하나 됨은 나 자신과 교회 공동체의 사활이 걸린 일입니다. 주님께서 기도하신 것처럼 교회의 하나 됨을 위해 아버지 하나님의 도우심을 구하되 마음과 뜻과 힘과 목숨을 다하여 하십시오. 여기에 힘쓰는 자들에게 주님은 큰 복을 더하실 것입니다.

14.
장성한 교회의 모습

⁷ 우리 각 사람에게 그리스도의 선물의 분량대로 은혜를 주셨나니 ⁸ 그러므로 이르기를 그가 위로 올라가실 때에 사로잡혔던 자들을 사로잡으시고 사람들에게 선물을 주셨다 하였도다. ⁹ 올라가셨다 하였은즉 땅 아래 낮은 곳으로 내리셨던 것이 아니면 무엇이냐. ¹⁰ 내리셨던 그가 곧 모든 하늘 위에 오르신 자니 이는 만물을 충만하게 하려 하심이라. ¹¹ 그가 어떤 사람은 사도로, 어떤 사람은 선지자로, 어떤 사람은 복음 전하는 자로, 어떤 사람은 목사와 교사로 삼으셨으니 ¹² 이는 성도를 온전하게 하여 봉사의 일을 하게 하며 그리스도의 몸을 세우려 하심이라. ¹³ 우리가 다 하나님의 아들을 믿는 것과 아는 일에 하나가 되어 온전한 사람을 이루어 그리스도의 장성한 분량이 충만한 데까지 이르리니 ¹⁴ 이는 우리가 이제부터 어린아이가 되지 아니하여 사람의 속임수와 간사한 유혹에 빠져 온갖 교훈의 풍조에 밀려 요동하지 않게 하려 함이라. | 엡 4:7-14

교회의 하나 됨은 결코 모든 구성원이 같아져야 한다는 획일화를 의미하지 않습니다. 손과 발이 같아질 수 없고, 눈과 귀도 같아질 수 없

4부. 예수를 닮아 가는 교회

습니다. 그리스도 예수의 몸은 하나지만 그 지체들은 다양하기 때문에 과도한 획일화는 오히려 몸의 균형과 조화만이 아니라 몸의 하나 됨도 파괴할 수 있습니다. 교회는 다양한 지체들이 연합하고 조화를 이루면서 하나 되는 몸입니다. 교회가 그리스도 예수를 머리로 삼는다는 통일성과 교회를 구성하고 있는 서로 다른 지체들이 있다는 다양성은 결코 대립되는 것이 아니며 하나를 취하면 다른 하나를 버려야 하는 택일의 대상도 아닙니다. 교회가 교회답기 위해 어느 하나도 포기하지 말고 모두 동시에 붙들어야 하는 것입니다. 바울은 교회가 하나여야 하는 근거와 하나 됨의 방법을 설명한 이후에 하나 됨의 구체적인 양상을 소개하고 있습니다.

선물의 분량

먼저 7절을 보십시오. "우리 각 사람에게 그리스도의 선물의 분량대로 은혜를 주셨나니." 바울은 주님께서 우리 각 사람에게 할당하신 선물의 분량대로 은혜를 주셨다고 말합니다. 여기에서 먼저 "우리 각 사람"이 은혜의 수혜자로 설정되어 있음을 주목할 필요가 있습니다. 우리 중에는 주님의 은혜를 받지 못한 사람이 하나도 없습니다. 우리만이 아니라 모든 인간은 하나님의 은혜로 생존하고 있습니다. 바울은 이방인 철학자들 앞에서 하나님의 보편적인 은혜를 이렇게 말합니다. "이는 만민에게 생명과 호흡과 만물을 친히 주시는 이심이라." 행 17:25 이것은 인간의 존재와 존속이 모두 주님께서 베푸신 은혜의 결과라는 말입니다. 생명과 호흡과 만물의 유지를 가능하게 하는 것은 인간이 아닙니다. 주님께서 권능의 말씀으로 친히 붙드시는 지속적인 은혜 때문에 유지되는 것입니다.

바울은 존재와 존속을 넘어서 "우리 각 사람"에게 주어진 은혜가 있다고 말합니다. 이 은혜는 교회를 온전히 하나 되게 하는 일과 관계된 것입니다. 이 은혜는 각 사람에게 주어졌기 때문에 주를 섬김과 교회의 하나 됨과 세상의 빛과 소금 기능에 기여하지 못하는 무능하고 무익한 사람은 교회에 아무도 없습니다. 자신의 기준을 따라 자신을 무익한 존재로 규정하지 마십시오. 우리의 가치를 결정하는 기준은 우리에게 없습니다. 존재의 유익과 무익의 여부는 사회적인 합의에 의해 규정되는 것도 아닙니다. 그래서 바울은 말합니다. "너희에게나 다른 사람에게나 판단받는 것이 내게는 매우 작은 일이라. 나도 나를 판단하지 아니하노니." 고전 4:3

우리의 존재와 기능은 주님께서 자신의 고유한 권한으로 정하시는 것입니다. 성경은 모두가 각자에게 주어진 은혜를 따라 하나님의 집을 아름답고 온전하게 세우는 일에 유익한 동역자로 참여할 수 있다고 말합니다. 은사의 비교와 오해가 심각했던 고린도 성도들을 향해 바울이 건넨 교훈을 보십시오. "각 사람에게 성령을 나타내심은 유익하게 하려 하심이라." 고전 12:7 이 구절에서 바울은 각 사람에게 주어지는 성령의 나타남이 사적인 유익이 아니라 '공적인 유익'τὸ συμφέρον 을 위한 것이라고 말합니다. 생존의 필요 이외에 주어지는 모든 은혜의 잉여들은 공동체의 유익을 위한 것입니다. 심지어 나의 생존도 그목적은 생존 자체가 아닙니다. 하나님과 이웃을 위해 생존하는 것입니다. 나에게 어떤 은혜가 있다면 하나님과 타인을 위해 살라는 하나님의 뜻입니다.

우리 각 사람에게 어떤 은혜가 주어지는 것은 주님께서 베푸시는 "선물의 분량"에 의해 좌우되는 것이라고 바울은 말합니다. 선물의 분량은 은혜의 수혜자나 외부의 다른 요인에 의해 결정되지 않고 오직 주님에 의해서만 결정되는 것입니다. 주님은 언제나 은혜의 종류와 분량에 있어서 각자에게 최고의 것을 주시는 분입니다. 은혜를 주시는 기준도 우리 각자에게 있지 않고 주님께 있습니다. "공평한 저울과 접시 저울은 여호와의 것이요 주머니 속의 저울추도 다 그가 지으신 것이니라."^{잠 16:11} 하나님은 "정의를 측량줄로 삼고 공의를 저울추로" 삼으시는 분입니다.^{사 28:17} 오직 하나님만 공평한 저울을 가지고 계십니다. 공평의 기준을 다른 이에게 양도하신 적이 없습니다. 그래서 하나님은 은혜를 자신의 "뜻대로 각 사람에게 나누어 주시는 것"^{고전 12:11}입니다. 이것을 인정하면, 하나님의 공의에 따라 주어지는 은혜의 종류와 분량에 대해 우리는 만족할 수밖에 없습니다. 만약 우리가 주어진 은혜에 대해 불평을 한다면 하나님의 공의가 공의롭지 못하다는 반론을 제기하는 셈입니다. 그러나 모든 것을 아시는 주님은 자신의 뜻대로 최고의 공의로운 기준을 따라 우리 각 사람에게 최적의 은혜를 주십니다.

그리스도 안에 있는 은혜

우리 각 사람에게 주어지는 모든 은혜는 '그리스도' 안에 있습니다. 주님은 자신에게 없는 다른 은혜를 우리에게 주시지 않습니다. 그래서 우리에게 주어진 은혜는 그리스도 예수와 무관한 것이 하나도 없습니다. 만약 우리에게 있는 것이 그리스도 예수를 증거하지 않는다면 주님이 주신 은혜가 아닙니다. 실제로 교회에는 주님께로 말미암지 않은 은사의 소유자가 있고 그러한 분들이 교회의 분위기를 주도하는 경우가 적지 않습니다. 은혜의 출처가 그리스도 안이라는 말은 은혜와 주님이 분리될 수 없다는 뜻입니다. 나아가 우리에게 주어진 은혜는 우리의 사적인 소유물이 아니라 성령께서 주체가 되실 때에 작용하는 성령의 것입니다. 주님의 은혜는 우리가 임의로 사용하는 사사로운 도구가 아닙니다. 성령께서 주장하는 것입니다.

그런데도 성령의 은사를 횡령하고 이익의 방편으로 사사로이 악용하는 사람들이 대단히 많습니다. 그들은 다양한 은사들을 받고서 하나님의 나라와 그의 의를 위하여 사용하지 않고 자신의 종교적 우월성을 입증하고 타인의 종교적 추종을 유도하기 위해 남용하고 있습니다. 남용과 오용과 악용의 여부는 희생적인 십자가의 향기 혹은 성령의 열매가 있느냐 없느냐의 여부에 달려 있습니다. 그 열매가 없으면 잘못 사용한 것입니다. 맡은 청지기가 소유자 행세를 한 것입니다. 잊지 마십시오. 우리에게 주어진 모든 은혜는 우리의 소유물이 아닙니다. 그래서 우리가 은사를 가졌다고 자랑할 수도 없습니다. 당연히 각자에게 주어진 은혜의 분량과 종류는 다른 사람의 것과 비교할 필요도 없습니다. 자신의 것도 아닌 은혜를 가지고 서로 비교하는 것 자체가 남의 다리를 긁는 격입니다.

그리고 주님의 은혜는 각 사람에게 분량대로 분산되어 있기 때문에 그 누구도 단독으로 사역할 수 없습니다. 혼자서는 아무도 교회를 세울 수 없습니다. 교회는 우리 모두가 서로 협력해야 세워질 수 있습니다. 서로 비교하고 시기하고 질투하고 대립하고 분열하면 어떠한 교회도 건강하게 세워지지 않습니다. 마귀는 이 사실을 정확하게 인지하고 있기 때문에 교회가 세워지지 못하도록 소수의 영웅들을 부추겨서 온 성도의 연합과 협력을 집요하게 막습니다. 탁월한 몇 사람이 무대에 오르면 다른 성도들은 동참과 협력의 의욕을 상실하고 그저 구경하는 관객의 수동적인 태도를 취합니다. 그러면 교회의 섬김을 위해 그들에게 맡겨진 은사는 제대로 활용되지 못할 것입니다. 급기야 하나님의 나라를 위하여 사용하지 않고 은사의 용도를 개인의 사사로운 이익을 취득하는 방편으로 돌립니다. 더 많은 이득을 취하려고 서로 싸웁니다.

이것은 마귀가 놓은 분열의 덫입니다. 사랑하는 성도 여러분, 은혜의 적당한 종류와 분량이 각자에게 나누어져 있음을 잊지 마십시오. 협력의 당위성과 필연성은 여기에 있습니다. 협력하지 않으면 교회가 세워지지 않고 무너질 수밖에 없습니다. 개인도 망하고 교회 공동체도 망합니다. 한 개인은 하나님의 모든 은사를 다 가지고 있지 않습니다. 하나님은 당신의 모든 능력을 한 사람이나 소수에게 몰아서 주시지 않습니다. 하나님의 은혜가 적당한 분량대로 각 사람에게 분산되게 하신 하나님의 의도적인 섭리는 교회의 하나 됨과 무관하지 않습니다. 교회의 각 지체들이 흩어지면 죽고 뭉치면 산다는 하나 됨의 필요성은 은사의 섭리적인 분배도 역설하는 바입니다. 교회의 하나 됨을 원하시는 주님의 마음은 은사의 배당에도 반영되어 있습니다. 서로에게 다른 은사의 다른 분량이 주어진 것을 비교와 경쟁과 시기의 빌미로 삼지 마십시오. 오히려 서로에 대한 서로의 필요성은 사활이 걸려 있을 정도로 크다는 사실을 잊지 마십시오. 몸의 지체들이 떨어져 있으면 몸이 될 수도 없고 각각의 지체도 존재감을 상실하고 제 기능도 발휘하지 못합니다. 각자가 죽고 모두가 죽습니다. 하나님의 은혜에 있어서도 나에게 주어진 개별적인 은혜가 헛되지 않고 교회 공동체에 베푸신 은혜가 헛되지 않으려면 각자에게 배분된 은혜의 조각들을 모아서 하나의 거대한 하모니를 이룰 수밖에 없습니다. 이는 서로의 전부를 존중하고 배려하며 서로 연합할 때에 가능한 일입니다.

은사의 종류

주님께서 주시는 은사의 종류들을 보십시오. 우리 각 사람에게 지혜의 말씀을, 지식의 말씀을, 믿음을, 병 고치는 은사를, 능력 행함을, 예언함을, 영들 분별함을, 각종 방언 말함을, 방언들 통역함을 주십니다.^{고전 12:8-10} 그러나 다 병 고치는 은사를 가지지는 않습니다. 다 능력을 행하는 자는 아닙니다. 다 방언을 말하지는 않습니다. 다 통역하는 것은 아닙니다. 그렇다고 해서 은사가 다르다는 이유로 눈이 손더러 쓸모가 없다고 폄하할 수는 없습니다. 머리가 발더러 불필요한 존재라고 비방할 수 없습니다.^{고전 12:21, 29-30} 그렇게 하는 지체들이 있다면 그는 분명 스스로를 자해하는 어리석은 자입니다. 지체는 많으나 몸이 하나이듯 다양한 은사를 가진 개인들은 다양하나 그 은사들은 협력하여 하나가 되고 다양한 개인들도 연합하여 하나의 몸을 이룹니다. 몸이기 때문에 한 지체가 고통을 받으면 모든 지체가 고통을 받고 한 지체가 영광을 받으면 모든 지체가 즐거움을 누리는 것은 당연한 것입니다.^{고전 12:20, 26} 몸은 몸의 지체들이 서로 연합하고 협력하여 하나가 되어야 살 수 있습니다.

　　다양한 은사들을 가진 다양한 지체들이 모인 교회는 그 자체로 복입니다. 아무리 강한 명분이 있더라도 교회를 떠나지는 마십시오. 선교단체 활동으로 주어지는 종교적인 만족도 교회에의 소속이 주는 유익을 대체하지 못합니다. 선교단체 안에는 주로 같은 목표를 지향하며 같은 훈련을 받고 같은 재능과 기술을 개발하여 같이 활동하는 유사한 계층과 유사한 연령대의 사람들이 모여 있습니다. 전인격의 특정한 부위를 훈련하고 강해질 수는 있어도 전인격 전체가 하나님의 각양 은사들로 훈련되는 일은 거의 없습니다. 그러나 교회는 연령대도 다양하고 성별도 다양하고 재능도 다양하고 성격도 다양하고 목적도 다양하고 신앙의 정도도 다양하고 직업도 다양하고 습관도 다양한 사람들로 구성되어 있습니다. 각 지체는 성령께서 각자에게 부탁하신 아름다운 것을 고유하게 가지고 있습니다. 이처럼 너무나도 다양한 지체들이 서로 연대하면 서로의 장점들을 배우고 내 것으로 만들어 보다 온전하고 균형 잡힌 신앙에 모두가 이를 것입니다.

　　내 것으로 만들 수 없는 것들에 대해서는 그냥 그 지체와 한 몸을 이루면 굳이 내 것으로 만들려고 애쓰지 않아도 내 것이 되는 셈입니다. 그러므로 히브리서 기자의 말처럼, "모이기를 폐하는 어떤 사람들의 습관과 같이 하지 말고 오직 권하여 그날이 가까움을 볼수록 더욱" 모이기를 힘쓰시기를 바랍니다.[히 10:25] 지혜자의 진단처럼, 무리를 떠나 스스로 고립되는 자는 온갖 참 지혜와 은사와 은혜와 장점과 유익을 다 배척하는 자입니다.[잠 18:1] 각자에게 분량대로 나누어진 은혜의 조각들을 내 것으로 만들 수 없습니다. 결국 영적인 가난함과 신앙의 빈곤에 허덕이게 될 것입니다. 하지만 모이기를 힘쓰는 자들은 자신의 은혜를 무리 중에 있는 모든 타인과 공유하고 모든 타인의 은혜를 자신과 공유하여 신앙과 인격과 삶에 있어서 장성한 분량에 이를 수밖에 없습니다.

그리고 8절에는 주께서 은혜를 주시는 목적이 인용문과 더불어 언급되고 있습니다. "그러므로 이르기를 그가 위로 올라가실 때에 사로잡혔던 자들을 사로잡으시고 사람들에게 선물을 주셨다 하였도다." 여기에서 "사로잡혔던 자들"은 마귀와 마귀에 의해 사로잡힌 자들을 의미하는 말입니다. 그리고 주님께서 승천하실 때에 "사로잡혔던 자들을 사로잡으시고"의 의미는 십자가의 죽음으로 마귀의 머리를 쳐서 죄와 저주와 죽음의 권세를 제압한 것으로 이해해도 좋을 것입니다. 그리고 바울은 9-10절에서 예수님이 위로 올라가신 것은 낮은 곳으로 내리셨던 것을 전제하는 말이며, 내리셨던 그가 다시 하늘로 오르신 이유는 만물을 충만하게 하려는 것이라고 말합니다. "올라가셨다 하였은즉 땅 아래 낮은 곳으로 내리셨던 것이 아니면 무엇이냐. 내리셨던 그가 곧 모든 하늘 위에 오르신 자니 이는 만물을 충만하게 하려 하심이라."

예수의 충만을 위한 교회의 제도적 장치

주님께서 만물을 충만하게 하시는 방법은 만물을 충만하게 하시는 그리스도 자신을 교회에 충만하게 채우는 것입니다. 그리스도 예수를 교회에 가득 채우는 방법은 교회에 다양한 일꾼들을 세우는 것입니다. 11절을 보십시오. "그가 어떤 사람은 사도로, 어떤 사람은 선지자로, 어떤 사람은 복음 전하는 자로, 어떤 사람은 목사와 교사로 삼으셨으니." 주님은 교회를 그리스도 예수로 채우셔서 그리스도 안에서 하나 되게 하시려고 다양한 일꾼들을 세우신 분입니다. 모든 사람들이 사도인 것은 아니고, 모든 사람들이 선지자인 것은 아니고, 모든 사람들이 복음 전도자인 것은 아니고, 모든 사람들이 목사와 교사인 것은 아닙니다. 교회에는 각자에게 주신 은혜의 종류와 분량대로 부르시는 다양한 직분들이 있습니다. 물론 직분들 사이에는 비록 덕을 세우는 질서는 있어도 권력이나 계급의 높낮이는 없습니다.

사도와 선지자와 복음 전하는 자와 목사와 교사는 모두 하나님의 교회 안에서 하나님과 그의 백성을 섬기는 종입니다. 먼저 사도는 예수님의 제자들 중에 그를 목격하고 그의 가르침을 직접 받은 자입니다. 진리의 말씀으로 교회의 토대를 형성하는 자입니다. 특별히 신약의 성경들을 기록한 자입니다. 사도들이 기록한 성경에 명시된 복음을 전파하지 않고 다른 복음을 생산하고 증거하는 자는 저주를 받습니다. 오늘날 자칭 사도라고 주장하는 사람들은 교회의 토대를 마련한 사도가 아닙니다. 토대의 마련은 이미 1세기에 끝난 일입니다. 온 천하와 모든 역사에 존재하는 모든 하나님의 교회는 사도들의 터 위에 세워지는 것입니다. 다른 토대가 필요하지 않습니다. 있을 수도 없습니다. 있다면 저주를 받습니다. 그러므로 성경에 등장하는 사도들 이외의 다른 사도는 없습니다. 예수님은 모든 사람들이 아니라 당신의 세대에 열두 사도를 세우셨을 뿐입니다. 새 예루살렘 성의 성곽에는 이스라엘 열두 지파의 이름들만 있고 열두 기초석만 있고 열두 사도들의 이름만 있습니다.^{계 21:14} 다른 이름은 없습니다. 이처럼 새 예루살렘 성의 성곽도 다른 사도들을 사도로 인정하지 않고 있습니다.

주님께서 어떤 이에게는 선지자의 직분을 주십니다. 모든 자들에게 선지자의 직분을 주시지는 않습니다. 소수에게 주십니다. 그들은 하나님의 말씀을 그의 백성에게 전합니다. 기록으로 남깁니다. 주님께서 이들을 교회의 터로 삼습니다. 그들의 존속은 요한의 때까지며 그 이후에는 선지자가 없습니다. 오늘날 자칭 선지자라 하는 자들은 교회의 터가 아닙니다. 교회의 견고한 터는 이미 있습니다. 만약 그들이 자신들을 일컬어 교회의 터라고 한다면 다른 터일 수밖에 없습니다. 그러나 다른 선지자의 터는 없습니다. 있다면 저주를 받습니다. 이미 살펴본 것이지만 다시 보십시오. "너희는 사도들과 선지자들의 터 위에 세우심을 입은 자라. 그리스도 예수께서 친히 모퉁잇돌이 되셨느니라."^{엡 2:20} "이제 그의 거룩한 사도들과 선지자들에게 성령으로 나타내신 것같이 다른 세대에서는 사람의 아들들에게 알리지 아니하셨으니."^{엡 3:5}

어떤 사람들은 복음 전도자의 부르심을 받습니다. 그들은 선지자들 및 사도들의 붓으로 기록된 복음의 말씀을 온 천하에 다니며 만민에게 증거하는 자입니다. 주님은 이러한 증인들을 너무나도 귀하게 보십니다. "좋은 소식을 전하며 평화를 공포하며 복된 좋은 소식을 가져오며 구원을 공포하며 시온을 향하여 이르기를 네 하나님이 통치하신다 하는 자의 산을 넘는 발이 어찌 그리 아름다운가."^{사 52:7} 그때의 복음 전도자는 지금의 선교사와 유사한 것 같습니다. 산을 넘고 바다를 건너서 온 천하의 만민에게 복음의 진리를 전파하는 선교사를 주님은 아름답고 귀하게 보십니다. 그러나 오늘날 민족과 국가간의 이동이 활발해서 산을 넘고 강을 건너서 우리에게 다가온 외국인 유학생과 노동자를 복음으로 섬기는 것이 가능해졌습니다. 예전과는 달리 지금은 국경선을 넘어가지 않은 사람이라 할지라도 얼마든지 복음 전도자가 되는 시대가 도래한 것입니다. 타국으로 나가는 복음 전도자도 있고 자국에서 타국인을 섬기는 복음 전도자도 있습니다.

어떤 사람들은 목사와 교사의 부르심을 받습니다. 목사는 양들에게 하나님의 말씀으로 때를 따라 꼴을 먹이는 자입니다. 성도들이 하나님의 자녀답게, 하나님의 백성답게, 천국의 시민답게 살아갈 수 있도록 삶의 모든 영역을 하나님의 말씀으로 위로하고 격려하고 무장시켜 주는 자입니다. 그래서 그들은 하나님의 사람들을 지극히 사랑해야 하고 하나님의 말씀 연구에 직분의 사활을 걸어야 하는 자입니다. 교사는 교육을 담당하는 자입니다. 교사들 중에는 기독교의 기본적인 진리와 종합적인 체계를 성도에게 가르치는 교사들도 있고 하나님의 말씀을 가르치는 목사들을 가르치는 교사들도 있습니다. 교회 안에는 초·중·고·대 학생들을 가르치는 교육부가 있고 목회자를 지망한 후보들을 교육하는 신학교가 있습니다.

교회에 직분자가 존재하는 이유는 12절에 표현되어 있습니다. "이는 성도를 온전하게 하여 봉사의 일을 하게 하며 그리스도의 몸을 세우려 하심이라." 이 말씀이 우리에게 분명히 가르치는 내용은, 직분자가 자신의 출세나 유익을 도모하는 자가 아니라는 것입니다. 그런데도 오늘날 학생과 성도의 머릿수를 늘리고 등록금과 헌금의 액수를 키워 생존과 출세의 기반을 다지려고 발버둥 치는 신학교와 신학자, 교회와 목회자가 적지 않다는 사실은 너무도 안타까운 일입니다. 좀 더 안정적인 신학교의 교수직을 찾는 신학자와 보다 큰 규모의 교회를 섬기려고 철새처럼 떠돌아다니는 목회자가 실제로 있습니다. 물론 신학자와 목회자가 사역지를 바꾸는 것은 얼마든지 가능한 일입니다. 그러나 그 동기가 자신을 위하는 것이라면 하나님과 교회 앞에서 너무나도 부끄러운 것입니다. 직분자는 결코 자신을 위하지 않고 하나님과 교회를 섬기는 자입니다.

직분의 목적

직분의 일차적인 목적은 성도를 온전하게 하는 것입니다. 이것은 성도의 인격적, 영적 됨됨이의 온전함과 관계된 것입니다. 성도의 온전함은 바울의 바람이 아니라 주께서 명령하신 것입니다. "하늘에 계신 너희 아버지의 온전하심과 같이 너희도 온전하라."마 5:48 이것은 하나님의 성품을 품으라는 것이고, 하나님의 형상을 우리 안에 온전히 이루라는 말이며, 신적인 형상의 본체이신 그리스도 예수를 따르라는 말입니다. 이는 또한 교회에서 성도들은 화려한 사역보다 인격의 온전한 됨됨이에 우선적인 관심을 기울여야 한다는 말입니다. 앞에서도 언급한 것처럼, 주님은 모든 지체에게 선물의 분량대로 은혜를 배분하신 분입니다.

성도가 온전하게 되는 것은 각 지체에게 배분하신 은혜의 수혜자가 되어야 가능한 일입니다. 교회의 직분자는 바로 각자의 은혜와 은사와 재능과 장점이 서로 공유되어 교회의 몸 전체를 온전하게 하도록 부르심을 받은 자입니다. 성도의 인격적, 영적 온전함을 이루기 위해서는 성도를 섬기는 직분자가 먼저 그런 온전함을 구비하지 않으면 안 됩니다. 목회자의 가장 중요한 자질은 하나님의 본질적인 형상이신 예수님의 마음을 품고 예수님의 성품을 닮는 것입니다. 이러한 자질이 구비되어 있지 않으면 비록 제도적인 무늬와 사역적인 겉모양은 목회자라 할지라도 하나님 앞에서는 참된 목회자가 아닙니다. 주님께서 인격과 삶에 체화되는 방식으로 함께하지 않는 목회자는 지도력과 감화력을 발휘할 수도 없습니다.

목회자는 자기를 위하지 않고 성도를 위하는 직분이기 때문에 목회자가 잘못되면 성도에게 심각한 문제를 일으킬 수 있습니다. 예수님의 말씀을 들어 보십시오. "제자가 그 선생보다 높지 못하나 무릇 온전하게 된 자는 그 선생과 같으리라."눅 6:40 대단히 무서운 말입니다. 아무리 탁월한 선생이라 할지라도 사람들 중에는 온전한 자가 없습니다. 신학자와 목회자 같은 인간 스승은 우리의 궁극적인 랍비이신 그리스도 예수를 섬기는 사환일 뿐입니다. 신학자와 목회자의 소임은 가능하면 모두의 스승이신 그리스도 예수를 닮아서 모든 성도가 예수님의 제자가 되도록 중개하는 것입니다. 그렇게 함으로써 만약 성도가 온전하게 되면 목회자나 신학자와 같아지지 않고 우리 모두의 선생이신 예수님과 같아지는 것입니다. 그러나 만약 목회자가 온전하지 못하여 예수님을 보여 주지 않고 자신을 드러내면 성도들은 기껏해야 인간 직분자와 같아질 것입니다. 이는 예수님의 사람이 아니라 자기 사람을 만드는 것입니다. 이것은 성도가 목회자의 양과 제자가 아니라 예수님의 양과 제자이기 때문에 주님의 양과 제자를 빼앗는 도둑질과 다르지가 않습니다.

교회의 직분자는 성도의 인격적인 온전함을 이룬 이후에 그들이 섬김의 일을 수행할 때까지 섬겨야 한다고 바울은 말합니다. 지혜자는 이렇게 말합니다. "온전하게 행하는 자가 의인이라. 그의 후손에게 복이 있느니라."^{잠 20:7} 내면의 인격은 삶의 실천으로 표현되지 않으면 아무런 소용이 없습니다. 지혜자는 인격의 온전함을 넘어 행위의 온전함도 이루어야 의인이 된다고 말합니다. 인격만 고매하면 기껏해야 자신에게 유익이 있을 뿐입니다. 표현되지 않으면 그 후손들은 그 고매함의 수혜자가 되지 못합니다. 속으로만 의인인 사람은 없습니다. 행위로도 온전해야 의인으로 불려질 수 있습니다. 행위로 표출되지 않는 온전함은 의심을 받습니다. 그런 온전함은 착각일 수도 있습니다. 인격적인 됨됨이와 사역적인 실천이 온전한 사람들이 되시기를 바랍니다.

목회자는 성도들로 하여금 온전하게 하되 "봉사의 일"까지 수행할 수 있도록 돕는 자입니다. 섬김을 받을 때보다 봉사할 때에 본격적인 성장을 맛볼 수 있습니다. 모든 성도는 주님께서 베푸신 은혜를 따라 각자에게 부여된 역할을 가지고 있습니다. 각자의 직무에 충실할 때에 그리스도 예수의 몸인 교회는 견고하게 세워질 것입니다. 교회의 견고함은 회원들의 수에 의존하지 않습니다. 헌금의 규모나 조직의 견고함에 있지도 않습니다. 교회가 그리스도 예수의 온전한 몸으로 세워지는 것은 성도의 온전함과 봉사의 일로 말미암는 것입니다. 이것이 생략된 교회의 부흥이나 성장은 착각이고 가식일 뿐입니다. 교회는 취미가 같은 개인들의 동우회도 아니고 제도적인 조직도 아니고 사회적인 기관도 아닙니다. 주님의 몸입니다. 이러한 정체성 때문에 교회가 운영되고 성장하는 방식은 다를 수밖에 없습니다. 그 방식은 모든 구성원이 머리이신 예수님을 닮아야 하고 예수님을 중심으로 각자에게 맡겨진 봉사의 일을 수행해야 하고 그렇게 함으로써 몸이 세워지는 식입니다.

온전한 성도

온전한 성도는 어떤 자일까요? 13절을 보십시오. "우리가 다 하나님의 아들을 믿는 것과 아는 일에 하나가 되어 온전한 사람을 이루어 그리스도의 장성한 분량이 충만한 데까지 이르리니." 우리 모두가 하나님의 아들을 믿는 것과 아는 일에 하나가 되어야 온전한 성도가 될 수 있습니다. 소수만 하나님의 아들을 믿고 안다면 온전한 몸을 이루지 못할 것입니다. 그리고 성도 개개인이 믿기만 하고 지식에 이르지는 못하거나 혹은 알고는 있지만 믿지는 않는다면 교회는 온전해질 수 없습니다. 하나님의 아들에 대한 믿음과 지식이 하나가 될 때에 비로소 교회의 몸이 온전해질 수 있습니다. 만약 우리가 하나님의 아들에 대해 의심을 하거나 무지하면 나 하나만 온전하지 못한 사람이 되지 않고 우리 모두가 온전하지 못하게 되는 것입니다. 우리의 온전함은 믿음과 지식의 합일을 요구하고 우리 모두의 연합과 협력을 요구하고 있습니다.

온 교회의 모든 지체들이 하나님의 아들에 대한 믿음과 지식의 하나 됨에 이르러 온전한 사람을 이루었을 때에 우리는 그리스도 예수의 장성한 분량까지 이를 수 있습니다. 예수님의 장성한 분량은 교회의 정체성과 무관하지 않습니다. 만물을 충만하게 하시는 주님의 충만으로 정의되는 교회는 주님의 장성한 분량으로 채워져야 교회다운 교회가 될 것입니다. 장성한 분량에 이른 성도의 실질적인 모습은 다음과 같습니다. "단단한 음식은 장성한 자의 것이니 그들은 지각을 사용함으로 연단을 받아 선악을 분별하는 자들이니라."히 5:14 먼저 젖이나 채소를 먹는 자가 아니라 단단한 식물을 먹는 자입니다. 성경에는 단단하고 어려운 내용들이 많습니다. 예를 들자면 삼위일체 하나님, 완전한 하나님과 완전한 인간이신 그리스도 예수, 처녀의 출생, 홍해의 갈라짐, 태양과 달의 정지, 당나귀의 히브리어 발언 등이 있습니다. 그러나 장성한 자는 우리의 상식과 논리와 경험과 충돌되고 거스르는 내용이라 할지라도 부정하지 않고 그 말씀을 인정하는 자입니다. 그는 더 이상 눈에 보이는 대로 귀에 들리는 대로 이해하지 않고 실천적인 지각을 통해 정보를 입수하고 이론적인 지각으로 그것을 분별하는 자입니다. 지각을 사용함에 있어서 영적으로 능숙한 경지에 도달하고 그것으로 선악까지 분별할 수 있는 자가 장성한 자입니다.

성장의 부수적인 결과

교회가 그리스도 예수의 장성한 분량에 이르면 어떠한 일들이 생길까요? 이제 14절을 보십시오. "이는 우리가 이제부터 어린아이가 되지 아니하여 사람의 속임수와 간사한 유혹에 빠져 온갖 교훈의 풍조에 밀려 요동하지 않게 하려 함이라." 모든 하나님의 사람들이 처음에는 다 어린아이의 신앙을 갖습니다. 그러나 장성하면 어린아이의 신앙과 결별하지 않으면 안 됩니다. 바울은 자신이 어린아이의 신앙을 지나 지금까지 걸어 온 믿음의 행보를 이렇게 말합니다. "내가 어렸을 때에는 말하는 것이 어린아이와 같고 깨닫는 것이 어린아이와 같고 생각하는 것이 어린아이와 같다가 장성한 사람이 되어서는 어린아이의 일을 버렸노라." 고전 13:11 어린아이는 어리기 때문에 아이처럼 말하고 아이처럼 깨닫고 아이처럼 생각할 수밖에 없습니다. 그러나 장성한 사람이 되어서는 아이의 말투와 이해력과 사고력을 버렸다고 말합니다.

우리도 바울처럼 그리스도 예수의 장성한 분량에 이른다면 어린아이의 일들을 버리고 주님처럼 생각하고 주님처럼 말하고 주님처럼 행동하고 주님처럼 처신하여 범사에 주님만을 드러내게 될 것입니다. 범사에 인간의 오만과 거짓과 불의와 증오와 시기와 분노를 드러내지 않고 주님의 거룩함과 의로움과 자비와 지혜를 드러내는 자가 장성한 자입니다. 그런 교회가 교회다운 교회이며, 다른 요소들이 드러나면 인간적인 교회일 수밖에 없습니다. 우리가 이 땅에서 주님께서 보이신 모습을 그대로 드러낼 때 교회가 주님의 몸이라는 사실을 온 세상이 인정하게 될 것입니다.

우리가 장성하면 "사람의 속임수와 간사한 유혹에 빠져 온갖 교훈의 풍조에 밀려 요동"하는 일은 없을 것입니다. 그러나 교회가 주님으로 채워져 있지 않고 장성하지 않으면 성도 개개인과 교회는 사람의 속임수와 간교한 술수와 달콤한 교설에 휩쓸려 요동하게 될 것입니다. 사람의 속임수와 술수와 교설은 그 정체를 쉽게 드러내지 않습니다. 지혜자는 이렇게 말합니다. "원수는 입술로는 꾸미고 속으로는 속임을 품나니." 잠 26:24 입술로는 정당한 명분과 매끄러운 논리와 부드러운 언어로 꾸미지만, 속으로는 들키지 않도록 교묘하게 속인다는 것입니다. 이런 인생에 대해 시인은 서글픈 노래를 부릅니다. "아, 슬프도다. 사람은 입김이며 인생도 속임수이니 저울에 달면 그들은 입김보다 가벼우리로다."^{시 62:9} 인생은 그 자체로 속임수일 수 있다는 것입니다. 입김보다 가벼운 인생을 어떻게 신뢰할 수 있습니까?

바울은 하나님의 교회가 주님의 장성한 분량이 충만한 데까지 이르게 하려고 주님께서 우리 각 사람에게 선물의 분량대로 은혜를 주셨다고 말합니다. 은혜로 주어진 교회의 직분으로 사도와 선지자와 복음 전하는 자와 목사와 교사를 언급하고 있습니다. 선지자와 사도는 하나님의 진리를 대언하고 교회의 토대인 구약과 신약의 성경책을 저술하기 위해 부름을 받았던 자입니다. 복음 전도자는 모든 시대에 하나님의 진리를 온 천하의 만민에게 전파하는 자입니다. 목사와 교사는 특정한 교회에서 때를 따라 주님의 양들에게 말씀의 꼴을 먹이며 교육하는 자입니다. 이렇게 함으로써 성도들의 인격은 온전하게 되고 삶은 봉사의 일들로 채워져 결국 그리스도 예수의 몸이 온전하게 세워질 것입니다. 그리고 어린아이의 신앙을 버리고 사람의 속임수와 교묘한 술수와 교설에 휩쓸려 요동하지 않기 위하여 우리 모두는 믿는 것과 아는 일에 하나가 되어서 그리스도 예수의 장성한 분량까지 이르러야 할 것입니다. 장성한 성도 개개인과 교회는 그리스도 예수의 몸을 이루며 범사에 그리스도 예수만을 드러낼 것입니다.

15.
성장의 비결

¹⁵ 오직 사랑 안에서 참된 것을 하여 범사에 그에게까지 자랄지라. 그는 머리니 곧 그리스도라. ¹⁶ 그에게서 온몸이 각 마디를 통하여 도움을 받음으로 연결되고 결합되어 각 지체의 분량대로 역사하여 그 몸을 자라게 하며 사랑 안에서 스스로 세우느니라. ¹⁷ 그러므로 내가 이것을 말하며 주 안에서 증언하노니 이제부터 너희는 이방인이 그 마음의 허망한 것으로 행함같이 행하지 말라. ¹⁸ 그들의 총명이 어두워지고 그들 가운데 있는 무지함과 그들의 마음이 굳어짐으로 말미암아 하나님의 생명에서 떠나 있도다. ¹⁹ 그들이 감각 없는 자가 되어 자신을 방탕에 방임하여 모든 더러운 것을 욕심으로 행하되 ²⁰ 오직 너희는 그리스도를 그같이 배우지 아니하였느니라. | 엡 4:15-20

모든 생명체는 자라나는 성장의 속성을 가지고 있습니다. 교회도 생명체와 같습니다. 정체되어 있지 않고 계속해서 자랍니다. 여기서의 성장은 물리적인 덩치의 크기나, 헌금의 액수나, 예배당의 공간적인 넓이나, 교회의 긴 전통을 의미하는 말이 아닙니다. 교회의 성장은 영적인 것을 의미하며 그리스도 예수의 형상을 온전히 닮아 가는 것을

뜻합니다. 성도 개개인과 교회 공동체가 자랐음을 확인시켜 주는 성장의 지표는 예수님의 성품과 삶을 담아내고 있느냐에 있습니다. 그리스도 예수의 충만인 교회의 정체성은 그리스도 예수로 채워져야 확보되는 것입니다. 교회의 존재감을 다른 대체물로 얻으려는 시도는 반드시 부패의 악취를 풍기며 부작용을 낳습니다. 본문에서 바울은 성도 개개인과 교회 공동체가 성장하는 비결을 연이어서 가르치고 있습니다.

성장의 목표와 방법

먼저 15절을 보십시오. "오직 사랑 안에서 참된 것을 하여 범사에 그에게까지 자랄지라. 그는 머리니 곧 그리스도라." 여기에서 제시된 성장의 목표는 우리가 교회의 머리이신 그리스도 예수에게까지 자라는 것입니다. 성장의 목적이 설정되면 그것에 걸맞은 방향과 방식도 뒤따르는 법입니다. 우리의 주변에는 우리에게 도전과 교훈을 주는 믿음의 거인들이 적지 않습니다. 그러나 그들은 우리가 도달해야 하는 경건의 종착지가 아닙니다. 인간 지도자를 모방하고 따르는 것은 지나가야 할 일시적인 과정이기 때문에 거기에 머물러 안주하는 것은 대단히 위험한 일입니다. 인간 지도자를 지나가는 정거장이 아니라 머물러서 추앙하는 종점으로 간주하면 인간의 신격화 혹은 교주화의 문제가 필히 발생할 것입니다. 아무리 똑똑하고 지혜롭고 선하고 겸손한 사람이라 할지라도 추종의 대상은 결코 아닙니다. 인간 지도자를 지나서 그리스도 예수를 온전히 닮는다는 올바른 목표 설정 없이는 교회의 건강한 성장을 기대할 수 없습니다.

성장의 방법은 사랑 안에서 진실하게 되고 참된 것을 드러내는 것입니다. 사랑 안에서도 거짓된 것을 말하고 행할 수 있으며, 사랑 밖에서도 참된 것을 말하고 행할 수 있습니다. 그러나 예수님을 향한 성장의 비결은 사랑과 진리의 입맞춤에 있습니다. 즉, 사랑하는 마음으로 사랑을 위하여 참된 것을 말하고 행하면 예수님을 닮아 가게 된다는 것입니다. 말이나 행동에 있어서 최고의 사랑은 진실이고 최고의 진실은 사랑이기 때문에 사랑과 진실은 서로 반대되는 것이 아닙니다. 오히려 서로 분리될 수 없는 개념의 짝입니다. 진실하지 않은 사랑은 사랑이 아니고 사랑이 없는 진실은 진실이 아닙니다. 사랑과 진실의 놀라운 점은 우리로 하여금 모든 부분에서 성장하게 만든다는 것입니다.

진실을 말하기 위해 우리는 하나님의 말씀인 성경을 부지런히 배우지 않으면 안 됩니다. 만물보다 거짓되고 심히 부패한 우리의 마음과 치열하게 싸우지 않으면 안 됩니다. 영과 혼을 찔러 쪼개는 말씀을 수용하면 우리의 전인격이 수술에 준하는 치유와 변화를 받습니다. 하나님의 말씀을 올바르게 알지 못하면 의도하지 않아도 거짓을 말하고 실천하게 되며, 무의식중에 진리와 다른 방향으로 살아갈 수밖에 없습니다. 그리고 사랑은 언제나 마음과 목숨과 뜻과 힘을 다하여야 가능한 일입니다. 이처럼 사랑과 진리는 특정한 부분이 아니라 전인격의 모든 부분의 변화에 관여하고 있습니다.

"범사에"는 '모든 일에서'의 의미도 있지만 보다 원문에 충실한 "범사에"는 우리의 전인격을 가리키는 말입니다. 우리의 성장은 예수님의 전인격을 우리의 전인격에 담아내는 것입니다. 의지나 지성이나 감성이나 기술이나 처신 중의 몇 가지에서 성장하는 것이 아니라 그 전부에 있어서 주님을 닮아 가는 것입니다. 범사에 주님을 닮아 가야 주님의 전인격을 닮아 갈 수 있습니다. 그러나 오늘날 세상은 우리에게 특정한 분야의 전문성을 지나치게 요구하고 있습니다. 지식과 학문과 직업의 과도한 세분화 때문에 한 분야의 전문가가 되기 위해서는 다른 부분들의 성장을 희생해야 하는 문화적 압박이 거셉니다. 이러한 상황 속에서도 전인격적 성장을 도모하는 유일한 방법은 사랑밖에 없습니다. 사랑 안에서는 인간의 특정한 부위만 성장하지 않고 전인격이 자랍니다. 우리의 전부를 자라게 만드는 것은 사랑 안에서 진실하게 말하고 행하는 방법밖에 없습니다.

사랑 안에서 참된 것을 수행하는 구체적인 양상은 16절에 기록되어 있습니다. "그에게서 온몸이 각 마디를 통하여 도움을 받음으로 연결되고 결합되어 각 지체의 분량대로 역사하여 그 몸을 자라게 하며 사랑 안에서 스스로 세우느니라." 교회는 하나의 몸입니다. 이 몸은 어떻게 자랄까요? 이 몸이 자라기 위해서는 무엇보다 몸의 지체들이 서로 연결되고 결합되어 있어야 한다고 바울은 말합니다. 너무도 당연한 것입니다. 몸의 지체가 떨어져 있으면 성장하지 못하는 문제를 지나 모든 지체들이 죽습니다. 앞에서도 확인한 것이지만, 사느냐 죽느냐의 갈림길이 바로 지체들의 연결과 결합에 있기 때문에 지체들의 연결과 결합은 선택이 아닙니다. 연결과 결합에 힘쓰지 않으면 안 됩니다. 그래서 히브리서 기자는 말합니다. "모이기를 폐하는 어떤 사람들의 습관과 같이 하지 말고 오직 권하여 그날이 가까움을 볼수록 더욱 그리하자."^{히 10:25}

　　　　　　　　　　　　　　　　　　4부. 예수를 닮아 가는 교회

개인적인 경건을 강조하며 성도들의 모임을 가볍게 여기시는 분들이 있습니다. 그러나 개인적인 경건과 성도들의 연합은 반대되는 개념이 아닙니다. 오히려 분리될 수 없도록 연동되어 있습니다. 자신의 성장을 위해 스스로 고립되어 있으면 비록 특정한 부분을 발전시킬 수는 있어도 전인격적 성장은 없습니다. 이것은 우리가 종일토록 교회에 있어야 한다는 말이 아닙니다. 우리가 교회에서 모이기를 힘쓰는 시간은 일주일의 십일조도 안 됩니다. 하루에 과연 우리가 2시간 30분 정도를 교회에서 보냅니까? 교회의 모임이 많은 것 같아도 결코 많은 게 아닙니다. 많다고 의식하는 것일 뿐입니다. 어떤 사람은 개인적인 시간의 중요성을 부정하는 경우도 있는데, 제가 보기에는 과도해 보입니다. 골방에서 주님을 단독으로 만나는 개인적인 경건과 공적인 장소에서 성도들과 연합하는 공동체적 신앙은 병행하는 것이 좋습니다. 서로 배타적인 것이 아니라 보완적인 것입니다.

교회라는 공동체는 취미를 중심으로 모이는 동우회도 아니고 수익을 추구하기 위해 모인 기업체도 아니고 혈연을 중심으로 모인 가족도 아니고 학력을 기준으로 모인 동문회도 아니고 출신 지역을 중심으로 모인 향우회도 아닙니다. 교회는 이 세상의 그 무엇이 만들어 낸 공동체가 아닙니다. 하나님의 부르심을 따라 모인 곳입니다. 모임의 근거를 땅에 두고 있지 않습니다. 그래서 참으로 특이한 곳입니다. 존재하는 것 자체가 메시지가 되는 곳입니다. 오직 동일한 사랑 때문에 모이고 동일한 믿음 때문에 모이고 동일한 소망 때문에 모이는 곳입니다. 천국을 구현하는 곳입니다. 교회는 그런 곳입니다. 모여도 아깝지가 않습니다. 모일수록 좋습니다. 모일수록 더 아름다운 천국을 보여 줄 수 있는 곳입니다.

천국을 보여 주는 지체들의 하나 됨은 하나의 지역 교회 안에서의 일만은 아닙니다. 하나님의 우주적인 교회에도 적용되는 것입니다. 하나님의 교회는 다양한 명분과 다양한 차원과 다양한 방식으로 나뉘어 있습니다. 다양한 교단, 다양한 선교단체, 다양한 지역 교회, 다양한 기독교 기관이 때로는 서로 경쟁하고 때로는 서로 비방하고 때로는 서로 공격하며 분리되는 안타까운 모습들을 보입니다. 이러한 갈등과 대립과 분열은 하나님과 관계된 것이 아니라 인간의 연약함과 관계된 것입니다. 연합은 간단한 것도 아니고 쉽지도 않습니다. 진리의 엄밀한 순수성과 사랑의 우주적인 포용성을 동시에 구비하지 않으면 불가능한 일입니다. 진리와 사랑의 절묘한 조화의 적정선을 파악하는 문제도 대단히 어려운 일입니다. 그럼에도 불구하고 우리는 주님께서 최고의 진리라는 정체성을 단 한 번도 포기하지 않으시고 온 우주를 품으신 십자가의 사랑을 실천하신 본을 따라서 진리의 엄밀성과 사랑의 포용성을 겸비하는 일을 포기할 수 없습니다. 그런 자세로 연합하면 살고, 분열하면 죽습니다. 청년들이 교회에 실망하고 떠나가고 있습니다. 온갖 불의와 분쟁과 대립과 분열과 비방의 온상인 것 같다며 교회에 실망과 비난의 혀를 내두르고 있습니다. 교회가 마땅히 맺어야 할 열매로서 사랑과 희락과 화평과 인내와 자비와 양선과 충성과 온유와 절제는 어디에 있습니까?

부분과 전체의 조화

연결과 하나 됨의 전제가 구비된 이후에는 "각 지체의 분량대로 역사"해야 한다는 요구가 있습니다. 우리는 앞에서 주님께서 우리 각 사람에게 자신의 기준에 따라 은혜를 분배해 주셨다고 했습니다. 그 은혜의 선물을 각자에게 주신 이유는 자랑과 자만을 위함이 아닙니다. 주어진 선물을 활용하여 몸의 성장을 도모하기 위한 것입니다. 각자에게 맡겨진 자기의 고유한 역할에 충실해야 몸이 자랍니다. 그래서 우리는 무엇보다 주님께서 각 사람에게 주신 은혜의 선물이 무엇이며, 그것을 어떻게 개발하고, 어떻게 활용해야 하는지에 대해 정확히 알지 않으면 안 됩니다. 눈이 발처럼 돌아다닐 수는 없습니다. 손이 입처럼 말하려고 하면 안 됩니다. 귀가 손처럼 무언가를 잡으려고 해서는 안 됩니다. 주님께서 각 지체에게 주신 은사와 소명을 정확하게 파악하여 각 지체의 분량대로 역사해야 자신에게 유익이 있고 공동체도 살릴 수 있습니다. 지체들이 각자의 분량대로 각자의 소명을 수행하지 않으면 자기만 위태롭지 않고 공동체 전체를 위험에 빠뜨릴 수 있습니다. 손은 입에 음식을 넣어야 하고 입은 음식을 부수어야 하고 식도는 음식물을 위장에 전달해야 하고 위장은 음식물을 소화하며 각 기관에 영양분을 조달해야 몸 전체가 건강할 수 있습니다.

어느 것 하나라도 직무에 소홀하면 몸 전체에 이상이 생깁니다. 어느 것 하나라도 직무에 과도하면 몸 전체에 불균형을 초래할 수 있습니다. 결핍과 과잉은 둘 다 건강을 해칠 수 있습니다. 더하지도 말고 덜하지도 말고 오직 각 지체에게 할당된 은혜와 소명의 분량대로 역사해야 몸의 건강한 성장을 기대할 수 있습니다. 교회에서 분란을 일으켜서 큰 아픔과 상처를 남기는 분들 중에는 나눔과 섬김의 자리를 늘 피하고 빠지는 사람들도 있고 자기의 의를 세우려고 교회에 과도하게 충성하는 사람들도 있습니다. 게으름과 무관심과 야비함을 가진 분들 때문에 자기의 분량대로 열심히 일하시는 분들이 섬김의 의욕을 상실하는 경우가 많습니다. 이와는 달리 과도한 열정을 쏟아 내며 주변 사람에게 의도적인 부담을 주고 섬김을 강요하고 가시적인 성과에 집착하는 분들 때문에 많은 사람들이 상처를 받고 교회를 떠나가는 경우도 많습니다. 이는 모두 각 지체들이 자기의 적정한 분량을 따라 일하지 않아서 생기는 일입니다.

그리고 각 지체가 자신의 분량대로 역사하여 몸이 자라나는 경우에 성장의 공로를 자신에게 돌려서는 안 된다는 것입니다. 바울은 분명히 "그에게서 온몸이" 자란다고 말합니다. 이는 지체들이 각자의 분량대로 역사하는 것은 성장의 방식일 뿐이지 성장의 근거는 아니라는 것입니다. 성장의 근거는 오직 하나님께 있습니다. 예수님의 말씀을 보십시오. "공중의 새를 보라. 심지도 않고 거두지도 않고 창고에 모아들이지도 아니하되 너희 하늘 아버지께서 기르시나니 너희는 이것들보다 귀하지 아니하냐."마 6:26 공중의 새나 들의 백합화나 그 어떠한 피조물도 스스로의 노력과 힘으로는 자라지 못합니다. 모든 피조물은 하나님의 도우심에 의해서 자랍니다. 같은 맥락에서 바울도 이렇게 말합니다. "그런즉 심는 이나 물 주는 이는 아무것도 아니로되 오직 자라게 하시는 이는 하나님뿐이니라."고전 3:7 바울이나 아볼로나 인간 사역자가 아니라 주님께서 하나님의 백성을 입히시고 먹이시고 성장하게 하십니다. 이 성장을 위해 주님은 다양한 도구들을 쓰십니다. 몸의 각 지체들인 우리 모두가 그런 쓰임을 받습니다.

경계해야 할 공로의식

그저 쓰임을 받았을 뿐인데도 자신에게 공로를 돌리는 것은 상식에도 맞지 않습니다. 이에 관련된 이사야의 기록을 보십시오. "도끼가 어찌 찍는 자에게 스스로 자랑하겠으며 톱이 어찌 켜는 자에게 스스로 큰 체하겠느냐."사 10:15 나무를 자른 공로는 도끼가 아니라 도끼를 잡은 사람에게 있습니다. 개인이나 교회의 성장에 대해 우리 중에 그 누구도 자랑할 수 없습니다. 잘난 척하지도 못합니다. 어떠한 직분자도 마치 자신으로 말미암아 교회가 성장하게 된 것이라고 주장하는 자가 있다면 하나님의 영광을 갈취하는 자입니다. 헌금을 많이 했다고, 전도를 많이 했다고, 봉사를 많이 했다고 성장의 공로를 자신에게 돌리지 마십시오. 이렇게 말하면 교회를 섬기고 세우려는 의욕을 상실하는 분들이 생길 것입니다. 그러나 참으로 성숙한 신앙인은 자신에게 어떠한 공로도 돌아오지 않는 것을 오히려 영광으로 여깁니다. "이와 같이 너희도 명령받은 것을 다 행한 후에 이르기를 우리는 무익한 종이라. 우리가 하여야 할 일을 한 것뿐이라 할지니라."눅 17:10 쓰임의 보상을 기대하지 마시고 쓰임을 받은 것 자체를 영광으로 여기시길 바랍니다.

에베소서 4장 16절과 동일한 내용을 전달하는 골로새서 본문을 보십시오. "온몸이 머리로 말미암아 마디와 힘줄로 공급함을 받고 연합하여 하나님이 자라게 하시므로 자라느니라."골 2:19 몸의 각 지체들은 비록 마디와 힘줄을 통하여 머리이신 주님에 의해 제공되는 영양분을 전달하나 몸은 "하나님이 자라게 하시므로" 자라게 된다고 바울은 분명히 말합니다.

지금까지 나눈 내용을 정리하면, 교회는 그 존재의 처음과 나중이 오직 주님께 있습니다. 교회는 그로부터 태어나서 그에게로 자라나서 그에게까지 이릅니다. "이는 만물이 주에게서 나오고 주로 말미암고 주에게로 돌아감이라. 그에게 영광이 세세에 있을지어다. 아멘."롬 11:36 이는 몸의 모든 지체들이 자신이나 서로에게 영광을 돌리거나 취해서는 안 되고 교회의 창조자와 인도자와 목적 되시는 하나님께 공로와 영광과 감사와 찬송을 돌려야 한다는 것입니다.

장성한 교회의 주의사항

각 지체들이 자기의 분량을 따라 섬기며 사랑 안에서 몸을 세워 가기 위해 주의해야 할 것들을 바울은 17절에서 권면하고 있습니다. "그러므로 내가 이것을 말하며 주 안에서 증언하노니 이제부터 너희는 이방인이 그 마음의 허망한 것으로 행함같이 행하지 말라." 이방인을 본받지 말라고 말합니다. 바울은 먼저 이방인의 허망한 마음을 지적하고 있습니다. 성경에서 이방인은 마음의 거짓되고 사악한 것을 따라서 행하는 자입니다. 하나님께 죄를 짓고 타락한 인간의 마음에 대해 예레미야 선지자는 이렇게 말합니다. "만물보다 거짓되고 심히 부패한 것은 마음이라."렘 17:9 선지자의 이 고발은 모든 사람들의 마음이 만물보다 거짓되고 심히 부패해 있다는 것입니다. 사람들은 인간의 본성에 대해 대체로 두 가지 입장 중에 하나를 취합니다. 즉, 인간은 본래 선하다는 성선설과 본래 악하다는 성악설 중의 하나를 택합니다. 그러나 기독교의 입장은 두 입장을 종합하고 있습니다. 인간은 본래 선하게 지어지기는 하였으나 아담과 하와의 타락 이후에는 모든

4부. 예수를 닮아 가는 교회

사람들이 태어날 때부터 악하게 되었다는 것입니다.

거짓되고 부패한 마음을 따라 행하는 모든 것들은 거짓되고 부패한 것일 수밖에 없습니다. 어떠한 행위도 마음의 수준을 넘어설 수는 없는 법입니다. 돈으로 포장하고 선행으로 포장하고 따뜻한 미소로 포장하고 겸손한 몸짓으로 포장해도, 인간의 모든 행실은 외모가 아니라 마음의 중심을 보시는 하나님의 눈에는 가증할 수밖에 없습니다. 바울은 하나님의 교회를 향해 마음의 허망함을 표출하고 추구하는 이방인의 행실을 본받지 말라고 말합니다. 만약 한 지체가 이방인의 행실을 본받으면 어떠한 일이 생길까요? 본인만 허망하게 되지 않고 몸 전체를 허망하게 만듭니다. 몸이라는 것은 각 지체들이 서로 연결되어 있기 때문에 한 지체가 다른 지체에게 선한 영향만 끼치지 않습니다. 악한 영향도 끼칩니다. 나 개인의 음란함, 거짓말, 증오, 분노, 불평, 원망, 시기, 탐욕의 심각한 결과는 나에게만 국한되지 않고 교회의 몸 전체에 번집니다. 이처럼 성도 한 사람이 이방인의 허망한 행실을 따르면 결국 그는 교회 전체에 허망함을 수혈하게 된다는 것입니다.

바울은 이방인의 허망한 마음을 따르는 구체적인 내용을 18절에서도 언급하고 있습니다. "그들의 총명이 어두워지고 그들 가운데 있는 무지함과 그들의 마음이 굳어짐으로 말미암아 하나님의 생명에서 떠나 있도다." 우리에게 총명의 영을 주시는 하나님을 모르는 사람들의 총명이 어두워질 수밖에 없습니다. 마음의 굳어짐 때문에 무지함이 그들 안에 있습니다. 하나님을 떠난 모든 사람들은 아무리 무언가를 이해하려 해도 고작해야 눈으로 관찰되고 귀로 듣고 논리의 갈고리에 걸린 피상적인 내용들만 감지할 뿐입니다. 그러나 이것은 우리가 알아야 할 내용의 전부가 아니라 일부일 뿐입니다. 우리가 알아야 할 내용들은 보이지 않는 것들도 많이 있으며 보다 중요한 내용은 보이는 것보다 보이지 않는 것인지도 모릅니다. 기독교는 보이는 것보다 보이지 않는 내용에 의미의 더 큰 비중을 두고 있습니다.

바울은 우리에게 너무나도 소중한 것이 어떤 것인지를 이렇게 말합니다. "기록된 바 하나님이 자기를 사랑하는 자들을 위하여 예비하신 모든 것은 눈으로 보지 못하고 귀로 듣지 못하고 사람의 마음으로 생각하지도 못하였다 함과 같으니라."^{고전 2:9} 주님께서 자기를 사랑하는 자들을 위하여 예비하신 모든 것은 눈의 봄과 귀의 들음과 마음의 논리로는 깨달을 수 없다는 것입니다. 사실 보이는 것들은 영원한 것이 없습니다. 변질과 썩음과 소멸의 법칙에서 자유로운 피조물이 이 세상에는 없습니다. 다 지나가는 것입니다. 영원하지 않기 때문에 소중함도 유한할 수밖에 없습니다. 그러나 하나님은 보이지 않는 선물을 주신다고 하십니다. 그런데도 인간이 자신의 지각으로 취득한 지식을 전부로 여긴다면 그 자체가 무지의 늪에 스스로를 빠뜨리는 격입니다. 결국 주님께서 우리에게 주고자 하시는 신적인 선물들에 대해서는 알지도 못하고 구하지도 않을 것입니다.

주님께서 자기를 사랑하는 자들에게 약속하신 것은 가장 좋은 것입니다. 어떤 것일까요? 야고보는 이렇게 말합니다. "시험을 참는 자는 복이 있나니 이는 시련을 견디어 낸 자가 주께서 자기를 사랑하는 자들에게 약속하신 생명의 면류관을 얻을 것이기 때문이라."^{약 1:12} 하나님을 사랑하는 자들은 주로부터 생명의 면류관을 얻을 것입니다. 문제는 이것이 보이지 않는다는 것입니다. 그럼에도 불구하고 믿음의 사람은 보이지 않는 소망을 믿음으로 바라보며, 썩어 없어지는 땅의 가시적인 것을 소망하지 않습니다. 보이지 않는 것을 소망하는 자입니다.^{고후 4:18} 보지 못하는 시련의 기간을 인내하며 믿음으로 지나갈 수 있습니다. 그러나 믿음이 없는 사람들의 눈에는 보이지 않는 것은 존재하지 않는 것입니다. 그래서 귀로도 눈으로도 마음의 논리로도 담아내지 못하는 하나님의 생명은 어떤 식으로도 감지되지 않아서 없다고 여깁니다. 그러니 알지도 못하고 구하지도 않는 것입니다. 결국 이방인은 굳은 마음의 완고함과 캄캄한 무지로 말미암아 "하나님의 생명에서 떠나 있도다"라고 바울은 말합니다. 이러한 이방인의 상태는 죄를 범하고 타락한 아담과 하와의 상태와 다르지 않습니다. 아담과 하와에게 주신 하나님의 명령에는 거역하면 반드시 죽는다는 대목이 있습니다. 이는 하나님의 말씀을 떠나면 하나님의 생명에서 떠나게 된다는 뜻입니다. 결국 그들은 거역했고 하나님의 생명에서 떠납니다. 이후의 모든 인류는 아담이 보였던 그러한 떠남의 길을 당연한 듯 따르고 있습니다.

생명에서 떠난 사람

하나님의 생명에서 떠난 자의 삶은 어떤 것일까요? 그런 이방인의 삶은 19절에 잘 표현되어 있습니다. "그들이 감각 없는 자가 되어 자신을 방탕에 방임하여 모든 더러운 것을 욕심으로 행하되." 먼저 무감각한 자가 된다고 말합니다. 하나님과 신적인 것들에 대해 그렇다는 것입니다. 하나님의 생명을 떠나면 영적인 감각을 잃습니다. 신령한 것은 신령한 감각에 의해서만 분별할 수 있는데 그런 감각이 없다는 것입니다. 영적인 지각력이 없는 사람들은 자신을 방탕에 방임하여 모든 더러운 것을 욕심으로 행하게 된다고 바울은 말합니다. 유다는 약간 다르게 표현하고 있습니다. "이 사람들은 무엇이든지 그 알지 못하는 것을 비방하는도다. 또 그들은 이성 없는 짐승같이 본능으로 아는 그것으로 멸망하느니라. 화 있을진저 이 사람들이여, 가인의 길에 행하였으며 삯을 위하여 발람의 어그러진 길로 몰려갔으며 고라의 패역을 따라 멸망을 받았도다." 유 1:10-11

영적 지각이 없는 이방인은 자신을 술과 섹스와 명예와 부의 방탕에 내던지며 스스로를 소중하게 여기지도 않고 정결하게 지키려고 하지도 않습니다. 사실 육체의 소욕에 자신을 내던지고 탐닉하면 걷잡을 수 없습니다. 통제의 고삐가 풀린 망아지와 같습니다. 몸의 욕망이 요구하는 것을 거절하지 못합니다. 인간의 욕망은 스스로 제어할 수 있는 것이 아닙니다. 그 욕망이 사사건건 개입하여 인생의 전 영역을 욕망의 노예로 만듭니다. 욕망은 그러고도 만족할 줄 모릅니다. 욕망의 질주는 끝이 없습니다. 천하의 만국과 그 모든 영광을 다 취한다고 할지라도 만족하지 않을 것입니다. 영적인 지각이 없으면 분별하지 못하고 욕망이 나를 주장하는 것은 불가피한 일입니다. 그래서 사람들은 바울이 말한 것처럼 모든 더러운 것들을 욕심으로 행합니다. 욕망에 붙들리면 더러움의 여부가 중요하지 않고 그것에 개의치도 않습니다.

영적인 지각이 없어서 신령한 것을 분별하지 못하는 사람들은 "무엇이든지 그 알지 못하는 것을 비방"하는 습성이 있습니다. 모르면 고개를 숙이고 겸손한 태도를 취하는 게 정상인데, 이들은 모르는 것을 없는 것으로 간주하고 무지의 영역에 대해 사나운 공격과 비방의 태도를 취합니다. 신령한 것과의 결별은 그 결별을 넘어 이성이 없는 짐승의 본능으로 감지된 지식의 내용 때문에 결국 멸망에 이른다고 유다는 말합니다. 짐승의 본능으로 아는 지식의 결과물은 사랑과 희생과 이해와 배려와 양보와 용납과 격려가 아닙니다. 짐승의 지식은 미움과 분노와 원망과 불평과 폭력과 과격함과 무례함과 약탈과 거짓을 낳습니다. 인류 최초로 짐승의 본능에 사로잡힌 사람의 사례로서 유다는 가인을 제시하고 있습니다. 그는 하나님을 경배하는 것보다, 형제를 사랑하는 것보다, 사악한 질투의 본능에 사로잡혀 하나님 앞에서 동생의 고귀한 생명을 죽음의 돌로 찍어 제거한 자입니다.

또 다른 사례로서 유다는 뇌물에 눈이 어두워서 어그러진 길을 걸어간 발람의 이름도 거명하고 있습니다. 성역이 없습니다. 비록 선지자 행세를 한 사람이라 할지라도 뇌물의 대상에서 제외되는 것은 아닙니다. 성직자라 할지라도 자신을 방탕에 내어 줄 수 있습니다. 유다는 발람이 "고라의 패역을 따라" 멸망하게 되었다고 말합니다. 고라 자손은 레위의 한 지파로서 모세와 아론에게 영적인 도전장을 내밀며 제사장의 직분을 달라고 했습니다. 이에 하나님은 제사장의 직분을 주시지 않고 땅이 입을 벌려서 수천 명의 고라 자손들을 삼키는 형벌을 주십니다. 교회의 직분은 신분의 높낮이를 결정하지 않습니다. 짐승의 본능이 직분의 여부에 좌우되는 것도 아닙니다. 직분자는 자신에게 주어진 은사를 따라 하나님의 나라를 섬기는 자입니다. 직분을 받지 못했다고 서운하게 생각하는 사람은 직분을 받으면 그것을 자랑하며 권위를 휘두를 자입니다. 온갖 더러운 일들을 욕심으로 행하는, 영적으로 몰지각한 분들이 교회 밖에도 있지만 교회 안에도 적지 않습니다. 어쩌면 더 심각한 자들은 교회 밖이 아니라 교회 안에 있는지도 모릅니다.

우리의 배움

우리는 과연 이방인과 다른 길을 가고 있습니까? 20절을 보십시오. "오직 너희는 그리스도를 그같이 배우지 아니하였느니라." 바울은 그리스도 예수께서 가르치신 것은 그런 방탕에 자신을 방임하여 온갖 더러운 것을 욕심으로 행하는 것이 아니라고 말합니다. 예수님은 언제나 우리에게 자기를 부인하고 자기 십자가를 지고 자신을 좇으라고 하십니다. 육체의 소욕을 성령의 소욕으로 제어하라 하십니다. 주님의 나라와 의를 구하라고 하십니다. 바울이 권면한 것처럼, 다른 가르침을 따르지 말고 주님의 가르침과 삶을 통해 "배우고 받고 듣고 본 바를 행하라"(빌 4:9)고 하십니다. 배운 그대로 사십시오. 주님께서 성경을 통해 우리에게 가르치신 것은 실천해도 되고 묵살해도 되는 내용이 아닙니다. 실천하면 살고 묵살하면 죽습니다. 선택의 여지가 없습니다.

베드로는 예수님의 말씀에 대해 "영생의 말씀"요 6:68 이란 표현을 썼습니다. 여기에서 영생과 말씀은 동의어로 쓰이고 있습니다. 이 표현은 베드로가 주님의 가르침을 정확히 이해하고 고백한 것입니다. 예수님의 목소리를 직접 들어 보십시오. "내가 너희에게 이른 말은 영이요 생명이라."요 6:63 다른 곳에서 예수님은 영원한 생명이 유일하신 참 하나님과 그의 보내신 자 그리스도 예수를 아는 것이라고 하여 영원한 생명과 지식을 동의어로 묶으신 적이 있습니다. 예수님은 이방인의 길이 아니라 아버지 하나님께 이르는 유일한 길이시며 유일하게 참된 진리시며 죽음도 이기는 생명이 되십니다. 그에게서 나오는 모든 것들도 그 길과 진리와 생명과 직결되어 있습니다. 그러므로 선지자들 및 사도들의 기록을 통해 배운 주님의 모든 가르침을 선택의 대상이 아니라 필히 따라야 할 삶의 규범으로 여기는 저와 여러분이 되시기를 바랍니다. 주님의 가르침을 따라 사랑 안에서 각자에게 주어진 사명을 충실하게 수행할 때에 교회 공동체는 건강하게 성장할 것입니다. 그렇지 않으면 생명을 잃습니다.

16.
새로운 사람

²¹ 진리가 예수 안에 있는 것같이 너희가 참으로 그에게서 듣고 또한 그 안에서 가르침을 받았을진대 ²² 너희는 유혹의 욕심을 따라 썩어져 가는 구습을 따르는 옛 사람을 벗어 버리고 ²³ 오직 너희의 심령이 새롭게 되어 ²⁴ 하나님을 따라 의와 진리의 거룩함으로 지으심을 받은 새사람을 입으라. | 엡 4:21-24

그리스도 예수를 믿으면 하나님의 자녀라는 신분을 취득하고 하나님의 나라라는 국적을 취득하고 천국의 시민이 가지는 특권을 누립니다. 신분과 소속과 권리 전체가 완전히 바뀝니다. 예수를 믿는다는 것은 한 사람의 인생을 완전히 뒤바꾸는 혁명과도 같습니다. 우리가 예수를 믿으면 옛 사람과는 완전히 다른 새로운 사람으로 변합니다. 우리에게 그런 변화가 없다면 이상한 것입니다. 본문에서 바울은 이러한 인생의 혁명적인 변화가 어떤 것임을 상세하게 가르치고 있습니다.

예수 안에만 있는 진리
먼저 21절을 보십시오. "진리가 예수 안에 있는 것같이 너희가 참으로 그에게서 듣고 또한 그 안에서 가르침을 받았을진대." 바울은 진리가 예수 안에 있다고 말합니다. 뒤집어서 보면, 예수밖에는 진리가 없다는 말입니다. 진리는 명제적인 것도 아니고 수학적인 것도 아니고 정보적인 것도 아닙니다. 진리는 인격적인 것입니다. 그 안에 죽음을 이기는 생명이 있습니다. 연약한 자를 일으키는 능력이 있습니다. 감추어진 모든 것들을 보게 만드는 빛이 있습니다. 성경 전체에서 "진리"는 대체로 하나님의 말씀을 가리키는 말입니다. 그 말씀이 육신이 되신 예수님은 자신을 진리라고 하시고 자신의 영을 진리의 영이라고 하십니다. 요한의 경우에는 성령을 진리 자체라고 말합니다.^{요일 5:6} 진리는 보통명사로도 쓰이지만 엄밀하게 보면 고유명사 성격이 강합니다. 문제는 인간이 진리를 진리로 알아보지 못한다는 것입니다. 빌라도의 경우를 보십시오. 진리이신 예수님께 묻습니다. "진리가 무엇이냐."^{요 18:38} 인간은 진리를 모릅니다. 진리 앞에서도 진리를 알아보지 못합니다. 만약 알게 된다면 그것은 하나님의 전적인 은혜로 말미암은 것입니다.

21절 앞부분인 "진리가 예수 안에 있는 것같이"는 '진리가 예수 안에 있는 그대로'로 번역해도 좋을 것 같습니다. 적잖은 사람들이 하나님의 진리를 그대로 수용하지 않고 각자의 입맛에 맞도록 변경을 가합니다. 변경의 방식은 성경에서 듣고 싶은 부분들과 말하고 싶은 부분들과 실천하고 싶은 부분들을 골라서 자신의 기준으로 짜깁기를 하는 식입니다. 인간의 보편적인 가치관과 충돌되고 익숙한 상식에 어긋나고 행동으로 옮기기에 부담이 느껴지는 대목들은 성경에 분명히 명시되어 있더라도 외면과 삭제를 당합니다. 그러나 예수 안에 있는 진리를 그대로 듣고 배우지 않으면 온전한 하나님의 사람으로 성장할 수 없습니다. 교회도 인간적인 공동체로 변질되고 말 것입니다.

에베소 성도들은 "그에게서 듣고 또한 그 안에서 가르침을 받았을진대"라고 바울은 말합니다. 들음과 배움을 통해 우리는 진리를 만나고 진리에 이릅니다. 즉, 진리를 듣고 배우면 믿음이 생기고, 그 믿음으로 말미암아 우리는 진리에 이른다는 것입니다. 사랑하는 성도 여러분, 진리에 듣는 귀를 여십시오. 듣는 마음을 여십시오. 진리는 단순한 명제나 정보가 아니기 때문에 귀로만 들으면 들리지 않습니다. 마음으로 들어야 들립니다. 듣기만 하면 저절로 진리에 도달하는 것은 아닙니다. 배움이 있어야 진리에 이릅니다. 배움에는 귀와 마음의 정적인 들음만이 아니라 역동적인 훈련과 연습의 의미가 내포되어 있습니다. 즉, 마음을 다하고 목숨을 다하고 힘을 다하고 뜻을 다하여 진리를 듣고 익혀야 진리에 이른다는 것입니다. 진리를 읽고 듣고 생각하고 말하고 실천하기 위해 우리는 전인격을 다 동원해야 한다는 것입니다.

진리에 의한 전인격적 변화

우리가 예수님의 진리를 있는 그대로 듣고 배웠다면 22절에 설명되어 있는 전인격적 변화가 우리에게 일어날 것입니다. "너희는 유혹의 욕심을 따라 썩어져 가는 구습을 따르는 옛 사람을 벗어 버리고." 그 변화는 옛 사람과 새사람의 교체에 대한 것입니다. 바울은 옛 사람을 벗어 버리고 새사람을 입으라고 말합니다. 옛 사람은 오래된 삶의 방식을 따르는 자신, 유혹의 욕심을 따르다가 부패해진 사람을 가리키

　　　　　　　　　　　　　　　　　　　4부. 예수를 닮아 가는 교회

는 말입니다. 옛 사람을 벗어 버리는 방법은 예수를 믿기 전까지 익숙했던 삶의 방식을 버리는 것입니다. 과거에 추종했던 유혹의 욕심과 결별하는 것입니다. 욕심으로 행하던 더러운 일들을 중단하는 것입니다. 마음의 묵상과 입술의 말과 몸의 행실은 거짓된 욕심에 의해 쉽게 이끌릴 수 있습니다. 욕심은 인간을 노예처럼 이리저리 끌고 다닙니다. 그 욕심에 이끌리면 마음과 입술과 몸은 더러운 일에 관여하게 되고 부패하게 되는 것입니다.

　사랑하는 성도 여러분, 욕심은 우리를 교묘하게 속입니다. 욕심은 자신의 본색을 드러내지 않습니다. 머리에 뿔을 달고 빨간 꼬리를 보이면서 우리에게 경계심을 친절하게 유발하는 일이 없습니다. 적정한 욕구와 과도한 욕심의 경계선을 애매하게 흐려서 헷갈리게 만듭니다. 우리에게 유익하지 않은 것인데도 우리에게 유익한 것인 양 미혹하고 설득하여 더러운 일인데도 소원을 성취하는 것인 양 기꺼이 저지르게 만듭니다. 아담과 하와를 보십시오. 뱀의 목소리를 들은 하와가 자신의 눈으로 선악과나무를 보고 있는데 입에 군침이 고입니다. 먹음직도 하고 보암직도 하고 지혜롭게 할 정도로 탐스러워 보였기 때문입니다. 선악과를 따 먹는 것이 자신에게 너무도 유익해 보입니다. 당연히 마음에 소원도 있습니다. 그래서 선악과에 손을 뻗습니다. 선악과를 따 먹는 행위의 절차에 어떠한 하자도 없어 보입니다.

　욕심은 이처럼 우리를 조용히 속이면서 조용히 죽입니다. 욕심이 잉태되면 반드시 죄를 낳습니다. 죄가 장성하면 사망에 이릅니다. 사랑스러운 아이가 산모의 배에서 10개월간 조용히 서서히 자라듯이 추악한 욕심도 우리의 마음에 착상되면 조용히 서서히 자랍니다. 때가 이르면 아름다운 아기가 독립된 인격체로 자궁에서 나오듯이, 욕심도 때가 이르러서 우리를 죄악의 늪에 빠뜨리고 사망의 벼랑으로 떠밉니다. 앞에서도 살폈던 것이지만, 은밀하게 활동하는 육체의 욕심을 제어하는 유일한 방법은 성령의 소욕을 따르는 것입니다. 우리 안에 거하시는 성령 하나님의 소원을 따라 살지 않으면 반드시 다른 소원의 지배를 받습니다. 그 소원은 죄악의 흉측한 표정으로 다가오지 않고 너무도 아름다운 천사의 표정을 짓습니다. 사람들은 그것이 '미혹의 욕심'인 줄도 모르고 환영의 손을 뻗어 덥석 잡습니다. 결국 죄를 저지르고 사망에 이르는 수순을 밟습니다.

　　사랑하는 성도 여러분, 우리의 안목과 소원을 너무 신뢰하지 마십시오. 우리의 눈과 마음은 죄로 물들어 있습니다. 죄에 의해 길들여진 자신의 안목과 소원과 취향을 괜찮다고 여기면, 우리는 옛 사람의 구습을 따라 살아갈 수밖에 없습니다. 바울은 그 모든 것들을 벗어버리라고 말합니다. 옛 사람에게 작별을 고하라고 권합니다. 그러나 그것은 아직도 소극적인 변화이고 보다 적극적인 변화는 새로운 삶의 방식으로 구습을 교체하는 것입니다. 옛 방식을 버리기만 하고 새로운 방식으로 대체되지 않으면 다시 과거의 습성으로 돌아가는 경향이 인간에게 있습니다. 이스라엘 백성을 보십시오. 죄의 노예로 살아가던 백성이 자유로운 하나님의 백성이 되었어도 하나님의 입에서 나오는 말씀을 먹고 살아가는 새로운 방식이 확립되지 않으니까, 애굽의 구습이 그리워서 다시 그곳으로 가겠다는 어리석은 생떼를 부립니다. 원망하고 불평하고 저항하고 반역하는 이스라엘 백성의 모습은 오늘날 우리의 모습을 보여 주는 듯합니다.

새로운 사람의 새로운 삶

하나님의 자녀 되신 성도 여러분, 부패한 구습을 완전히 버리시고 완전히 새로운 삶의 방식을 따르시기를 바랍니다. 새로운 사람이 취하여야 할 새로운 삶의 방식은 23절에 잘 묘사되어 있습니다. "오직 너희의 심령이 새롭게 되어." 바울은 먼저 새로운 사람은 심령에 있어서 새롭게 되어야 한다고 말합니다. 심령의 새롭게 됨은 "성령의 새롭게 하심"딛 3:5 없이는 불가능한 일입니다. 이것은 구약에서 이미 예언되어 있던 것입니다. "새 영을 너희 속에 두고 새 마음을 너희에게 주되 너희 육신에서 굳은 마음을 제거하고 부드러운 마음을 줄 것이며 또 내 영을 너희 속에 두어 너희로 내 율례를 행하게 하리니 너희가 내 규례를 지켜 행할지라."겔 36:26-27 성령은 우리의 굳은 마음을 부드럽게 만드시는 분입니다. 그런 식으로 새로운 영과 새로운 마음을 주시는 분입니다. 나아가 새롭게 된 우리의 영과 마음 안에 친히 거하시는 분입니다. 우리는 새 마음과 새 영을 가지고 성령의 도우심을 힘입어 하나님의 말씀을 지키는 새로운 삶을 사는 자입니다.

심령이 새롭게 되는 것의 구체적인 내용이 24절에 나옵니다. "하나님을 따라 의와 진리의 거룩함으로 지으심을 받은 새사람을 입으라." 심령이 새로워진 새사람은 하나님을 따라 지어진 자입니다. 땅에 속한 자가 아닙니다. 마음과 뜻과 생각과 말과 행실이 모두 하나님을 따르는 자입니다. 새사람은 전인격과 삶 전체가 하나님을 따르는 자입니다. 이 시대의 풍조를 따르지 않습니다. 세상이 강조하는 것, 세상이 주목하는 것, 세상이 매료되는 것, 세상이 의미를 부여한 것에 이끌리는 자가 아닙니다. 주님께서 주목하는 것을 주목하고, 주님께서 기뻐하는 것을 기뻐하고, 주님께서 원하시는 것을 소원하고, 주님께서 강조하는 것을 강조하고, 주님께서 있기를 원하시는 그곳에 머무는 자입니다. 새사람은 시대의 유행에 휩쓸리는 자가 아니라 시대의 표적을 읽어 내는 자가 되어야 할 것입니다. 우리의 시대에 가장 심각한 문제는 무엇이며 그 문제는 어디에서 비롯된 것인지를 읽어내는 것이 필요할 것 같습니다.

청년실업 문제는 표면적인 것입니다. 실업률의 증가도 표면적인 것입니다. 양극화의 문제도 표면적인 것입니다. 한반도의 군사적인 불안도 표면적인 것입니다. 편파적인 언론의 문제도 표면적인 것입니다. 권력의 사유화와 정경의 불법적인 유착도 문제의 본질이 아닙니다. 그렇다고 해서 이러한 문제들이 중요하지 않다는 것은 아닙니다. 피부병에 걸리면 얼마나 큰 고통이 따르는지 모릅니다. 급속한 조치가 필요한 병입니다. 그러나 하나님의 사람들은 문제의 표피를 뚫고 심층으로 들어가 문제의 본질을 파악하고 근본적인 대책을 간구하는 자입니다. 이와 관련하여 아모스의 예언을 들어 보십시오. "보라. 날이 이를지라. 내가 기근을 땅에 보내리니 양식이 없어 주림이 아니며 물이 없어 갈함이 아니요 여호와의 말씀을 듣지 못한 기갈이라."암8:11 주림의 원인은 분명히 양식의 부재이고 갈함의 원인은 물의 부족일 것입니다. 그러나 이것은 문제의 표면적인 진단일 뿐입니다. 심층을 보십시오. 그 원인에 대해 "여호와의 말씀을 듣지 못한 기갈"까지 파악하지 않으면 문제의 본질은 간과되고 처방은 피상적일 수밖에 없습니다.

원론적인 말이지만, 교회가 말씀이신 그리스도 예수로 충만하여 하나님의 말씀을 듣지 못한 기갈을 해소하지 않으면 이 세상에는 소망이 없습니다. 말씀으로 충만한 새사람을 입으시고 세상의 빛과 소금이 되십시오. 이러한 권고가 기독교적 관점의 기본기일 뿐이지만 기본이 충실하지 않으면 아무리 화려한 논의의 성과를 거두어도 그것은 사태의 본질적인 심각성을 가리는 장신구일 뿐입니다. 우리가 입어야 할 새로운 사람은 진리에서 비롯되는, 진리에 속한, 진리의 결과물인 의로움과 거룩함 안에 거하는 존재라고 말합니다. 여기에서 "의로움과 거룩함"^{고전 1:30}은 하나님 앞에서의 의로움과 거룩함을 가리키는 말입니다. 이 의로움과 거룩함은 사람이 생산할 수 있는 것이 아닙니다.

바울은 그리스도 예수께서 친히 우리의 의로움과 거룩함이 되셨다고 말합니다. "너희는 하나님으로부터 나서 그리스도 예수 안에 있고 예수는 하나님으로부터 나와서 우리에게 지혜와 의로움과 거룩함과 구원함이 되셨으니."^{고전 1:30} 즉, 우리가 주님 안에 거하여 주님의 의로움과 거룩함이 우리의 의로움과 거룩함이 되었다는 것입니다. 이것은 아담과 하와의 범죄로 말미암아 파괴된 하나님의 형상이 그리스도 예수로 말미암아 회복된 것을 보여 주고 있습니다. 첫째 아담이 상실한 하나님의 형상은 둘째 아담에 의해 새로운 사람이 된 우리 안에 온전하게 회복될 것입니다. 우리가 그리스도 예수의 의로움과 거룩함을 옷 입어 새사람이 되는 것은 만세 전부터 시작된 하나님의 뜻입니다. "하나님이 미리 아신 자들을 또한 그 아들의 형상을 본받게 하기 위하여 미리 정하셨으니."^{롬 8:29} 하나님의 형상의 본체이신 그리스도 예수에 의해서만 우리는 새로운 사람이 될 수 있습니다. 그래서 바울은 새사람의 형상인 의로움과 거룩함이 진리에서 비롯된 것이라고 언급했던 것입니다.

사랑하는 성도 여러분, 하나님 앞에서 의로운 사람이 되시기를 바랍니다. 거룩한 사람이 되시기를 바랍니다. 우리를 위하여 주님께서 자신의 생명을 희생해서 만들어 주신 새사람의 옷을 입으시기를 바랍니다. 그 옷을 입고 정직하고 정의롭고 공의롭게 사십시오. 그 옷을 입고 진실되고 순결하고 거룩하게 사십시오. 주님께서 마련해 주신 의로움과 거룩함의 옷을 입은 새로운 사람은 이제 구습을 따라 살아갈 수 없습니다. 옷이 어울리지 않습니다. 예수의 의로움과 거룩함을 입었다면 예수님의 발자취를 따라 의롭고 거룩한 삶을 살지 않으면 안 됩니다.

형의 의로운 옷

중국에서 일찍이 부모를 잃고 살았던 두 형제의 감동적인 이야기가 있습니다. 형은 착하게 살았으며 동생은 싸움과 도박의 삐딱한 길을 갔습니다. 어느 날 패싸움이 벌어졌고 동생은 홧김에 사람을 칼로 찔러서 죽입니다. 피가 튀겨서 동생의 옷은 피범벅이 되었습니다. 경찰이 몰려왔고 동생은 도망을 쳤습니다. 그런데 그 동생이 형에게로 간 것입니다. 형에게 도와 달라고 했습니다. 다급한 상황을 감지한 형이 동생에게 옷을 벗으라고 말합니다. 형도 옷을 벗으면서 동생에게 서로 바꾸어서 입자고 했습니다. 그러고는 자신의 옷을 입은 동생을 도피시켜 주고 자신은 동생의 옷을 입고 경찰과 만납니다. 결국 형은 체포되어 형무소에 잡혀 가고 사형을 당합니다. 이후에 동생은 형이 교수형을 당했다는 소식을 뒤늦게 듣습니다. 양심에 가책이 되어서 형무소로 달려갔고 그곳에서 형은 아무런 죄가 없고 자신이 죽였다는 자백까지 했습니다. 그러나 교도관은 재판이 끝났고 사건은 종결되어 자백해도 판결을 돌이킬 수는 없다고 했습니다. 이후에 형이 사형집행 전에 남긴 편지를 읽습니다. "사랑하는 나의 동생아, 나는 너의 죄의 옷을 입고 너 대신 죽노라. 넌, 이제 나의 옷을 입고 나처럼 살아라." 이것을 읽고 동생은 형이 다니던 길로 다니고 형이 말하는 것처럼 말하고 형이 행하는 것처럼 행하고 형이 다니던 교회에 가고 형처럼 예배를 드리고 봉사하고 섬기는 삶을 살았습니다. 동생에게 이런 변화가 일어나자 주변 사람들도 그 변화에 놀랍니다. 외모는 분명히 동생인데 그의 삶은 형처럼 보였기 때문입니다.

예수님은 우리가 입었던 죄악의 누더기를 입으시고 십자가에 달려 우리 대신 죽으셨고 우리는 지금 예수님의 옷을 입고 살아가고 있습니다. 거짓은 예수님의 정직한 옷에 어울리지 않습니다. 폭력은 예수님의 온유한 옷에 어울리지 않습니다. 교만은 예수님의 겸손한 옷에 어울리지 않습니다. 게으름은 예수님의 성실한 옷에 어울리지 않습니다. 시기와 질투와 원망과 불평은 예수님의 사랑과 감사의 옷에 어울리지 않습니다. 우리가 예수님의 의로움과 거룩함의 옷을 입은 새로운 사람이 되었다면 우리는 예수님의 말씀처럼 말하고 예수님의 생각처럼 생각하고 예수님의 행위처럼 행동하고 예수님의 섬김처럼 섬기고 예수님의 사랑처럼 사랑하고 예수님의 감사처럼 감사하고 만족해야 할 것입니다.

"옷이 날개"라는 말이 있습니다. 이는 사람의 정체성에 미치는 옷의 영향력을 강조하는 말입니다. 하나님의 사람은 입는 옷이 다릅니다. 새사람을 입으면 예전처럼 살아갈 수 없습니다. "그런즉 누구든지 그리스도 안에 있으면 새로운 피조물이라. 이전 것은 지나갔으니 보라 새것이 되었도다."고후 5:17 그리스도 안에 있으면 신분과 성별과 국적과 연령과 빈부와 귀천과 고금을 불문하고 완전히 새로운 피조물로 변합니다. 어떠한 예외도 없습니다. 사랑하는 성도 여러분, 여러분은 그리스도 안에서 완전히 새로워진 자입니다. 구습을 따라 욕심에 이끌려 저질렀던 더러운 일들을 더 이상 반복하지 마십시오. 진리이신 그리스도 예수께서 마련하신 의로움과 거룩함의 옷을 입은 새사람의 새로운 삶을 사십시오. 인간의 죄악 되고 부패한 본성의 악취가 아니라 주님의 성품과 그의 향기만 드러내는 증인이 되십시오. 주님의 뜻을 수행하는 종이 되십시오. 주님의 영광에 동참하는 후사가 되십시오. 우리가 주님에 대하여 올바르게 듣고 배웠다면 구습과 결별하고 새로운 삶의 방식을 따라 살지 않으면 안 됩니다. 주님의 옷을 입고 하나님의 자녀가 되어 주님처럼 살아가는 새사람이 되시기를 바랍니다.

17.
새로운 삶

²⁵ 그런즉 거짓을 버리고 각각 그 이웃과 더불어 참된 것을 말하라. 이는 우리가 서로 지체가 됨이라. ²⁶ 분을 내어도 죄를 짓지 말며 해가 지도록 분을 품지 말고 ²⁷ 마귀에게 틈을 주지 말라. ²⁸ 도둑질하는 자는 다시 도둑질하지 말고 돌이켜 가난한 자에게 구제할 수 있도록 자기 손으로 수고하여 선한 일을 하라. ²⁹ 무릇 더러운 말은 너희 입 밖에도 내지 말고 오직 덕을 세우는 데 소용되는 대로 선한 말을 하여 듣는 자들에게 은혜를 끼치게 하라. ³⁰ 하나님의 성령을 근심하게 하지 말라. 그 안에서 너희가 구원의 날까지 인 치심을 받았느니라. ³¹ 너희는 모든 악독과 노함과 분 냄과 떠드는 것과 비방하는 것을 모든 악의와 함께 버리고 ³² 서로 친절하게 하며 불쌍히 여기며 서로 용서하기를 하나님이 그리스도 안에서 너희를 용서하심과 같이 하라. | 엡 4:25-32

진리에 기초한 의로움과 거룩함을 옷 입은 새로운 하나님의 사람들은 삶의 구체적인 현장에서 달라질 수밖에 없습니다. 새로운 사람의 새로운 삶은 주로 십계명과 관계되어 있습니다. 십계명에 담긴 하나님의 교훈들은 경건의 상한선이 아니라 하한선일 뿐입니다. 다른 신을 두지 말라는 계명에 관해서는 다른 신을 우리에게 두지 않았다고 해서 온전히 준행한 것은 아닙니다. 오직 하나님만 내 안에 모시고 그의 뜻만을 인정하고 그의 이름만을 기념하고 그의 영광만을 추구하고 그의 사랑으로 만족해야 계명을 준행한 것입니다. 우리를 위한 신의 물질적인 형상을 만들지 말라는 계명도 만들지 않았다고 해서 준행한 것이 아니라 우리의 영혼이 보이지 않는 하나님께 늘 절하고 섬길 때에 계명의 준행이 이루어진 것입니다. 하나님의 이름을 망령되게 부르지 말라는 계명도 그 이름을 높이고 영화롭게 해야 비로소 준행한 것입니다. 살인하지 말라는 계명도 죽어 가는 영혼을 살려야 계명의 준행이 이루어진 것이고, 도둑질을 금지한 계명도 타인의 것을 탈취하지 않는 것을 넘어 가난한 자에게 줄 것이 있도록 준비하고 실제로 주어야 비로소 준행한 것이고, 거짓말을 금지한 계명도 입술에 거짓말이 출입하지 않는 것을 넘어 진리를 말해야 비로소 그 계명을 준행한 것입니다.

거짓말과 도둑질

본문에 소개된 바울의 교훈은 주로 거짓말과 도둑질에 초점을 두고 있습니다. 25절을 보십시오. "그런즉 거짓을 버리고 각각 그 이웃과 더불어 참된 것을 말하라. 이는 우리가 서로 지체가 됨이라." 먼저 거짓을 버리라고 말합니다. 이웃을 속이려는 마음을 가지지 말라는 것입니다. 왜 사람들은 거짓말을 내뱉으며 속이려고 하는 것일까요? 먼저 지혜자의 교훈을 들어 보십시오. "악을 꾀하는 자의 마음에는 속임이 있고."^{잠 12:20} 시인도 동일한 것을 말합니다. "그의 입에서 나오는 말은 죄악과 속임이라."^{시 36:3} 속임은 악을 꾀하는 자의 마음에 자리를 잡습니다. 예레미야 선지자는 여호와를 버림이 악이라고 말합니다.^{렘 2:19} 이처럼 하나님을 버림과 악과 거짓은 서로 연관되어 있습니다. 선이신 하나님을 버리면 악을 취할 수밖에 없고 악을 품으면 거짓에 빠집니다.

악을 도모하는 것은 속임을 초청하는 것과 같습니다. 거짓의 아비이며 속임수의 귀재인 마귀는 악을 도모하는 자의 마음을 자기 안방처럼 드나들며 그 사람을 자신의 종으로 만들고 종으로 부립니다. 한 사람만 마귀의 종이 되는 게 아닙니다. 지도자가 거짓에 물들면 그의 모든 신하들도 악의 화신으로 변합니다. "관원이 거짓말을 들으면 그의 하인들은 다 악하게 되느니라."^{잠 29:12} 한 나라의 통치자가 거짓에 귀를 기울이면 모든 공직자가 악하게 변합니다. 정직하고 거짓에 귀를 기울이지 않는 지도자를 세우는 것이 국가적인 중요성을 가지는 이유는 바로 여기에 있습니다. 교회에서 거짓된 목회자를 세우거나 회사에서 거짓된 사장을 세우거나 가정에서 거짓된 가장을 세워도 동일한 문제, 즉 집단적인 악화가 초래될 것입니다. 그러나 마귀와는 달리 "모든 길이 정의롭고 진실하고 거짓이 없으신 하나님"^{신 32:4}께 거짓은 결코 합당하지 않습니다. 하나님은 거짓의 생산자도 아니고 거짓을 들으시는 법도 없습니다. 거짓을 말하는 자는 지극히 정직하신 하나님을 무시하는 자이고 대적하는 자이고 등지는 자입니다.

새로운 삶을 살려면 거짓을 버리는 것으로는 충분하지 않습니다. 바울은 "이웃과 더불어 참된 것을 말하라"고 권합니다. 이는 버려진 거짓이 만든 빈자리를 참된 말들로 채우라는 것입니다. 혹은 이웃과 더불어 참된 것을 말하는 것이 거짓을 버리는 방법일 수 있습니다. 거짓을 버리는 방법이든 새로운 삶의 적극적인 방식이든 자신의 입술을 참된 것으로 채우는 자는 참으로 진실된 자입니다. 참된 것은 어떤 것일까요? 물론 참된 말은 서로를 존중하고 배려하고 높여 주는 말입니다. 자신의 이익을 위해 이웃과 관련된 사실을 왜곡하지 않는 말입니다. 그런데 바울은 복음을 "참된 말"이라고 했습니다.^{갈 4:16} 복음이신 예수님은 이렇게 말합니다. "내 살은 참된 양식이요 내 피는 참된 음료로다."^{요 6:55} 여러분의 입술은 무엇으로 채워져 있습니까? 예수님은 우리에게 참된 양식과 참된 음료로 채우라고 말합니다. 그리스도 예수를 말하는 것이 바로 이웃과 더불어 참된 것을 말하는 새로운 삶입니다.

"무엇을 먹을까 무엇을 마실까 무엇을 입을까"^{마 6:31}의 문제가 여러분의 입술을 차지하지 말게 하십시오. 새로운 사람은 이웃을 만날 때마다 생계의 문제로 입술이 분주하지 않습니다. 그는 때를 얻든지 못 얻든지 참된 것, 즉 예수의 복음을 증거하는 자입니다. 서로에게 영적인 유익을 끼치기 위해 엄선된 내용을 진실한 마음으로 최고의 표현에 담아 전달하는 자입니다. 이러한 소통이 이루어질 수 있기 위해서는 복음에 대한 깊은 사랑이 우리의 마음을 장악하지 않으면 입술이 복음으로 장악될 수 없습니다. "입에서 나오는 것들은 마음에서 나오나니."^{마 15:18} 평소에 하나님의 나라와 의를 마음에 담아 두시기를 바랍니다. 그것을 구하면 모든 것들은 더하여 주시는 은혜의 덤입니다.

진실한 말

왜 우리는 서로에게 거짓이 아니라 진실한 것을 말해야 하는 것일까요? 우리가 서로 지체이기 때문입니다. 지체는 서로 연결되고 있어야 하고 연합해야 하는데, 거짓은 지체들 사이에 갈등과 상처와 분열의 틈을 만듭니다. 지혜자는 이렇게 말합니다. "자기의 이웃을 쳐서 거짓 증거하는 사람은 방망이요 칼이요 뾰족한 화살이니라."^{잠 25:18} 이웃과 더불어 참된 것을 말하지 않고 거짓을 말하면 그는 관계를 깨뜨리는 방망이요 관계를 가르는 칼이며 서로에게 깊은 상처를 주는 뾰족한 화살이 된다는 것입니다. 거짓을 말하는 것은 영적인 현상이고 영적인 결과를 낳습니다. 거짓은 지체들 사이에서 마귀가 개입하고 활동할 공간을 만듭니다. 마귀는 거짓을 말하는 자들로 하여금 개인의 사사로운 이득을 챙기게 해주면서 공중의 권세를 잡습니다. 그리고 관계의 분위기를 장악하고 공동체를 찢어서 나눕니다.

사소한 이익에 눈이 어두워서 혹은 순간을 모면하기 위해 거짓말을 내뱉지 마십시오. 거짓말을 내뱉어서 마귀에게 초대장을 보내지 마시기를 바랍니다. 마귀에게 관계의 주도권을 양도하지 마시기를 바랍니다. "의인은 거짓말을 미워하는" 자라고 지혜자는 말합니다.^{잠 13:5} 어떠한 상황 속에서도, 어떠한 대상 앞에서도 거짓말이 아니라 진리를 입술에 담아내는 의인이 되시기를 바랍니다. 범사에 지체들을 마음으로 사랑하고 입술로 그 사랑을 표현하는 삶을 사시기를 바랍니다. 교회는 그렇게 해야 올바르게 세워지는 곳입니다. 거짓말이 누구의 입술에도 출입하지 못하도록 모두가 힘써서 진실을 말하면 마귀가 머리를 둘 여백이 교회에는 결코 없을 것입니다.

그리고 거짓을 말하지 않는 궁극적인 이유는 하나님의 성품에 있다는 사실을 잊지 마십시오. 모세는 이렇게 말합니다. "하나님은 사람이 아니시니 거짓말을 하지 않으시고." 민 23:19 히브리서 기자도 말합니다. "이는 하나님이 거짓말을 하실 수 없는 이 두 가지 변하지 못할 사실로 말미암아 앞에 있는 소망을 얻으려고 피난처를 찾은 우리에게 큰 안위를 받게 하려 하심이라." 히 6:18 이처럼 하나님은 거짓과 전적으로 무관하신 분입니다. 그러므로 거짓말을 하는 사람들은 그런 하나님과 무관한 삶을 살아갈 수밖에 없습니다. 역으로 말하면, 하나님을 떠나 무관한 삶을 살아갈 때에 사람들은 거짓말을 할 수밖에 없습니다. 진리이신 하나님을 떠나 멀리하면 할수록 그만큼 거짓과 가까워질 것입니다. 하나님과 우리 사이의 거리가 커질수록 거짓도 커질 것입니다. 새로운 사람은 정직하신 하나님의 형상을 따라 살아가는 자입니다. 정직하고 진실하신 하나님을 사랑하는 사람들은 입술에 거짓의 출입을 결단코 허락하지 않습니다.

분노의 종식

새로운 사람의 새로운 삶은 해가 지도록 분을 품지 않는 것이라고 바울은 말합니다. 26-27절을 보십시오. "분을 내어도 죄를 짓지 말며 해가 지도록 분을 품지 말고 마귀에게 틈을 주지 말라." 분을 내어도 죄는 짓지 말라고 바울은 말합니다. 이 말에는 우리가 분을 내어도 죄를 짓지 않을 수 있다는 의미가 담겨 있습니다. 어떠한 분노의 격발이 죄로 연결되는 것일까요? 지혜자는 말합니다. "미련한 자는 당장 분노를 나타내거니와 슬기로운 자는 수욕을 참느니라." 잠 12:16 이는 즉각적인 분노가 우리를 미련한 자로 만든다는 것입니다. 이것은 내가 분노를 통제하지 못하고 분노가 나를 마음대로 조종하는 상황을 가리키는 말입니다. 분노에 휘둘리는 자는 미련한 자입니다.

분노가 우리를 주장하면 우리는 행악에 치우칠 수밖에 없습니다. 분노는 우리에게 결코 선하고 의로운 길을 제시하지 않습니다. 분노는 악의 샘입니다. "분을 그치고 노를 버리며 불평하지 말라. 오히려 악을 만들 뿐이라."^{시 37:8} 분노가 있으면 자꾸만 악을 행하고 싶은 충동이 생깁니다. 분노를 버리지 않으면 그런 성향은 제거되지 않습니다. 바울은 해가 지도록 분을 가슴에 품으면 죄를 짓는 것이라고 말합니다. 해가 지도록 분을 품는다는 것은 분노의 마음을 오랫동안 간직하는 것을 뜻합니다. 이는 분노의 지배를 오랫동안 허용하는 것과 같습니다. 그런데 분노는 결코 잠잠하지 않습니다. 착하지도 않습니다. 반드시 나쁜 일들을 벌입니다. 우리로 하여금 욕설을 쏟아 내고 차가운 시선을 보내고 거친 몸짓을 보이고 관계를 위태롭게 만듭니다.

바울은 해가 지도록 분노를 오랫동안 가슴에 품으면 마귀에게 틈을 주는 것이라고 말합니다. 틈을 준다는 것은 마귀의 개입을 허용하고 나에 대한 지배력을 마귀에게 양도하는 것과 같습니다. 결국 분노를 가슴에 품으면 마귀가 우리를 종처럼 마음대로 부리게 된다는 것입니다. 마귀의 종이 되고 싶습니까? 그렇지 않다면 분노를 가슴에 품지 마십시오. 분노가 우리를 스치고 지나가는 것은 문제가 되지 않습니다. 그러나 그것을 밤이 새도록 가슴에 고이 간직하는 것은 지극히 미련한 짓입니다. 거짓을 버리지 않아도 마귀는 우리에게 마치 주인처럼 행세할 것이고, 분노를 마음에 간직해도 동일하게 행세할 것

입니다. 거짓이나 분노는 단순히 인간 문맥 안에서의 이해를 넘어 마
귀와 관여하고 있다는 영적인 이해를 가지고 단호하게 맞서야 하는
것입니다.

십일조와 봉헌물

바울은 새로운 삶의 또 다른 국면을 28절에서 가르치고 있습니다.
"도둑질하는 자는 다시 도둑질하지 말고 돌이켜 가난한 자에게 구제
할 수 있도록 자기 손으로 수고하여 선한 일을 하라." 성경에는 두 종
류의 도둑질이 언급되어 있습니다. 하나는 하나님의 것을 훔치는 것
이고 다른 하나는 타인의 것을 훔치는 것입니다. 하나님의 것을 훔치
는 도둑질은 "십일조와 봉헌물"과 관계된 것입니다.[말 3:8] "십일조와 봉
헌물"은 우리의 생명과 삶이 모두 하나님의 것이라는 사실을 인정하
는 신앙고백 같은 것입니다. 우리에게 있는 것 중에 주에게서 받지 아
니한 것이 하나도 없고 우리의 소유라고 주장할 수 있는 것은 하나도
없습니다. "너희는 너희 자신의 것이 아니라. 값으로 산 것이 되었으
니 그런즉 너희 몸으로 하나님께 영광을 돌리라."[고전 6:19-20] 우리의 몸
은 우리의 것이 아닙니다. 주님께서 아들의 생명으로 우리를 사셨기
때문에 우리는 하나님의 것입니다. 하나님의 소유물로 하나님께 영
광을 돌리라고 바울은 말합니다. 만약 우리의 몸이 하나님의 것임을
부정하고 그 몸으로 하나님께 영광을 돌리지 않으면 하나님의 것을
훔치는 것입니다. 도둑이 되지 않으려면 일평생 하나님께 영광을 돌
리는 삶을 사십시오.

두 번째의 도둑질은 타인의 소유물을 훔치는 것입니다. 소유

물 중에는 돈도 있고 물건도 있고 생각도 있고 감정도 있고 업적도 있고 노동도 있습니다. 타인의 돈을 취하지 마십시오. 제자나 스승의 통찰력을 허락도 없이 자기의 것인 양 도용하지 마십시오. 타인의 물건이 아무리 좋아 보여도 집으로 가져오지 마십시오. 타인의 감정에 상처를 주거나 상하게 만드는 감정의 도둑이 되지 마십시오. 타인이 이룩한 업적을 자기의 것인 양 갈취하지 마십시오. 노동자의 손에 노동의 적정한 대가를 주지 않는 노동 착취자가 되지 마십시오. 그 어떠한 것도 훔치지 마십시오. 혹시라도 도둑질의 경험이 있는 사람들은 그것을 반복하지 말라고 바울은 말합니다. 새로운 사람은 타인의 것을 결코 훔치지 않습니다. 우리는 새로운 사람이 되었어도 타인의 소유물을 건드리고 있지는 않습니까?

도둑질과 관련하여 우리가 주목해야 할 또 하나의 교훈은 우리 자신이 도둑의 희생물이 될 수도 있다는 것입니다. 세상에는 도둑들이 대단히 많습니다. 그러므로 도둑질을 당하지 않으려면 우리의 보물을 땅에 쌓아 두지 마십시오. "너희를 위하여 보물을 땅에 쌓아 두지 말라. 거기는 좀과 동록이 해하며 도둑이 구멍을 뚫고 도둑질하느니라."마 6:19 이 세상에서 도둑질 제로의 상태를 기대하지 마십시오. 그런 세상은 결코 오지 않습니다. 도둑질이 근절될 수 없는 이 세상에서 우리는 어떻게 도둑질을 당하지 않을 수 있을까요? 주님은 우리에게 다음과 같은 해결책을 주십니다. "오직 너희를 위하여 보물을 하늘에 쌓아 두라. 거기는 좀이나 동록이 해하지 못하며 도둑이 구멍을 뚫지도 못하고 도둑질도 못하느니라."마 6:20

보물의 저장소

여러분의 보물을 하늘에 쌓아 두시기를 바랍니다. 문제는 사람들이 하늘에 자신들의 보물을 쌓는 구체적인 방법을 잘 모른다는 것입니다. 그러나 하늘에 보물을 저장하는 방법은 복잡하지 않습니다. 어려운 일도 아닙니다. 누구든지 얼마든지 쉽게 실행할 수 있습니다. "너희 소유를 팔아 구제하여 낡아지지 아니하는 배낭을 만들라. 곧 하늘에 둔 바 다함이 없는 보물이니 거기는 도둑도 가까이하는 일이 없고 좀도 먹는 일이 없느니라."^{눅 12:33} 예수님은 우리에게 "낡아지지 아니하는 배낭"을 만들라고 하십니다. 그런 배낭을 만드는 방법은 우리의 소유를 팔아 가난한 자들에게 나누어 그들을 구제하는 것입니다. 다산 정약용 선생은 이런 말을 했습니다. "무릇 재물을 비밀스레 간직하는 것은 베풂만 한 것이 없다. 내 재물로 어려운 사람을 도우면, 흔적 없이 사라질 재물이 받은 사람의 마음과 내 마음에 깊이 새겨져 변치 않는 보석이 된다." 다산은 아마도 구제의 비밀에 대한 예수님의 말씀을 읽었을 것이라고 저는 추정하고 있습니다.

하늘에 보물을 쌓아 두는 보다 근원적인 방법은 나에게 있는 모든 것들을 하나님의 소유이며 하나님에 의해 주어진 선물로 여기는 것입니다. 내 것으로 여기면 땅에 보물을 쌓는 것입니다. 그러나 하나님의 것이라고 여기면 하늘에 보물을 쌓는 것입니다. 실제로 우리에게 있는 모든 것들은 모두 하나님의 소유이며, 우리는 안개와 같이 짧은 시간 동안 그것들을 잠시 맡은 청지기일 뿐입니다. 무덤에 들어갈 때에 맡았던 모든 것들을 주인에게 반납하고 우리는 떠납니다. 동시에 모든 것들이 하나님의 선물이기 때문에 모든 것들에서 하나님께 감사를 드림이 마땅할 것입니다. 사람들이 이 세상에서 근심하고 분노하고 불평하고 슬퍼하고 절망하는 이유는 우리에게 있는 모든 것들이 하나님에 의해 주어진 것이고 맡겨진 것이라는 사실의 망각에 있습니다. 주님의 것을 주님의 뜻대로 사용하면 마음에 평강과 기쁨이 있습니다. 하나님의 뜻은 우리에게 맡겨진 모든 것들을 가난하고 연약하고 외롭고 아픈 자들에게 나누라는 것입니다.

십계명의 제8계명의 적극적인 의미로서, 바울은 단순히 훔치지 않는 소극적인 태도를 넘어 가난한 자에게 구제할 수 있도록 자기 손으로 수고하여 선한 일을 하라고 권합니다. 타인의 소유물을 건드리고 취하는 것만이 아니라 나에게 있는 것들을 가지고 가난한 자들을 구제하지 않으면 그것도 도둑질인 것입니다. 이는 나의 소유물을 내가 아니라 타인을 위해 사용하지 않으면 우리는 소유적인 도둑이 아니라 사용적인 도둑이 된다는 말입니다. 엄밀한 의미에서 도둑질의 진정한 근절은 단순히 도둑질의 중단이 아니라 적극적인 구제의 활동으로 말미암는 것입니다. 그러므로 구제의 대상인 가난한 자들을 평소에 주변에서 찾으시기를 바랍니다.

"가난한 자들은 항상 너희와 함께 있거니와 나는 항상 함께 있지 아니하리라."^{마 26:11} 우리 주변에는 가난한 사람들이 항상 함께 있습니다. 그들에 대한 사랑만 있으면 얼마든지 언제든지 구제할 수 있습니다. 그러나 구제할 수 있도록 노동하지 않으면 안 됩니다. 즉, 구제할 내용이 여러분의 손에 가득 채워질 수 있도록 수고의 땀을 흘려야 한다는 것입니다. 가난한 사람을 구제하는 것은 선한 일입니다. 선하신 하나님의 성품을 나타내는 일입니다. 하나님의 나라가 거기에 있고 하나님의 영광이 거기에서 선포되는 것입니다. 구제는 하나님께 영광을 돌리는 일이면서, 구제하는 대상에게 유익을 끼치면서, 구제하는 자신에게 보물을 하늘에 쌓는 유익이 있습니다.

선하고 깨끗한 말

새로운 삶의 내용 중에는 언어의 사용에 관한 것도 있습니다. 29절을 보십시오. "무릇 더러운 말은 너희 입 밖에도 내지 말고 오직 덕을 세우는 데 소용되는 대로 선한 말을 하여 듣는 자들에게 은혜를 끼치게 하라." 바울은 우리의 입술에서 나오는 말들을 엄선해야 한다고 말합니다. 더러운 말들은 우리의 입 밖에도 내지 마십시오. 외설적인 말들과 과격한 말들과 무례한 말들과 비하하는 말들과 조롱하는 말들과 비판적인 말들은 여러분의 입술에서 출고되지 않게 하십시오. 그런 말들은 여러분의 인격을 훼손하고 여러분의 관계를 깨뜨리고 여러분의 삶을 더럽힐 것입니다. 모로코의 격언 중에 "말이 입힌 상처는 칼이 입힌 상처보다 깊다"는 말이 있습니다. 칼은 우리의 몸에 상처를 주지만 말은 우리의 마음에 상처를 주는 것입니다. 그 상처는 더 깊고 더 오래 갈 수밖에 없습니다. 유대인의 지혜서에 보면 이런 말이 나옵니다. "험담은 세 사람을 죽인다. 험담하는 자, 험담의 대상자, 험담을 듣는 자." 우리의 입에서 나온 말들이 우리만이 아니라 많은 사람들의 마음에 큰 상처를 줄 수 있음을 기억하고 늘 아름답고 덕스러운 말들을 쓰십시오.

　　언어가 주는 마음의 상처가 깊은 것처럼 마음의 회복도 언어를 통해 이루어질 수 있습니다. 그래서 바울은 덕을 세우는 선한 말을 하여 타인에게 마음의 차원에서 은혜를 끼치라고 권합니다. 언어를 가지고 우리는 타인의 상처를 회복시킬 수 있습니다. 언어는 주님께서 이러한 사랑의 치유가 일어날 수 있도록 최고의 의사소통 수단으로 친히 마련하신 것입니다. 지혜자의 말입니다. "근심이 사람의 마음에 있으면 그것으로 번뇌하게 되나 선한 말은 그것을 즐겁게 하느니라."잠 12:25 선한 말은 근심하는 마음을 즐겁게 만듭니다. 선한 말이 어떻게 근심하는 사람의 마음에 즐거움을 수혈할 수 있을까요? 선한 말에는 놀라운 효능이 있습니다. "선한 말은 꿀송이 같아서 마음에 달고 뼈에 양약이 되느니라."잠 16:24 선한 말의 위력을 의심하지 마십시오. 선한 말은 근심하는 마음을 치유하고 연약해진 뼈를 강하게 만듭니다. 이렇게 놀라운 하나님의 선물을 침묵으로 썩히지 마십시오. 왕성하게 사용하여 주변에 있는 수많은 사람들의 마음을 치유해 주십시오. 그것은 우리에게 입술을 만들어 주신 하나님의 뜻입니다.

어떻게 우리는 선한 말을 할 수 있을까요? 결코 선한 말을 내뱉을 수 없는 바리새파 사람들을 향한 예수님의 말씀을 들어 보십시오. "독사의 자식들아, 너희는 악하니 어떻게 선한 말을 할 수 있느냐. 이는 마음에 가득한 것을 입으로 말함이라. 선한 사람은 그 쌓은 선에서 선한 것을 내고 악한 사람은 그 쌓은 악에서 악한 것을 내느니라."마 12:34-35 선한 말을 하고 더러운 말을 내뱉지 않는 것은 입술만 잘 관리하면 되는 문제가 아닙니다. 말의 출처인 마음에 무엇을 가득 쌓느냐에 달려 있습니다. 마음에 악을 쌓으면 악한 말이 나옵니다. 마음에 선을 가득히 쌓으면 선한 말이 나옵니다. 이는 마음의 선함이 언어의 선함에 앞선다는 것입니다. 예수님의 말씀에 비추어 볼 때, 입술로 타인에게 은혜를 끼치는 선한 말을 하라는 사도의 명령은 우리의 마음을 선으로 가득 채우라는 명령과 다르지 않습니다.

성령의 근심

새로운 사람의 삶은 성령을 근심하게 만들지 않는 것이라고 바울은 30절에서 말합니다. "하나님의 성령을 근심하게 하지 말라. 그 안에서 너희가 구원의 날까지 인 치심을 받았느니라." 우리는 하나님의 성령이 거하시는 거룩한 전입니다. 우리가 만약 거짓말을 한다면 성령 하나님은 근심하실 것입니다. 밤이 새도록 분노를 가슴에 품는다면 성령 하나님을 근심하게 만드는 것입니다. 도둑질도 성령 하나님을 근심하게 만드는 것입니다. 더러운 말을 입 밖으로 내어도 성령을 근심하게 만드는 것입니다. 바울은 성령을 근심하게 하는 다양한 원인들을 31절에서 열거하고 있습니다. "너희는 모든 악독과 노함과 분냄과 떠드는 것과 비방하는 것을 모든 악의와 함께 버리고." 마음을 악독으로 가득 채우는 것은 성령을 근심하게 만드는 것입니다. 노함과 분 냄과 악의와 비방도 성령을 근심하게 만드는 것입니다. 바울의 이 권고는 모든 종류의 악독과 노함과 분 냄과 악의와 비방을 멈추라는 것입니다.

바울은 성령을 근심하게 만드는 이러한 요인들을 제거하는 방법도 32절에서 제시하고 있습니다. "서로 친절하게 하며 불쌍히 여기며 서로 용서하기를 하나님이 그리스도 안에서 너희를 용서하심과 같이 하라." 새로운 사람의 새로운 삶은 성령을 기쁘시게 하는 삶입니다. 그러기 위해서는 바울의 제안을 따라 서로 친절하게 대하고 불쌍히 여기며 서로 용서하는 삶을 고수하지 않으면 안 됩니다. 먼저 서로를 친절하게 대하시기를 바랍니다. '친절하게 된다'는 말의 의미는 서로에게 유용한 존재로 쓰일 수 있도록 늘 준비하고 있으라는 것입니다. 김남준 목사님은 이것을 강물에 비유해서 설명하신 적이 있습니다.

　　강물을 생각해 보십시오. 강물은 흐르면서 아주 많은 이들에게 유익을 끼칩니다. 물고기는 강물에서 호흡하고 헤엄을 치면서 강에서의 삶을 즐깁니다. 목마른 사슴이 와서 물을 마십니다. 강가의 나무들이 뿌리로 강물을 흡수하여 쑥쑥 자랍니다. 자란 나무로 인해 새들은 안식처를 얻고 동물들은 그늘을 얻습니다. 그런데도 강물은 다른 존재들이 자기를 이용해서 유익을 취하지만 그들에게 불평하지 않고 계속해서 흐릅니다. 흐르다가 정신을 차리고 돌아와서 물고기나 사슴의 멱살을 붙잡고 왜 공짜로 자신을 마셨냐고 따지지도 않고 공짜로 마신 물값을 내라고 실랑이를 벌이지도 않습니다. 서로 친절하게 하라는 말의 의미는 바로 그런 강물과 같이 되라는 것입니다. 손해를 보십시오. 나로 인하여 타인이 유익을 얻었다면 계속해서 나를 이용하여 그런 유익을 얻으라고 자신을 내어 주십시오. 그것이 바로 새로운 사람의 새로운 삶입니다.

　　그리고 불쌍히 여긴다는 것은 상대방의 마음을 나의 마음에 그대로 담으라는 뜻입니다. 이것은 상대방과 가장 깊은 차원에서 공감하고 소통하는 자가 되라는 말입니다. 가난한 사람들을 어떻게 불쌍히 여길 수 있을까요? 나의 재산을 나누어서 내가 지금보다 가난하게 됨으로써 가난한 사람들의 빈곤을 마음으로 느낄 때, 그들을 불쌍히 여기는 것입니다. 슬픔에 잠긴 사람들을 어떻게 불쌍히 여길 수 있을까요? 그들의 슬픔을 함께 슬퍼하고 함께 우는 것입니다. 그런 식으로 그들의 슬픔을 우리의 마음에 그대로 담는 것입니다. 아픈 사람들을 어떻게 불쌍히 여길 수 있을까요? 불편함을 감수하고 그들의 아픔이 느껴질 정도로 그들을 섬기며 함께하는 것입니다. 외로운 사람들을 어떻게 불쌍히 여길 수 있을까요? 그들을 찾아가는 것입니다. 그들과 시간을 보내면 다른 친구들과 시간을 보내지 못해 약간의 외로움을 느낄 수는 있겠지만 그러한 경험을 통해 외로운 분들의 마음을 우리의 마음에 그대로 담을 수 있습니다.

그리고 용서하는 것도 새로운 삶입니다. 우리는 우리를 위해 그리스도 예수의 생명을 희생하며 대가로 지불하신 하나님의 무한한 용서를 받은 자입니다. 하나님의 용서는 우리에게 용서의 근원이며 용서의 본입니다. 우리의 주변에 있는 모든 사람들을 범사에 용서해도 마르지 않는 용서의 샘입니다. 우리가 용서하지 않는다면 그것은 하나님의 용서가 무엇인지 모른다는 뜻이고, 하나님의 용서를 경험하지 못했다는 뜻이고, 하나님의 용서를 증거하지 않겠다는 뜻입니다. 하나님이 우리를 그리스도 안에서 용서하신 것처럼 용서하는 것은 용서의 하나님을 선포하는 증인으로 살아가는 최고의 삶입니다. 용서는 복음서와 서신서에 너무나도 빈번하게 반복되는 말입니다. 너무도 중요하기 때문에 용서에 대한 언급이 지칠 줄 모르고 반복되는 것입니다. 용서의 사람이 되십시오. 우리를 통하여 하나님의 용서가 타인에게 흘러가게 하십시오. 타인에 대한 우리의 용서는 우리가 하나님의 용서를 경험하고 깨닫고 체득하는 마중물과 같은 것입니다. 우리가 용서하지 않으면 우리는 하나님의 용서가 무엇인지 경험도 못하고 이해도 못하고 나누지도 못합니다.

새로운 사람에게 걸맞은 새로운 삶은 하나님의 형상대로 지음을 받은 모든 인간의 본래적인 삶입니다. 타락으로 인하여 옛 사람의 부패한 구습에 모든 인간이 흠뻑 젖어 있어서 새로운 삶인 것처럼 느껴질 뿐입니다. 바울이 우리에게 가르치는 새로운 사람의 정체성과 새로운 삶의 모습은 결코 새롭지가 않습니다. 요한도 예수님의 사랑과 구원을 설명할 때에 그것은 결코 새로운 것이 아니라고 말합니다. "사랑하는 자들아, 내가 새 계명을 너희에게 쓰는 것이 아니라 너희가 처음부터 가진 옛 계명이니 이 옛 계명은 너희가 들은 바 말씀이거니와." 요일 2:7 "아들을 부인하는 자에게는 또한 아버지가 없으되 아들을 시인하는 자에게는 아버지도 있느니라." 요일 2:23

거짓을 버리고 진리를 말하는 것, 분을 내어도 해가 지도록 마음에 품지 않는 것, 도둑질을 금하고 가난한 자들에게 구제하기 위해 수고의 땀을 흘리는 것, 더러운 말을 버리고 은혜를 끼치는 선한 언어를 사용하는 것, 성령을 근심하게 하지 않는 것, 모든 악독과 노함과 분 냄과 악의와 비방을 버리는 것, 서로 친절을 베풀고 긍휼히 여기고 용서하는 것, 이 모든 것들은 태초부터 인간에게 디자인 된 본래의 삶이면서 거듭난 우리에게 요구되는 새로운 삶입니다. 삶이라는 것은 말 그대로 삶입니다. 이론이 아닙니다. 구호도 아닙니다. 이 모든 말씀을 살아 내십시오. 삶으로 담아내십시오.

| 스터디 가이드 |

1. **교회의 하나 됨:** 하나님의 교회는 몸이 하나이고 성령도 한 분이시고 소망도 동일하고 주님도 한 분이시고 믿음도 하나이고 세례도 하나이고 하나님도 한 분이시기 때문에 분리되지 않고 하나로 연합해야 한다. 주님이 보시기에 교회는 하나여야 한다.

2. **장성한 교회:** 하나의 교회다운 교회가 되기 위해서는 직분자가 필요하다. 지금도 필요한 항존직은 목사와 교사와 장로와 집사이다. 이들의 존재 이유는 성도들 개개인을 하나님 앞에 온전하게 세우고 섬김의 일을 실천하게 하며 보편적 교회를 세우기 위함이다.

3. **성장의 비결:** 교회는 반드시 사랑이 있어야 성장한다. 사랑의 띠로 묶여서 몸의 각 마디가 연결되고 결합되어 도움을 교환하되 각 지체의 분량대로 일하여야 모두가 더불어 성장한다. 성장의 목표는 이 땅에서의 유토피아 건설이 아니라 그리스도 예수를 닮음이다.

4. **새로운 사람:** 그리스도 안에서 거듭난 사람은 새로운 사람이 되지만, 새로운 사람은 주일에 교회로 부지런히 출입하는 출석의 겉모양이 아니라 거짓되고 부패한 욕망의 옛 사람을 벗어 버리고 속사람이 진리에서 나오는 의로움과 거룩함을 입은 사람이다.

5. **새로운 삶:** 새로운 사람이 옛 사람의 구습을 버리고 새로운 삶을 살아가는 것은 당연하다. 그 사람은 사랑과 용서로 분노의 마음을 다스리고, 진리로 입술을 다스리고, 가난한 자에게 구제할 수 있도록 노동의 땀을 흘리며, 선하고 덕스러운 말을 늘 사용한다.

5부.

이웃을 사랑하는 교회

18.
하나님의 모방자

[1] 그러므로 사랑을 받는 자녀같이 너희는 하나님을 본받는 자가 되고 [2] 그리스도께서 너희를 사랑하신 것같이 너희도 사랑 가운데서 행하라. 그는 우리를 위하여 자신을 버리사 향기로운 제물과 희생제물로 하나님께 드리셨느니라. [3] 음행과 온갖 더러운 것과 탐욕은 너희 중에서 그 이름조차도 부르지 말라. 이는 성도에게 마땅한 바니라. [4] 누추함과 어리석은 말이나 희롱의 말이 마땅치 아니하니 오히려 감사하는 말을 하라. [5] 너희도 정녕 이것을 알거니와 음행하는 자나 더러운 자나 탐하는 자 곧 우상 숭배자는 다 그리스도와 하나님의 나라에서 기업을 얻지 못하리니 [6] 누구든지 헛된 말로 너희를 속이지 못하게 하라. 이로 말미암아 하나님의 진노가 불순종의 아들들에게 임하나니 [7] 그러므로 그들과 함께하는 자가 되지 말라. | 엡 5:1-7

새로운 사람은 신분에 걸맞은 새로운 삶을 살아가는 자입니다. 새로운 삶의 절정은 하나님을 본받는 자 혹은 하나님의 모방자가 되는 것입니다. 어떻게 우리는 하나님을 본받을 수 있을까요? 하나님의 모방자는 어떻게 살아야 하는 것일까요? 바울은 본문에서 우리가 새로운 삶의 그런 절정에 이르는 구체적인 방법들 혹은 하나님의 모방자가 살아가는 삶의 구체적인 모습을 조목조목 가르치고 있습니다. 먼저 1절을 보십시오. "그러므로 사랑을 받는 자녀같이 너희는 하나님을 본받는 자가 되고." 우리는 대체로 하나님을 존경과 경배의 대상으로 여깁니다. 맞습니다. 하나님은 우리의 존경과 경배를 받으시기에 합당하신 분입니다. 그리고 우리는 하나님을 사랑의 대상으로 여깁니다. 옳습니다. 하나님은 우리가 마음과 목숨과 힘과 뜻을 다하여 사랑해야 하는 분입니다. 우리는 하나님을 찬양과 감사의 대상으로 여깁니다. 이것도 옳습니다. 그러나 본문에서 바울은 하나님을 모방 혹은 본받음의 대상으로 소개하고 있습니다.

모방의 대상

모든 사람들은 태어나서 죽기까지 인생의 귀감을 찾아서 그를 본받으며 살아가고 있습니다. 가깝게는 엄마와 아빠를, 언니와 오빠를, 때로는 선생님과 친구를, 어떤 경우에는 비록 직접적인 만남이 없더라도 지도자나 학자나 가수나 배우를 인생의 모델로 삼습니다. 여러분은 지금 누구를 모델로 삼고 닮아 가고 계십니까? 여러분은 누구에게 인생의 모델이 되어 줄 수 있습니까? 여러분의 말투를 자녀가 본받아도 괜찮은지, 여러분의 표정과 눈빛을 자녀가 본받아도 괜찮은지, 여러분의 생각과 판단을 자녀가 본받아도 괜찮은지, 여러분의 삶과 행실을 자녀가 그대로 본받아도 괜찮은지 스스로를 돌아보시기 바랍니다. 바울은 지금 하나님을 인생의 모델로 삼으라고 말합니다. 그런데 보이지 않는 하나님을 어떻게 본받을 수 있을까요?

1절 앞부분의 헬라어 원문을 직역하면 '하나님의 모방자가 되라'γίνεσθε μιμηταί τοῦ θεοῦ는 것입니다. 하나님을 모방해야 하는데 하나님은 신이시고 우리는 인간이기 때문에 존재의 차원이 다릅니다. 그런데 어떻게 모방이 가능할 수 있을까요? 본받을 수 있다면 우리는 초월적인 하나님의 무엇을 본받아야 하는 것일까요? 바울의 안내를 따라 하나씩 하나씩 생각해 보기를 원합니다. 먼저 바울은 우리가 하나님의 사랑을 받는 자녀이고 하나님과 함께 아버지와 자녀의 관계를 가졌다고 말합니다. 그런 관계성의 맥락에서 하나님을 본받아야 한다는 것입니다. 자녀는 부모를 닮습니다. 왜 닮을까요? 먼저 부모가 물려 준 유전인자 때문에 닮습니다. 하나님의 자녀들도 하나님이 물려 주신 당신의 형상이란 유전인자 때문에 하나님을 닮습니다. 둘째, 자녀는 부모와 더불어 살기 때문에 부모를 닮습니다. 우리도 언제나 하나님이 내 안에서, 내가 하나님 안에서 더불어 살아가기 때문에 하나님을 닮습니다.

타락으로 인하여 하나님의 형상이 파괴되고 부패한 우리가 하나님의 모방자가 되기 위해서는 그 형상을 회복하는 수밖에 없습니다. 그 회복은 하나님의 형상의 본체이신 그리스도 예수로 말미암아 초래되는 것이고 우리가 부모와 더불어 사는 것처럼 하나님과 함께 살아야 가능한 일입니다. 더불어 산다는 것은 자녀가 부모를 매일 보고 매일 대화하고 매일 듣고 매일 느끼는 것입니다. 늘 바라보면 외모와 몸짓을 닮습니다. 늘 대화하면 말투와 생각과 판단력을 닮습니다. 자녀가 부모를 곁에서 늘 느끼면 부모의 느낌을 자녀 안에서도 느낍니다. 하나님의 모방자가 되기를 원한다면 아버지를 대하듯이 하나님을 범사에 인정하며 하나님과 항상 동행하며 하나님과 늘 대화하며 하나님의 말씀을 늘 들으며 하나님의 성품을 계속해서 느끼시기를 바랍니다.

사랑의 모방자

2절에는 모방자가 되는 최고의 비결이 소개되어 있습니다. "그리스도께서 너희를 사랑하신 것같이 너희도 사랑 가운데서 행하라. 그는 우리를 위하여 자신을 버리사 향기로운 제물과 희생제물로 하나님께 드리셨느니라." 바울은 됨됨이와 행함을 나란히 언급하며 그 관계성은 하나님의 모방자가 되어야 예수의 사랑을 실천할 수 있다고 말합니다. 역의 관계성도 암시하고 있는데, 우리가 사랑 가운데서 행하면 하나님의 모방자가 된다는 것입니다. 여기에서 사랑은 자기 멋대로의 인간적인 사랑이 아닙니다. 예수님이 우리에게 보여 주신 십자가의 희생적인 사랑을 뜻합니다. 하나님의 모방자가 되는 최고의 방법 혹은 하나님의 모방자가 살아가는 삶은 바로 예수님을 닮고 예수님의 삶을 모방하는 것입니다. 그분은 우리를 위하여 자신을 버리신 분입니다. 이는 우리도 타인을 위하여 우리를 버려야 하나님의 모방자가 되고 그런 모방자의 삶을 산다는 것입니다.

　　자신을 버린다는 것은 하나님께 "향기로운 제물과 희생제물"로 자신을 드린다는 것입니다. 자신을 버린다는 것은 쓰레기통 속으로 투신하는 것을 의미하지 않습니다. 우리 자신을 하나님께 거룩한 산 제물로 드린다는 뜻입니다. 달리 말한다면, 우리의 삶 전체가 하나님께 드려지는 예배가 되게 하라는 말입니다. 우리가 하나님께 드릴 수 있는 향기로운 제물의 한 사례는 다음과 같습니다. "너희가 준 것을 받으므로 내가 풍족하니 이는 받으실 만한 향기로운 제물이요 하나님을 기쁘시게 한 것이라." 빌4:18 이 말씀은 성도들 사이에 소유물을 서로 나누어 서로가 서로를 풍족하게 하라는 것입니다. 서로의 필요를 채워 주는 것은 향기로운 제물이며 하나님을 기쁘시게 하는 일입니다. 하나님을 닮고 싶습니까? 하나님을 향해 이웃을 위해 희생하는 삶을 사십시오. 주님께서 우리에게 주신 사랑을 따라 타인을 풍족하게 하는 향기로운 제물이 되시기를 바랍니다.

하나님의 모방자가 되는 비결로서, 그리스도 예수의 사랑 안에서 살아가야 한다고 말하는 바울은 자신에 대해 이렇게 말합니다. "내가 그리스도를 본받는 자가 된 것같이 너희는 나를 본받는 자가 되라." 고전11:1 누가 감히 자신을 모델로 삼으라고 자천할 수 있을까요? 이는 대단히 교만한 표현이며 자아도취 상태에 빠지지 않고서는 쉽게 내뱉을 수 없는 말입니다. 그런데도 하나님의 사람 바울은 자신을 모방의 대상으로 삼으라고 말합니다. 언뜻 보기에는 교만하게 보이지만 자세히 보십시오. 인간 바울을 닮으라는 말이 아닙니다. 바울은 자신이 그리스도 예수의 모방자가 되었다고 말합니다. 즉, 자신의 모방자가 되라는 것이 아니라 자신이 예수님의 모방자가 된 것처럼 우리도 예수님의 모방자가 되라는 말입니다.

저는 바울을 역사 속에서 예수님을 닮은 최고의 모방자로 간주하고 있습니다. 그 근거는 다음과 같은 바울의 고백에 있습니다. "내가 그리스도와 그 부활의 권능과 그 고난에 참여함을 알고자 하여 그의 죽으심을 본받아 어떻게 해서든지 죽은 자 가운데서 부활에 이르려 하노니 내가 이미 얻었다 함도 아니요 온전히 이루었다 함도 아니라. 오직 내가 그리스도 예수께 잡힌 바 된 그것을 잡으려고 달려가노라.[빌 3:10-12] 사람들은 대체로 자기가 선택한 모델의 멋지고 화려한 모습을 모방의 대상으로 여깁니다. 그래서 주님처럼 기적을 터뜨리고 싶어 하고 주님처럼 이 세상의 관원이나 석학도 알지 못하는 하늘의 비밀한 지혜와 지식을 마구 쏟아 내고 싶어 하고 수많은 사람들이 추종하는 모델이 되기를 원합니다.

그러나 바울은 사람들이 주목하는 예수님의 멋진 부분들을 다 제치고 모두가 싫어하고 꺼려 하는 예수님의 "죽으심"을 본받으려 한다고 말합니다. 죽음도 모방의 대상으로 여긴다는 것입니다. 게다가 그가 자신의 삶을 몰아가는 방향은 "그리스도 예수께 잡힌 바 된 그것"을 잡겠다는 것입니다. 예수님을 닮음에 있어서 이보다 더 강력한 모방의 의지는 어떤 곳에서도 발견할 수 없습니다. 바울에게 인생의 목표는 예수를 적당히 이용하여 천국의 동등한 상속자가 되는 것보다 예수님께 사로잡힌 자, 예수의 노예, 예수의 종, 예수의 사람, 예수의 소유가 되는 것입니다. 즉, 예수를 자신의 주인으로 삼고 자신은 예수의 종이 되겠다는 것입니다.

거룩함의 모방자

바울은 거룩하신 하나님을 본받는 보다 구체적인 방법을 3절에서 말합니다. "음행과 온갖 더러운 것과 탐욕은 너희 중에서 그 이름조차도 부르지 말라. 이는 성도에게 마땅한 바니라." 하나님은 거룩하신 분입니다. 거룩하신 하나님을 본받아야 할 거룩한 사람들은 음행과 온갖 더러운 것과 탐욕을 경계해야 한다고 바울은 권합니다. 단순히 조심하는 정도가 아니라 그 이름조차 부르지 말아야 한다고 말합니다. 이름을 부르면 그 이름의 의미가 생각의 피부를 스칩니다. 생각이 생략된 발언은 없습니다. 지금 바울이 음행과 온갖 더러운 것과 탐욕의 이름조차 부르지 말라고 말하는 것은 그 이름의 내용이 우리의 의식을 통과하는 것조차도 허용하지 말라는 것입니다. 음행과 온갖 더러운 것들과 탐욕은 생각지도 말하지도 행하지도 마십시오.

"음행"Πορνεία은 모든 종류의 불법적인 성관계를 가리키는 말입니다. 남자가 남자로 더불어, 여자가 여자로 더불어 성관계를 맺는 것은 불법적인 것입니다. 시체와의 성관계나 인간이 아닌 다른 짐승이나 사물과의 성관계도 불법적인 것입니다. 남자와 여자의 성관계라 할지라도 결혼하지 않은 남자나 여자와 성관계를 맺는 것이라면 불법적인 것입니다. 결혼한 이후 결혼관계 밖에서의 성관계도 불법적인 음행으로 분류되고 있습니다. 그런데 오늘날 우리나라 안에서는 간통죄가 폐지되어 결혼한 이후에도 배우자가 아닌 다른 여성이나 남성과 잠자리를 가지는 것을 불법으로 간주하지 않습니다. 합법적인 것이라고 말합니다. 심지어 결혼한 유부녀나 유부남과 잠자리를 해도 죄가 성립되지 않는 상황까지 왔습니다. 간통이 하나님의 눈에는 분명히 불법인데, 인간 문맥 안에서는 합법으로 버젓이 둔갑한 지금, 우리는 성도덕의 기준이 대단히 느슨해진 시대를 살아가고 있습니다. 그러나 하나님의 사람은 하나님의 기준을 따라 사는 자입니다.

바울은 죄들 중에서 음행의 독특성을 다음과 같이 말합니다. "음행을 피하라. 사람이 범하는 죄마다 몸 밖에 있거니와 음행하는 자는 자기 몸에 죄를 범하느니라."^{고전 6:18} 즉, 음행은 자신이 가해자인 동시에 피해자가 되는 특이한 죄라는 것입니다. 몸에 죄를 짓는다는 이유보다 음행을 피해야 하는 더 궁극적인 이유는 우리의 몸이 하나님의 성전이기 때문입니다. 그런데도 고린도 교회에는 입에 담기에도 민망한 음행이 있음을 바울은 개탄하고 있습니다. "너희 중에 심지어 음행이 있다 함을 들으니 그런 음행은 이방인 중에서도 없는 것이라. 누가 그 아버지의 아내를 취하였다 하는도다."^{고전 5:1} 이는 다윗의 아들 압살롬이 아버지의 아내들을 백주에 성폭행한 것과 같은 죄입니다. 바울은 음행 때문에 발생한 과거의 끔찍한 사건을 언급하며 음행을 피하라고 말합니다. "그들 중의 어떤 사람들이 음행하다가 하루에 이만 삼천 명이 죽었나니 우리는 그들과 같이 음행하지 말자."^{고전 10:8} 같은 맥락에서 유다서는 "소돔과 고모라와 그 이웃 도시들도 그들과 같은 행동으로 음란하며 다른 육체를 따라가다가 영원한 불의 형벌을 받음으로 거울이 되었느니라"^{유 1:7}라고 기록하고 있습니다.

가장 심각한 음행은 영적인 것입니다. 영적인 음행은 신랑이신 하나님을 버리고 다른 우상들을 섬기는 것입니다. 이스라엘 백성의 음행에 대해 하나님은 "이 나라가 여호와를 떠나 크게 음란함"^{호 1:2}을 지적하며 "내가 바알들의 이름을 그의 입에서 제거하여 다시는 그의 이름을 기억하여 부르는 일이 없게 하리라"^{호 2:17}라고 하십니다. 영적인 음행은 십계명의 제1 계명을 위반한 죄입니다. 제1 계명은 십계명의 주제이며 핵심이며 요약이며 전부이며, 나머지 아홉 개의 계명들은 제1 계명의 각주 혹은 설명일 정도로 중요한 것입니다. "너는 나외에는 다른 신들을 네게 두지 말라."^{출 20:3} 하나님 자신보다 다른 것을 더 신뢰하고 다른 것을 더 소망하고 다른 것을 더 사랑하면 영적인 음행을 저지르는 것입니다. 하나님의 모방자는 결코 영적인 음행을 저지르지 않습니다. 이런 음행을 저지르면 하나님의 모방자가 될 수 없습니다.

　"온갖 더러운 것"도 버리라고 바울은 말합니다. 이것은 '깨끗하지 못한 모든 것들'을 가리키는 말입니다. 음란은 바울이 말하는 "온갖 더러운 것" 중에 하나일 뿐입니다.^{겔 24:13} 정결하신 하나님의 모방자는 "패역하고 더러운 곳"을 출입하지 않고,^{습 3:1} 더러운 욕을 입술에 담지 않고,^{합 2:16} 더러운 생각을 머리에 떠올리지 않고, "더러운 것"^{호 9:3}을 목구멍에 집어넣지 않고, 더러운 자를 배우자로 취하지 않고,^{레 21:14} "더러운 이"를 탐하지 않고,^{딤전 3:8. 참조 딛 1:11} "더러운 귀신"과 어울리지 않고 오히려 꾸짖고 내쫓으며,^{마 10:1} "더러운 정욕"^{벧후 2:10}을 발산하지 않습니다. 더러운 것이라면 그 이름조차 발설하지 않는 것이 좋습니다. 그 이유는 거룩하신 하나님을 본받기 위한 것입니다.

　그리고 바울은 "탐욕"이란 말조차도 입술에 담지 말라고 말합니다. "탐욕"은 필요 이상으로 더 가지려는 마음의 욕구 혹은 가지지 말아야 할 것을 가지려고 하는 마음의 소원을 가리키는 말입니다. 파스칼이 말한 것처럼 모든 인간은 하나님에 의해서만 채워지고 만족하는 "욕망의 주머니"를 가지고 있습니다. 그 "주머니"는 영혼을 가리키는 말입니다. 인간의 영혼은 하나님의 영원하고 무한하고 불변적인 사랑과 진리와 은혜로 채워지지 않으면 결코 만족하지 못합니다. 만족하지 못하니까 잘못된 대상을 갈망하고 추구하는 것이며, 그래도 채워지지 않으니까 더 많은 분량을 계속해서 추구하게 되는 것입니다. 왜 사람들은 탐욕을 품는 것일까요? 예수님의 답변을 들어 보십시오. "자기를 위하여 재물을 쌓아 두고 하나님께 대하여 부요하지 못한 자가 이와 같으니라."^{눅 12:21} 이는 하나님의 사랑과 진리와 성품으로 충만하지 않으면 탐욕의 희생물이 된다는 것입니다. 실제로 사람들은 돈을 아무리 많이 소유해도 하나님께 대하여 부요하지 않으면 더 가지려는 탐욕의 군침을 흘립니다. 하나님의 충만한 모방자가 되지 않으면 탐욕은 해결되지 않습니다.

언어의 모방자

바울은 하나님의 모방자가 되는 또 다른 방법을 4절에서 말합니다. "누추함과 어리석은 말이나 희롱의 말이 마땅치 아니하니 오히려 감사하는 말을 하라." 이는 저속한 이야기와 어리석은 유머와 추잡한 농담을 내뱉지 말라는 것입니다. 이러한 말들이 여러분의 대화를 차지하지 않게 하십시오. 우리의 말초적인 신경을 건드리는 자극적인 이야기가 잠시 즐거움을 줄지는 몰라도 하나님을 닮으려는 자에게는 결코 합당하지 않습니다. 즉각적인 유익보다 지속적인 불이익이 훨씬 크기 때문에 저속하고 어리석고 추잡한 이야기는 입 밖에도 내지 마십시오. 오히려 감사한 이야기를 하십시오. 감사의 말에는 부작용과 역기능이 없습니다.

　　오히려 감사의 말을 할 때마다 우리는 하나님께 영광을 돌립니다. "감사로 제사를 드리는 자가 나를 영화롭게 하나니."^{시 50:23} 감사하는 사람은 자기를 자랑하지 않고 자신의 공로를 내세우지 않습니다. 하나님의 성품과 은총과 능력을 범사에 인정하고 시인하는 자입니다. 그렇기 때문에 감사는 하나님께 영광을 돌리는 길입니다. 우리의 삶을 하나님께 드려지는 거룩한 감사의 산제사가 되게 하십시오. 범사에 하나님께 감사하고 사람에게 감사하는 것은 하나님의 뜻입니다. "범사에 감사하라. 이것이 그리스도 예수 안에서 너희를 향하신 하나님의 뜻이니라."살전 5:18 감사만 해도 우리는 하나님의 뜻을 이루는 자입니다. 시간과 돈과 노동이 들지 않습니다. 지위나 빈부나 성별이나 직업이나 연령과는 무관하게 누구든지 이룰 수 있는 하나님의 뜻입니다.

감사와 관련하여 사랑하는 성도 여러분께 꼭 드리고 싶은 말씀이 있습니다. 그것은 하나님의 말씀을 들을 수 있다는 사실에 대해 하나님께 감사를 드리면 좋겠다는 것입니다. "여호와여, 세상의 모든 왕들이 주께 감사할 것은 그들이 주의 입의 말씀을 들음이오며." 시 138:4 세상의 모든 왕들도 하나님의 말씀을 듣기 때문에 감사해야 한다고 시인은 말합니다. 말씀은 생명이고 진리이고 검이고 빛이고 능력이고 영입니다. 그러한 하나님의 말씀이 기록된 성경을 읽고 그 성경을 풀어서 선포하는 설교를 듣는다는 것은 참으로 감사해야 할 일입니다. 아마도 인터넷을 비롯한 여러 매체들 때문에 성경을 읽고 설교를 듣는다는 것이 너무도 흔하고 쉬운 일이어서 하나님의 말씀을 듣는 것의 은혜와 소중함을 망각하는 경향이 우리에게 있는 듯합니다. 유명한 가수의 육성을 들으려고 사람들은 콘서트 현장이 미어터지도록 운집하지 않습니까? 그런데 우리는 인간의 아름다운 소리와는 비교할 수도 없는 하나님의 거룩한 말씀을 너무도 가볍게 여깁니다. 저속하고 어리석고 추잡한 이야기가 아니라 하나님의 말씀을 우리가 날마다 듣는다는 것은 시인의 주장처럼 마땅히 주님께 감사해야 할 일입니다.

탐욕의 마음

바울은 5절에서 음행하는 자와 더러운 자와 탐하는 자의 심각한 말로에 대해 이렇게 말합니다. "너희도 정녕 이것을 알거니와 음행하는 자나 더러운 자나 탐하는 자 곧 우상 숭배자는 다 그리스도와 하나님의 나라에서 기업을 얻지 못하리니." 여기에서 주목하고 싶은 것은 바울이 "탐하는 자"를 "우상 숭배자"로 규정하고 있다는 것입니다. 필요 이상으로 무언가를 가지려고 하는 자는 반드시 그것에 얽매이게 되는 법입니다. 탐욕은 우리 자신과 탐하는 것을 묶는 종교적인 띠입니다. 무언가를 탐한다는 것은 비록 형상을 만들고 절하고 섬기는 겉모양은 없을지 모르지만 그것이 탐하는 자의 마음과 생각과 언어와 표정과 행동을 지배하기 때문에 마치 우상을 숭배하는 자와 다르지가 않은 것입니다. 음행과 더러운 것과 탐욕에 집착하면 그는 하나님의 나라에서 유업을 받지 못합니다. 음행하는 자는 하나님 이외에 다른 무언가를 신의 자리에 모시는 십계명 제1계명의 파괴자요, 더러운 자는 거룩하신 하나님과 결코 어울릴 수 없는 신적인 거룩함의 파괴자요, 탐하는 자는 오직 주님만이 우리에게 최고의 상급인데 다른 것을 주님보다 더 복되다고 생각하여 복의 신적인 개념을 파괴하는 자입니다. 음행하는 자는 하나님의 존재를 멸시하고, 더러운 자는 하나님의 속성과 성품을 멸시하고, 탐하는 자는 하나님의 은총을 멸시하는 자입니다. 이러한 자들은 하나님의 나라에서 받을 유업이 없습니다.

은밀한 속임수

바울은 6절에서 하나님을 본받는 자들에게 속임수에 빠지지 말라고 말합니다. "누구든지 헛된 말로 너희를 속이지 못하게 하라. 이로 말미암아 하나님의 진노가 불순종의 아들들에게 임하나니." 여기에서 헛된 말이라는 것은 저속하고 어리석고 추잡한 말들을 가리키며, 그러한 것들에 속아서 음행과 온갖 더러운 것과 탐욕에 빠지는 것입니다. 그렇게 되면 불순종의 자녀에게 임하였던 하나님의 진노가 임하게 될 것입니다. 어떻게 해결할 수 있을까요? 먼저 누구든지 헛된 말로 여러분을 속이지 못하게 하십시오. 돈이 많아지면 행복할 것이라는 말에 속지 마십시오. 얼굴이 예쁘고 잘생기면, 몸매가 늘씬하면 결혼을 잘할 것이라는 말에도 속지 마십시오. 높은 지위와 막강한 권력을 가지면 유명해질 것이라는 말에도 귀를 기울이지 마십시오.

때때로 우리는 관계성에 있어서 사탄의 속임에 빠집니다. 사탄의 속임에 빠지면 서로 사랑하고 축복하고 온전하게 만들어야 할 지체들이 서로를 미워하고 싸웁니다. 이 속임은 은밀해서, 상대방을 왜 증오하고 있는지 왜 싸우고 있는지도 잘 모릅니다. 바울은 사탄이 우리를 속이지 못하게 하는 구체적인 방법을 이렇게 가르치고 있습니다. "너희가 무슨 일에든지 누구를 용서하면 나도 그리하고 내가 만일 용서한 일이 있으면 용서한 그것은 너희를 위하여 그리스도 앞에서 한 것이니 이는 우리로 사탄에게 속지 않게 하려 함이라. 우리는 그 계책을 알지 못하는 바가 아니로라."^{고후 2:10-11} 사탄의 이간질에 정통한 바울은 속지 않기 위해 서로가 서로를 용서하되 그리스도 앞에서 일말의 오해도 없도록 확실하고 분명하게 용서해 주라고 말합니다. 애매하게 표현하고 애매하게 행동하면 사탄의 속임수에 빠집니다. 분명하지 않은 의사소통 상황을 사탄은 귀신처럼 알고 민첩하게 악용의 손을 뻗습니다. 그러면 지체들 사이에 오해가 발생하고 증폭되어 갈등과 대립과 분열의 늪에 빠집니다. 사탄은 이것을 즐기면서 음흉한 미소를 짓습니다.

사탄의 보다 은밀한 속임수는 우리로 하여금 우리 자신에 의해서 스스로 속도록 만드는 것입니다. 살면서 타인에 의해 속임을 당하는 경우도 있지만 놀랍게도 우리는 우리 자신에 의해 더 많이 속습니다. 본문과 관련된 바울의 다른 글입니다. "그러므로 땅에 있는 지체를 죽이라. 곧 음란과 부정과 사욕과 악한 정욕과 탐심이니 탐심은 우상 숭배니라. 이것들로 말미암아 하나님의 진노가 임하느니라." 골 3:5-6 여기에서 바울은 진노의 원인들인 음란과 부정과 사욕과 악한 정욕과 탐심을 "땅에 있는 지체"로 규정하고 있습니다. 즉, 그 원인들의 출처가 "땅에 있는 지체"라는 것입니다. 우리는 하나님의 진노를 유발하는 원인들이 우리의 본성, 즉 땅에 있는 지체와 연동되어 있기 때문에 쉽게 인지할 수도 없습니다. 그것들이 괜찮은 것이라고 스스로를 세뇌하고 설득하며 결국 스스로 속임을 당합니다. 그래서 우리는 그것을 문제라고 여기지 않게 되고, 우리가 인정하지 않으니까 이 땅에서는 그 문제를 제거할 수도 없습니다. 음행과 더러운 것과 탐욕이 제거되지 않으니까, 결국에는 하나님의 진노도 피할 수 없다는 말입니다.

성령의 도우심

이 문제를 해결하는 유일한 방법은 진리의 영이신 성령의 도우심을 구하는 것 외에는 없습니다. 바울은 말합니다. "내가 이르노니 너희는 성령을 따라 행하라. 그리하면 육체의 욕심을 이루지 아니하리라."갈 5:16 본성의 교묘한 속임수에 빠지지 않으려면 우리 안에 성령께서 행하고자 하시는 소원을 감지하고 성령의 도우심을 따라 그것을 추구해야 한다는 것입니다. 우리는 성령께서 거하시는 "성령의 전"고전 6:19 입니다. 눈에 보이지 않아도, 느껴지지 않아도, 성령께서 우리 안에 계시다는 사실이 부정되는 것은 아닙니다. 하나님의 영이 우리 안에 계시다는 사실을 믿으시기를 바랍니다. 성령이 계시기 때문에 우리는 육체의 본성에 박힌 진노의 원인들에 의해 지배를 받지 않습니다. "만일 너희 속에 하나님의 영이 거하시면 너희가 육신에 있지 아니하고 영에 있나니."롬 8:9 이는 성령께서 우리 안에 거하시기 때문에 우리가 육신의 소욕에서 자유롭게 되었다는 것입니다.

물론 성령께서 계셔서 육신의 소욕에서 자유롭게 된 이후에도 육체에 속한 사람처럼 살아가는 자가 있습니다. 바울은 고린도 교회의 성도들을 향해 이렇게 말합니다. "너희는 아직도 육신에 속한 자로다. 너희 가운데 시기와 분쟁이 있으니 어찌 육신에 속하여 사람을 따라 행함이 아니리요."고전 3:3 그들은 성령을 소멸하고 육신에 속한 사람의 습관을 따라 시기와 분쟁을 일삼았던 자입니다. 그러나 성령의 소욕을 따라 성령의 이끌림을 받은 하나님의 사람들을 보십시오. 먼저 요셉을 보십시오. 애굽의 왕은 요셉을 "하나님의 영에 감동된 사람"창 41:38 으로 여기고 애굽의 총리로 세웁니다. 다니엘을 보십시오. 바벨론의 느부갓네살 왕은 다니엘을 "그의 안에는 거룩한 신들의 영이 있는 자"단 4:8 라고 했습니다. 원래 하나님의 자녀들은 성령의 이끌림을 받는 자입니다. 바울은 말합니다. "무릇 하나님의 영으로 인도함을 받는 사람은 곧 하나님의 아들이라."롬 8:14 사랑하는 성도 여러분, 하나님의 자녀답게 성령을 따라 살고 성령을 따라 행하시기를 바랍니다. 그렇게 하여 하나님의 진노를 피하시기를 바랍니다.

위험한 동행

바울은 하나님의 모방자가 행해야 할 또 하나의 중요한 행실을 7절에서 가르치고 있습니다. "그러므로 그들과 함께하는 자가 되지 말라." 고사성어 중에 "유유상종"類類相從이라는 말이 있습니다. 이 말은 생각이나 성격이나 기호가 비슷한 사람들은 서로에게 끌리고 뭉친다는 말입니다. 우리가 만약 불순종의 자녀들과 함께한다면 그것은 우리가 불순종의 기호와 생각과 성향을 가지고 있다는 증거일 것입니다. 그들과 함께하지 않는다는 것은 공간적인 거리를 멀리 유지하는 것을 의미하지 않습니다. 우리가 불순종의 자녀들이 되지도 말고 그들의 마음을 품지도 말고 그들의 언어를 내뱉지도 말고 그들의 행실을 따르지도 말아야 한다는 것입니다.

나아가 그들과 같은 공간에 머무는 것도 가급적 피하는 것이 좋습니다. 그들에게 다가가는 이유는 아마도 무언가 그들에게 부러움이 있고 건질 유익이 있다는 판단 때문일 것입니다. 그러나 지혜자의 생각은 다릅니다. "너는 악인의 형통함을 부러워하지 말며 그와 함께 있으려고 하지도 말지어다."잠 24:1 음행하는 자와 동행하지 마십시오. 더러운 자와 동행하지 마십시오. 탐하는 자와 동행하지 마십시오. 함께 있으려고 하지도 마십시오. 주변에 음행하는 자들이 있으면 우리의 성적인 도덕성은 그들에 의해 조정될 수 있으며, 주변에 더러운 자들이 있으면 그들의 더러운 기준에 적응될 수도 있으며, 주변에 탐하는 자들이 있으면 부끄러운 탐욕을 괜찮은 욕구로 간주할 수 있습니다. 인간은 함께 있는 사람에게 영향을 받습니다. 대화하며 말을 섞고 생각을 섞고 기호를 섞다 보면 나도 모르게 타협하게 되고 둘 사이의 도덕적인 평균치와 적정선을 찾습니다. 이처럼 음란을 저지르고 음행을 탐하는 자들과 함께 있으면 도덕성은 대체로 하향 평준화될 가능성이 대단히 높습니다.

사랑하는 성도 여러분, 범사에 하나님과 함께하십시오. 하나님을 닮은 사람들과 함께하십시오. 하나님의 성품을 닮아 선하고 의롭고 자비롭고 너그럽고 부드럽고 정직하고 거룩한 사람들과 함께하십시오. 하나님의 모방자가 되기를 원한다면 그리하십시오. 그리스도 예수의 사랑을 따라 하나님의 사랑 안에서 사십시오. 삶 전체가 사랑이 되게 하십시오. 삶은 사랑이고 사랑은 삶이게 하십시오. 주님처럼 희생적인 사랑으로 자신을 하나님께 산 제물로 드리시기를 바랍니다. 하나님께 흠 없는 제물이 되도록 자신을 정결하게 하십시오. 음행과 온갖 더러운 것과 탐욕은 그 이름도 부르지 마십시오. 누추하고 어리석고 저속한 말도 입술에 담지 마십시오. 입술을 감사의 말로 가득 채우시기를 바랍니다. 사탄에게 타인에게 자신에게 속임을 당하지 마십시오. 성령의 도우심을 따라 늘 진리 가운데로 인도함을 받으시기를 바랍니다. 그리고 음행하는 자들과 더러운 자들과 탐하는 자들과의 관계를 멀리하십시오. 그들을 가까이하지 마십시오. 가까이하면 영향을 받습니다. 가까우면 닮습니다. 오히려 주님을 가까이하십시오. 생각과 말과 행실에 있어서 언제나 주님과 함께하십시오. 자기를 닮으라고 당당하게 말한 바울처럼 주님의 온전한 모방자가 되시기를 바랍니다.

19.
빛의 자녀들

⁸ 너희가 전에는 어둠이더니 이제는 주 안에서 빛이라. 빛의 자녀들처럼 행하라. ⁹ 빛의 열매는 모든 착함과 의로움과 진실함에 있느니라. ¹⁰ 주를 기쁘시게 할 것이 무엇인가 시험하여 보라. ¹¹ 너희는 열매 없는 어둠의 일에 참여하지 말고 도리어 책망하라. ¹² 그들이 은밀히 행하는 것들은 말하기도 부끄러운 것들이라. ¹³ 그러나 책망을 받는 모든 것은 빛으로 말미암아 드러나나니 드러나는 것마다 빛이니라. ¹⁴ 그러므로 이르시기를 잠자는 자여, 깨어서 죽은 자들 가운데서 일어나라. 그리스도께서 너에게 비추이시리라 하셨느니라. | 엡 5:8-14

바울은 우리에게 어둠의 자식들이 아니라 빛의 자녀들로 살라고 말합니다. 이는 교회가 어둠의 일들을 버리고 빛의 일들을 실천하며 빛의 자녀처럼 처신해야 한다는 것입니다. 오늘날 교회에는 어둠의 칙칙한 기운이 드리워져 세상의 평균치 윤리에도 미치지 못하는 부도덕한 모습이 적잖게 보입니다. 세상의 기준으로 보더라도 부끄럽고 입에 담기에도 민망한 일들이 교회에서 버젓이 발생하고 있다는 현

실에 한숨이 턱까지 차올라 있습니다. 철저한 회개가 필요하고 빛의 열매를 맺기 위하여 전심으로 노력하지 않으면 안 됩니다.

빛의 자녀들

바울은 8절에서 우리가 전에는 어둠의 신분을 가졌지만 이제는 주 안에서 빛이 되었기에 빛의 자녀처럼 행하라고 말합니다. "너희가 전에는 어둠이더니 이제는 주 안에서 빛이라. 빛의 자녀들처럼 행하라." 빛과 어둠의 분리는 태초에 이루어진 하나님의 일입니다. "빛이 하나님이 보시기에 좋았더라. 하나님이 빛과 어둠을 나누사 하나님이 빛을 낮이라 부르시고 어둠을 밤이라 부르시니라. 저녁이 되고 아침이 되니 이는 첫째 날이니라."^{창 1:4-5} 세상에는 빛이 있고 어둠이 있습니다. 이것은 이 세상의 인간을 이해하는 중요한 틀입니다. 즉, 인류는 어둠과 빛으로 구성되어 있다는 것입니다. 낮을 주관하는 태양과 밤을 주관하는 달을 만드시기 이전에 빛과 어둠의 구분이 있었다는 것은 놀라운 일입니다. 우리가 과거의 어둠에서 현재의 빛으로 바뀐 것은 태양과 관계된 일이 아닙니다. 빛의 자녀처럼 행한다는 것은, 과거에는 밤에 많은 활동을 하다가 이제는 낮에 더 많은 활동을 한다는 활동 시간대의 변화, 즉 올빼미형 인간이 새벽형 인간으로 변했다는 의미가 아닙니다.

빛과 어둠에 대해 요한은 이렇게 말합니다. "우리가 그에게서 듣고 너희에게 전하는 소식은 이것이니 곧 하나님은 빛이시라. 그에게는 어둠이 조금도 없으시다는 것이니라."^{요일 1:5} 요한이 예수님의 가르침을 받아 우리에게 전하는 소식은 바로 하나님은 빛이시며 그에게는 어둠이 조금도 없다는 것입니다. 과거에 우리가 어둠의 신분을 가졌다는 것은 빛이신 하나님과 아무런 관계가 없었다는 뜻입니다. 하나님의 뜻과 하나님의 마음과 하나님의 생각과 하나님의 성품과 하나님의 나라와 하나님의 목적과 무관한 어둠의 신분을 가졌다가 이제는 빛이 되었다는 것입니다. 바울은 하나님이 "빛"이신데, 우리도 "빛"이라고 표현하고 있습니다. 이것은 하나님이 빛이라는 것과 우리가 빛이라는 것이 별개라는 말이 아닙니다.

하나님과 우리를 동일한 빛으로 묘사한 이유에 대해서는 아마도 이사야의 기록이 좋은 답변이 될 것입니다. "다시는 낮에 해가 네 빛이 되지 아니하며 달도 네게 빛을 비추지 않을 것이요 오직 여호와가 네게 영원한 빛이 되며 네 하나님이 네 영광이 되리니."^{사 60:19} 즉, 하나님이 우리에게 영원한 빛이 되셨고 하나님이 우리에게 영원한 영광이 되셨기 때문에 우리가 빛이라고 불리는 것입니다. 빛이신 하나님이 없으면, 하나님을 떠나면, 하나님과 무관하면 우리는 빛이 아닙니다. 우리의 존재가 빛으로 빛나는 경우는 오직 하나님이 우리에게 빛이 되실 때입니다. 우리는 하나님과 무관한 혹은 하나님과 독립된 빛이 아닙니다. 우리는 하나님께 의존적인 빛입니다. 우리의 최상급 존재감은 바로 거기에 있습니다. 그러나 빛이신 하나님을 떠나면 우리는 최악의 어둠이 될 것입니다.

하나님은 어떻게 우리에게 빛이 되셨으며, 우리는 어떻게 그와 동일한 빛이 될 수 있었던 것일까요? 그 답은 요한의 기록에 잘 나타나 있습니다. "그 안에 생명이 있었으니 이 생명은 사람들의 빛이라. 빛이 어둠에 비치되 어둠이 깨닫지 못하더라."^{요 1:4-5} 요한은 예수님 안에 생명이 있다고 말하면서 그 생명은 사람들의 빛이라고 말합니다. 그 빛이 어둠에 비치되 그 어둠이 깨닫지 못했다고 말합니다. 빛이 어둠에 비쳤다는 것은, 예수께서 이사야의 예언처럼 이 어둠으로 덮인 땅과 캄캄함이 가리운 만민에게 빛으로 오셨다는 뜻입니다. 하나님이 빛이고 예수님이 빛이라면 예수님은 하나님과 다르지 않다는 결론이 나옵니다. 예수님은 그 자체로 빛입니다. 그러나 우리가 빛이 된 것은 빛이신 예수님이 우리에게 오셔서 우리의 빛이 되어 주셨기에 가능한 일입니다. 어둠은 빛을 깨닫지 못하기 때문에 어둠은 스스로의 지식과 지혜로 빛이 될 수 없습니다. 어둠과 캄캄함에 덮여 있었던 우리가 빛 가운데로 나아온 것은 스스로의 힘과 노력이 아니라 주님의 은혜로 말미암은 것입니다.

예수님은 우리가 빛의 자녀가 되는 방법도 가르쳐 주십니다. "너희에게 아직 빛이 있을 동안에 빛을 믿으라. 그리하면 빛의 아들이 되리라."요 12:36 즉, 빛을 믿으면 빛의 아들이 된다는 것입니다. 그러나 빛의 자녀는 단순히 어둠에서 빛으로 바뀌는 신분의 변화에서 만족지 않습니다. 빛의 자녀답게 살지 않으면 안 됩니다. 예수님은 빛의 자녀답게 살아가는 법도 가르쳐 주십니다. "예수께서 또 말씀하여 이르시되 나는 세상의 빛이니 나를 따르는 자는 어둠에 다니지 아니하고 생명의 빛을 얻으리라."요 8:12 빛을 믿은 빛의 자녀들은 빛이신 예수님을 따라 살아야 한다는 것입니다. 그렇지 않으면 여전히 어둠에 거할 수밖에 없습니다. 세상의 빛이신 예수님을 따르면 그는 어둠에 다니지 않고 생명의 빛을 얻습니다.

예수님의 가르침에 충실한 바울은 우리가 과거에는 어둠의 신분을 가졌지만 이제는 빛이 되었다고 말하면서 빛의 자녀답게 행하라고 말합니다. 빛의 자녀답게 행동하기 이전에 우리의 영적인 신분이 빛의 자녀로 변했다는 사실을 분명히 하십시오. 됨됨이가 먼저이고 행위는 그 됨됨이를 뒤따르는 법입니다. 신분의 변화에 대한 확신이 없으면 그 신분에 걸맞은 행동이 나올 수 없습니다. 우리는 이제 어둠이 아니라 빛입니다. 그러나 빛의 자녀가 되었어도 여전히 스스로를 어둠의 자녀로 이해하고 계시지는 않습니까? 우리의 감정과 우리의 지성과 우리의 의지는 모두 어둠의 자녀로 살던 우리를 결박했던 악함과 불의와 거짓에 익숙하고 길들여져 있습니다. 그런 것들과의 결별을 선언하고 결단을 하십시오. "또한 너희 지체를 불의의 무기로 죄에게 내주지 말고 오직 너희 자신을 죽은 자 가운데서 다시 살아난 자같이 하나님께 드리며 너희 지체를 의의 무기로 하나님께 드리라." ^{롬 6:13} 옛 사람의 습성과의 결별은 우리 자신을 하나님께 드릴 때에만 가능한 일입니다.

빛의 자녀라면 빛의 자녀처럼 사십시오. 희생적인 사랑으로 사망은 자기에게 생명은 타인에게 역사하여 생명의 빛이 타인에게 선한 영향력을 끼치게 하십시오. "이같이 너희 빛이 사람 앞에 비치게 하여 그들로 너희 착한 행실을 보고 하늘에 계신 너희 아버지께 영광을 돌리게 하라." ^{마 5:16} 주님께서 빛을 주신 것은 우리만이 빛의 자녀가 되고 빛의 수혜자가 되라는 것이 아닙니다. 빛의 자녀가 된 우리는 사람 앞에 우리의 빛을 비추어야 할 소명과 책임이 있습니다. 즉, 주님께서 세상의 빛으로 오신 것처럼 우리도 세상의 빛으로서 세상도 빛의 수혜자가 되도록 세상을 향해 나아가야 한다는 것입니다.

"내가 세상에 있는 동안에는 세상의 빛이로라."^{요 9:5} "너희는 세상의 빛이라. 산 위에 있는 동네가 숨겨지지 못할 것이요."^{마 5:14} 예수님이 이 세상에 계실 때에는 세상의 빛이셨고 아버지 하나님의 보좌 우편으로 승천하신 이후에는 우리가 세상의 빛입니다. 우리를 통하여 주님은 지금도 당신의 빛을 비추고 계십니다.

주님은 여러분을 통해 캄캄한 세상에 당신의 빛을 비추기를 원하고 계십니다. "보라. 어둠이 땅을 덮을 것이며 캄캄함이 만민을 가리려니와 오직 여호와께서 네 위에 임하실 것이며 그의 영광이 네 위에 나타나리니 나라들은 네 빛으로, 왕들은 비치는 네 광명으로 나아오리라."^{사 60:2-3} 우리는 우리 자신의 빛을 온 세상에 비추는 자가 아니라 우리에게 임하신 하나님의 빛과 영광을 온 세상에 전달하는 자입니다. 주님과 우리의 관계는 태양과 달의 관계와 같습니다. 캄캄한 밤에는 태양이 아니라 달이 빛을 비추는 것입니다. 달 자체의 빛이 아니라 달이 태양의 빛을 받아서 지구에 전달하듯, 우리도 주님의 빛을 받아서 열방과 만민에게 전달하는 빛입니다. 빛의 자녀가 되는 축복은 이처럼 세상에 주님의 빛을 비추어 수많은 사람들을 빛의 자녀로 만드는 사명과 연동되어 있습니다.

빛의 열매들

빛의 자녀로서 세상의 빛이 된 우리는 세상에 주님의 빛을 전달하기 위해 어떠한 열매를 맺으며 살아가야 하는지를 바울은 9절에서 말합니다. "빛의 열매는 모든 착함과 의로움과 진실함에 있느니라." 빛의 자녀들은 이 세상에서 착하고 의롭고 진실해야 한다는 것입니다. 하

5부. 이웃을 사랑하는 교회

나님의 교회는 착하고 의롭고 진실한 그리스도 예수의 몸이어야 한다는 것입니다. 착하게 사십시오. 악하게 살지 마십시오. 우리가 착하게 사는 이유는 우리가 빛의 자녀이기 때문이며, 빛의 자녀라면 착하게 살 수밖에 없습니다. 의롭게 사십시오. 불의하게 살지 마십시오. 세상에 맞추어서 살지 마시고 하나님께 맞추어서 사십시오. 그게 의로운 삶입니다. 우리가 의롭게 사는 이유는 빛의 자녀이기 때문이며, 빛의 자녀라면 의롭게 살 수밖에 없습니다. 진실하게 사십시오. 거짓되게 살지 마십시오. 우리가 진실하게 사는 이유는 빛의 자녀이기 때문이며, 빛의 자녀라면 진실하게 살 수밖에 없습니다. 교회의 울타리 안에 있는 사람이라 하더라도 만약 악하게 살고 불의하게 살고 거짓되게 산다면 그는 빛의 자녀가 아닐 가능성이 높습니다.

나무의 정체성은 열매로 확인하는 법입니다. "나무도 좋고 열매도 좋다 하든지 나무도 좋지 않고 열매도 좋지 않다 하든지 하라. 그 열매로 나무를 아느니라."^{마 12:33} 나무와 열매가 다를 수는 없습니다. 나쁜 나무가 좋은 열매를 맺을 수 없고 좋은 나무가 나쁜 열매를 맺을 수 없습니다. 여기에서 나쁘고 좋다는 것은 정도의 차이를 의미하지 않습니다. 종류의 차이를 뜻합니다. 빛의 자녀는 빛의 열매를 맺을 수밖에 없고 어둠의 자녀는 어둠의 열매를 맺을 수밖에 없다는 것입니다. 해 아래에 있는 모든 사람들은 선을 행하지도 않고 의롭지도 않고 다 치우쳐서 거짓된 자입니다. 이것은 사람의 기준이 아니라 하나님의 빛을 기준으로 볼 때에 그렇다는 것입니다. 그러나 세상의 빛이신 예수님을 믿고 빛의 자녀가 된 우리는 하나님 앞에서도 선하고 의롭고 진실할 수 있다는 것입니다. 인간의 인식은 한계가 있어서 나무의 실상을 그대로 알지 못하고 오직 그 열매로 확인할 수밖에 없습니다. 사랑하는 성도 여러분, 세상을 향해 빛의 열매로 빛의 자녀 됨을 보이시기를 바랍니다.

열매를 맺는 방법은 요한의 기록에 잘 설명되어 있습니다. "나는 포도나무요 너희는 가지라. 그가 내 안에, 내가 그 안에 거하면 사람이 열매를 많이 맺나니 나를 떠나서는 너희가 아무것도 할 수 없음이라." 요 15:5 주님을 떠나지 않아야 열매를 맺습니다. 주님을 떠나지 않고 주님 안에 거하는 방법은 믿음으로 우리의 마음에 모시고 주님의 계명을 지키는 것입니다. 그의 계명은 우리의 이웃을 우리의 몸처럼 사랑해야 한다는 것입니다. 그러면 주님의 사랑 안에 거합니다. 빛 가운데 거하게 되는 것입니다. 사랑하지 않으면 어둠 가운데에 거할 것이라고 요한은 말합니다. "그의 형제를 사랑하는 자는 빛 가운데 거하여 자기 속에 거리낌이 없으나 그의 형제를 미워하는 자는 어둠에 있고 또 어둠에 행하며 갈 곳을 알지 못하나니." 요일 2:10-11 형제를 미워하면 어둠 가운데 거하게 되고 어둠 속에서 행하면 갈 곳을 알지 못합니다. 우리가 방황하고 표정이나 기분이나 마음이 어두울 때에는 다양한 이유들이 있겠지만 내가 과연 형제를 사랑하고 있는지를, 미워하고 있지는 않은지를 점검해 보시기를 바랍니다.

사랑하면 자기 속에 거리낌이 없습니다. 양심에 미소가 번집니다. 누구에 대해서도 당당해질 수 있습니다. 마음의 거리낌이 없는 당당함은, 기분을 전환하면 취득되는 것이 아니라 사랑하면 주어지는 선물인 것입니다. 사랑하면, 마음이 밝아지고 감정이 밝아지고 기분이 밝아지고 행동도 밝아지고 언어도 밝아지고 표정도 밝아질 수밖에 없습니다. 사랑은 우리를 송두리째 어둠에서 빛 가운데로 불러 내어 빛 가운데서 살아가게 만드는 능력이 있습니다. 이웃보다 나를 더 사랑하면 표정이나 목소리가 굳습니다. 감정이 조절되지 않는 이 유는 이웃보다 나를 더 고려하고 의식하기 때문에 그런 것입니다. 분 노하고 미워하고 불의까지 저질러서 타인에게 피해를 주는 것은 이 웃보다 나를 더 사랑하기 때문에 초래되는 일입니다. 사랑하면 분노 할 수가 없습니다. 미워할 수도 없습니다. 그게 되지를 않습니다.

우리가 사랑하면 빛이신 주님 안에 거하게 되고, 그때에 우리 는 빛의 아름다운 열매, 성령의 풍성한 열매들을 맺을 수밖에 없습 니다. 선함과 의로움과 진실함을 결실하게 되는 것입니다. 그게 사랑 의 힘입니다. 사랑의 열매를 맺을 때에 세상은 우리를 빛의 자녀라고 인정하게 될 것입니다. 우리가 서로를 자신의 몸처럼 사랑하면 우리 는 빛의 자녀답게 행하는 것이며 빛의 열매들을 맺을 것이고 온 세상 에 빛의 자녀로서 알려지게 될 것입니다. "새 계명을 너희에게 주노 니 서로 사랑하라. 내가 너희를 사랑한 것같이 너희도 서로 사랑하라. 너희가 서로 사랑하면 이로써 모든 사람이 너희가 내 제자인 줄 알리 라."요 13:34-35 주님의 계명인 사랑을 범사에 실천하여 온 세상에 주님 의 빛을 비추는 저와 여러분이 되시기를 바랍니다.

하나님의 기쁨

바울은 10절에서 빛의 자녀들은 어떻게 하나님을 기쁘시게 할까를 고민하는 자라고 말합니다. "주를 기쁘시게 할 것이 무엇인가 시험하 여 보라." 하나님의 자녀가 되었어도 하나님을 기쁘시게 할 것이 무엇인지 잘 모르는 분들이 많습니다. 하나님을 기쁘시게 해야 한다는 의식조차 없는 분들도 있습니다. 그러한 분들은 당연히 노력도 하지 않습니다. 물론 모든 사람들이 어릴 때에는 대체로 부모가 자신에게 주는 선물이 좋고 주어질 선물에 관심을 갖습니다. 어릴 때에는 받는 것이 주는 것보다 더 기쁩니다. 그러나 장성한 자가 되어서는 내가 기뻐하는 것보다 부모를 기쁘시게 하는 것을 더 큰 기쁨으로 여깁니다. 바울은 우리에게 "주를 기쁘시게 할 것이 무엇인가 시험하여 보라"고 권하면서 장성한 자가 되도록 힘쓰라고 말합니다. "그런즉 우리는 몸으로 있든지 떠나든지 주를 기쁘시게 하는 자가 되기를 힘쓰노라." 고후 5:9 하나님을 기쁘시게 하는 것은 강요된 과제물이 아닙니다. 우리에게 유익해서, 기쁘고 감사해서 그렇게 하는 것입니다. 시키지 않아도 주님을 기쁘시게 하는 자는 주님을 제대로 기뻐하고 향유하는 자입니다.

어떻게 하면 하나님을 기쁘시게 할 수 있을까요? 먼저 우리는 히브리서 기자의 기록에서 중요한 단서를 얻습니다. "믿음이 없이는 하나님을 기쁘시게 하지 못하나니 하나님께 나아가는 자는 반드시 그가 계신 것과 또한 그가 자기를 찾는 자들에게 상 주시는 이심을 믿어야 할지니라." 히 11:6 이는 하나님의 존재와 하나님의 상급에 대한 우리의 믿음이 하나님을 기쁘시게 한다는 것입니다. 하나님을 기쁘시게 하는 최고의 방법은 우리가 하나님을 전적으로 전심으로 믿는 것입니다. 그리고 시인은 하나님의 이름을 찬송하고 그에게 감사하면 "황소를 드림보다 여호와를 더욱 기쁘시게 함이 될 것이라"고 말합니다. 시 69:31 로마에 보낸 편지에서 바울은 의와 평강과 희락으로 주님을 섬기는 자는 하나님을 기쁘시게 한다고 말합니다. 이처럼 믿음과 감사와 찬양과 의와 평강과 희락은 돈이 들거나 시간이 들거나 열정이나 노력과 직결된 것들이 아닙니다. 하나님을 기쁘시게 하는 이러한 방법들은 모두 매개물을 필요로 하지 않습니다. 그 방법들은 우리 자신이 하나님과 직접 관계를 맺는 것입니다. 그리고 누구나 할 수 있습니다.

어둠의 일들

바울은 어둠의 일에 대해서도 11절에서 다음과 같이 조언하고 있습니다. "너희는 열매 없는 어둠의 일에 참여하지 말고 도리어 책망하라." 여러분의 관심과 시간과 의식과 재물은 어디에 소비되고 있습니까? 혹시 열매도 없는 어둠의 일에 낭비되고 오용되고 있지는 않습니까? 열매가 있는 빛의 사역에 여러분의 시간과 관심과 의식과 재물이 쓰이게 하십시오. 바울은 빛의 열매를 맺지 못하는 어둠의 일에 참여하지 말라고 말합니다. 보다 적극적인 자세로는 책망해야 한다고 말합니다. 악독과 불의와 거짓을 보신다면 그것에 대해 꾸지람의 목소리를 내십시오. 비겁한 침묵으로 방조 혹은 동조 혹은 승인하지 마십시오. 성경은 분명히 꾸짖어야 한다고 말합니다. 책망은 결코 비방과 정죄가 아닙니다. "훈계의 책망은 곧 생명의 길이라." ^{잠 6:23} 책망은 사망의 길을 걷던 자들을 돌이켜 생명의 길로 이끕니다. 사람을 살리는 책망에 인색하지 마십시오.

책망해야 할 어둠의 일에 대하여 바울은 12절에서 이렇게 말합니다. "그들이 은밀히 행하는 것들은 말하기도 부끄러운 것들이라." 에베소는 아데미 여신을 위한 최대의 신상이 있는 곳입니다. 우상이 많은 곳에는 음란도 많은 법입니다. 우상은 영적인 간음이기 때문에 육적인 음란과도 필히 연동되어 있습니다. 에베소는 입에 담을 수도 없는 부끄러운 죄악들의 소굴이며 특별히 음란으로 정평이 난 곳입니다. 이러한 사실에 대한 바울의 강조는, 발설하는 것 자체가 너무도 치욕스러운 죄악들을 은밀하게 저지르는 에베소의 문화에 순응하지 말라는 것입니다. 나아가 적극적인 책망의 목소리도 왕성하게 내야 한다는 것입니다. 하나님의 교회는 세상의 부끄러운 죄악에 물이 들어서도 안 되고 침묵으로 방조하는 것도 합당하지 않습니다.

세상의 빛으로서 어둠의 일들에 빛을 비추어서 노출되게 하고 수치심을 느끼게 하고 돌이키게 해야 할 책임이 교회에 있습니다. 교회는 한 사람의 인생만이 아니라 사회와 세상과 역사에 획기적인 변혁을 일으키는 곳입니다. 그런데 오늘날의 교회는 그런 야성적인 책임을 상실하고 세상에 순응하고 악독과 불의와 거짓을 덮어 주고 옹호하고 심지어 생산하는 죄의 온상으로 전락하고 있습니다. 악하고 불의하고 거짓된 사람들이 자신의 행악과 불의와 거짓을 감추는 최적의 은신처로 교회를 일 순위로 선호하고 있습니다. 오늘날 교회는 인간이 저지른 어둠의 일들에 대해서 호리라도 갚지 않으면 결단코 하나님의 나라에 들어갈 수 없다는 공의와 정직에 대해 침묵하고 있습니다. 이따금씩 입술로는 외치지만 적절한 책망과 징계의 조치가 뒤따르지 않습니다.

어둠의 일을 책망하고 징계하는 것은 행위자를 정죄하고 절망의 코너로 몰아넣는 것이 아닙니다. 책망은 그들에게 최고의 유익을 주는 일입니다. 13절을 보십시오. "그러나 책망을 받는 모든 것은 빛으로 말미암아 드러나나니 드러나는 것마다 빛이니라." 은밀하게 감추어진 어둠의 일들이 책망의 빛으로 말미암아 드러나면 빛이 된다는 것입니다. 빛은 마치 종합 영양제와 같이 놀라운 효능을 가지고 있습니다. 최근 연구에 의하면, 적당한 분량의 햇빛을 쬐면 골다공증, 불면증, 비만, 우울증을 치료하고 암까지도 예방할 수 있습니다. 영적인 빛은 신체적인 측면과 정신적인 측면을 넘어 영혼을 치유하여 빛이 되게 만드는 최고의 효능을 가지고 있습니다. 빛에 의해서 밝히 드러난 모든 것들은 빛으로 변합니다. 우리가 그 증거입니다. 과거에 어둠의 자녀였던 우리가 이제는 빛의 자녀가 되었고 세상의 빛이 되었으며 빛의 확실한 기능을 요구받고 있습니다. 빛은 밖으로 드러내는 책망의 방식으로 어둠을 빛으로 바꿉니다. 그래서 책망을 받는 것은 복입니다. "볼지어다. 하나님께 징계받는 자에게는 복이 있나니 그런즉 너는 전능자의 징계를 업신여기지 말지니라." 욥 5:17

어둠의 일들을 드러내는 책망의 합당한 방식은 어떤 것일까요? 교회는 그런 책망의 직무에 충실하고 있습니까? 우리는 책망을 입술의 활동으로 간주하는 경향이 있어서 입술만 분주하기 쉽습니다. 그러나 책망은 성경에서 빛으로 비유되고 있습니다. 즉, 책망은 들려주는 것이기도 하지만 본질상 보여 주는 것입니다. 책망의 빛은 구두적인 방식이 아니라 시각적인 것이어야 한다는 말입니다. 빛을 어둠에 비추는 것 자체가 책망인 것입니다. 선함과 의로움과 진실함과 같은 빛의 열매들을 보여 주면 그 자체가 어둠의 일을 책망하는 것입니다. 주장하는 입술의 책망이 아니라 보여 주는 삶의 책망을 하십시오. 베드로도 말합니다. "너희 중에 있는 하나님의 양 무리를 치되 억지로 하지 말고 하나님의 뜻을 따라 자원함으로 하며 더러운 이득을 위하여 하지 말고 기꺼이 하며 맡은 자들에게 주장하는 자세를 하지 말고 양 무리의 본이 되라." 벧전 5:2-3

베드로는 빛의 자녀답게 살아서 양 무리에게 모델이 되는 방식으로 섬기라고 말합니다. 이렇게 본을 보여서 이루어진 책망은 몽둥이를 휘두르며 욕설을 쏟아 내고 비난의 말을 퍼부어서 어둠의 일을 제어하는 방식과는 다릅니다. 마땅히 해야 할 일들의 본을 인격과 삶으로 보여 주는 것입니다. 이것은 베드로가 새롭게 제시한 주장이 아닙니다. 이런 책망은 예수님이 먼저 본 보이신 것입니다. 예수님은 당신의 백성에게 입술의 격한 언사를 쏟아 내는 방식이 아니라 희생적인 사랑과 공의의 십자가를 친히 지시는 섬김의 본보기를 보여 주시면서 제자들과 그의 모든 백성에게 "나를 섬기려면 나를 따르라" 요 12:26 라고 하셨습니다. 입술로도 훈계를 하셨지만 그것은 삶으로 본을 보이신 내용의 언어적인 번역일 뿐입니다. 이러한 예수님의 본을 따라 인격과 삶의 좋은 모델이 됨으로써 어둠의 일을 책망하는 저와 여러분이 되시기를 바랍니다.

이런 맥락에서 바울은 14절에서 구약을 다음과 같이 인용하고 있습니다. "그러므로 이르시기를 잠자는 자여, 깨어서 죽은 자들 가운데서 일어나라. 그리스도께서 너에게 비추이시리라 하셨느니라." 혹시 여러분 중에 잠자는 분이 계십니까? 어서 깨십시오. 어둠의 일들을 끊어 내지 않고 계속 범하시는 분은 옛 습관의 몽롱한 잠에서 속히 깨십시오. 여전히 거짓되고 부패한 본성을 가지고 있는데도 스스로를 점검하지 않아도 된다고 생각하는 분은 착각의 잠에서 서둘러 깨십시오. 육신적인 일에 예민하고 과도하게 반응하는 분은 영적인 죽음의 잠에서 깨십시오. 하나님의 준엄한 경고를 들었어도 대수롭지 않게 여기는 분은 영적인 무감각의 잠에서 깨십시오. 어둠의 일에 참여하고 있다면 죽은 자들 가운데에 있는 것입니다. 바울은 죽은 자들 가운데서 일어나야 한다고 말합니다. 그런데 그것은 인간의 힘으로는 되지 않습니다.

그래서 바울은 죽은 자들 가운데서 우리가 일어날 수 있도록 예수님이 우리에게 빛을 비추실 것이라고 말합니다. 예수님의 빛 없이는 누구도 어둠의 일을 깨닫지도 못하고 그것에서 벗어날 수도 없습니다. 예수님은 그 자신이 빛입니다. 이 땅에서 보이신 그의 인격과 삶 전체가 빛입니다. 그 빛에 의해서 우리는 책망을 받습니다. 예수님의 지혜와 의로움과 진실성과 선하심과 순종에 의해 우리의 우매함과 불의와 거짓됨과 악함과 불순종은 책망을 받는 것입니다. 예수님은 우리와 영원토록 세상 끝 날까지 함께 있겠다고 하십니다. 빛과 어둠이 함께 있으면 언제나 빛이 어둠을 이깁니다. 빛이신 주님께서 우리와 함께 거하시면 우리의 어둠은 빛으로 바뀝니다. 빛이신 주님께서 우리 안에서 영원히 행하시면 우리는 빛 가운데서 영원토록 살아갈 수 있습니다.

우리가 빛의 자녀처럼 산다는 것은 우리의 어둠은 죽고 주님의 빛이 산다는 뜻입니다. 주님께서 우리 안에 빛으로 거하시지 않으면 안 됩니다. 철저한 자기부인 없이는 안 됩니다. 빛의 열매가 우리 편에서는 자기를 부인하는 것이지만 주님 편에서는 우리에게 빛을 주시고 빛으로서 우리 안에 사실 때에 맺어지는 것입니다. 과거에 어둠의 자녀였던 여러분은 이제 빛의 자녀가 되었음을 믿으시기를 바랍니다. 이제 빛의 자녀라면 빛의 자녀답게 사십시오. 착함과 의로움과 진실함의 열매를 맺으시기를 바랍니다. 자기를 부인하고 주님께서 내 안에서 사시도록 주님의 뜻과 생각과 마음을 품고 사시기를 바랍니다. 그러한 삶으로 세상 안에 계시면서 세상의 빛이 되십시오. 그렇게 세상 사람들의 곁에 삶으로써 그들이 사로잡혀 있는 어둠의 일을 책망하고 결국 어둠을 빛으로 바꾸는 주역들이 되시기를 바랍니다. 죽은 자들 가운데서 일어나 서십시오. 산 자처럼 사시기를 진심으로 바랍니다.

20.
어떻게 살 것인가

¹⁵ 그런즉 너희가 어떻게 행할지를 자세히 주의하여 지혜 없는 자같이 하지 말고 오직 지혜 있는 자같이 하여 ¹⁶ 세월을 아끼라. 때가 악하니라. ¹⁷ 그러므로 어리석은 자가 되지 말고 오직 주의 뜻이 무엇인가 이해하라. ¹⁸ 술 취하지 말라. 이는 방탕한 것이니 오직 성령으로 충만함을 받으라. ¹⁹ 시와 찬송과 신령한 노래들로 서로 화답하며 너희의 마음으로 주께 노래하며 찬송하며 ²⁰ 범사에 우리 주 예수 그리스도의 이름으로 항상 아버지 하나님께 감사하며. | 엡 5:15-20

새로운 사람의 새로운 삶, 빛의 자녀로서 빛의 자녀처럼 살아가는 삶은 어떻게 살아지는 것일까요? 바울은 우리가 어떻게 살 것인지에 대해 질문을 던져야 하고 주의를 기울여서 부지런히 탐구해야 하고 지혜로운 자처럼 살아서 세월을 아껴야 한다고 말합니다. 세월을 아끼는 방법은 하나님의 뜻을 이해하고 하나님의 자녀답게, 빛의 자녀답게 살아가는 것입니다. 그런데 성령으로 충만하지 않으면 하나님의 뜻을 깨달을 수도 없습니다. 그래서 성령의 충만함을 받으라고 말합니다. 성령의 도우심을 받아 깨달은 하나님의 뜻은 둘로 구성되어 있는데, 먼저 하나님과 관계된 수직적인 뜻은 우리가 시와 찬송과 신령한 노래들로 서로 화답하며 주께 노래하고 찬송하는 것이며 범사에 하나님께 감사하는 것입니다. 수평적인 뜻으로서 사람들에 대한 뜻도 있는데 그것은 바로 그리스도 예수를 경외하며 서로에게 복종하는 것입니다.

주의하는 삶

먼저 15절을 보십시오. "그런즉 너희가 어떻게 행할지를 자세히 주의하여 지혜 없는 자같이 하지 말고 오직 지혜 있는 자같이 하여." 지혜로운 자는 어떻게 살 것인지에 대해 주의를 기울이고 부지런히 살피는 자입니다. 사람이 '산다'는 것 혹은 '걷는다'는 것은 마음의 태도와 사고의 방식과 언어의 습관과 행위의 양태를 모두 포괄하는 말입니다. 그래서 어떻게 살 것인지의 문제는, 어떠한 마음을 가지고 어떻게 생각하고 어떻게 말하고 어떻게 행할 것인지를 묻고 계속해서 분별해야 풀립니다. 지혜로운 자는 범사에 마음을 다스리고 사고를 훈련하고 언어를 엄선하고 행위를 조정하는 자입니다. 그러나 우매한 자는 마음의 태도에 관심이 없습니다. 사고의 방식을 검토하지 않습니다. 언어를 구사하되 자신의 욕망을 분출하는 수단으로 삼습니다. 행위에 절제와 단정함이 없습니다. 어떻게 살 것인지에 대해 전혀 주의를 기울이지 않습니다. 우리들 중에는 주의를 기울이지 않아도 잘살 수 있는 괜찮은 사람이 하나도 없습니다.

"자세히" 주의해야 한다는 것은 속단하지 말라는 말입니다.

"그런즉 선 줄로 생각하는 자는 넘어질까 조심하라."고전 10:12 세심한 주의를 멈추어도 되는 상황이나 시점은 없습니다. 이제는 괜찮다고 생각되는 때에라도 계속해서 주의해야 하고 긴장과 생각의 끈을 놓쳐서는 안 됩니다. 사실 계속해서 깊이 생각하는 것이 자세히 주의하는 것입니다. 지속적인 생각만큼 중요한 것은 어떠한 종류의 생각을 선택할 것이냐에 대한 것입니다. 생각에는 두 가지 종류, 즉 육신의 생각과 영의 생각이 있습니다. 육신의 생각은 경계하고 영의 생각은 가지라고 바울은 권합니다. "육신의 생각은 사망이요 영의 생각은 생명과 평안이니라."롬 8:6 육신과 영의 생각이 가져오는 결과에는 사망과 생명의 현저한 격차가 있습니다. 육신의 생각이 이르는 사망의 길에 대한 바울의 설명을 들어 보십시오. "육신의 생각은 하나님과 원수가 되나니 이는 하나님의 법에 굴복하지 아니할 뿐 아니라 할 수도 없음이라."롬 8:7 사망의 길은 하나님과 법에 굴복하지 않고 굴복할 수도 없어서 하나님과 원수가 되는 길입니다. 많은 사람들이 걷는 육신의 넓은 길이 아니라 찾는 사람이 없는, 영의 좁고 협착한 길을 가십시오. 계속해서 자세히 주의하지 않는 대부분의 사람들은 영의 좁은 길보다 육신의 넓은 길을 선택할 것입니다.

　　우리는 과연 영의 길을 걸어가고 있습니까? 새로운 사람의 새로운 삶을 제대로 살아가고 있습니까? 빛의 자녀로서 선함과 의로움과 거룩함의 열매를 풍성히 맺고 있습니까? 삶의 양식과 유형을 우리가 살펴보고 조정하지 않는다면 시대의 풍조가 인생의 운전대를 잡고 제멋대로 움직일 것입니다. 그래서 바울은 16절에서 이렇게 말합니다. "세월을 아끼라. 때가 악하니라." "아끼라"는 동사의 어원적인 의미는 '구속해 주라'는 것입니다. 즉, 세월을 아끼라는 말은 시간을 구속해 주라는 것입니다. 어떻게 시간을 구속해 줄 수 있을까요? 이것에 대한 힌트는 피조물이 구제되는 방식에서 얻을 수 있습니다. "피조물이 고대하는 바는 하나님의 아들들이 나타나는 것이니······ 그 바라는 것은 피조물도 썩어짐의 종노릇한 데서 해방되어 하나님의 자녀들의 영광의 자유에 이르는 것이니라."롬 8:19-21 이는 하나님의 자녀들이 나타나면 피조물도 썩어짐의 종 상태에서 벗어날 수 있다는 말입니다. 모든 피조물은 하나님의 아들들이 나타나 창조의 질서를 회복할 때에 구속을 받는다는 것입니다. 시간도 다르지가 않습니다. 하나님의 자녀들을 통하여 시간도 구속될 수 있습니다. 세월을 구속하는 방법은 세월을 빛의 열매들로 채우는 것입니다. 우리가 인생을 하나님의 자녀답게, 빛의 자녀답게 살 때에 시간도 구속을 받는다는 것입니다. 각자의 시대를 구속하기 위해 주님께서 각자에게 맡기신 사명, 즉 복음 증거하는 일을 위해 목숨을 조금도 아끼지 않는 구속의 삶을 살아가야 할 것입니다.

바울은 자신의 시대가 악하다고 말합니다. 하지만 바울은 이스라엘 민족이 나라를 빼앗기고 로마의 폭정과 수탈이 극심했기 때문에 악한 시대라고 말하는 것이 아닙니다. 하나님의 뜻을 망각하고 각자 자기의 소견에 옳은 대로 행하였기 때문에 자신의 시대를 악하다고 평가한 것입니다. 지금 한국의 경우에도 결혼과 출산과 집 장만과 취업과 연애와 인간관계 및 여행을 포기하는 시대라는 이유로 대부분의 사람들이 우리의 시대를 악하다고 말합니다. 그러나 악한 시대에 대한 예수님의 평가를 보십시오. "그 정죄는 이것이니 곧 빛이 세상에 왔으되 사람들이 자기 행위가 악하므로 빛보다 어둠을 더 사랑한 것이니라."요3:19 가장 대표적인 악은 빛보다 어둠을 더 사랑하는 것입니다. 성경에서 시대가 악하다는 것은 빛이신 하나님을 떠나고 하나님을 경외하지 않고 하나님의 뜻을 존중하지 않는 시대라는 뜻입니다. 그런 관점에서 볼 때 역사 속에서 예수님의 시대만이 아니라 악하지 않은 시대가 없었던 것 같습니다.

세월을 아끼는 삶

바울은 때가 악하므로 세월을 아끼라고 말합니다. 시대가 악할 경우에는 시대의 악한 풍조에 휩쓸리기 쉽습니다. 시간의 동일한 길이를 아무리 열심히 살았어도 악한 시대의 풍조에 휩쓸려서 살았다면 낭비한 것입니다. 촌음을 쪼개면서 시간을 분초의 단위로 아꼈다고 할지라도 그것이 악한 시대성에 사로잡힌 열심이라 한다면 올바른 인생과는 다른 엉뚱한 역방향을 전력으로 질주한 것이어서 지극히 어리석은 삶으로 분류될 수밖에 없습니다. "세월"(카이로스)을 아낀다는 것은 최적의 타이밍 혹은 기회를 놓치지 않는다는 것입니다. 이 땅에서 살아가는 모든 세월은 빛의 열매로서 모든 선함과 의로움과 진실함을 결실해야 할 때입니다. 여러분도 살아가는 동안 빛의 자녀로서 빛의 열매들을 맺어야 할 적기를 놓치지 마십시오. 하루의 모든 순간을 어둠의 열매가 아니라 빛의 열매들로 촘촘히 채워 가는 인생을 사시기를 바랍니다.

우리의 인생은 결코 길지 않습니다. 아침에 피었다가 사라지는 안개와 같습니다. 밤의 한 경점과 같습니다. 인생의 빠르기는 마치 베틀의 북과 같고 활시위를 벗어난 화살과 같습니다. 순식간에 절망의 때, 무덤에 들어가야 할 때가 닥칩니다. 그러기 전에 최고의 인생을 설계하고 가장 아름답게 사시기를 바랍니다. 어떻게 하면 그렇게 살수 있을까요? 인생을 가장 심오하게 사색한 전도자의 교훈을 들어 보십시오. "너는 청년의 때에 너의 창조주를 기억하라. 곧 곤고한 날이 이르기 전에, 나는 아무 낙이 없다고 할 해들이 가깝기 전에 해와 빛과 달과 별들이 어둡기 전에, 비 뒤에 구름이 다시 일어나기 전에 그리하라."전 12:1-2 여기에서 전도자는 인간이 죽기 전까지의 모든 생애를 "청년의 때"로 규정하고 있습니다. 살아서 호흡하는 모든 시간에 창조주 하나님을 기억해야 한다는 것입니다. 창조주를 기억하는 것은 우리가 지음을 받았다는 사실, 창조주가 계시다는 사실을 인정하는 것입니다. 또한 우리의 뜻대로 살지 아니하고 우리를 지으신 창조주의 뜻대로 살아야 한다는 사실을 망각하지 말아야 한다는 것입니다.

하나님의 뜻을 이해하는 삶

바울도 전도자의 견해와 동일하게 17절에서 이렇게 말합니다. "그러므로 어리석은 자가 되지 말고 오직 주의 뜻이 무엇인가 이해하라." 주님의 뜻을 이해하고 그 뜻대로 살아가는 인생은 지혜로운 삶입니다. 그러나 주님의 뜻을 망각하고 자신의 뜻대로 살아가는 자, 사람들의 합의된 뜻을 따라 살아가는 자, 타인에 의해서 주입되고 조작된 뜻을 구현하는 자는 어리석은 자입니다. 나를 향하신 하나님의 뜻, 타인을 향하신 하나님의 뜻, 온 인류를 향하신 하나님의 뜻, 자연을 향하신 하나님의 뜻, 인류의 역사를 향하신 하나님의 뜻을 알지 못하면 왜 살아야 하고 어떻게 살아야 하고 어디로 가야 할지를 이해하지 못합니다. 하나님의 뜻을 알지 못하고 그 뜻에 역행하는 삶을 살아가는 자는 세월을 아끼는 자가 아니라 낭비하는 자입니다.

사랑하는 성도 여러분, 주님의 뜻을 이해하고 계십니까? 주님의 뜻은 십계명과 주기도문 안에 잘 요약되어 있습니다. 그것은 다시 하나님과 이웃 사랑으로 요약될 수 있습니다. 복잡하지 않고 어렵지도 않습니다. 하나님의 너무나도 명백한 뜻은 마음과 목숨과 뜻과 힘을 다하여 하나님과 이웃을 사랑하는 것입니다. 그렇게 사랑하며 사십시오. 그게 지혜로운 삶입니다. 그게 인생을 낭비하지 않고 세월을 아끼고 구속하는 길입니다. 사랑하지 않고 미워하고 분노하고 증오하고 질투하고 원망하면 최고의 기회를 놓치는 것입니다. 기회를 상실하는 자는 어리석은 자입니다. 사랑과 무관한 일은 중요하지 않습니다. 중요하지 않은 일에 얽매이지 마십시오. 감정과 의식과 재산과 시간을 잠식하는 그런 잡다한 일들을 분별하고 멀리하십시오. 언제나 지금이 하나님을 경배하고 이웃을 사랑할 때입니다. 지금 경배하지 않으면 지금 사랑하지 않으면 세월을 허비하는 것입니다.

하나님의 뜻을 이해하는 것은 단순히 지적인 정보의 취득을 의미하지 않습니다. 하나님의 뜻에 사로잡힌 상태를 말합니다. 그 뜻이 우리의 전인격을 관통하고 마음에 가득히 채워져서 언어와 행실로 표출되는 것을 뜻합니다. 빛의 열매를 맺지 않으면 하나님의 뜻을 이해하지 못한 것입니다. 텍스트를 읽고 명제를 파악하는 정도의 지적인 이해는 성경이 요구하는 하나님의 뜻 이해와는 무관한 것입니다. 바울은 하나님의 뜻을 이해하는 방법을 18절에서 가르치고 있습니다. "술 취하지 말라. 이는 방탕한 것이니 오직 성령으로 충만함을 받으라." 즉, 성령으로 충만해야 하나님의 뜻을 이해할 수 있습니다. 성령으로 충만하여 성령에 의해 사로잡힌 상태가 아니면 하나님의 뜻을 이해한 것이라고 볼 수 없습니다. 자신의 생각과 기준과 판단을 따라 무언가를 이해하면 이해의 내용은 동일할 수 있어도 성경이 권장하는 이해의 온전한 상태에는 이르지를 못합니다. 성령께서 나를 주장하는 상태에 있어야 이해한 것입니다.

본질상 인간은 성령에 취하지 않으면 다른 무언가에 의해 취할 수밖에 없습니다. 푸코는 모든 시대의 인간이 각 시대의 정신에 미쳐 있기 때문에 인류의 역사를 광기의 역사로 규정한 바 있습니다. 인간은 스스로 충족되어 있는 존재가 아닙니다. 무언가에 의해 취하거나 채워지는 그릇과 같습니다. 바울은 인간을 진노의 그릇과 긍휼의 그릇으로 묘사한 적이 있습니다. "그릇"은 무언가가 담겨 있어야 비로소 정체성과 존재감을 얻는 존재라는 뜻입니다. 하나님의 사람들은 긍휼의 그릇이며 그리스도 예수라는 보배를 담고 있습니다. 그런데 그리스도 예수의 영이신 성령으로 채워져 있지 않으면 긍휼의 그릇답게, 빛의 자녀답게 살아갈 수 없습니다. 성령으로 충만함을 받아야만 빛의 열매를 맺으며 살아갈 수 있습니다. 그래서 바울은 성령으로 충만함을 받아야 하나님의 뜻을 이해하고 그 뜻을 준행하여 빛의 열매를 맺을 수 있다고 말합니다. 성령의 충만함 이외에 다른 방법이 없습니다. 성령의 충만함 이외의 방법들은 모두 술로 분류되는 것들이기 때문에 추구하지 마십시오. 추구하면 빛의 열매가 아니라 어둠의 열매만 맺을 것입니다.

그리고 인간은 본질상 독립적인 존재가 아닙니다. 만들어진 존재이고 명령을 받는 존재이고 순종하는 존재이기 때문에 독립을 선언하는 순간, 존재 차원의 무질서가 초래될 것입니다. 스스로 존재하는 자는 하나님 이외에 없습니다. 모세에게 처음으로 자신의 정체성을 밝히실 때에 하신 말씀을 보십시오. "하나님이 모세에게 이르시되 나는 스스로 있는 자이니라. 또 이르시되 너는 이스라엘 자손에게 이같이 이르기를 스스로 있는 자가 나를 너희에게 보내셨다 하라."^출 ^{3:14} 하나님은 모세에게 자신을 소개하되 "스스로 있는 자"라고 하십니다. 스스로 계시기에 어제나 오늘이나 영원토록 동일하게 계신 분입니다. 스스로 있는 존재라는 말의 이면에는 하나님 이외에 누구도 스스로 존재하는 자가 없다는 의미가 있습니다. 이 세상에 어떠한 피조물도 독립된 주체가 될 수 없습니다. 모두가 의존적인 피조물일 뿐입니다. 인간이든 자연이든 오직 하나님 안에서 존재하고 기동하며 있습니다.^{행 17:28}

인간은 스스로 존재하지 않기 때문에 무언가에 의존할 수밖에 없습니다. 스스로 생각하지 못하고 스스로 판단하지 못하고 스스로 말하지 못하고 스스로 행하지 못합니다. 그런데도 인문학은 독립적인 자아를 찾으라고 말합니다. 이 세상의 지식과 학문은 잃어버린 자아의 회복을 주된 목표로 삼고 있습니다. 그러나 주님은 그렇게 말씀하지 않으십니다. "나를 떠나서는 너희가 아무것도 할 수 없음이라."^{요 15:5} 인간은 철저하게 의존적인 존재이기 때문에 철저한 독립은 철저한 자멸의 길입니다. 사탄이 아담과 하와를 유혹할 때에 스스로 선악을 판단하는 주체가 되어 하나님과 같아질 것을 요구한 것은 인간에게 자멸의 길을 제안한 것입니다. 그러나 그 제안을 받아들인 것은 사탄의 말에 의지한 셈이 되었고 사탄이 파 놓은 자멸의 함정에 빠진 것입니다. 마땅히 의지해야 할 창조주가 아니라 거짓의 아비인 사탄을 의지한 것입니다.

바울은 우리에게 의존적인 인간이 의지해야 할 유일한 대상은 성령밖에 없다고 말합니다. 다른 것에 의지하면 모두 술 취함과 같다고 말합니다. 술과 성령은 비록 내용은 완전히 다르지만 취할 때에 비슷한 증상을 보입니다. 술과 성령에 취하면 그것의 지배를 당합니다. 우리가 술에 취하면 술의 지배를 받고 성령으로 충만하면 성령의 지배를 받습니다. 지배를 받는다는 것은 우리의 주권이 상실된 것처럼 보여서 유쾌하지 않은 말입니다. 그러나 지배의 주체가 누구냐에 따라서 희비가 명확하게 갈립니다. 성령의 충만함을 받아 성령의 지배를 받으면, 성령의 소원이 나의 소원이 되고 성령의 언어가 나의 언어가 되고 성령의 성품이 나의 성품이 되고 성령의 능력이 나의 능력이 되고 성령의 지혜가 나의 지혜가 되고 성령의 열매가 나의 열매가 되는 것입니다. 이것보다 더 행복한 인생은 없을 것입니다.

성령의 충만

그러나 술에 취하면 술의 지배를 받습니다. 술의 지배를 받으면 방탕하게 된다고 바울은 말합니다. 술에 취하면 언어를 절제하지 못하고 생각도 통제하지 못하고 분별력도 없어지고 어디로 가야 할지도 모르고 행동도 조절할 수 없습니다. 때때로 괴성을 지르고 폭언을 뱉습니다. 때로는 장소를 가리지 않고 옷을 벗습니다. 더러운 길바닥을 잠자리로 삼습니다. 타인을 존중하지 않습니다. 예의를 갖추지 못하고 무례를 범합니다. 자신의 감정을 조금만 건드려도 난폭한 반응을 보입니다. 술에 취하면 아주 이기적인 사람으로 변합니다. 인격적인 언행을 기대할 수 없고 타인에 대한 배려도 없고 오직 이성이 없는 짐승처럼 행합니다. 술 취하면, 자신의 정신도 파괴하고 몸도 상하게 하고 타인도 파괴하고 가정도 파괴하고 관계도 쪼갭니다.

술 취하는 자에 대해 지혜자는 이렇게 권합니다. "술을 즐겨하는 자들과 고기를 탐하는 자들과도 더불어 사귀지 말라. 술 취하고 음식을 탐하는 자는 가난하여질 것이요."^{잠 23:20-21} 술 취하면 가난해질 것입니다. 이것 때문에 사귀지 말라는 것이 아닙니다. 지혜자는 연이어서 말합니다. "재앙이 뉘게 있느뇨. 근심이 뉘게 있느뇨. 분쟁이 뉘게 있느뇨. 원망이 뉘게 있느뇨. 까닭 없는 상처가 뉘게 있느뇨. 붉은 눈이 뉘게 있느뇨. 술에 잠긴 자에게 있고 혼합한 술을 구하러 다니는 자에게 있느니라."^{잠 23:29-30} 재앙과 근심과 분쟁과 원망과 상처와 충혈된 눈이 술 취한 자에게 있다고 말합니다.

지혜자의 말처럼 술 취한 자와 더불어 있으면 가난해질 뿐만 아니라 재앙도 만납니다. 근심에 잠깁니다. 분쟁에 빠집니다. 원망을 듣습니다. 상처를 받습니다. 충혈된 눈을 갖습니다. 그래서 술 취한 사람과는 사귀지 말라는 것입니다. 물론 사회생활 속에서는 성경의 가르침과 다른 것을 경험할 수 있습니다. 술을 마셔야 친구도 생기고 출세의 길도 열리고 답답한 현실에서 벗어날 출구가 마련되는 듯합니다. 그러나 결국에는 함께 재앙에 빠지고 함께 근심에 잠기고 함께 분쟁에 가담하고 함께 원망을 쏟아 내고 함께 상처를 받는 길입니다. 술 취하지 마십시오. 술 취하는 사람과는 어울리지 않는 것이 좋습니다.

다시 말하지만, 인간은 의존적인 본성을 가졌기 때문에 자신의 생각과 말과 행실을 지배할 어떤 주체를 찾습니다. 술이 대표적인 것이지만 술 이외에도 의존하는 대상들이 많이 있습니다. 돈은 유용한 것이지만 돈에 취하면 돈에 죽고 돈에 사는 방탕한 사람으로 변합니다. 사랑과 가치와 의미와 선과 명분이 아니라 돈을 기준으로 생각하고 돈을 기준으로 판단하고 돈을 기준으로 선택하고 돈을 기준으로 관계를 형성하고 돈을 기준으로 움직이는, 돈의 노예로 변합니다. 성은 비록 아름다운 것이고 생육하고 번성하여 땅에 충만해야 한다는 주님의 명령에 순종하는 도구지만, 성에 취하면 성의 노예가 되어 방탕하게 될 수밖에 없습니다. 자아에 도취된 사람도 술 취한 사람처럼 방탕한 자입니다. 자아의 노예가 되면 자신의 감정과 견해와 가치관과 재산을 조금만 건드려도 난폭한 반응을 보이며 분노와 보복의 화신으로 변합니다.

우리를 지배하고 종으로 삼으려는 이토록 많은 요소들에 일일이 대응하며 이긴다는 것은 불가능한 일입니다. 술 취하지 않고 돈에 중독되지 않고 성에 집착하지 않고 자아에 결박되지 않으려면 성령으로 충만함을 받는 것 외에는 다른 방법이 없습니다. 하나님의 형상대로 지음을 받은 사람답게, 그리스도 안에서 거듭난 하나님의 자녀답게, 어둠에서 빛 가운데로 부름을 받은 빛의 자녀답게 살아가는 방법은 성령으로 충만함을 받는 것입니다. "오직 성령이 너희에게 임하시면 너희가 권능을 받고 예루살렘과 온 유대와 사마리아와 땅끝까지 이르러 내 증인이 되리라 하시니라."^{행 1:8} 성령으로 충만하면 성령의 권능으로 증인이 된다고 성경은 말합니다. 이는 하나님의 존재를 증명하고 하나님의 성품을 드러내고 하나님의 역사를 선포하는 증인의 삶은 오직 성령이 임하시고 그의 권능을 받아야만 살아 낼 수 있다는 것입니다.

어떻게 하면 성령으로 충만하게 되는 것일까요? 성령의 충만함을 얻는 방식을 생각하기 이전에 성령의 충만함은 은혜로 값없이 주어지는 하나님의 선물임을 믿으시기를 바랍니다. 요한의 아버지 사가랴는 아들이 태어난 이후에 이름을 요한이라 작명한 이후에 아무런 조건도 없이 성령의 충만함을 받아 하나님께 찬송을 올립니다.^{눅 1:67} 예수님은 광야에서 시험을 받으시기 전에 어떠한 요청도 없이 성령의 충만함을 받았다고 마태는 기록하고 있습니다.^{눅 4:1} 예수님의 죽으심 이후에 제자들이 모였을 때에 성령의 충만함을 홀연히 받았다고 누가는 말합니다.^{행 2:4} 스데반은 복음 때문에 유대인의 돌에 찍히는 죽음을 당하는 중에 성령의 충만함을 받고 저들의 죄를 용서해 달라는 기도를 올립니다.^{행 7:59-60} 베드로가 성전 미문에서 나면서 앉은뱅이 된 자를 일으키는 기적으로 관원들이 힐문하자 복음을 전하는 상황에서 구함도 없이 성령의 충만함을 받습니다.^{행 4:8} 이처럼 성령의 충만함을 주시는 절대적인 권한은 하나님께 있습니다. 하나님은 우리로 하여금 하나님을 찬양하고 순교를 당하고 시험을 당하고 복음을 전하는 일을 감당하게 하시려고 성령의 충만함을 값없이 주십니다. 그 필요를 미처 깨닫기도 전에 우리에게 주십니다.

이처럼 성령의 충만함은 주님께서 우리에게 값없이 주신 선물이며, 그렇기 때문에 사람이 성령의 충만함을 좌우하지 못하는 것입니다. 물론 사도들이 기도해서 성령의 충만함을 받은 사례가 없지는 않습니다. "이에 두 사도가 그들에게 안수하매 성령을 받는지라."행 8:17 예수님을 체험한 바울이 성령의 충만함을 받은 것도 아나니아 선지자의 기도의 결과라고 볼 수 있습니다. "형제 사울아, 주 곧 네가 오는 길에서 나타나셨던 예수께서 나를 보내어 너로 다시 보게 하시고 성령으로 충만하게 하신다."행 9:17 모세가 여호수아의 머리에 안수할 때에도 "그에게 지혜의 영이 충만"하게 되었다고 성경은 말합니다.신 34:9

하지만 그것이 성령의 충만함을 인간이 좌우할 수 있다는 증거인 것은 아닙니다. 성령의 충만함은 예수께서 하시는 일이며, 보냄을 받은 사도들과 아나니아 자신은 쓰임을 받은 도구일 뿐입니다. 오직 주님만이 "성령을 받으라"고 명할 자격을 가진 유일하신 분입니다.요 20:22 그래서 바울도 요한처럼 그리스도 예수께서 우리의 마음에 성령을 주시는 분이라고 말한 것입니다.고후 1:22, 딛 3:6 동시에 성부 하나님도 성령을 보내시는 분이라고 말합니다.고후 5:5 즉, 성령의 충만함도 아버지 하나님이 주시는 것입니다. "하나님이 보내신 이는 하나님의 말씀을 하나니 이는 하나님이 성령을 한량없이 주심이니라."요 3:34 나아가 성령은 성부와 성자의 보내심을 따라 주어지되 하나님 자격으로 스스로도 나오시는 분입니다. 그러므로 성령의 충만함은 삼위일체 하나님의 공통적인 사역이며 특정한 위격만의 고유한 일이 아닙니다.

나아가 성령의 충만함은 비록 구하지 않아도 주님께서 값없이 주시는 것이지만 주님은 구하는 자에게도 주신다고 하십니다. "너희가 악할지라도 좋은 것을 자식에게 줄 줄 알거든 하물며 너희 하늘 아버지께서 구하는 자에게 성령을 주시지 않겠느냐 하시니라."눅 11:13

성령의 충만함을 받고 싶습니까? 아버지 하나님께 달라고 구하시기를 바랍니다. 누가는 사도들이 관원들의 위협 속에서도 복음이 증거되고 표적과 기사가 일어나게 해달라고 기도하자 땅이 진동하고 모인 무리가 다 성령으로 충만하게 되었다고 말합니다.^{행 4:31} 베드로는 말합니다. "너희가 회개하여 각각 예수 그리스도의 이름으로 세례를 받고 죄 사함을 받으라. 그리하면 성령의 선물을 받으리니."^{행 2:38} 회개하고 세례를 받을 때에도 성령의 선물을 받습니다. 그러나 그리스도 예수를 믿고 회개하여 죄 사함을 받지 않으면 성령의 충만함도 없습니다. 바울은 말합니다. "너희가 성령을 받은 것이 율법의 행위로냐 혹은 듣고 믿음으로냐."^{갈 3:2} 성령의 충만함은 믿음으로 받습니다. 그리스도 예수에 대한 믿음이 없다면 그 누구도 성령의 충만함을 받을 수 없습니다. 하나님을 범사에 전심으로 믿으시기를 바랍니다. 이처럼 성령의 충만함을 받는 방법에는 기도가 있고 회개가 있고 믿음이 있습니다.

성령으로 충만한 사람들의 모습은 어떤 것일까요? 먼저 19절을 보십시오. "시와 찬송과 신령한 노래들로 서로 화답하며 너희의 마음으로 주께 노래하며 찬송하며." 성령으로 충만하면 기적이 빵빵 터지고 놀라운 신유가 일어나고 돈벼락을 맞고 기적적인 승진과 출세를 경험할 것이라고 기대하는 분들도 계십니다. 그러나 바울에 의하면 성령으로 충만한 사람은 시와 찬송과 신령한 노래들로 서로 소통하는 자입니다. 시는 아름다운 언어이고 찬송은 하나님을 높이는 가락이고 신령한 노래들은 천군과 천사들이 화답하는 노래들일 것입니다.

성령으로 충만한 자는 혼자서 노래하는 독창만 부르지 않습니

다. 가장 아름다운 언어를 가장 감미로운 멜로디에 담아 하늘과 땅의
모든 피조물이 더불어 화답하며 조화로운 합창을 하나님께 올리는
자입니다. 형통한 날이든 곤고한 날이든 이러한 찬양의 삶은 변경되
지 않습니다. 우리가 성령의 충만함을 받으면 입술에서 찬송이 떠나
지를 않습니다. 성령으로 충만한 자의 마음에는 어떠한 때에라도 원
망과 불평이 아니라 늘 음악이 있습니다. 아름다운 시를 짓고 감미로
운 멜로디를 만들고 연주까지 한 최고의 시인이요 작곡가요 연주자
인 다윗은 "흙 도가니에 일곱 번 단련한 은" 같은 하나님의 말씀 때문
에 "하루 일곱 번씩 주를 찬양"했던 분입니다.[시 12:6; 119:164] 다윗은 하나
님의 말씀으로 충만했던 분이며 그것 때문에 하나님을 찬양하는 성
령의 충만함을 받은 분입니다.

감사의 사람

바울은 20절에서 성령으로 충만한 사람은 감사의 사람이 된다고 말
합니다. "범사에 우리 주 예수 그리스도의 이름으로 항상 아버지 하
나님께 감사하며." 성령의 충만함을 받은 사람은 범사에 항상 하나님
께 감사하는 자입니다. "범사에 감사하라. 이것이 그리스도 예수 안에
서 너희를 향하신 하나님의 뜻이니라."[살전 5:18] 성령으로 충만함을 받
은 사람은 하나님의 뜻을 정확하게 이해하고 범사에 항상 감사하는
자입니다. 찬양도 그렇지만 하나님을 향한 감사도 형통한 날이든 곤
고한 날이든 멈추지를 않습니다. 그러나 성령으로 충만함을 받지 못
한 자는 하나님의 뜻을 이해하지 못하여 형통하면 교만하고 곤고하
면 절망하는 반응을 보입니다. "범사에"와 "항상"은 경건의 능력을

가장 잘 보여 주는 말입니다. 감사와 찬양은 하나의 이벤트나 한 번의 행동이 아닙니다. "범사에"와 "항상"이란 수식어가 붙으면 이벤트와 행위는 상태로 바뀝니다. 성령으로 충만한 사람은 특정한 상황이 되어야 감사하고 특정한 때가 이르러야 감사하는 자가 아닙니다. 그는 감사의 마음이 어떠한 상황 속에서도 어떠한 때에라도 바뀌지 않는 자입니다. 우리의 마음이 시시각각 바뀐다면 하나님의 뜻을 잘 이해하지 못한 것이고 이해하지 못함은 성령으로 충만하지 않았기 때문인 것입니다. 그러므로 마음의 변덕을 경험할 때마다 성령의 빈곤을 깨닫고 충만함을 구하시기를 바랍니다.

본문이 강조하는 것은 성령의 충만함을 구해야 한다는 것이 아닙니다. 어떻게 살 것이냐의 문제에 초점이 있습니다. 우리가 육체에 속했다면 그냥 육체의 소욕을 따라 죄악 된 본성에 이끌리어 짐승처럼 살면 될 것입니다. 그러나 그리스도 안에서 새로운 피조물이 되었다면, 하나님의 형상대로 지으심을 받은 새사람이 되었다면, 진리에서 비롯된 의로움과 거룩함의 옷을 입었다면 세상의 부패한 풍조를 따라 각자의 소견에 옳은 대로 살아갈 수 없습니다. 그래서 어떻게 살 것인지를 신중하게 고민하고 궁구하지 않으면 안 됩니다. 바울은 하나님의 자녀에게 어울리는 삶의 방식에 대해 질문을 던져야 한다고 말합니다. 지혜로운 자처럼 살아야 한다고 말합니다. 시대가 악하기 때문에 세월을 아끼라고 말합니다. 거듭난 자의 기준과 질서대로 살아야 시간을 구제할 수 있다고 말합니다. 지혜로운 자는 하나님의 뜻을 이해해야 한다고 권합니다. 하나님의 뜻을 알고 싶다면 술 취하여 방탕해진 삶을 청산해야 한다고 말합니다. 그 방법은 성령의 충만함을 받는 것입니다.

　　성령의 충만함을 추구하는 이유는 종교의 몽롱한 경지를 출입하고 기이한 일들을 터뜨리는 것에 있지 않습니다. 성령의 충만함은 하나님의 뜻을 이해하고 빛의 열매를 맺기 위한 것입니다. 하나님의 뜻이 우리의 마음과 생각과 뜻과 가치관과 입술과 몸을 관통하는 하나님의 전인격적 뜻 이해는 오직 성령의 충만함에 의해서만 주어지는 것입니다. 그래서 바울은 성령의 충만함을 구하라고 우리에게 명령한 것입니다. 하나님의 뜻 이해가 빠진 채 성령의 신비로운 체험만을 추구하는 오늘날의 잘못된 모습은 바울의 명령과는 무관한 것입니다. 성령으로 충만한 사람은 성도들 사이에 아름다운 노래를 감미로운 곡조에 담아 하늘의 의인들과 더불어 하나님을 찬양하고 범사에 항상 하나님께 감사를 드리는 자입니다. 이것은 성령으로 충만함을 받은 사람의 수직적인 현상이며, 수평적인 현상은 그리스도 예수를 경외하는 마음으로 서로에게 복종하는 것에 있습니다.

21.
부부의 복종적인 관계

²¹ 그리스도를 경외함으로 피차 복종하라. ²² 아내들이여, 자기 남편에게 복종하기를 주께 하듯 하라. ²³ 이는 남편이 아내의 머리 됨이 그리스도께서 교회의 머리 됨과 같음이니 그가 바로 몸의 구주시니라. ²⁴ 그러므로 교회가 그리스도에게 하듯 아내들도 범사에 자기 남편에게 복종할지니라. ²⁵ 남편들아, 아내 사랑하기를 그리스도께서 교회를 사랑하시고 그 교회를 위하여 자신을 주심같이 하라. ²⁶ 이는 곧 물로 씻어 말씀으로 깨끗하게 하사 거룩하게 하시고 ²⁷ 자기 앞에 영광스러운 교회로 세우사 티나 주름 잡힌 것이나 이런 것들이 없이 거룩하고 흠이 없게 하려 하심이라. | 엡 5:21-27

본문은 그리스도 예수로 말미암아 거듭난 새로운 사람이 성령의 충만함을 받을 때에 나타나는 수평적인 현상을 다루고 있습니다. 성령으로 충만하게 되면 사람들 사이의 관계성은 어떻게 변할까요? 새로운 사람들이 살아가는 삶의 양태들 중에서, 바울은 새로운 사람들이 서로에게 피차 복종해야 한다는 사실을 소개하고 있습니다. 피차 복종하는 것은 온 인류의 역사에서 파괴된 모든 관계성의 치유와 회복을 위한 기독교의 항구적인 해법으로 제시된 것입니다.

　　바울이 소개하는 피차 복종하는 관계성들 중에는 남편과 아내, 부모와 자녀, 주인과 종의 관계들이 있습니다. 본문은 부부 사이의 쌍방적인 복종의 내용을 언급하고 있습니다. 부부는 하나님에 의해 인간이 창조된 이후에 동일하신 하나님에 의해 처음으로 세워진 공동체의 본입니다. 이는 모든 공동체가 부부의 신뢰성과 배려와 이해의 토대 위에 세워져야 한다는 것입니다. 하나님의 나라는 서로를 이해하고 사랑하되 나 자신처럼 사랑하는 부부의 관계성이 구현되는 나라일 수 있습니다. 나아가 창조의 첫 공동체가 부부라는 사실에서 우리는 인류의 역사에서 가장 아름답고 신비로운 관계성인 그리스도 예수와 교회의 관계를 주께서 태초부터 의도하고 계셨다는 점을 확인할 수 있습니다.

자발적인 복종

먼저 21절은 새로운 사람들이 서로에게 피차 복종하는 것의 의미를 설명하고 있습니다. "그리스도를 경외함으로 피차 복종하라." 여기에서 "복종"의 의미는 어떤 것일까요? "복종"이란 단어의 국어적인 어감은 원어의 의미보다 더 강하여 그 의미를 오해하기 쉽습니다. "복종"은 상대방의 폭력이나 위협에 의해 의지의 자율적인 선택권이 박탈되고 순종이 강요된 '굴종'이 아닙니다. 바울이 여기에서 말하는 "복종"은 상대방의 권위를 하나님 앞에서 인정하고 자신을 그 권위 아래에 둔다는 뜻입니다. "복종"은 나의 권위를 주장하지 않고 상대방의 권위를 존중하는 것입니다. 아내는 남편의 권위를 존중하고, 남편은 아내의 권위를 존중하고, 부모는 자녀의 권위를 존중하고, 자녀는 부모의 권위를 존중하고, 주인은 종의 권위를 존중하고, 종은 주인의 권위를 존중하는 것입니다. 존중의 수준은 마치 그리스도 예수께서 아버지 하나님과 동등 됨을 취할 것으로 여기지 않으시고 자기를 비워 우리의 형상을 입고 내려오실 정도로 우리를 존중하신 차원까지 이르러야 한다고 바울은 말합니다. 하나님의 아들이 우리처럼 되셨다는 것보다 더 인간을 존중하는 방식은 없을 것입니다. 우리도 타인에게 그러할 때에 예수를 경외하는 것입니다.

새로운 사람들의 쌍방적인 복종은 그리스도 예수를 경외하지 않으면 이루어질 수 없습니다. 즉, 예수를 경외하는 것은 새로운 사람들의 새로운 삶이 가능하기 위한 전제라는 것입니다. 우리의 관계성에 예수를 경외함이 없다면 서로의 건강한 복종은 이루어질 수 없고 대단히 무서운 종속의 관계로 전락할 수 있습니다. 우리가 예수를 경외하는 것은 결코 강제적인 것이 아닙니다. 자발적인 것입니다. 예수를 향한 우리의 자발적인 경외함과 같이 서로에게 피차 복종하는 것도 자발적인 것입니다. 만약 피차간의 복종이 강요된 것이라면 그것은 새로운 사람들의 새로운 삶이 아닐 것입니다. 자발적인 복종이 아닌 강요된 복종은 주로 이단들이 고수하는 것입니다. 사이비 이단들의 교주들은 대체로 영원한 생명과 천국에의 입성을 원한다면 자기에게 복종해야 한다는 식으로 추종하는 사람들의 자발적인 의지와 자유로운 선택을 빼앗고 맹목적인 굴종을 요구하는 경향을 보입니다. 그러나 성경은 그런 종류의 강요된 복종을 추호도 용인하지 않습니다.

그리고 남편과 아내든 부모와 자식이든 주인과 종이든 우리가 서로에게 복종하는 것은 그리스도 예수를 경외하는 문맥 안에서 명령된 것입니다. 우리가 서로에게 복종하는 근거와 목적은 우리 각자에게 있지 않습니다. 오직 예수를 경외함에 있습니다. 복종의 이유는 상대방이 똑똑하고 지혜롭고 아름답고 온유하고 자비롭기 때문이 아닙니다. 상대방이 그런 특성들을 가졌다면 복종하는 것이 더 쉬울 수는 있을 것입니다. 그러나 복종의 근거는 아닙니다. 그 근거는 예수를 경외함에 있습니다. 동시에 우리는 비록 상대방이 무지하고 우매하고 추하고 거칠어도 복종을 중단하지 않습니다. 피차간의 복종을 중단하지 않는 이유는 예수를 경외하기 위한 것입니다. 악하고 거짓되고 무례하고 교만하고 난폭하고 악독하고 무지했던 우리를 사랑하고 구원하신 예수님을 경외하기 위해 우리는 서로에게 복종하는 것입니다. 이처럼 복종의 이유와 목적을 예수 경외함에 둘 때에 비로소 사회는 상대방의 권위를 존중하는 하늘의 질서가 확립될 것입니다.

아내의 복종

이제 22절에는 부부라는 구체적인 관계성 안에서의 쌍방적인 복종이 소개되어 있습니다. "아내들이여, 자기 남편에게 복종하기를 주께 하듯 하라." 남편과 아내의 쌍방적인 복종에 대해 바울은 남편에 대한 아내의 도리를 먼저 다룹니다. 원문을 직역하면 다음과 같습니다. "아내들아, 주께 하듯 자기 남편에게." 문맥적인 살을 붙여서 다시 표현하면, 아내들은 남편에게 복종하되 주님께 복종하듯 하라는 것입니다. 이 세상에 완벽한 남편은 없습니다. 완벽하지 않고 두루두루 부실한 남편에게 복종하는 것은 결코 쉬운 일이 아닙니다. 그러나 그럼에도 불구하고 아내가 남편에게 복종하는 근거는 남편의 어떠함에 있지 않고 예수 경외함에 있기 때문에 복종해야 한다고 바울은 말합니다. 어쩌면 남편이 무지하고 우매하고 거짓되고 악할수록 그런 남편에게 복종하면 복종의 근거가 남편에게 있지 않고 예수 경외함에 있다는 사실이 보다 확실하게 증명될 것입니다. 또한 우리가 복종해야 할 궁극적인 남편은 예수밖에 없음을 보다 분명히 확인하게 될 것입니다.

왜 아내는 주님께 복종하듯 남편에게 복종해야 하는 것일까요? 이것은 아마도 하와가 범죄한 이후에 받은 하나님의 형벌과 무관하지 않은 것 같습니다. "또 여자에게 이르시되 내가 네게 임신하는 고통을 크게 더하리니 네가 수고하고 자식을 낳을 것이며 너는 남편을 원하고 남편은 너를 다스릴 것이니라 하시고."^{창 3:16} 하와는 죄로 말미암아 받는 형벌로서 임신하는 고통을 당하고, 수고하고 자식을 낳을 것이라고 창세기는 말합니다. 나아가 남편과의 관계성에 있어서는 하와가 남편을 원하고 남편은 하와를 다스리게 된다는 것입니다. 그러나 하와의 죄로 인한 형벌은 이 땅에서의 일입니다. 우리가 모두 주님께로 가면 교회와 그리스도 사이의 관계성을 표상하는 상징의 역할이 끝납니다. 남자도 없고 여자도 없으면 결혼도 없고 남편도 없고 아내도 없습니다. 그리고 바울은 아내가 남편에게 복종하는 이유로서 태초에 정해진 하나님의 형벌을 언급하고 있지 않습니다. 복종과 형벌을 연결하지 않은 바울의 의도는 아마도 아내가 남편에게 복종하는 것이 형벌의 의미가 아니라는 것입니다. 오히려 긍정적인 관계를 표현하기 위해 다른 이유를 말합니다.

아내가 남편에게 복종해야 하는 이유를 바울은 23절에서 밝힙니다. "이는 남편이 아내의 머리 됨이 그리스도께서 교회의 머리 됨과 같음이니 그가 바로 몸의 구주시니라." 남편은 아내의 머리가 된다고 말합니다. 이는 예수께서 교회의 머리가 되신다는 것과 같습니다. 그리스도 이외에 교회의 다른 머리는 없습니다. 교황도, 교주도, 목사도, 왕도 교회의 머리가 아닙니다. 교회는, 교황의 뜻이 아니라 왕의 뜻이 아니라 목사의 뜻이 아니라, 오직 그리스도 예수의 뜻을 실현하고 명령에 순종하는 예수님의 몸입니다. 몸의 구주이신 예수님을 떠나면 존재감과 정체성을 상실하는 것이 마치 머리가 없는 몸과 같습니다. 머리가 없으면 누구의 몸인지를 알 수 없습니다. 머리가 없는 몸처럼 교회가 예수님의 뜻을 따르지 않고 예수님의 명령에 순종하지 않으면 교회가 존재감과 정체성을 상실하기 때문에 사실상 교회라고 볼 수도 없습니다. 아내도 남편에 대하여 그런 관계성을 가지고 있습니다. 즉, 아내도 머리인 남편의 뜻을 따르고 순종해야 자신의 존재감과 정체성을 확보할 수 있습니다. 여성들은 자기의 존재감과 정체성을 맡겨도 될 신랑감을 찾으시기 바랍니다.

바울이 남편과 아내의 관계성을 다루면서 아내의 복종을 먼저 언급한 것을 근거로 부부의 관계는 아내가 잘해야 한다고 주장하는 사람들이 있습니다. 그러나 저는 그렇게 생각하지 않습니다. 비록 아내들에 대한 권면이 먼저 나오지만 내용을 곰곰이 살펴보면 남편이 더 주의해야 할 권면처럼 보입니다. 남편에 대한 아내의 절대적인 복종이 하나님의 뜻이라면, 도대체 남편의 뜻과 판단은 어떠한 수준까지 이르러야 한다는 것일까요? 저는 아내에 관한 권면을 읽으면서 남편은 교회가 주께 무조건 순종하듯 아내가 무조건 순종해도 될 정도로 그리스도 수준의 남편이 되지 않으면 안 된다는 요청과 책임감을 느낍니다. 아내에 대한 조항에서 희열을 느끼는 남편이 있다면 그는 이 메시지의 본질을 파악하지 못한 자입니다. 정상적인 사고를 가진 남편은 이 대목에서 두렵고 떨리는 마음을 가질 것입니다. 남편이 된다는 것은 참으로 두려운 일입니다. 이는 한 여인을 아내로 맞이할 정도로 자신 안에 하나님의 형상을 온전히 이루어야 하기 때문입니다.

이 말씀은 결혼한 분들만을 위한 교훈이 아닙니다. 아직 결혼하지 않은 분들이 더욱 귀담아들어야 할 필요가 있습니다. 아내는 남편에게 복종해야 한다는 하나님의 말씀은 이미 정해져 있습니다. 그렇다면 한 여성이 배우자를 찾을 때에 주의해야 할 것은 아내의 복종이 변경할 수 없는 진리이기 때문에 무조건 순종해도 될 남성을 남편으로 선택해야 한다는 것입니다. 번듯한 외모에서 느끼는 몽환적인 첫인상에 속지 마십시오. 예수님의 형상을 닮았다는 전인격적 됨됨이의 충분한 검토 이전에는 배우자 선택을 보류하는 것이 좋습니다. 가치관과 습관과 언어와 행실이 예수님을 닮지도 않았는데 한 남성을 배우자로 급하게 택한다는 것은 일평생 후회할 불행을 자초하는 일입니다. 남편을 대충 고르지 마십시오. 평생의 반려자로 남편을 선택할 때에 예수님 같은 남성을 알아보는 안목의 필요성은 아무리 강조해도 지나침이 없습니다.

한 여성이 신랑감 후보로서 예수님 같은 남성을 선호하면 남성들의 사회에는 예수님을 닮으려는 분위기가 조성될 것입니다. 결혼을 준비하는 남성들 사이에는 얼굴이나 몸매나 스펙이나 재물의 축적보다 인간의 됨됨이가 예수님의 수준까지 이르러야 한다는 공감

대가 형성될 것입니다. 남성들의 가치관은 그런 식으로 바뀔 것입니다. 이처럼 배우자에 대한 여성들의 기호가 남성들의 건강한 가치관을 유도하고 건전한 문화를 선도하게 되는 것입니다. 그렇다면 남편에 대한 아내의 복종은 복종의 여부라는 하나의 사안과만 관련된 것이 아닙니다. 그것은 한 개인의 가치관과 공동체의 질서와 문화 및 인류의 역사까지 다 고려된 명령이기 때문에 아무리 우리의 생각과 충돌되는 것이라고 할지라도 "아니요"가 아니라 "예"라는 태도를 취하는 것이 좋습니다. 하나님의 모든 명령은 사실 그 명령의 직접적인 사안과만 관련되어 있지 않고 온 우주와 역사에 대한 하나님의 종합적인 섭리가 결부되어 있습니다. 그래서 다 알지 못해도 순종하는 것이 가장 좋습니다.

바울의 권면은 아내의 복종만을 말하지 않고 24절에서 보다 곤란한 태도를 권합니다. "그러므로 교회가 그리스도에게 하듯 아내들도 범사에 자기 남편에게 복종할지니라." 아내들은 이 구절이 대단히 거북할 것입니다. 자기 남편에게 복종하는 것도 유쾌하지 않은 일인데, 바울은 심지어 "범사에" 복종해야 한다고 말합니다. 이는 그때그때 사안에 따라서 복종의 여부를 아내가 결정할 수 없다는 것입니다. 이것은 너무나도 난감하고 수용하기 어려운 일이지만 그렇다고 하나님의 말씀을 거부하고 변경할 수는 없습니다. 말씀대로 아내는 범사에 자기 남편에게 순종하는 것이 옳습니다. 동시에 이 말씀을 남편의 입장에서 본다면, 남편은 경제적인 부분이든 개인적인 부분이든 사회적인 부분이든 종교적인 부분이든 관계적인 부분이든 문화적인 부분이든 아내가 범사에 자신에게 복종해도 될 정도의 인격과 지성과 분별력과 판단력을 구비해야 한다는 말입니다. 이는 동시에 아내도 모든 부분에서 "범사에" 복종해도 될 정도로 준비된 신랑감을 선택해야 한다는 말입니다. 우리의 이성을 따라서는 거북하게 여겨지는 이 말씀도 성령으로 충만하면 옳다고 여길 것입니다.

남편의 복종

바울은 아내들의 의무를 언급한 이후에 25절에서 남편들의 의무를 다룹니다. "남편들아, 아내 사랑하기를 그리스도께서 교회를 사랑하시고 그 교회를 위하여 자신을 주심같이 하라." 남편은 아내가 자신에게 범사에 복종해야 한다고 주장하고 요구하는 자가 아닙니다. 남편은 아내의 의무에 관여하지 않습니다. 자신의 의무에 충실하면 되는 것입니다. 남편의 의무는 아내를 사랑하는 것입니다. 이 규정에는 의무의 당위적인 차원과 사랑의 자발적인 차원이 결합되어 있습니다. 당위성에 있어서 아내에 대한 남편의 사랑은 선택이 아닙니다. 무조건 사랑해야 한다는 것입니다. 자발성에 있어서 남편의 사랑은 강요나 강제가 아닙니다. 억지로가 아니라 스스로 즐거이 기쁘게 기꺼이 아내를 사랑해야 한다는 것입니다. 그렇기 때문에 남편은 한 여성을 아내로 선택할 때에 일평생 사랑할 사람인지 아닌지를 꼼꼼하게 관찰하고 충분히 확인할 필요가 있습니다. 19세기 프랑스의 철학자 이폴리트 텐의 말입니다. "3주 동안 서로 관찰하고, 석 달 동안 서로 사랑하고, 3년 동안 서로 싸우고, 30년 동안 서로 참는다. 그리고 그런 와중에서 태어난 아이들이 똑같은 일을 반복한다." 이러한 일이 발생하지 않도록 조바심을 가지지 마시고 서두르지 마십시오. 결혼

적령기는 저마다 다릅니다. 하나님의 때에 하나님이 정해 주신 배우자를 만나도록 늘 기도를 하십시오.

아내에 대한 남편의 사랑은 어떤 것일까요? 사랑에는 다양한 종류가 있습니다. 남녀 간에 성적으로 이끌리는 에로스의 사랑이 있고, 친구처럼 서로의 도움을 주고받는 필리아의 사랑이 있고, 아무런 조건도 없이 그저 사랑하는 아가페의 사랑이 있습니다. 바울이 말하는 아내에 대한 남편의 무조건적 사랑은 아가페를 뜻합니다. 물론 이 아가페는 에로스와 필리아의 사랑을 배제하지 않습니다. 부부는 성적인 사랑도 나누고 서로 간에 도움을 주고받습니다. 그러나 바울이 의도한 것은 아내에 대한 남편의 사랑이 아가페의 수준까지 이르러야 한다는 것입니다. 남편이 아내를 사랑하는 것은 단순히 육체의 관능적인 아름다움 때문이 아닙니다. 시간이 지나면 육체의 매력은 떨어질 수밖에 없습니다. 그리고 나에게 도움을 주었고 앞으로도 도움이 될 것을 기대하기 때문에 아내를 사랑하는 것이 아닙니다. 나이가 들면 도움을 기대할 수 없습니다. 아내 사랑의 다른 이유는 없습니다. 한 여성이 나의 아내라는 사실 이외에 다른 이유가 필요하지 않습니다.

아직 결혼하지 않은 남성들이 주목해야 할 것은 성령으로 충만한 하나님의 사람이 한 여성을 아내로 선택하는 이유가 매혹적인 외모에 있지도 않고 도움을 줄 능력에 있지도 않다는 것입니다. 이 선택은 남자가 한 여성에게 어떠한 조건이나 자격도 요구하지 않고 그 여성을 일평생 아내로 삼아 사랑할 수 있느냐 없느냐에 달려 있습니다. 즉, 외적인 요소가 아니라 내적인 됨됨이가 바로 한 여성이 한 남성의 아내로 선택되는 이유여야 한다는 것입니다. 결혼하지 않은 남성들은 배우자를 찾을 때에 여성의 외모에 집착하지 마십시오. 얼마나 나에게 많은 도움을 줄 것인지도 주목하지 마십시오. 여성의 인격과 됨됨이를 보십시오. 그것을 주목하면 결혼에 결코 후회함이 없을 것입니다. 옛말에 "미인은 눈을 즐겁게 하고 어진 아내는 마음을 즐겁게 한다"고 했습니다. 배우자를 선택하는 남성들의 기준이 인격과 됨됨이에 있다면 여성들도 자신의 외모보다 내면의 인격과 됨됨이를 더욱 소중하게 여기고 아름답게 가꾸는 문화가 사회에 조성될 것입니다. 그러면 여성들은 육신의 초라한 외모와 경제적인 빈곤 때문에 결혼을 포기하고 인생까지 좌초되는 일은 없을 것입니다.

바울은 남편이 아내를 사랑하되 주님께서 교회를 사랑하사 그 교회를 위하여 자신을 내어 주신 것처럼 하라고 말합니다. 주님은 실제로 자신을 우리에게 주셨으며 그래서 그분은 우리의 것입니다. 우리를 아내로 삼아 한 몸을 이루시고, 우리의 죄는 당신이 취하셨고 당신의 의는 우리에게 주셨으며, 우리의 죽음은 당신이 취하셨고 당신의 생명은 우리에게 주셨기에, 남편이신 주님의 전부가 아내인 우리에게 주어진 것입니다. 이것은 인간의 상상을 초월하는 일입니다. 주님이 우리에게 주어져서 우리의 것이 되셨다는 사실은 상상할 수도 없고 받아들일 수도 없을 정도의 기막힌 사건이며 놀라운 은혜이며 무한한 복입니다.

교회를 향한 예수의 사랑

주님은 교회를 위해 자신을 주시되 왜 주셔야만 했습니까? 그 이유가 26-27절에 나와 있습니다. "이는 곧 물로 씻어 말씀으로 깨끗하게 하사 거룩하게 하시고 자기 앞에 영광스러운 교회로 세우사 티나 주름 잡힌 것이나 이런 것들이 없이 거룩하고 흠이 없게 하려 하심이라." 즉, 주님은 교회를 거룩하게 하기 위해서 자신을 주셨다고 바울은 말합니다. 그렇다면 교회는 거룩이 필요한 상태, 거룩하지 않은 상태 혹은 죄의 상태에 있었다는 것입니다. 예수님이 이 땅에 오신 이유에 대해 마태는 이렇게 설명하고 있습니다. "아들을 낳으리니 이름을 예수라 하라. 이는 그가 자기 백성을 그들의 죄에서 구원할 자이심이라 하니라."^{마 1:21} 자기 백성, 즉 교회를 그들의 죄에서 구원하기 위해 예수님이 오셨다는 말입니다. 바울도 같은 차원에서 예수님이 교회를 위하여 자신의 생명을 주신 것은 교회를 죄에서 거룩하게 하기 위한 것이라고 말합니다. 이러한 희생은 언제부터 계획된 것일까요? 그것은 창세전부터 예정된 것입니다.

교회를 거룩하게 하는 구체적인 내용은 "티나 주름 잡힌 것이나 이런 것들이 없이 거룩하고 흠이 없게 하려" 한다는 것입니다. 즉, 교회를 거룩하게 하는 예수님의 사랑은 교회의 죄와 타락과 부패와 실수와 오류를 제거하기 위해 자신을 희생하신 것입니다. 교회의 죄를 해결하는 방법은 죄의 책임을 대신 짊어지는 것입니다. 그런데 하와가 죄를 범하였을 때에 아담의 태도를 보십시오. 모세는 온 인류의 남편상이 무너지는 현장을 이렇게 기록하고 있습니다. "아담이 이르되 하나님이 주셔서 나와 함께 있게 하신 여자 그가 그 나무 열매를 내게 주므로 내가 먹었나이다."^{창 3:12} 아담은 하와의 책임을 대신 짊어지는 것은 고사하고, 하와 때문에 자기도 죄를 짓게 되었다며 자신의 죄책까지 아내에게 떠넘기고 있습니다.

이렇게 부끄러운 남편상은 믿음의 조상이 그의 아내를 대하는 태도에도 나타나 있습니다. "애굽 사람이 그대를 볼 때에 이르기를 이는 그의 아내라 하여 나는 죽이고 그대는 살리리니 원하건대 그대는 나의 누이라 하라. 그러면 내가 그대로 말미암아 안전하고 내 목숨이 그대로 말미암아 보존되리라 하니라."^{창 12:12-13} 아브라함은 자신의 목숨을 건지려고 아내의 신분을 누이로 변경하는 비겁함을 보입니다. 이처럼 온 인류이든 택함을 받은 백성이든 남편의 이미지는 심하게 구겨져 있습니다. 그러나 첫 번째 아담과 믿음의 조상과는 달리 두 번째 아담이요 믿음의 사도이신 예수님은, 아내 된 교회를 사랑하기 때문에 죄를 추궁하지 않고 대신 짊어지는 어린양으로서 자신을 희생의 제물로 드리신 분입니다. "아버지, 저들을 사하여 주옵소서. 자기들이 하는 것을 알지 못함이니이다."^{눅 23:34} 이것은 주님께서 희생의 십자가 위에서 처음으로 내뱉으신 말입니다.

주님은 교회를 위하여 자신의 생명을 주시되 지속적인 거룩함을 위하여 "물로 씻어 말씀으로 깨끗하게" 하셨다고 바울은 말합니다. 성인의 눈 깜빡임은 하루에 2만 5천 번 정도라고 말합니다. 눈을 그렇게 많이 깜빡여서 눈물로 안구를 깨끗하게 씻어 주기 때문에 우리는 깨끗한 시야를 유지할 수 있습니다. 교회도 깨끗한 상태를 유지하기 위해서는 계속해서 씻어 주지 않으면 안 됩니다. 교회를 깨끗하게 유지하는 방법은 말씀의 물로 항상 씻는 것입니다. 이 세상에서 스스로 자신을 죄에서 정결하고 깨끗하게 만드는 사람은 하나도 없습니다. 지혜자는 이렇게 말합니다. "내가 내 마음을 정하게 하였다 내 죄를 깨끗하게 하였다 할 자가 누구냐."^{잠 20:9} 시인의 탄식처럼, 아무도 자신의 죄를 깨끗하게 할 수 없습니다. "내가 내 마음을 깨끗하게 하며 내 손을 씻어 무죄하다 한 것이 실로 헛되도다."^{시 73:13} 자신의 죄를 스스로 깨끗하게 하지 못할 뿐만 아니라 깨끗함을 시도해도 헛될 뿐이라고 아삽은 말합니다.

바울은 오직 하나님의 말씀만이 교회를 깨끗하게 만드는 능력이 있다고 말합니다. 이는 예수님의 가르침과 같습니다. "너희는 내가 일러 준 말로 이미 깨끗하여졌으니."^{요 15:3} 나아가 깨끗함의 순서에 대해 예수님은 가식적인 바리새파 사람들을 향해 "너는 먼저 안을 깨끗이 하라. 그리하면 겉도 깨끗"하게 될 것이라고 말합니다.^{마 23:26} 같은 맥락에서 시인은 말합니다. "내가 주께 범죄하지 아니하려 하여 주의 말씀을 내 마음에 두었나이다."^{시 119:11} 이는 우리가 범죄하지 않고 깨끗하기 위해서는 하나님의 말씀을 마음에 두어야 한다는 것입니다. 말씀을 마음에 둔다는 것은 암기를 통한 정보의 지성적인 보관을 의미하지 않고 그 말씀을 행한다는 것입니다. 말씀이 우리의 행위를 차지하면 우리는 죄를 범하지 않습니다. 시인의 다른 고백을 보십시오. "청년이 무엇으로 그의 행실을 깨끗하게 하리이까. 주의 말씀만 지킬 따름이니이다."^{시 119:9} 말씀을 행하여야 행실이 깨끗하게 된다는 것입니다. 시인처럼 베드로도 진리에의 순종을 통하여 "너희 영혼을 깨끗하게" 하였다고 말합니다.^{벧전 1:22} 그런데 사람들은 말씀을 듣고서도 실천하지 않습니다. 알기만 하고 행하지 않으면 하나님과 나 자신과 타인을 모두 속이는 것입니다. 그래서 알면서도 행하지 않는 사람들은 지식으로 인해 교만하게 되는 부작용에 빠집니다.

주님은 왜 말씀의 물로 씻어서 교회를 깨끗하게 하시는 것일까요? 바울은 주님께서 교회를 자신에게 영광스러운 존재로 세우려고 깨끗하게 하신다고 말합니다. 이는 자신의 몸 된 교회를 깨끗하게 하는 것이 자신에게 영광이 된다는 말입니다. 예수님은 교회를 자신과 분리해서 생각하지 않고 연합된 단일체로 보십니다. 이처럼 남편이 아내를 사랑하는 것은 남편 자신을 영화롭게 만드는 일입니다. 아내를 미워하는 것은 자신의 영광을 스스로 파괴하는 짓입니다.

여기에서 강조하고 싶은 것은 주님께서 교회를 깨끗하게 만드시기 위해 자신의 생명을 주셨다는 것입니다. 그러므로 남편도 자신의 생명을 주는 사랑을 아내에게 실천해야 한다는 것입니다. 사랑을 실천함에 있어서는 아내에게 사랑을 받은 남편의 자격이나 조건의 여부가 중요하지 않습니다. 그냥 아내이기 때문에 무조건 사랑하는 것입니다. 아내가 아름답기 때문이 아닙니다. 유능하기 때문이 아닙니다. 순종하기 때문이 아닙니다. 사랑은 그 모든 것들과 무관하게 남편에게 요구되는 것입니다. 남편의 신분은 아내를 위하여 자신의 생명을 주는 자입니다. 이는 아내를 재산의 일부로 혹은 성의 노예로 생각하던 시대에는 상상할 수 없는 혁명적인 가르침이 아닐 수 없습니다. 지금도 이 시대의 개인주의 문화가 담아내기 어려운 혁명적인 하나님의 뜻입니다.

그런데도 왜 남편은 아내에게 자신의 생명을 주어야 하는 것일까요? 아마도 하와를 마귀의 유혹과 죄에서 지키지 못한 아담의 실패와 무관하지 않아 보입니다. 그 실패로 인해 아담에게 부과된 하나님의 형벌은 다음과 같습니다. "아담에게 이르시되 네가 네 아내의 말을 듣고 내가 네게 먹지 말라 한 나무의 열매를 먹었은즉 땅은 너로 말미암아 저주를 받고 너는 네 평생에 수고하여야 그 소산을 먹으리라."^{창 3:17} 아내를 지키지 못하고 자신도 지키지 못하고 책임도 떠넘기며 남편의 도리를 저버린 아담의 형벌은 일평생 수고하며 가정의 생계를 책임지는 것입니다. 그렇게 하여 아내도 책임지고 자신도 책임지고 자녀들도 책임지며 남편과 가정의 도리를 회복하는 것입니다. 무엇보다 그렇게 함으로써 교회를 향한 주님의 사랑을 나타내는 책임을 다하는 것입니다. 물론 바울은 하와의 타락과 남편에 대한 아내의 복종을 인과율의 끈으로 묶지 않았듯이 아담의 형벌과 남편의 희생에 대해서도 원인과 결과의 도식으로 묶지는 않습니다. 주님께서 교회를 사랑하여 자신의 생명을 주신 본을 따르는 것이라고 바울은 말합니다.

어떤 사람들은 바울이 사랑의 의무보다 복종의 의무를 먼저 다루었기 때문에 아내가 복종하지 않으면 남편이 사랑할 수 없다고 말합니다. 그러나 언급의 순서가 이런 해석을 지지하는 것은 아닙니다. 굳이 순서를 말하자면 아내가 남편에게 복종하기 이전에 남편이 먼저 아내를 사랑하는 것이 옳습니다. 교회와 그리스도 사이의 관계를 보십시오. 교회가 주님께 먼저 순종하지 않고 주님께서 교회를 먼저 사랑했기 때문에 관계가 만들어진 것입니다. "사랑은 여기 있으니 우리가 하나님을 사랑한 것이 아니요 하나님이 우리를 사랑하사 우리 죄를 속하기 위하여 화목제물로 그 아들을 보내셨음이라."^{요일 4:10} 관계의 우선권과 주도권은 하나님께 있습니다. 그러므로 남편도 아내에게 복종을 기대하지 말고 먼저 사랑하되 자신의 생명을 즐거이 주시기 바랍니다. 그리고 아내를 위하여 자신의 생명을 주었다는 이유로 복종을 강요하지 마십시오. "남편들아, 아내를 사랑하며 괴롭게 하지 말라."골 3:19 복종을 강요하는 것은 아내를 사랑하는 것이 아니라 괴롭히는 것입니다. 남편에 대한 복종은 오롯이 아내의 몫입니다.

가정에서 아내의 복종과 남편의 사랑 사이에 순서를 따지는 것은 덕스럽지 않아 보입니다. 서로 자기에게 주어진 책임과 의무를 다하는 태도가 아름다운 가정을 만듭니다. 아내와 남편의 관계는 복종의 날줄과 사랑의 씨줄로 짜인 직조물과 같습니다. 이것은 복종이 빠져도 존재할 수 없고 사랑이 빠져도 존재할 수 없습니다. 나아가 바울은 아내의 복종과 남편의 희생을 피차 복종하는 각자의 방식으로 이해하고 있습니다. 복종과 희생이 동등하게 공존해야 가능한 관계성이 아내와 남편의 관계라는 것입니다. 그래서 바울은 말합니다. "남편은 그 아내에 대한 의무를 다하고 아내도 그 남편에게 그렇게 할지라. 아내는 자기 몸을 주장하지 못하고 오직 그 남편이 하며 남편도 그와 같이 자기 몸을 주장하지 못하고 오직 그 아내가 하나니."고전 7:3-4 아내는 남편에게 사랑을 주장하지 마시고 남편은 아내에게 복종을 주장하지 마십시오. 사랑도 자발적인 것이고 복종도 자발적인 것입니다. 게다가 사랑과 복종은 모두 하나님께 근거를 둔 것이기 때문에 남편이나 아내가 요구할 자격과 권한도 없습니다. 그러므로 각자의 의무에 충실하여 서로에게 본을 보이시기 바랍니다. 주님께서 행하신 모든 일들은 우리를 강요하기 위함이 아니라 본을 보이신 것입니다. "내가 너희에게 행한 것같이 너희도 행하게 하려 하여 본을 보였노라."요 13:15 주님의 가르침을 따라 베드로도 우리가 맡은 자들에게 본을 보여야 한다고 말합니다. "맡은 자들에게 주장하는 자세를 하지

말고 양 무리의 본이 되라."벧전 5:3

사랑하는 성도 여러분, 우리는 그리스도 예수를 경외하는 마음으로 피차 복종해야 하는 관계성을 가지고 있습니다. 특별히 남편과 아내의 관계성에 있어서 아내는 교회가 주님께 복종하듯 자기 남편에게 복종하는 것이 좋습니다. 그러므로 범사에 복종해도 될 정도의 남편을 택하시기 바랍니다. 이 말은 남편도 아내가 범사에 자신에게 복종해도 될 정도의 인격과 됨됨이와 판단력을 가져야 한다는 것입니다. 그런 신랑감이 되도록 준비되어 있지 않으면 안 된다는 것입니다. 그리고 남편은 아내를 사랑하되 남편은 아내를 위하여 어떠한 자격이나 조건도 없이 자신의 생명을 기꺼이 즐겁게 주시기 바랍니다. 주님처럼 남편들도 아내가 모든 오류와 실수와 죄에서 깨끗하게 되도록 전적인 책임을 자신들이 대신 지십시오. 아내의 거룩함 자체가 남편 자신에게 영광이 된다는 사실을 잊지 마십시오.

그리스도 예수를 경외함이 없는 남편과 아내의 관계성은 있을 수도 없고 상상할 수도 없습니다. 이 세상에서 주님을 경외하는 마음으로 피차 복종하는 관계보다 더 아름다운 부부는 없습니다. 부부의 관계성에 대해 동거나 계약결혼 같은 다양한 시도들이 있었지만 그것들은 성경이 말하는 부부 관계의 우수성만 반증했을 뿐입니다. 부부는 아내가 남편에게 복종하고 남편은 아내를 사랑하는 관계가 가장 좋습니다. 결혼의 기독교적 의미는 그리스도 예수를 경외함에 있습니다. 남편과 아내의 관계는 예수와 교회의 관계성을 보여 주는 상징적인 성격이 있습니다. 그런데 세상이 생각하는 결혼은 부정적인 이미지가 강합니다. 오죽하면 "결혼은 인생의 무덤이다", "결혼과 죽음은 뒤로 미룰수록 좋다"는 말까지 있을까요? 이런 말도 있습니다. "결혼은 관과 같단다. 그리고 자식들은 그 관 뚜껑에 박는 못이라고 할 수 있지." 결혼의 의미를 남녀의 결합 정도로만 생각하면 얼마든지 그런 사고가 나올 수 있습니다. 그러나 기독교가 생각하는 결혼은 단순히 남녀 간의 성적인 결합만이 아닙니다. 영적인 의미가 있습니다. 하나님의 나라를 보여 주고 하나님의 영광이 임하는 땅에서의 사회적인 장치라는 것입니다. 멀쩡한 정신으로 인간의 상식을 따라서는 부부의 성경적인 관계성을 구현할 수 없습니다. 오직 성령의 충만함에 의해서만 살아 낼 수 있는 새로운 사람의 새로운 삶입니다.

22.
교회와 그리스도

²⁸ 이와 같이 남편들도 자기 아내 사랑하기를 자기 자신과 같이 할지니 자기 아내를 사랑하는 자는 자기를 사랑하는 것이라. ²⁹ 누구든지 언제나 자기 육체를 미워하지 않고 오직 양육하여 보호하기를 그리스도께서 교회에게 함과 같이 하나니 ³⁰ 우리는 그 몸의 지체임이라. ³¹ 그러므로 사람이 부모를 떠나 그의 아내와 합하여 그 둘이 한 육체가 될지니 ³² 이 비밀이 크도다. 나는 그리스도와 교회에 대하여 말하노라. ³³ 그러나 너희도 각각 자기의 아내 사랑하기를 자신같이 하고 아내도 자기 남편을 존경하라. | 엡 5:28-33

아담이 타락한 이후로 인류의 가장 심각한 문제는 '자기애'ᵃᵐᵒʳ ˢᵘⁱ 에 있습니다. 자기애의 의미는 생각하고 말하고 행하는 모든 일들에서 인간은 자신을 향하고 자신을 위한다는 것입니다. 그러나 바울은 부부의 관계성을 논하는 중에 치명적인 자기애를 극복하는 올바른 자기애의 방법을 소개하고 있습니다. 28절을 보십시오. "이와 같이 남편들도 자기 아내 사랑하기를 자기 자신과 같이 할지니 자기 아내를 사랑하는 자는 자기를 사랑하는 것이라." 남편은 자기 아내를 자기처

5부. 이웃을 사랑하는 교회

럼 사랑해야 한다고 바울은 말합니다. 나아가 자기 아내를 사랑하는 것은 자기를 사랑하는 것과 동일한 것이라고 바울은 말합니다. 아내와 남편 사이에는 존재의 간격이 없습니다. 남편과 아내는 서로에 대해 "자기"라고 부릅니다. 남편과 아내는 '너와 나'가 아니라 '나와 나'의 관계라는 것입니다. 부모와 자녀라 할지라도 일촌의 관계를 가지지만 남편과 아내 사이에는 촌수가 없습니다. 남편과 아내의 관계보다 더 친밀한 관계성은 이 세상에 없다는 뜻입니다.

가장 가까운 관계

가장 가깝다는 것은 장점일 수도 있고 단점일 수도 있습니다. 가장 가까운 사람은 우리를 가장 행복하게 하지만 동시에 가장 아프게도 하는 자입니다. 그래서 남편을 사랑하고 아내를 사랑하는 자는 최대의 복을 끼치고 최고의 선을 행하는 자입니다. 그러나 남편을 미워하고 아내를 미워하면 최악의 불행을 끼치고 최고의 악을 저지르는 것입니다. 가장 가까운 관계성 안에서 벌어지는 미움과 증오는 참으로 잔인한 짓입니다. 이것은 자식이나 부모나 친족이나 직장의 동료나 학교의 학우나 적대국의 지도자를 미워하는 것과는 차원이 다릅니다. 관계가 멀수록 끼치는 영향력이 작습니다. 그러나 가장 가까운 관계인 아내와 남편은 음으로든 양으로든 가장 큰 영향을 끼칩니다. 이 세상에서 피차 가장 존중해야 할 대상이 바로 배우자인 것입니다. 아내는 남편이 일 순위로 사랑해야 하는 대상이고 남편은 아내가 일 순위로 순종해야 하는 대상입니다.

그리고 진정한 자기애는 자기를 사랑의 대상으로 여기지 않고 자기의 아내를 사랑의 대상으로 여기는 것입니다. 자기를 올바르게 사랑하기 위해서는 자기를 사랑하는 것이 아니라 아내를 사랑하면 된다는 말입니다. 이것은 대단히 역설적인 사랑의 질서가 아닐 수 없습니다. 29-30절을 보십시오. "누구든지 언제나 자기 육체를 미워하지 않고 오직 양육하여 보호하기를 그리스도께서 교회에게 함과 같이 하나니 우리는 그 몸의 지체임이라." 정상적인 사람들 중에 자기의 육체를 미워하는 자는 아무도 없습니다. 육체를 굶기고 욕하고 괴롭히고 학대하고 피 흘리게 하는 사람은 없습니다. 아내를 사랑하는 것은 자기의 몸을 사랑하는 것이며 그것은 곧 자기를 사랑하는 것입니다. 남편이 아내를 사랑하는 것은 자기를 사랑하는 것이기 때문에 사랑을 했다고 생색을 낼 수도 없습니다. 사랑하기 위해 큰 결심과 결단이 필요한 것도 아닙니다. 연중행사 같은 이벤트도 아닙니다. 이는 모든 사람이 자신의 육체를 무시로 사랑하듯 항상 아내를 사랑해야 한다는 것입니다.

바울은 아내에 대한 남편의 사랑을 설명하는 중에 31절에서 창세기의 글을 인용하고 있습니다. "그러므로 사람이 부모를 떠나 그의 아내와 합하여 그 둘이 한 육체가 될지니." 먼저 우리는 "그러므로" 부분을 생각해야 이 구절의 의미를 보다 정확하게 파악할 수 있습니다. 아담의 독처가 보시기에 좋지 않으셨던 하나님은 그를 위해 돕는 배필을 창조해 주십니다. 아담의 갈비뼈로 창조한 하와를 아담에게 이끌어 가셨을 때에 아담의 입술에서 출고된 고백은 다음과 같습니다. "이는 내 뼈 중의 뼈요 살 중의 살이라."^{창 2:23} 이것은 남편과 아내의 관계를 타락하기 이전의 관점으로 규정한 것입니다. 아담은 뼈의 최상급과 살의 최상급을 사용하여 아내의 고귀함을 표현하고 있습니다. 이 표현은 이 세상에 아내보다 더 소중한 존재는 없다는 말입니다.

존재의 노른자

"뼈 중의 뼈요 살 중의 살이라"는 말은 심지어 아내가 자신의 생명보다 더 소중한 존재라는 말입니다. 남편은 뼈지만 아내는 뼈 중의 뼈입니다. 남편은 살이지만 아내는 살 중의 살입니다. 존재의 클래스가 다릅니다. 아내는 남편에게 존재의 노른자와 같습니다. 남편의 존재에서 가장 소중한 부분은 아내라는 것입니다. 이러한 사실 때문에 남편이 자신의 존재보다 그 존재의 노른자에 해당하는 아내를 사랑하는 것은 지극히 지혜로운 것입니다. 남편에게 아내는 최상급 존재이기 때문에 남편은 자신보다 아내를 기쁘게 하면 최상급의 기쁨을 얻을 수 있습니다. 자신보다 아내를 행복하게 하면 최상급의 행복을 얻습니다. 자신보다 아내를 평안하게 하면 최상급의 평안을 얻습니다. 자신보다 아내를 유쾌하게 하면 최상급의 희락을 얻습니다. 그래서 결혼은 하나님의 은총이며 복입니다. "아내를 얻는 자는 복을 얻고 여호와께 은총을 받는 자니라."[잠 18:22] 아내는 하나님의 은총이기 때문에 바울은 남편에게 "거룩함과 존귀함"을 가지고 아내를 대하라고 권합니다.[살전 4:4]

　　"뼈 중의 뼈요 살 중의 살"인 아내를 사랑하는 남편은 최고의 자기애를 올바르게 구현하는 자입니다. 그러나 반대로 아내를 사랑하지 않는 남편은 자기를 철저하게 미워하는 자입니다. 남편이 자신에게 존재의 최상급인 아내를 슬프게 하면 최악의 슬픔에 빠질 수밖에 없습니다. 아내를 아프게 하면 최상급의 고통을 당할 수밖에 없습니다. 아내를 좌절하게 하면 최상급의 절망에 빠질 수밖에 없습니다. 그렇기 때문에 아내를 사랑하지 않는 남편은 심히 어리석은 자입니다. 다른 각도에서 보자면, 남편은 본래 존재의 노른자인 아내가 슬퍼하면 아내보다 더 큰 슬픔으로 슬퍼하는 자입니다. 아내가 아파하면 아내보다 더 큰 아픔으로 아파하는 자입니다. 아내가 행복해하면 아내보다 더 큰 행복으로 행복하게 되는 자입니다. 아내가 만족해하면 아내보다 더 큰 만족으로 만족하는 자입니다. 아내가 기뻐하면 아내보다 더 큰 기쁨으로 기뻐하는 자입니다. 아내는 남편에게 그런 자입니다.

혹시 결혼하지 않은 청년들 중에 상대방이 아파하면 내가 더 아프거나, 상대방이 슬퍼하면 내가 더 슬프거나, 상대방이 괴로워하면 내가 더 괴롭거나, 상대방이 외로워할 때 내가 더 외로운 사람이 있다면 그것은 사랑의 증거로 이해해도 무방할 것입니다. 상대방이 기뻐할 때 내가 더 기쁘고 상대방이 행복해할 때 내가 더 행복하고 상대방이 만족해할 때 내가 더 만족한다면, 그 상대방은 배우자가 될 유력한 후보자이며 결혼을 결정해도 좋을 것입니다. 그러나 상대방이 가진 돈의 액수를 생각하고, 번듯한 외모를 바라보고, 건강한 신체를 흠모하고, 높은 직위를 주목하고, 고급스러운 주택과 차종에 매료되어 배우자를 택한다면, 머지않아 끔찍한 낭패감과 뼈저린 후회의 늪에 빠질 것입니다. 배우자의 기준은 거기에 있지 않습니다. 형제들은 하나님을 경외하는 현숙한 여인을 찾으시고 자매들은 하나님의 마음에 합한 총각을 찾으시기 바랍니다. 나아가 그런 사람들 중에서도 나의 가슴을 뛰게 만드는 사람을 찾아야 하는 것입니다. 천국 같은 가정은 공짜로 주어지지 않습니다.

창세기 2장의 문맥을 보면 하와가 아담에게 "뼈 중의 뼈요 살 중의 살"이었기 때문에 "이러므로 남자가 부모를 떠나 그의 아내와 합하여 둘이 한 몸을 이룰" 것이라고 했습니다. 아내가 자신에게 뼈 중의 뼈요 살 중의 살이 아닌데도 다른 이유 때문에 결혼하는 것은 어리석은 것입니다. 무책임한 것입니다. 성경은 분명히 말합니다. 아내 후보자가 "뼈 중의 뼈요 살 중의 살"이라는 전제 없이는 "사람이 부모를 떠나 그의 아내와 합하여 그 둘이 한 육체가 될" 수 없습니다. 이 세상에는 참으로 많은 부부가 가정을 지옥으로 느끼며 불행한 삶을 살아가고 있습니다. 경찰청의 살인사건 통계를 보면 가장 가까운 관계에 있는 사람들이 살인자인 경우가 가장 많습니다. 평소보다 명절에 살인사건 발생이 7배 높다는 사실도 이를 입증하고 있습니다. 나아가 살인 범죄자들 중에 배우자나 애인이 차지하는 비율이 가장 높습니다. 이처럼 가정은 종이 한 장 차이로 지옥이 될 수도 있고 천국이 될 수도 있다는 말입니다. 천국의 본이어야 할 가정이 지옥의 대사관이 될 수도 있습니다.

사실 현실을 보면 "뼈 중의 뼈요 살 중의 살"이라고 판단되는 배우자를 발견하는 것은 거의 불가능한 일입니다. 결혼할 때에 그런 배우자를 기대하는 사람도 이제는 없는 것 같습니다. 오늘날의 문화는 결혼에 대한 성경의 교훈에서 대단히 멀어져 있습니다. 그러나 그럼에도 불구하고 하나님의 사람들은 성경의 가르침을 따라 배우자를 찾고 결혼해서 가정을 이루어야 할 것입니다. 결혼하지 않은 청년들은 그런 배우자를 꿈꾸며 기도로 준비해 가십시오. 아무리 꼼꼼하게 준비해도 실수를 범하고 후회를 낳습니다. 하물며 준비도 하지 않는 다면 사태는 훨씬 심각해질 것입니다. 가정은 가장 신비롭고 가장 아름답고 가장 기본적인 단위의 사회이기 때문에 가정을 잘 세운 사람은 어디에 가더라도 공동체를 아름답게 세울 수 있습니다. 시도해 보십시오.

결혼의 비밀

결혼을 하고 가정을 세워가다 보면 느끼는 것이 있습니다. 32절을 보십시오. "이 비밀이 크도다. 나는 그리스도와 교회에 대하여 말하노라." 남자가 그 부모를 떠나 아내와 합하여 한 몸을 이루는 것을 '신비' μυστήριον 라고 말합니다. '신비'라는 말의 뜻은 단순히 알려지지 않은 비밀이 아니라 인간의 이성으로 이해할 수 없고 인간의 언어로는 설명할 수도 없는 것을 가리키는 말입니다. '신비'라는 말이 또 쓰이는 곳은 '성례'라는 것입니다. 성례에는 세례와 성찬이 있습니다. 세례의 의미는 우리가 예수님의 죽음과 부활에 연합하는 것입니다. 성찬은 예수님의 피와 살이 우리의 피와 살이 되는 연합을 뜻합니다. 세례와 성찬이 주님과의 신비로운 연합을 나타내기 때문에 믿음의 선배들은 그러한 성례들을 신비라고 여겼던 것입니다. 주님과 우리의 신비로운 연합을 가장 정확하게 보여 주는 최고의 모델은 이 세상에 남편과 아내의 관계밖에 없습니다. 어떤 설교자는 부부의 지극히 신비로운 관계를 강조하기 위해 주인과 종의 관계는 성막에서 뜰의 관계이며, 아버지와 자녀의 관계는 성소의 관계이며, 남편과 아내의 관계는 지성소의 관계라고 말합니다.

　　남편과 아내가 하나의 몸을 이룬다는 것은 대단히 신비로운 일입니다. 부부는 성적인 결합을 통하여 몸이 하나 될 수 있습니다. 그런데 남편과 아내는 자기가 자기의 몸을 주장하지 못합니다. "아내는 자기 몸을 주장하지 못하고 오직 그 남편이 하며 남편도 그와 같이 자기 몸을 주장하지 못하고 오직 그 아내가 하나니."^{고전 7:4} 각자의 몸을 주장하는 권한은 자기의 것이 아니라 상대방의 몫입니다. 그리고 부부의 관계에는 아내가 남편에게 자기가 되며 남편은 아내에게 자기가 되는 하나 됨이 있습니다. "아내를 사랑하는 자는 자기를 사랑하는 것이라."^{엡 5:28} 이처럼 부부의 관계에는 서로의 몸을 주장하는 몸의 하나 됨과 나 자신이 진정한 자아가 아니라 서로가 서로에게 자아가 되는 정체성의 하나 됨이 있습니다. 이 세상에서 사람과 사람이 하나 되는 관계성을 주님께서 부여하신 유일한 대상은 부부밖에 없습니다. 부부의 관계는 그 자체가 목적이 아닙니다.

　　바울은 남편의 사랑과 아내의 복종에 대해 말한 것이 인간 부부 이야기가 아니라 교회와 그리스도 사이의 관계를 이야기한 것이라고 말합니다. 남편의 헌신적인 사랑과 아내의 무조건적 복종은 로맨틱한 사랑의 조건이 아닙니다. 사람의 부부 관계 안에서는 기대하기 어렵고 오직 교회와 그리스도 사이에서 이루어질 수 있는 일입니다. 현실에서 아내를 위해 목숨을 내던지는 남편은 거의 없습니다. 남편에게 무조건 순종하는 아내도 거의 없습니다. 그러나 그런 남편이나 아내가 현실에 없다고 해서 하나님의 말씀이 틀렸다고 한다거나 이루어질 수 없는 불가능한 일이라고 단정하는 것은 올바르지 않습니다. 부부의 삶은 예수님과 교회의 이상적인 관계성을 이정표로 삼아 일평생 전력으로 질주하는 여정인 것입니다.

부부의 관계는 로맨틱한 사랑의 완성이 아니라 예수님이 교회를 위해 목숨을 버리셨던 이유로서 거룩함의 추구를 위한 것입니다. 그래서 결혼은 성화의 길입니다. 거룩하고 흠 없이 온전하게 깨끗하게 되는 거룩함의 길은 주님께서 가르쳐 주신 것처럼 남편의 사랑과 아내의 복종을 고수하는 것입니다. 희생적인 사랑과 무조건적 복종의 관계에서 사람들은 누구도 로맨틱한 사랑을 기대하지 않고 기대할 수도 없습니다. 오히려 우리는 그런 관계성 속에서 훈련과 연단을 받습니다. 뼈 중의 뼈요 살 중의 살인 아내와 함께 더불어 살아가면 그런 아내에게 비추어진 나, 나도 알지 못했던 보다 깊은 나 자신을 만납니다. 존재의 노른자인 아내와 더불어 있으면 혼자 있을 때에는 도무지 만날 수 없었던 나의 거짓됨과 사악함과 불의함과 이기심과 악독함과 시기심과 경쟁심과 교만함을 만납니다. 상대방을 판단하고 비난하고 정죄할 필요가 없습니다. 아내는 남편이 목숨을 다해 사랑하지 않았다고 바가지를 긁지 마십시오. 남편은 아내가 무조건 순종하지 않았다고 구박하지 마십시오. 서로에게 책임을 묻거나 요구하지 마시고 자신의 책임을 다하십시오. 부부의 관계는 서로를 깊이 알아 가는 것도 있지만 서로가 "뼈 중의 뼈요 살 중의 살"이기 때문에 자신의 가장 깊은 정체성을 경험하고 알아 가는 최고의 길입니다.

이러한 관점은 다른 모든 사회적 관계에도 적용될 수 있습니다. 하나님이 처음에 만드신 사회, 조직, 세상은 남편과 아내로 구성된 것입니다. 이것은 사회를 향한 하나님의 뜻이 부부의 관계성과 무관하지 않다는 것을 뜻합니다. 사회에서 만나는 모든 사람들에 대해 우리는 헌신적인 사랑을 하고 무조건적 복종의 태도를 취하는 것이 좋습니다. 이러한 처신이 처음에는 억울하고 손해를 본다는 느낌이 들 것입니다. 그러나 결국에는 그리스도 예수와 그의 행하신 일들에 대한 이해가 깊어지고 우리도 주님께서 걸어가신 십자가의 억울한 길을 뒤따르게 될 것입니다. 이런 의미에서, 주변에서 만나는 모든 사람들은 우리 자신을 성찰하고 거룩함을 도모하게 만드는 성화의 도우미라 해도 과언이 아닙니다. 아무리 우리를 힘들게 만들고 손해를 끼치고 불쾌하게 만들어도 그와의 만남을 허락하신 하나님의 섭리를 기억하며 배우고 또 배우며 보다 높은 차원의 거룩함을 이루시길 바랍니다.

"뼈 중의 뼈요 살 중의 살"이라는 인류 최초의 프러포즈 문구는 비록 첫 번째 아담의 입술에서 나온 것이지만 그 고백의 실질적인 주인공은 두 번째 아담이신 예수님입니다. 예수님은 거짓되고 부패하고 불의하고 사악한 당신의 백성을 향해 자신의 생명을 내어 주신 분입니다. 생명이 교회에 역사할 수 있다면 사망이 자신에게 역사하는 십자가의 길이라도 마다하지 않으신 분입니다. 자신보다 교회가 기뻐하는 것을 더 기뻐하고, 자신보다 교회가 행복한 것을 더 좋아하고, 자신보다 교회가 건강하게 되는 것을 더 소원하여 아버지의 징계를 받으시고 로마의 채찍에 맞으시고 군중의 침 뱉음을 당하시고 못과 창의 쑤심을 기꺼이 받으셨던 분입니다. 교회를 자신의 "뼈 중의 뼈요 살 중의 살"로 여기지 않았다면 엄두도 내지 못할 길을 걸어가신 것입니다. 남편이신 예수님은 아내인 교회를 위해 자신의 생명을 수단으로 삼는 희생적인 사랑을 실천하신 분입니다.

　　이제 교회에는 예수님에 대해 무조건적 복종의 태도를 취해야 하는 숙제가 남아 있습니다. 주님은 자기 백성을 저희 죄에서 깨끗하게 하셨지만 그 백성이 주님께 순종하지 않으면 거룩해질 수 없습니다. 교회는 주님께서 말씀하신 유일한 계명, 즉 "내가 너희를 사랑한 것같이 너희도 서로 사랑하라"요 13:34는 계명에 순종해야 거룩함에 이를 수 있습니다. 이 계명에서 사랑의 대상에는 당연히 원수까지 포함되어 있습니다. 원수를 사랑하고 축복하며 기도해야 주님의 계명에 순종하는 것입니다. 세상의 기준을 따라 손익을 꼼꼼히 계산한 이후에 순종의 여부를 결정하지 마십시오. 우리 자신에게 아무런 유익이 없고 그럴 마음이 없더라도 주님 때문에 사랑을 선택하면 우리 안에 변화가 생깁니다. 거룩함을 향한 의지에 근육이 붙습니다. 거기에 사랑의 습관과 성향이 생깁니다.

비유와 실체

다시 말하지만, 남편의 희생적인 사랑과 아내의 무조건적 복종은 주님과 교회의 신령한 관계에 대한 비유라는 사실을 놓치지 마십시오. 그럼에도 불구하고 바울은 33절에서 이렇게 말합니다. "그러나 너희도 각각 자기의 아내 사랑하기를 자신같이 하고 아내도 자기 남편을 존경하라." 아내에 대한 남편의 희생적인 사랑과 남편에 대한 아내의 무조건적 복종이 비록 교회와 그리스도 사이의 관계성을 가리키는 비유라고 할지라도 가볍게 여겨서는 안 된다는 것입니다. 비유에 불과한 관계인데 왜 고수해야 하는 것일까요? 남편의 사랑과 아내의 복종이 부부에게 주는 유익은 아마도 두 가지일 것입니다. 첫째, 남편과 아내가 하나님의 온전한 형상을 자신의 인격과 삶에 담아낼 수 있다는 것입니다. 사랑과 복종은 하나님을 가까이하고 예수님을 닮아 가는 방법에 있어서 다른 대체물이 없을 정도로 좋습니다. 둘째, 교회와 그리스도 사이의 관계성을 이 세상에 증명하는 최고의 방법이 된다는 것입니다. 하나님과 그의 백성 사이에 분리할 수 없는 연합의 관계는 부부의 관계만이 보여 줄 수 있습니다. 서로를 사랑할 만하기 때문에 사랑하는 것이 아니라 이상의 두 가지 유익들 때문에 부부의 관계를 지키시기 바랍니다. 부부의 관계는 부부의 비밀이 부부의 관계성 자체에 있지 않고 주님과 교회의 관계에 있기 때문에 힘써서 지키는 것입니다.

사랑하는 남편 여러분, 남편은 아내가 남편의 자아라는 창조의 질서를 잊지 마십시오. 아내를 사랑하는 것은 자기를 사랑하는 것입니다. 아내는 자신의 생명보다 더 소중한 생명이며, 자신의 기쁨보다 더 큰 기쁨이며, 자신의 행복보다 더 달콤한 행복이기 때문에 자신을 사랑하는 것보다 자기 아내를 사랑하는 남편이 되십시오. 아내가 아프면 자신이 아픈 것보다 더 아프기 때문에 대신 아파하고, 아내가 슬프면 자신이 슬픈 것보다 더 슬프기 때문에 대신 슬퍼하는 남편이 되십시오. 물리적인 자기 자신이 아니라 성경이 말하는 진짜 자기인 아내를 사랑하여, 아내를 지키지 못하고 아내에게 책임을 전가했던 아담의 속박에서 자유롭게 되십시오.

사랑하는 아내 여러분, 남편은 주님처럼 존경해야 하고 순종해야 하는 대상임을 잊지 마십시오. 남편을 존경하지 않으면 자신의 머리를 스스로 무시하고 멸시하는 비참함을 자초하는 것입니다. 머리에 멸시의 침을 뱉지 마십시오. 조롱의 언어를 자신의 머리에 퍼붓지 마십시오. 머리를 뾰족한 미움과 사나운 증오로 대하지 마십시오. 아무리 지식이 부족하고 돈벌이가 부실하고 몸이 빈약하고 말이 어눌하고 외모가 초라해도 남편이기 때문에 존경과 복종을 포기하지 않는 아내가 되십시오. 그것이 아무리 불합리해 보여도, 울화통이 터질 듯하여도, 모든 사람들이 말린다고 할지라도 중단하지 마십시오. 그리하여 선악을 판단하는 일에 하나님과 같아지려 했던 하와의 교만에서 자유롭게 되십시오. 남편의 권위 아래에 자신을 쳐서 복종하는 겸손으로 교만의 원죄를 터십시오. 이것이 주께서 정하신 섭리라는 사실을 잊지 마십시오. 사랑하는 남편과 순종하는 아내의 관계가 비록 궁극적인 실체가 아니라 비유라고 할지라도 남편은 아내를 자기로서 사랑하고 아내는 남편을 주님처럼 존경해야 한다고 바울은 말합니다.

결혼하지 않은 청년들은 부부의 관계성에 대한 바울의 교훈을 늘 마음에 두십시오. 형제들은 배우자를 찾을 때에 일평생 자기처럼 사랑할 수 있는 아내를 찾으시기 바랍니다. 자매들은 주님처럼 존경하며 순종할 수 있는 남편을 만나시기 바랍니다. 찾지 못하시면 바울이 말한 것처럼 결혼하지 않고 혼자 사시는 게 좋습니다. "내가 결혼하지 아니한 자들과 과부들에게 이르노니 나와 같이 그냥 지내는 것이 좋으니라. 만일 절제할 수 없거든 결혼하라. 정욕이 불같이 타는 것보다 결혼하는 것이 나으니라."고전 7:8-9 "그러나 장가가도 죄짓는 것이 아니요 처녀가 시집가도 죄짓는 것이 아니로되 이런 이들은 육신에 고난이 있으리니 나는 너희를 아끼노라."^{고전 7:28} "그러므로 결혼하는 자도 잘하거니와 결혼하지 아니하는 자는 더 잘하는 것이니라."^{고전 7:38} 결혼하지 않은 분들이 계십니까? 더 잘하는 것입니다. 대신 자매들은 그리스도 예수를 배우자로 삼아 그분만을 존경하고 복종하는 아내의 삶을 사십시오. 형제들은 목숨을 다하여 하나님의 백성을 사랑하고 섬기시는 남편의 삶을 사십시오. 그렇게 함으로써 비록 독신이라 할지라도 남편과 아내가 가리키는 예수와 교회의 관계성을 증거하는 삶을 사시기 바랍니다.

1. **하나님의 모방자**: 부모나 스승을 닮는다는 것은 친숙한 개념이다. 그러나 하나님을 모방의 대상으로 삼는다는 것은 생소하다. 그런데 바울은 하나님을 본받아야 한다고 가르친다. 실제적인 방법은 그리스도 예수의 희생과 사랑의 발자취를 따라가는 것이다.

2. **빛의 자녀들**: 하나님은 우리를 어둠에서 빛 가운데로 불러내신 분이다. 우리는 빛의 자녀처럼 살되 모든 착함과 의로움과 진실함과 같은 빛의 열매들을 결실해야 한다. 이러한 열매를 맺는 방법은 무엇이 주를 기쁘시게 할 것인지를 깨달음에 있다.

3. **어떻게 살 것인가**: 어떻게 행할지를 늘 주의해야 한다. 하나님의 뜻이 실현되고 하나님의 영광이 드러나는 삶으로 시간을 구속해야 한다. 이것은 성령으로 충만해야 가능하다. 그런 방식으로 하나님께 영광과 감사의 찬송이 되는 것이 새로운 사람의 인생이다.

4. **부부의 관계**: 하와는 먼저 범죄하여 남편도 범죄하게 만들었다. 그래서 남편에게 복종하는 방식으로 하나님을 경외하게 된다. 아담은 아내를 지키지 못하고 책임도 떠넘겼다. 그래서 아내에게 생명을 수단으로 삼아 사랑하고 지킴으로 하나님을 경외하게 된다.

5. **교회와 그리스도**: 앞에서 살펴본 아내와 남편의 관계는 세상이 수용하기 어렵고 심지어 신비롭다. 이는 부부의 관계가 교회와 그리스도 사이의 관계를 설명하는 섭리적인 장치이기 때문이다. 장치라고 할지라도 남편과 아내는 말씀대로 피차 복종해야 한다.

6부.

세상과 전투하는 교회

23.
부모와 자녀의 도리

---

¹ 자녀들아, 주 안에서 너희 부모에게 순종하라. 이것이 옳으니라. ² 네 아버지와 어머니를 공경하라. 이것은 약속이 있는 첫 계명이니 ³ 이로써 네가 잘되고 땅에서 장수하리라. ⁴ 또 아비들아, 너희 자녀를 노엽게 하지 말고 오직 주의 교훈과 훈계로 양육하라. | 엡 6:1-4

바울은 지금 우리가 하나님의 뜻을 이해해야 한다고 말하면서 다양한 사례들을 제시하고 있는 중입니다. 바울이 제시한 첫 번째 사례는 부부의 관계에 대한 하나님의 뜻, 즉 희생적인 사랑과 무조건적 복종에 대한 것입니다. 오늘 본문은 부모와 자녀에 대한 하나님의 뜻을 교훈하고 있습니다. 이 세상에 부모가 없는 사람은 없고 누군가의 자녀가 아닌 사람도 없습니다. 부모를 통해 자녀가 태어나고 부모와 자녀의 관계가 형성되는 것은 너무나도 자연스러운 이 세상의 질서로 정하여진 것입니다. 그러므로 부모와 자녀의 도리에 대한 하나님의 뜻은 모든 사람에게 적용될 수 있습니다. 바울이 전하는 교훈의 핵심은 먼저 자녀들은 범사에 부모를 청종해야 하고 부모는 자녀에게 본을 보임으로 주님의 교훈과 훈계를 전수해야 한다는 것입니다. 이웃을 사랑함에 있어서 부모가 자녀를 사랑하는 방식은 자녀를 주님의 교훈과 훈계로 양육하는 것입니다. 자녀가 부모를 사랑하는 방식은 부모에게 순종하는 것입니다. 이것은 온 인류의 일그러진 가정, 특별히 부모와 자녀의 무너진 관계를 치유하고 회복할 기독교의 해법으로 제시된 것입니다.

부모에 대한 자녀의 순종적인 사랑

먼저 자녀들이 부모에 대해 가슴에 새겨야 할 교훈을 확인하기 위해 1절을 보십시오. "자녀들아, 주 안에서 너희 부모에게 순종하라. 이것이 옳으니라." 자녀는 자신의 부모에게 순종해야 한다고 바울은 말합니다. 여기에서 순종의 의미는 부모의 말을 '경청하는 것'입니다. 경청은 부모의 말에 귀를 기울여서 듣고 따르는 것입니다. 그러나 순종에는 하나의 조건이 있습니다. "주 안에서"만 순종해야 한다는 것입니다. 주님 밖에서는 순종하지 말라는 의미가 내포되어 있습니다. 달리 말하면 부모에게 순종하되 순종의 근거를 하나님의 말씀에 두고 하나님의 말씀을 벗어나지 말라는 것입니다. 부모의 말과 하나님의 말씀이 상충될 경우에는 부모에게 순종하지 마십시오. 부모가 도둑질과 거짓말과 살인과 폭력과 간음을 요구할 경우, 성경에서는 분명히 그것들을 금지하고 있기 때문에 순종하지 마십시오. 합당한 불순종은 부모를 거역하는 것이 아니라 오히려 부모를 지혜롭게 공경하는 것입니다.

바울은 자녀가 부모에게 순종해야 하는 이유를 이렇게 말합니다. "이것이 옳으니라." 옳기 때문에 자녀는 부모에게 순종해야 하는 것입니다. 이것은 사람들의 다수결 합의나 소수의 천재성에 의해 도달한 결론이 아닙니다. 그냥 옳은 것입니다. 그냥 옳을 수 있는 것은 어떤 것일까요? 그냥 옳은 것은 옳음 자체이며 옳음의 근거와 기준인 하나님의 계명밖에 없습니다. 그래서 2절에서 바울은 말합니다. "네 아버지와 어머니를 공경하라. 이것은 약속이 있는 첫 계명이니." 부모를 공경하고 순종하는 것은 하나님의 명령이기 때문에 옳은 것이고 옳기 때문에 고수해야 하는 것입니다.

옳고 그름의 기준과 근거는 하나님 자신에게 있습니다. 그래서 부모를 공경하고 순종하는 이유와 근거도 부모에게 있지 않고 하나님께 있습니다. 즉, 부모가 비록 가난하고 무지하고 허약하고 인격적인 귀감이 되지 못한다고 할지라도 자녀들은 하나님의 명령에 근거하여 부모에게 순종하는 것이 옳습니다. 부모에 대한 순종의 여부는 그때그때 고르거나 선별하는 것이 아닙니다. 모든 일에 부모에게 순종해야 한다고 바울은 말합니다. "자녀들아, 모든 일에 부모에게 순종하라. 이는 주 안에서 기쁘게 하는 것이니라."골 3:20 특정한 것들에 대해서만 부모에게 순종하는 것이 아닙니다. 부모에게 순종하지 않아도 될 일은 하나도 없습니다. 말씀에서 벗어나지 않는다면 말입니다.

순종의 범위

"모든 일에" 부모에게 순종해야 한다는 것과 "주 안에서" 혹은 말씀 안에서 부모에게 순종해야 한다는 부분에는 자녀들이 주목해야 할 내용이 있습니다. "모든 일"이라는 말만 본다면 부모에게 순종하는 것이 무조건적 순종인 것처럼 보입니다. 그러나 모든 일에 육신의 부모에게 순종해야 한다는 법조차도 제한하는 "주 안에서"라는 조건을 주목해 보십시오. "주 안에서"의 "모든 일"이라는 말은 우리가 순종해야 할 궁극적인 부모는 육신의 부모가 아님을 함축하고 있습니다. 우리가 모든 일에 순종해야 할 궁극적인 부모는 하늘에 계십니다. 즉, 범사에 육신의 부모에게 순종하는 것은 하늘에 계신 궁극적인 부모에게 순종하는 것의 준비이며 방식이며 비유라는 것입니다.

범사에 부모에게 순종하는 것과 말씀에서 벗어나지 않아야 한다는 것은 취사선택 사항이 아니라 이것도 포기하지 말고 저것도 버리지 말아야 하는 것입니다. 부모가 폭언과 폭행과 거짓과 간음을 행한다면 하나님 앞에서 득죄하지 않도록 부모를 말리거나 피하는 것이 좋습니다. 그것은 불순종이 아니라 연약한 부모를 돕는 일입니다. 건장한 청년 요셉이 보디발의 아내가 간음하려 했을 때에 옷까지 벗어 던지면서 도망친 것은 그녀를 부끄럽게 하려 했다거나 사랑하지 않아서가 아닙니다. 그녀의 육체적인 사랑을 거절한 것은 하나님과 남편에게 득죄하지 않도록 그녀로 하여금 간음의 범행을 막아 주는 최고의 사랑을 실천한 것입니다. 부모의 죄악을 막고 멀리하고 피하는 것은 불효가 아니라 최고의 효도임을 믿으시기 바랍니다.

기독교는 효도를 다른 어떤 종교보다 더 중요하게 여기고 있습니다. 모든 일에 부모에게 순종해야 한다고 가르치는 종교나 윤리가 기독교 외에는 없습니다. 십계명 중에서 자녀가 모든 일에 부모에게 순종해야 한다는 하나님의 계명은 사람과 사람 사이의 사회적인 관계성을 규정함에 있어서도 일 순위를 차지하고 있습니다. 사람이 더불어 살아갈 때에 사회적인 관계의 첫 단추가 바로 부모와 자녀의 관계라는 것입니다. 그리고 이웃을 사랑하는 것과 관계된 십계명의 후반부에 처음으로 등장하는 계명도 효도라는 것입니다. 부모에게 효도하지 않는 사람은 "네 이웃을 네 자신과 같이 사랑하라"^{마 19:19}고 하신 하나님의 계명을 순종함에 있어서 첫걸음도 내딛지 못한 자입니다. 이웃에 대한 사랑이 부모에 대한 효도로 말미암아 비로소 시작될 수 있다는 것은 십계명을 주신 하나님의 뜻입니다.

순종의 상급

이렇게도 중요한 약속이 있는 첫 계명에 순종하면 어떠한 결과가 따를까요? 3절을 보십시오. "이로써 네가 잘되고 땅에서 장수하리라." 바울이 인용하고 있는 이 말씀의 원문을 보십시오. "너는 네 하나님 여호와께서 명령한 대로 네 부모를 공경하라. 그리하면 네 하나님 여호와가 네게 준 땅에서 네 생명이 길고 복을 누리리라."^{신 5:16} 순종의 첫 번째 결과는 부모에게 효도하는 자녀가 장수하게 된다는 것입니다. 사랑하는 성도 여러분, 오래오래 살고 싶은 분이 계십니까? 장수의 비결은 하나님께 장수하게 해달라고 호소하는 것이 아닙니다. 장수의 소원을 가지신 분의 기도법은 부모에게 효도하는 것입니다. 부모를 공경하고 순종하여 오래오래 사시기를 바랍니다.

그런데 우리의 인생은 이른 아침에 피었다가 곧장 사라지는 안개와 같습니다. 감지되지 않을 정도로 짧은 밤의 한순간과도 같습니다. 그런 인생의 길이가 조금 더 길거나 짧다는 것에 어떠한 의미가 있을까요? 이 땅에서의 장수는 무엇을 위한 것일까요? 아마도 인류의 역사에서 가장 오래 살았던 사람은 969세를 살았던 므두셀라일 것입니다. 그러나 그토록 장수한 사람도 천 년이 하루 같고 하루가 천 년 같으신 하나님의 눈에는 채 하루도 살지 못한 사람일 것입니다. 반면에 예수님은 33년의 짧은 인생을 사신 분입니다. 그런데 예수님은 시간의 역사가 종결될 때까지 믿는 우리 모두에게 가장 탁월한 인생과 신앙의 사도요 모델이 되십니다. 여러분은 어떠한 인생을 살고 싶습니까?

신학을 공부하는 중에 인생의 길이에 대해 심취한 적이 있습니다. 햇빛도 보지 못하고 태 속에서 죽음을 맞이한 아기들은 얼마나 불행할까? 이와는 달리 100세가 넘도록 장수하신 분들은 얼마나 행복할까? 불행과 행복의 공존, 너무도 부당한 일 같아 보입니다. 이러한 불공평 문제에 고민의 종지부를 찍은 것은 신문에 난 어떤 기사를 읽었을 때입니다. 이 기사는 2015년도에 영국에서 태어난 호프 리라는 아이가 세계인의 가슴을 뭉클하게 감동시킨 일과 관계된 것입니다. 불치병인 무뇌증을 가진 호프는 태어난 지 74분 만에 죽습니다. 물론 그 아이의 이러한 운명은 의사와 부모 모두가 알고 있었습니다. 그럼에도 불구하고 부모는 출산을 결심하고 낳은 것입니다. 74분의 짤막한 인생, 비록 생존의 길이는 짧았지만 호프가 남긴 인생의 의미와 가치는 최연소 장기 기증자의 명예만이 아니라 자신의 죽음을 계기로 삼아 타인을 살리는 십자가의 사랑을 보였다는 사실에 있습니다. 이 아이의 삶은 100년보다 더 오래, 아니 주님께서 다시 오실 때까지 온 세계와 역사에 길이 기념될 것 같습니다. 호프의 인생과 더불어 므두셀라 나이의 30분의 1밖에 못 사신 예수님의 꽃다운 33년 인생이 우리에게 주는 교훈을 생각해 보십시오.

사랑하는 성도 여러분, 이 땅에서 살아가는 인생의 물리적인 길이는 그렇게 중요한 것이 아닙니다. 효자가 오래 산다는 것은 그 자체가 본질이 아닙니다. 보다 궁극적인 실체를 가리키는 비유 혹은 상징일 뿐입니다. 효자의 장수는 우리 모두의 부모이신 하나님께 효도하는 성도의 영원한 생명을 가리키고 있습니다. 아버지 하나님의 말씀을 청종하며 주께 효도하는 자녀들은 영원한 생명을 얻고 그 아버지와 더불어 영원토록 살 것입니다. "네 하나님 여호와를 사랑하고 그의 말씀을 청종하며 또 그를 의지하라. 그는 네 생명이시요 네 장수이시니."^{신 30:20} 우리의 본질적인 생명과 장수는 우리의 아버지 하나님께 있습니다. 지혜자도 말합니다. "여호와를 경외하면 장수하느니라. 그러나 악인의 수명은 짧아지느니라."^{잠 10:27} 영원한 장수는 여호와를 경외하는 자에게 주어지는 상입니다.

그러므로 자녀가 부모에게 순종하고 부모의 말씀을 경청하고 따르는 이유는 단순히 오래 살겠다는 일념에 있지 않습니다. 효도는 장수를 확보하는 조건이나 수단이나 투자가 아닙니다. 부모를 공경하는 이유는 여호와 경외에 있습니다. "보는 바 그 형제를 사랑하지 아니하는 자는 보지 못하는 바 하나님을 사랑할 수 없느니라."^{요일 4:20} 눈에 보이는 형제를 사랑하지 않는 자가 보이지 아니하는 하나님을 사랑할 수 없듯이, 눈에 보이는 부모를 공경하지 않는 자는 보이지 아니하는 하나님을 경외할 수 없습니다. 전도자의 말처럼 우리의 진정한 인생은 여호와를 경외하는 것입니다. 인생의 모든 일들은 그것을 지향하고 있습니다. 같은 맥락에서 십계명은 하나님을 사랑하고 경외하는 최고의 우선적인 방법으로 효도를 제시하되 심지어 살인과 간음과 도둑질과 거짓 증거와 탐심의 금지보다 더 앞세우고 있습니다. 이 다섯 가지의 금지령은 마치 효도의 방편인 것처럼 보입니다. 나아가 효도는 하나님을 경외하면 영원한 생명을 얻는다는 메시지를 전달하는 최고의 수단이기 때문에, 그 효도는 하나님의 증인인 우리가 시간적인 장수와 무관하게 죽을 때까지 살아 내야 할 삶입니다.

부모에 대한 공경과 순종의 두 번째 결과는 자녀가 형통하게 된다는 것입니다. 우리의 주변에서 부모에게 효도하는 사람들을 보십시오. 그들은 대부분 형통의 길을 걷습니다. 탁월한 실력이 있다거나 유력한 인맥이 있어서가 아닙니다. 부모 공경에서 비롯되는 것이라고 성경은 말합니다. 부모를 공경하고 순종한 자녀가 형통하게 되는 것은 당연한 현상이 아니라 하나님의 의도적인 섭리에서 비롯된 것입니다. 이것은 형통함이 부모에게 순종하면 공식에 대입하듯 나오는 결과가 아니라 그 출처가 하나님께 있다는 말입니다. 이러한 순종과 형통의 인과율은 하나님이 붙들고 계십니다. 왜 그럴까요? 하나님은 그리스도 예수를 믿는 모든 자들에게 진정한 부모가 되시기 때문입니다.

형통함은 부모이신 하나님의 말씀에 순종하는 모든 자녀에게 주어지는 보편적인 복입니다. "네 하나님 여호와의 명령을 지켜 그 길로 행하여 그 법률과 계명과 율례와 증거를 모세의 율법에 기록된 대로 지키라. 그리하면 네가 무엇을 하든지 어디로 가든지 형통할지라." ^{왕상 2:3} 다윗은 아들 솔로몬을 향해 자신의 말이 아니라 하나님의 말씀을 경청하고 준행하면 무엇을 하든지 어디로 가든지 형통하게 된다고 말합니다. 이토록 달콤한 약속이 세상 어디에 있을까요? 소위 '만사형통' 개념의 진정한 출처는 바로 하나님의 이 약속에 있습니다. 이러한 교훈과 가르침을 받은 솔로몬은 동일한 내용을 다음과 같이 말합니다. "내 아들아, 네 아비의 훈계를 들으며 네 어미의 법을 떠나지 말라. 이는 네 머리의 아름다운 관이요 네 목의 금 사슬이니라."잠 1:8-9

부모에게 순종하는 것과 장수하는 것과 형통하게 되는 것은 이처럼 하나님과 관계된 일입니다. 부모에게 순종할 때마다 자녀들은 영원한 부모이신 하나님께 순종하는 것을 연습하는 것입니다. 하나님께 순종하면 어떠한 일이 생길까요? 부모에게 순종할 때와는 비교할 수 없을 정도로 오랜 장수와 큰 형통을 경험하게 될 것입니다. 우리가 이 땅에서 생각하는 형통의 종류는 아마도 부함과 명예와 건강과 장수 등일 것입니다. 그러나 성도에게 주시는 하나님의 진정한 형통은 바로 우리가 하나님과 함께 거한다는 것입니다. 요셉을 보십시오. 그는 비록 종살이와 옥살이로 청년기를 보내고 있었지만 성경은 그때조차 형통한 인생으로 평가하고 있습니다. 왜입니까? "이는 여호와께서 요셉과 함께하심이라."창 39:23 그리고 형통의 내용은 그리스도 예수와 함께 하나님의 나라를 상속하게 된다는 것입니다. 나아가 거룩함과 의로움과 지혜와 선함이란 하나님의 형상을 우리 안에 온전히 형성하게 된다는 것입니다.

그런데 오늘날 부모를 거역하고 무시하는 자녀들이 대단히 많습니다. 바울은 부모에 대한 자녀의 거역을 말세의 한 징조로 해석하고 있습니다.딤후 3:2 만약 자녀들이 부모에게 순종하지 않으면 어떤 일이 생길까요? "너희가 어찌하여 여호와의 명령을 거역하여 스스로 형통하지 못하게 하느냐."^{대하 24:20} 부모에게 순종하지 않음으로 여호와의 명령을 거역하면 스스로 형통하지 못하게 된다고 성경은 말합니다. 그리고 장수할 수 없습니다. "모세는 네 부모를 공경하라 하고 또 아버지나 어머니를 모욕하는 자는 죽임을 당하리라 하였거늘."^{막 7:10} 이 구절은 예수님이 모세의 글을 인용하신 것입니다. 신약과 구약 전체가 불효자의 단명을 승인하고 있습니다. 자녀가 오래 잘 살려고 아무리 몸부림을 쳐도 부모에게 순종하지 않고 부모를 모욕하면 형통할 수도, 장수할 수도 없습니다. 나아가 효도하지 않는 자녀는 형통과 장수를 상실할 뿐만 아니라 저주도 받습니다. "그의 부모를 경홀히 여기는 자는 저주를 받을 것이라 할 것이요 모든 백성은 아멘 할지니라."^{신 27:16} 부모를 공경하기 어려운 자녀들이 있습니까? 흉내라도 내십시오.

조선 왕조 17대 임금인 효종과 관계된 일입니다. 하루는 민정 시찰 차원에서 어떤 마을을 지나가고 있었는데, 팔순이 넘은 노모를 업고 있는 청년을 보고 감동을 받습니다. 그 이유를 묻는 임금에게 청년은 평생에 한 번 임금님의 용안을 보겠다는 부모의 소원을 들어주기 위해 그곳에 왔다고 말합니다. 이에 효종은 큰 포상을 내립니다. 이 소식을 접한 같은 동네의 불효자가 있습니다. 상금에 눈이 어두워 늙은 어머니를 업고 효종이 지나가는 길거리에 섰습니다. 임금이 이유를 묻자 이전의 효자와 동일한 답변을 했습니다. 이에 동네 사람들은 분개하며 그는 지독한 불효자요 포상을 받으려고 노모까지 이용하고 있다는 사실을 밝힙니다. 그러나 효종은 "효도는 흉내라도 내는 것이 아름답지 않으냐"며 후한 상금을 줬습니다. 흉내 차원에서 효도하는 것도 좋겠지만, 형통과 장수를 얻고 저주를 피하기 위해 효도하는 것도 좋겠지만, 하나님의 사람들은 무엇보다 하나님 경외와 증인의 삶을 위해 효도를 선택하는 자가 되시기를 바랍니다.

자녀에 대한 부모의 교훈적인 사랑

자녀들을 위한 교훈을 전한 이후에 바울은 4절에서 부모에 대한 가르침을 적시하고 있습니다. "또 아비들아, 너희 자녀를 노엽게 하지 말고 오직 주의 교훈과 훈계로 양육하라." 교육은 한 사람 혹은 나라의 미래를 설계하고 청사진을 그리는 일입니다. 새끼 독수리도 날기 위해서 교육을 받습니다. 새끼 사자도 생계를 유지하기 위해서 사냥을 배웁니다. 사람도 배우지 않으면 아무것도 할 수 없습니다. 교육 없이도 스스로 할 수 있는 것은 죄밖에 없습니다. 거짓말과 도둑질과 미움과 시기와 질투와 원망은 가르치지 않아도 얼마나 잘하는지 모릅니다. 그러나 사람이 태어나서 최소한 사람답게 살기를 원한다면 교육을 피할 수는 없습니다.

　　교육은 선생님이 학생에게, 부모가 자녀에게 제공하는 것입니다. 본문에서 바울은 부모가 자녀를 대하는 기본적인 태도를 가르치고 있습니다. 먼저 바울은 부모에게 "자녀를 노엽게 하지 말라"고 말합니다. 노여움은 자신의 의지와 충돌되는 강제 혹은 강요를 경험한 경우와 자신의 소원이 거절되는 무시 혹은 멸시를 경험한 경우에 생깁니다. 자녀가 어리고 자신의 슬하에 있다는 이유로 함부로 대하고 강제력을 행사하는 부모들도 많고, 자녀의 기호와 소원을 존중하지 않는 부모들도 많습니다. 비록 연약하고 무지하고 어리지만 자녀도 엄연히 하나님의 형상대로 지음을 받은 인격적인 존재입니다. 그래서 자녀에게 강요나 강제가 아니라 선택의 기회를 주고 기호와 소원을 묵살하지 않고 존중하는 것은 부모에게 마땅한 것입니다.

강요하지 않고 노엽게 하지 않으면서 자녀를 가르치는 부모의 양육법에 대해, 우리는 교회에서 부모의 역할을 감당해야 하는 장로에 대한 베드로의 권면을 살펴볼 필요가 있습니다. "너희 중에 있는 하나님의 양 무리를 치되 억지로 하지 말고 하나님의 뜻을 따라 자원함으로 하며 더러운 이득을 위하여 하지 말고 기꺼이 하며 맡은 자들에게 주장하는 자세를 하지 말고 양 무리의 본이 되라."^{벧전 5:2-3} 사도는 먼저 우리에게 맡겨진 자녀와 지체들이 하나님의 양이라는 사실을 지적하고 있습니다. 그리고 각 부모에게 맡겨진 하나님의 양들인 자녀를 양육하되 억지로 하지 말고 기꺼이 하라고 권합니다. 자녀는 부모에게 인생의 짐과 멍에가 아닙니다. "보라. 자식들은 여호와의 기업이요 태의 열매는 그의 상급이로다."^{시 127:3} 자녀를 짜증과 분노와 증오와 욕설의 대상으로 삼지 마십시오. 오히려 하나님께 감사와 찬양을 돌려야 할 이유로서 주어진 여호와의 기업과 상급임을 잊지 마십시오.

그리고 자녀를 양육하되 그들을 더러운 이득의 방편으로 삼지 마십시오. 자녀를 통해 부와 명예와 칭찬을 얻겠다는 욕구를 버리시기 바랍니다. 자녀들은 부모의 인생을 대신 살아가는 자가 아닙니다. 부모의 못다 이룬 꿈을 성취하는 대리인도 아닙니다. 부모의 존재감을 치장하는 장신구도 아닙니다. 제가 중국에서 어떤 청년을 상담했을 때의 일입니다. 둘 이상의 자녀가 태어나면 벌금을 내야 했던 시절에 그 청년은 태어나서 중국 국민으로 등록되지 못하고 곧장 부모의 버림을 받습니다. 그런데 25년이 지난 이후에 부모의 연락을 받습니다. 만나고 싶다는 부모의 요청을 받았지만 자신은 만나고 싶지 않다고 했습니다. 그 청년이 결혼할 때에 받을 거액의 결혼 지참금을 취하려는 부모의 속셈을 알았기 때문에 부모와의 만남조차 거절했던 것입니다. 하나의 극단적인 사례이기는 하지만 적잖은 부모들이 자녀를 다양한 이득의 방편으로 여기고 있습니다. 기독교는 그것을 철저하게 금지하고 있습니다. 부모 여러분, 자녀를 독립된 인격체로 존중하는 부모가 되시기를 바랍니다.

본을 보여 주는 양육

자녀를 양육하는 방법은 주장하는 자세가 아니라 본을 보여 주는 것이라고 베드로는 말합니다. 이것은 주님께서 사도에게 보이신 교육의 방식을 그대로 표현한 말입니다. 주님은 자신이 본 보이지 않으신 것을 가르친 적이 없습니다. "그러므로 하늘에 계신 너희 아버지의 온전하심과 같이 너희도 온전하라."^{마 5:48} "너희 아버지의 자비로우심 같이 너희도 자비로운 자가 되라."^{눅 6:36} "새 계명을 너희에게 주노니 서로 사랑하라. 내가 너희를 사랑한 것같이 너희도 서로 사랑하라."^{요 13:34} 주님은 온전함을 가르치기 이전에 온전함을 먼저 이루셨고, 자비함을 가르치기 이전에 자비함을 먼저 이루셨고, 새로운 계명을 주시기 이전에 그 계명을 먼저 실천하여 본을 보이신 분입니다. "내가 주와 또는 선생이 되어 너희 발을 씻었으니 너희도 서로 발을 씻어 주는 것이 옳으니라. 내가 너희에게 행한 것같이 너희도 행하게 하려 하여 본을 보였노라."요 13:14-15 여기에서 "본"은 제자들의 발을 씻어 주는 스승의 겸손에 대한 예수님의 실천적인 본입니다. 사실 예수님의 모든 삶은 우리 모두가 따라가야 할 본입니다. 주님께는 삶과 본이 분리되지 않습니다. 이러한 주님의 가르침을 따라 바울도 제자들을 향해 범사에 삶의 본보기를 보였다고 말합니다. "범사에 여러분에게 모본을 보여 준 바와 같이 수고하여 약한 사람들을 돕고 또 주 예수께서 친히 말씀하신 바 주는 것이 받는 것보다 복이 있다 하심을 기억하여야 할지니라."행 20:35

예수님과 사도들이 보여 준 교육의 본보기는 오늘날 심각하게 무너진 교육의 현실을 치유하고 회복시킬 유일한 열쇠라고 저는 믿습니다. 자녀들이 행할 의지도 없고 기뻐하는 마음도 없는데 자녀에게 무언가를 하라고 독촉하면 자녀의 마음에는 분노와 반항심이 생깁니다. 부모는 자신에게 구비되지 않은 것을 입술로만 요구하지 마십시오. 자녀에게 본보기를 제공하고 자발적인 의지와 즐거운 마음으로 본받을 수 있도록 동기를 유발하는 것이 교육에는 가장 좋습니다. 자녀의 기호를 억압하고 의지를 강요하면 자녀의 영혼이 상합니다. 본보기를 통해 자녀의 기호와 의지에 감동과 자발성을 일으켜서 스스로 판단하게 하고, 행하고 싶어서 행하도록 지도해 주십시오. 부모가 돌보고 관리해야 하는 본질적인 것은 자녀의 외적인 언행이 아닙니다. 자녀의 가치관과 의지와 기호가 성숙하고 올바르게 자라도록 본보기를 계속해서 제공하는 방식으로 교육하는 것입니다.

본을 보이는 양육의 방식은 선택 사항이 아닙니다. 그것은 하나님에 의해 양육의 법칙으로 정하여진 것입니다. 성경적인 양육법의 다른 대용물은 없습니다. 부모 이외에 다른 훌륭한 교사를 자녀의 곁에 붙여 주는 방식으로 대체할 수 없습니다. 자녀들은 교실에서 교사들에 의해 주입되는 내용을 배우지 않고 평상시 삶의 현장에서 자신들의 눈에 보이는 부모를 통해서 배웁니다. 그러므로 본을 보이는 가르침의 방식이 필히 요구하는 것은 부모 자신이 본보기가 되어야 한다는 것입니다. 부모가 된다는 것은 교사가 된다는 것과 다르지가 않습니다. 부모가 자녀에게 전달하는 가르침은 총체적인 것입니다. 부모의 언행심사 전체가 자녀에게 노출되어 있으며 자녀는 무수히 반복되는 관찰을 통해 보고 배웁니다. 부모의 삶이 자녀에게 본보기로 작용하고 있다는 사실을 잊지 마십시오.

부모가 자녀의 교육을 위해 보여야 할 본보기의 내용은 어떤 것일까요? 부모가 분노하면 자녀에게 분노를 교육하는 것입니다. 부모가 짜증 내면 짜증을 자녀에게 전수하는 것입니다. 부모가 거짓말과 도둑질을 하면 자녀에게 그것을 가르치는 것입니다. 부모가 사나운 눈빛과 심술 난 표정을 보여 주면 그것을 자녀에게 제공하는 것입니다. 부모가 쉽게 흥분하면 자녀의 감정에 성급한 흥분을 주입하는 것입니다. 부모가 공격적인 자세를 보여 주면 자녀에게 그런 자세를 가르치는 것입니다. 부모가 이기적인 모습을 보여 주면 자녀를 이기적인 사람으로 양육하는 것입니다. 부모가 보여 주는 모든 태도와 행동과 말투와 표정과 눈빛은 곧장 자녀에게 교육의 내용으로 전달됨을 잊지 마십시오. 정직하지 않은 부모가 자녀를 정직한 사람으로 양육할 수 없습니다. 성실하지 않은 부모가 부지런한 자녀를 만들 수 없습니다. 절제하지 못하는 부모가 절제하는 자녀를 길러 낼 수 없습니다. 부모가 어떤 사람이 되느냐가 자녀를 교육하는 가장 영향력 있는 준비인 것입니다.

우리는 헬렌 켈러 이야기를 잘 알고 있습니다. 그녀는 생후 19개월 때 성홍열과 뇌막염 때문에 시각과 청각을 잃습니다. 급기야 입술도 어눌하게 변합니다. 그러나 그녀는 최고의 명문대인 하버드 대학교에도 입학하여 졸업하고 헬라어, 라틴어, 불어, 독일어, 영어를 구사하는 세계적인 사회 운동가로 활동하며 자기보다 더 열악한 사람들을 도와준 분입니다. 그러나 그녀를 양육한 스승 설리번에 대해서는 잘 모릅니다. 설리번은 청소년 시절에 정신적인 질환 때문에 보스턴의 지하병동 독방에 수용되어 지낸 분입니다. 사람들을 극도로 싫어하고 다가오면 괴성을 지르고 사납게 공격하여 의사들은 회복 불가능을 선언했고 그녀의 부모마저 딸에 대한 애착을 끊고 병원에 면회 오는 것도 접습니다. 심지어 내뱉지 말았어야 할 말까지 했습니다. "너는 차라리 태어나지 말았어야 했어." 하지만 은퇴한 늙은 간호사가 찾아왔고 설리번의 욕설과 반항을 사랑으로 인내하며 소통을 시도하고 음식을 전달하자 설리번은 서서히 변하였고 위대한 스승이 되었던 것입니다. 설리번은 자신이 육체적인 질병보다 더 심각한 정신적인 질환을 늙은 간호사의 모성적인 사랑으로 극복했기 때문에 그런 사랑의 본을 따라서 청각과 시각과 언어의 장애로 절망적인 상태에 있던 헬렌 켈러를 위대한 여인으로 양육할 수 있었던 것입니다.

주의 교훈과 훈계

바울은 우리가 오직 주의 교훈과 훈계로 자녀를 양육해야 한다고 말합니다. 세상에는 많은 사람들의 다양한 교훈들과 규범들이 있습니다. 그러나 성경은 하나님의 형상대로 지음을 받은 인간이 사람답게 살기 위해서는 오직 주님의 교훈과 훈계로만 교육해야 한다고 단호하게 말합니다. '주님의 교훈과 훈계'라는 말은 부모가 마치 주님께서 교육하고 훈계하는 것처럼 자녀를 훈육해야 한다는 뜻입니다. 교육하고 훈계해야 하는 내용은 하나님 사랑과 이웃 사랑으로 요약될 수 있습니다. 즉, 우리가 목숨과 마음과 힘과 뜻을 다하여 하나님과 이웃을 사랑하는 것입니다. 이러한 교훈의 실천적인 본보기는 예수께서 행하신 십자가의 사랑에 있습니다. 예수를 가리켜 기록된 성경 전체는 바로 하나님과 이웃을 사랑하는 세세한 방법들을 우리에게 가르치고 있습니다. 그래서 500년 전에 종교개혁 운동을 일으킨 루터는 주님의 교훈과 실천의 본을 따른다는 결의로서 "하나님의 말씀을 가르치지 않는 학교에는 나의 자녀를 보내지 않겠다"고 했던 것입니다.

부모가 자녀를 양육하는 방법이 본을 보이는 것이라면, 주님의 교훈과 훈계를 자신이 먼저 체득하지 않으면 안 됩니다. 부모의 인격과 삶에 담겨지지 않은 주님의 교훈과 훈계는 자녀에게 전달될 수 없을 것입니다. 자녀를 올바르게 교육하고 싶습니까? 먼저 자신이 주님의 교훈과 훈계로 철저히 무장된 실천의 본보기가 되십시오. 주님의 가르침을 받고 주님의 책망과 훈계를 받는 부모가 되십시오. 강요하고 억압하는 방식이 아니라 하나님과 이웃을 진심으로 사랑하는 본보기가 되시면 자녀들은 부모를 보고 배우며 닮을 것입니다. 닮지 말라고 아무리 사정해도 결국에는 닮습니다. 주님의 교훈과 훈계를 체득한 부모를 통해 자녀들은 가장 좋은 가치관과 가장 좋은 인생의 목표와 가장 좋은 성품과 가장 좋은 습성과 가장 좋은 생각과 가장 좋은 태도와 가장 좋은 처신을 배울 것입니다. 하나님의 교훈과 훈계가 교육되는 가정에 하나님은 최고의 교육이 이루어질 수 있도록 충만한 지혜와 넘치는 총명의 신을 보내는 은총을 베푸실 것입니다.

자녀 여러분, 모든 일에 부모의 말씀을 청종하며 부모에게 효도하는 자녀들이 되십시오. 범사에 보이는 부모에게 효도하는 것은 보이지 않는 부모이신 하나님께 효도하는 것과 분리될 수 없도록 연동되어 있습니다. 그래서 효자는 이 땅에서 형통과 장수의 복을 받아 누리지만 장차 하나님과 영원토록 함께하는 천상적인 형통의 복과 영원토록 사는 영원한 생명의 복을 누리게 될 것입니다. 부모 여러분, 자녀들의 영혼을 상하게 하고 분노하게 만드는 강요와 명령의 교육법을 사용하지 마십시오. 자녀에게 본을 보이시기 바랍니다. 본보기의 내용으로 주님의 교양과 훈계를 자신의 인격과 삶에 차고 넘치도록 담으시기 바랍니다. 이것이 부모와 자녀가 이해해야 할 하나님의 뜻입니다.

특별히 부모에게 한 말씀 더 드리고 싶습니다. 여러분이 주님의 교훈과 훈계를 체득한 본보기가 되시면 하나님은 그런 여러분을 한 가정에만 두시지를 않습니다. 백세에 얻은 자녀조차 아끼지 않고 하나님께 드린 믿음의 조상 아브라함 부부를 한 가정의 부모가 아니라 열방의 아버지와 열방의 어머니로 삼으신 하나님은 본보기로 준비된 여러분을 더 많은 주님의 자녀들을 올바르게 가르치고 양육하기 위해 그들을 품는 어미와 아비로 세우실 것입니다. 많은 사람에게 본보기가 된다는 것은 많은 자녀들을 얻는다는 것입니다. 그러나 우리에게 본받을 것이 없다면 그런 자녀들이 생기지 않을 것입니다. 심지어 혈통을 따라 태어난 자녀도 본받아야 할 부모로 여기지 않을 것입니다.

부모가 자녀에게 전달한 본이 없다는 것은 참으로 슬픈 일입니다. 태어난 자녀가 있어도 마치 자녀가 없는 것과 같습니다. 주님의 교훈과 훈계로 채워져 있지 않은 부모는 비록 육신을 따라서는 부모일 수 있겠으나 전인격적 부모는 되지 못합니다. 자녀를 배로 낳은 부모는 가슴으로 낳은 부모도 되시기를 바랍니다. 자녀를 배로 낳지 않은 부모라도 무수히 많은 자녀들을 가슴으로 낳는 부모가 되시기를 바랍니다. 그리고 자녀들은 부모가 계시지 않다거나 부모에게 본받을 것이 없다는 이유로 불평하지 마십시오. 세상에는 지성적인 부모와 감성적인 부모와 직업적인 부모와 신앙적인 부모가 얼마든지 있습니다. 저도 부모님이 일찍 떠나셔서 혈통적인 본보기 없이 자랐지만 주님 안에서 만난 다양한 부모들을 통하여 지성과 감성과 의지와 신앙의 양육을 받을 수 있었기에 비록 턱없이 부족한 자이지만 그나마 오늘의 제가 된 것입니다. 주님의 교훈과 훈계에 있어서 본보기가 될 부모를 찾으시기 바랍니다. 영원한 부모가 되시는 하나님은 다양한 사람들을 통해 여러분의 부모가 되실 것입니다.

24.
주인과 종의 도리

⁵종들아, 두려워하고 떨며 성실한 마음으로 육체의 상전에게 순종하기를 그리스도께 하듯 하라. ⁶눈가림만 하여 사람을 기쁘게 하는 자처럼 하지 말고 그리스도의 종들처럼 마음으로 하나님의 뜻을 행하고 ⁷기쁜 마음으로 섬기기를 주께 하듯 하고 사람들에게 하듯 하지 말라. ⁸이는 각 사람이 무슨 선을 행하든지 종이나 자유인이나 주께로부터 그대로 받을 줄을 앎이라. ⁹상전들아, 너희도 그들에게 이와 같이 하고 위협을 그치라. 이는 그들과 너희의 상전이 하늘에 계시고 그에게는 사람을 외모로 취하는 일이 없는 줄 너희가 앎이라. | 엡 6:5-9

우리는 개개인이 교회이며 개개인이 모여서 하나의 교회를 이룹니다. 교회는 세상과 구별된 곳입니다. 그런데 안타까운 것은 교회가 세상과 서서히 같아지고 있다는 점입니다. 그러나 공동체로 모인 교회도 세상과 달라져야 하겠고 개개인이 교회인 우리 각자도 세상과 구별된 삶을 살아가야 할 것입니다. 이를 위해 바울은 부부의 관계에서, 부모와 자녀의 관계에서, 상전과 종의 관계에서 세상과 구별된 교회의 거룩한 모습은 어떠한 것인지를 가르치고 있습니다. 오늘은 상전과 종의 관계에서 발견되고 요구되는 하나님의 뜻을 나누고 싶습니다.

결론부터 말한다면, 종은 상전을 주님처럼 대하며 하나님의 뜻을 준행해야 하며, 상전은 종을 동등한 형제로 여겨야 한다는 것입니다. 이로써 교회는 세상과 구별될 수 있을 것입니다. 여기에서 모든 주체들이 주의해야 할 사항은 상대방의 도리를 강요하지 말고 각자 자기가 선 자리에서 모본을 보여야 한다는 것입니다. 상전과 종 중에서 먼저 지적하고 주장하는 자가 지는 것입니다. 그리고 각자가 상대방에 대해서는 그의 책임과 도리에 충실하지 못할 것이라는 사실을 알고 아예 기대하지 않는 것이 좋습니다. 이는 상대방의 진심과 실력을 무시하는 것이 결코 아닙니다. 인간은 연약하기 때문에 성경이 제시하는 기준에 부합한 상전과 종의 삶을 살아가지 못합니다. 혹시 도리를 다한다면 당연한 것이 아니라 하나님의 은혜이며 하나님께 감사하고 기뻐할 일입니다.

상전에 대한 종의 도리

먼저 상전에 대한 종의 도리에 대하여 5절을 보십시오. "종들아, 두려워하고 떨며 성실한 마음으로 육체의 상전에게 순종하기를 그리스도께 하듯 하라." "종"이라는 신분은 자신의 생명과 삶이 타인에게 속한 사람을 뜻합니다. 자신의 뜻대로 말하고 이동하고 행하지를 못하고, 자신을 소유한 주인의 의지에만 복종하는 사람을 우리는 종이라고 부릅니다. 1세기 당시의 로마는 노예제가 합법화된 사회였고 사람에 의한 사람의 소유가 적법했던 때입니다. 그러한 시대적 상황에서 바울은 종들에게 두렵고 떨림으로 그리고 성실한 마음으로 "육체의 상전"에게 순종해야 한다고 말합니다. 두려움과 떨림은 주인을 주인으로 인정하는 종이 가지는 마음의 태도이며 성실함은 실제로 주인의 뜻을 정성껏 수행하는 것입니다. 이는 마음의 태도와 몸의 행실이 모두 주인에게 합당해야 한다는 말입니다. 내적인 태도와 외적인 실천을 겸비해야 한다는 뜻입니다.

　　종의 이러한 도리를 말하면서 바울은 육체의 주인에게 순종하되 그리스도 예수에게 하듯 하라는 단서를 하나 넣습니다. 세상과 구별되는 교회의 모습이 바로 여기에 있습니다. 하나님의 사람들은 세상의 임시적인 질서를 존중하고 순응하되 세상이 아니라 하나님을 섬기는 자입니다. 육체의 주인이 아니라 그리스도 예수를 섬기는 자입니다. 우리는 어떠한 자리에 서 있더라도 하나님을 섬길 수 있습니다. 하나님을 섬길 수 없는 자리는 없습니다. 심지어 자신의 언어와 행실에 자유가 없는 종조차도 하나님을 섬기는 일에는 결코 배제되지 않습니다. 주님을 섬김에 있어서는 종이나 자유자, 남자나 여자, 노인이나 어린이 모두가 동등하며 어떠한 차별도 없습니다. 인간 문맥 안에서는 다양한 제도와 문화로 인하여 차별적인 요소들이 불쾌하게 개입하고 있지만, 하나님을 섬김에 있어서는 어떠한 인간적인 관계성도 관여하지 못합니다.

　　나아가 바울은 종의 자리에 있더라도 하나님을 섬기되 하나님의 뜻을 행하라고 말합니다. 6절을 보십시오. "눈가림만 하여 사람을 기쁘게 하는 자처럼 하지 말고 그리스도의 종들처럼 마음으로 하나님의 뜻을 행하고." 두려움과 떨림과 성실함을 가지고 주인을 섬기되 사람을 기쁘게 하는 종이 되는 것으로 만족하지 말라는 것입니다. 하나님의 사람들은 주인의 눈에 충성되고 성실한 사람으로 발견되고 인정받는 것에 안주하지 않습니다. 육체에 따른 주인의 눈을 가려서 속이는 것도 잘못된 것이지만, 육체의 상전만을 기쁘게 하는 것도 간사한 눈가림일 뿐입니다. 여기에서 기억해야 할 교훈은 우리가 그리스도 예수의 종이라는 정체성을 가졌다는 것과 우리가 육체의 상전이 아니라 하나님의 뜻을 수행하되 눈가림이 아니라 진실한 마음으로 행해야 한다는 것입니다.

먼저 우리 모두는 그리스도 예수의 종입니다. 다른 어떠한 직분도 이것을 대체하지 못하고 이것보다 앞서지 못합니다. 혹시 우리가 일용직, 임시직, 계약직에 종사하고 있더라도 우리 자신을 사회적인 직위의 말단으로 간주하지 마십시오. 비록 사실이라 할지라도 땅에서의 현실에 스스로를 결박하지 마십시오. 1세기의 노예들을 향해 바울은 노예도 자신을 인간적인 노예로 여기지 말고 그리스도 예수의 영광스러운 종으로 여기라고 했습니다. 오늘날 가정이든, 직장이든, 학교든, 국가든, 우리가 아무리 낮은 지위에 처해 있더라도 1세기의 종보다는 형편이 더 나빠지는 않을 것입니다. 노예들도 자신을 지극히 높으신 하나님의 종으로 여기는데, 하물며 그들보다 현저한 호조건을 가진 우리가 땅의 정체성에 묶인다면 얼마나 터무니가 없습니까? 어떠한 직종의 어떠한 직위를 가지고 있더라도 여러분은 그리스도 예수의 종입니다.

"그런즉 누구든지 그리스도 안에 있으면 새로운 피조물이라. 이전 것은 지나갔으니 보라 새것이 되었도다."^{고후 5:17} 예수님과 사도들은 새로운 피조물인 우리를 누림과 관련하여 하나님의 자녀이며 하나님의 백성이며 천국의 시민이며 왕 같은 제사장과 거룩한 나라라고 말합니다. 그러나 섬김에 관해서는 주님의 종이라고 말합니다. 믿음의 선진들도 자신들을 주님의 종이라고 했습니다. 야곱도 주의 종이고,^{창 32:18} 모세도 주의 종이고,^{왕상 8:53} 다윗도 주님의 종이고,^{시 132:10} 모든 선지자도 주의 종이며,^{단 9:6} 사도들도 모두 주님의 종입니다.^{롬 1:1} 우리도 주님의 종입니다. 새로운 피조물이 이미 지나간 땅의 신분에 얽매이는 것은 어리석은 일입니다. 개가 그 토한 곳으로 다시 돌아가는 격입니다. 인간의 제도 안에서는 비록 인간의 종으로 얽매일 수 있겠지만, 믿음의 실상을 따라서는 모든 것에서 자유로운 주님의 종임을 잊지 마십시오.

이 세상에 존재하는 종은 주님에 대하여 종이라는 우리의 영적인 신분을 가리키는 비유적인 성격을 가지고 있습니다. 세상의 모든 사람들은 무언가 혹은 누군가의 종입니다. 중요한 것은 종의 신분을 벗어나는 것이 아니라 누구의 종이 되느냐에 있습니다. 우리는 하나님께 종이 될 것인가, 나 자신에게 종이 될 것인가, 타인에게 종이 될 것인가, 사물에게 종이 될 것인가를 선택할 수 있습니다. 종의 원리에 대해 바울은 이렇게 말합니다. "너희 자신을 종으로 내주어 누구에게 순종하든지 그 순종함을 받는 자의 종이 되는 줄을 너희가 알지 못하느냐."^{롬 6:16} 이는 우리가 누구를 불문하고 순종의 대상에게 종이 된다는 말입니다. 바울은 죄와 의를 순종의 대상으로 제시하며 만약 죄에게 순종하면 죄의 종이고, 의에게 순종하면 의의 종이 된다고 말합니다.

이러한 바울의 생각은 주님의 가르침에 근거한 것입니다. "진실로 진실로 너희에게 이르노니 죄를 범하는 자마다 죄의 종이라." 요 8:34 나아가 바울은 타락한 인간이 거듭난 이후의 상태에 대해 이렇게 말합니다. "너희가 본래 죄의 종이더니 너희에게 전하여 준 바 교훈의 본을 마음으로 순종하여 죄로부터 해방되어 의에게 종이 되었느니라." 롬 6:17-18 이 말씀에 의하면, 온 인류는 죄의 종들과 의의 종들로 구성되어 있습니다. 아무리 높고 고상하고 자유로운 직업과 직위를 가진 사람이라 할지라도 주님의 교훈에 순종하지 않으면 모두 죄의 종입니다. 그러나 주님의 교훈에 순종하면 아무리 낮고 천하고 억압적인 직업과 직위를 가진 사람이라 할지라도 의의 종입니다. 기독교의 관심은 여기에 있습니다. 사회적인 직위의 높낮이는 그렇게 중요한 것이 아닙니다. 직업의 관건은 누구에게 순종하고 있느냐에 있습니다.

거룩한 직업

그리고 바울은 우리에게 하나님의 종으로서 하나님의 뜻을 행하라고 말합니다. 그리스도 예수의 종은 어떠한 직업을 가져도 사람에게 기쁨을 제공하는 것에 만족하지 않습니다. 주님의 종은 주님의 뜻을 행하는 자입니다. 바울의 원리를 따라 말한다면, 우리가 하나님의 뜻을 행하면 하나님께 순종하는 자이고 하나님께 순종하면 하나님의 종이 되는 것입니다. 하나님의 뜻은 하나님과 이웃을 사랑하는 것입니다. 서로가 서로를 사랑하는 것입니다. 항상 기뻐하고 범사에 감사하고 쉬지 않고 주님과 교통하는 것입니다. 이런 하나님의 뜻은 이 땅에서 어떠한 직업과 직위를 가지고 있더라도 수행할 수 있습니다. 어떠한 직종이든 하나님의 뜻을 수행할 수 있고 하나님의 종이 될 수 있다는 의미에서 직업에는 귀천이 없습니다. 모든 직업과 직위는 사람에게 이윤을 창출하는 것 때문이 아니라 하나님께 영광을 돌린다는 차원에서 고귀한 것입니다.

직업과 일의 가치는 누구를 섬기고 있느냐에 달려 있습니다. 눈에 보이는 육신의 상전을 섬긴다면 그 상전에 의해 일의 가치는 결정될 것입니다. 그렇다면 직업에 귀천이 없다는 말은 성립되지 않을 것입니다. 각자의 상전이 다 다르기 때문에 차별이 있고 귀천이 생깁니다. 그러나 만약 어떠한 직종에서 어떠한 일을 하더라도 하나님을 섬긴다면 차별이 없고 귀천도 발생하지 않을 것입니다. 바울은 말합니다. "그런즉 너희가 먹든지 마시든지 무엇을 하든지 다 하나님의 영광을 위하여 하라."고전 10:31 무슨 일을 하든지 하나님의 영광을 위한다면 고귀한 일을 하는 것입니다. 이 세상에 하나님의 영광을 위하는 것보다 더 고귀한 일은 없습니다.

화장실을 청소하든, 연탄을 나르든, 구두를 닦든, 유리창을 닦든, 설거지를 하든, 심부름을 하든, 때밀이를 하든 그 어떠한 일을 하든지 하나님의 영광을 위하는 일이라면 세상에서 가장 고귀한 일을 하는 것입니다. 그러나 대통령을 하든, 장관을 하든, 의사를 하든, 교수를 하든, 목사를 하든 하나님 사랑과 이웃 사랑, 즉 하나님의 영광을 위하지 않는다면 고귀한 일이 아닙니다. 최고의 월급이 주어지는 공무원 자리이기 때문에 대통령이 된 사람과 주께서 창조하신 지구촌의 한 구석을 깨끗하게 하려고 환경 미화원이 된 사람 중에 누가 더 고귀한 직업을 가지고 있을까요?

섬김의 태도

나아가 바울은 7절에서 종은 육체의 상전에게 기쁜 마음으로 주님을 대하듯이 섬기라고 말합니다. "기쁜 마음으로 섬기기를 주께 하듯 하고 사람들에게 하듯 하지 말라." 종에게는 자유와 선택과 기호를 발휘할 권한이 없습니다. 주인의 의지만 받드는 자입니다. 이렇게 불쾌한 상황에 있는 종에게는 언짢은 마음과 악한 의지가 발동할 가능성이 높습니다. 그러나 바울은 육체의 상전에게 순종할 때에 선한 의지 혹은 자발적인 의지를 가지라고 말합니다. 이는 이 땅에서의 자유와 선택과 기호가 존중되지 않더라도 얼마든지 주님을 대하듯이 육체의 상전을 자원하는 마음으로 섬길 수 있다는 것입니다. 그러나 주님을 향한 호의가 없다면 육체의 상전을 자발적인 의지로 섬긴다는 것은 불가능한 일입니다. 주님을 사랑하는 자는 주님을 섬길 때에 사랑이 수반되고 그 사랑의 자발성 때문에 자발적인 의지를 발휘할 수 있습니다. 육체의 상전을 섬길 때에도 주님을 대하듯이 섬기면 자발적인 의지를 발휘하는 자가 될 것입니다.

보이지 않는 주님을 보이지 않는 것들의 증거인 믿음으로 보면서 육체의 상전을 섬기시면 얼마든지 주님을 섬기실 수 있습니다. 선한 마음 혹은 자발적인 의지에 따른 섬김의 여부는 주님에 대한 사랑과 믿음에 달려 있습니다. 이 사실은 어떠한 육체의 상전을 만나도 바뀌지 않습니다. 여기에서 하나 더 생각할 것이 있습니다. 보이는 부모에게 순종하지 않으면 보이지 않는 부모이신 하나님께 순종할 수 없듯이, 보이는 상전에게 자발적인 마음으로 순종하지 않으면 어떻게 보이지 않는 상전이신 하나님께 순종할 수 있을까요? 순종할 수 없습니다. 그러므로 우리에게 육체의 상전이 있다면 그를 보이지 않으시는 하나님께 순종할 수 있는 기회와 출구로 여기시길 바랍니다.

상급의 출처

종은 왜 두려움과 떨림과 성실한 마음과 선의라는 동기를 가지고 주님을 섬기듯이 육체의 상전을 섬겨야 하는 것일까요? 그 이유를 바울은 8절에서 이렇게 말합니다. "이는 각 사람이 무슨 선을 행하든지 종이나 자유인이나 주께로부터 그대로 받을 줄을 앎이라." 즉, 그런 섬김은 종을 위한 것입니다. 선한 의지에서 선행이 나옵니다. 선을 행하면 그 선행에 합당한 보상을 받습니다. 주께서 우리에게 보이신 선행은 어떤 것일까요? "사람아, 주께서 선한 것이 무엇임을 네게 보이셨나니 여호와께서 네게 구하시는 것은 오직 정의를 행하며 인자를 사랑하며 겸손하게 네 하나님과 함께 행하는 것이 아니냐."미 6:8 종이든 자유자든 공의를 행하고 인자를 사랑하고 겸손히 하나님과 동행하는 것이라고 말합니다. 주님과의 겸손한 동행도 선행으로 분류되고 있습니다.

그런데 만약 종이 주님을 대하듯이 육체의 상전을 선한 의지로 섬기면 그 선행의 보상은 육체의 상전이 아니라 주님께서 친히 위로부터 우리에게 주신다는 것입니다. 그 보상의 출처는 주님이지 육체의 상전이 아닙니다. 이러한 원리는 자유롭게 주님을 섬기는 자유인과 육체의 상전을 주님처럼 섬기는 종 사이에 차별이 없습니다. 종의 일을 하더라도 자유인이 선행으로 인해 받는 보상과 동일한 것을 받는다는 사실은 대단히 혁명적인 것입니다. 그러나 육체의 상전에게 순종하되 주님을 대하듯이 순종하지 않으면 주님께서는 그 순종이 선행으로 간주되지 않고, 종에게는 그것에 따르는 보상도 없을 것입니다. 이 세상에서 종은 육체의 상전에게 아무리 충성되게 일해도 제도적인 보상이 없습니다.

예수님의 말씀을 들어 보십시오. "너희 중 누구에게 밭을 갈거나 양을 치거나 하는 종이 있어 밭에서 돌아오면 그더러 곧 와 앉아서 먹으라 말할 자가 있느냐. 도리어 그더러 내 먹을 것을 준비하고 띠를 띠고 내가 먹고 마시는 동안에 수종 들고 너는 그 후에 먹고 마시라 하지 않겠느냐. 명한 대로 하였다고 종에게 감사하겠느냐."눅 17:7-9 종은 종입니다. 시키는 그대로 일만 하기에 이 땅에서는 어떠한 소망도 없는 자입니다. 이 말씀은 주님께서 인간의 노예제를 두둔하신 것도 아니고 승인하신 것이 아닙니다. 노예제는 주님의 뜻이 전혀 아닙니다. 인간의 동등성과 하나 됨이 주님의 뜻입니다. 노예제는 인간이 죄를 범하였고 그래서 인간은 죄와 사망과 사탄과 어둠의 종으로 사로잡혀 있음을 고발하는 사회적인 제도로서 허용된 것입니다. 그 제도는 인간이 스스로 자초한 것입니다. 그러한 제도 속에서도 하나님은 인간의 동등성을 이루시는 분입니다.

하나님은 부패한 인간의 불평등한 제도 속에서도 종이 하나님을 대하듯이 상전을 섬기면 자유인이 선을 행함으로 받는 보상과 동일한 것을 받게 하십니다. 이처럼 주님 안에서는 종에게도 소망이 있습니다. "너희를 영접하는 자는 나를 영접하는 것이요 나를 영접하는 자는 나를 보내신 이를 영접하는 것이니라. 선지자의 이름으로 선지자를 영접하는 자는 선지자의 상을 받을 것이요 의인의 이름으로 의인을 영접하는 자는 의인의 상을 받을 것이요."마 10:40-41 여러분이 주님의 이름으로 섬긴다면 주님의 상을 받을 것입니다. 육체의 상전이 주는 일시적인 땅에서의 상급이 아니라 하늘의 주님께서 주시는 영원한 하늘의 상급을 받습니다. 이것은 어떠한 자리에 있든지 누구를 섬기든지 차별이 없습니다.

종의 겸손

그런데 종이 명심해야 할 교훈이 있습니다. 종이 주님을 대하듯이 육체의 상전을 두렵고 떨림으로 성실한 마음과 선한 의지를 가지고 섬기면 그것이 선행으로 간주되고 그것에 해당되는 보상을 위로부터 받을 것이지만 그 보상을 당연한 것으로 여기고 요구하는 것은 합당하지 않다는 것입니다. 이어지는 주님의 말씀을 보십시오. "너희도 명령받은 것을 다 행한 후에 이르기를 우리는 무익한 종이라. 우리가 하여야 할 일을 한 것뿐이라 할지니라."눅 17:10 하나님의 뜻을 행하여 선을 행했다고 할지라도 종은 자신을 "무익한 종"으로 여기고 마땅히 "하여야 할 일"을 한 것일 뿐이라고 생각해야 한다는 것입니다. 만약 보상을 마땅히 받아야 할 것이라고 여긴다면 종의 본분을 벗어난 것입니다. 범사에 감사해야 하는 하나님의 뜻을 외면할 수 있습니다. "일하는 자에게는 그 삯이 은혜로 여겨지지 아니하고 보수로 여겨지거니와."롬 4:4 바울은 보상을 은혜로 여길 것이냐 보수로 여길 것이냐의 여부가 일에 대한 종의 태도에 달려 있다고 말합니다. 즉, 일하는 종이 보상에 합당한 선을 행했다고 생각하면 그 삯을 보수로 여길 것이지만 마땅히 하여야 할 일을 하였다고 생각하면 그 삯을 은혜로 여긴다는 것입니다.

이상을 정리하면, 종은 육체의 상전에게 순종하되 주님을 대하듯이 두려움과 떨림과 성실한 마음과 선한 의지를 가지고 섬기며 하나님의 뜻을 행하면 그것에 합당한 보상을 자유인과 동일하게 받을 것입니다. 그러나 그 보상을 보수로 여기지 아니하고 은혜로 여겨야만 할 것입니다. 종살이와 옥살이로 점철된 요셉의 청년기가 저에게는 상전에 대한 종의 도리를 가장 잘 수행한 모델처럼 보입니다. 그는 보디발의 집에서 종으로 살았을 때에나 정치범 수용소에 갇힌 죄수로 살았을 때에나 하나님 앞에서 두렵고 떨림으로 성실한 마음과 자발적인 의지를 가지고 하나님과 동행하며 하나님의 뜻을 준행했던 자입니다. "그의 주인이 여호와께서 그와 함께하심을 보며 또 여호와께서 그의 범사에 형통하게 하심을 보았더라."^{창 39:3} 종이 여호와와 동행하는 선을 행하면 주인의 눈에도 그 사실이 보인다는 것입니다. 결국 주님께서 요셉을 건지시고 총리로 세우시고 형들의 악을 선으로 바꾸사, 많은 사람들이 구원에 이르게 하는 영광의 보상을 그에게 누리도록 하십니다.

종에 대한 상전의 도리

종의 도리에 대한 설명을 마친 이후에 바울은 9절에서 종을 대하는 상전의 도리를 언급하고 있습니다. "상전들아, 너희도 그들에게 이와 같이 하고 위협을 그치라. 이는 그들과 너희의 상전이 하늘에 계시고 그에게는 사람을 외모로 취하는 일이 없는 줄 너희가 앎이라." 바울은 종이 상전을 대하는 것과 동일한 방식으로 종을 대하라고 상전에게 말합니다. 그래서 상전과 종은 그리스도 안에서 피차 복종해야 한다는 것입니다. 이 땅에서의 모든 관계성에 일방적인 것은 없습니다. 즉, 그리스도 안에서 피차 복종하되 남편이 아내에게 하듯 아내도 남편에게 하고 부모가 자녀에게 하듯 자녀도 부모에게 하고 종이 주인에게 하듯 주인도 종에게 행해야 한다는 것입니다. 쌍방 간에 교류가 있습니다. 그리스도 안에서의 이상적인 질서는 일종의 쌍방적인 복종에 있습니다.

이러한 질서를 따라 상전들은 종들에게 그리스도 안에서 두렵고 떨리는 마음으로 섬기시기 바랍니다. 섬김의 겉모양만 취하지 마시고 마음으로 섬기시기 바랍니다. 종을 대할 때에 악한 의지를 버리시고 선한 의지를 가지시기 바랍니다. 하나님의 뜻을 행하는 주님의 종으로서 육체의 종을 대하시기 바랍니다. 만약 하나님 앞에서의 두려움과 떨림과 마음과 선의가 없이 종을 대한다면 하나님의 뜻을 수행하는 것이 아니고 결국 선행으로 간주되지 않기에 위로부터 주어지는 어떠한 상급도 그에게는 없을 것입니다. 비록 땅에서는 마음껏 지배하고 소유하고 향유하고 지시하는 상전이라 할지라도 위로부터 주어지는 주님의 보상이 없을 것이기 때문에 지극히 가난하고 불쌍한 자가 될 것입니다. 그러므로 하늘에 소망을 둔 상전은 종을 상전처럼 섬기시기 바랍니다.

상전이 어떻게 종을 그런 방식으로 대우할 수 있느냐고 반문할 수 있을 것입니다. 상전이 된다는 것은 쉬운 일이 아닌 것입니다.

아내의 무조건적 순종을 받는 남편이 된다는 것이 두렵고 떨리는 일인 것처럼, 종이 무조건 순종하되 주님을 대하듯이 섬겨도 괜찮은 상전이 된다는 것도 동일하게 두렵고 떨리는 일입니다. 더군다나 종이 상전을 섬기듯이 종에게 동일한 방식으로 대한다는 것은 더더욱 어려운 일일 것입니다. 종을 섬긴다는 것은 상전이 섬기는 종의 자리에 선다는 것입니다. 이것은 주님을 사랑하지 않으면, 주님을 경외하지 않으면 결코 실천할 수 없는 일입니다. 그러나 어떠한 상전도 주님을 사랑하고 경외하면 얼마든지 실천할 수 있습니다. 주님을 보십시오. 만왕의 왕이시고 만주의 주시지만 종의 형체를 입으시고 이 땅에 오셨는데 왜 오셨나요? "인자가 온 것은 섬김을 받으려 함이 아니라 도리어 섬기려 하고 자기 목숨을 많은 사람의 대속물로 주려 함이니라."마 20:28 종의 형체를 입으시고 종의 일을 하시러 오셨다고 말합니다.

상전다운 상전

사실 이 땅에서 육체의 상전이 되는 방법은 쉽습니다. 권력에 아부하여 높은 자리에 오르고 부정한 방법으로 이윤을 취하여 부자가 되고 돈과 권력을 통해 많은 종들을 고용하면 되는 것입니다. 그러나 진짜 상전다운 상전이 되는 방법은 결코 간단하지 않습니다. 주님께서 제시하신 방법은 다음과 같습니다. "너희 중에 누구든지 으뜸이 되고자 하는 자는 모든 사람의 종이 되어야 하리라."막 10:44 하나님이 보시기에 진짜 상전다운 상전이 되는 것은 비록 자신은 자유로운 상전이라 할지라도 종의 자리로 내려와서 모든 사람들을 섬겨야 가능한 일입니다. 바울은 지금 예수님의 가르침과 동일하게 종에 대한 상전의 도리를 가르치고 있습니다. 종이 상전을 섬기듯이 종의 자리에서 종을 섬겨야만 하나님이 보시기에 최고의 상전이 된다는 사실 말입니다.

바울은 종에게 요구되는 태도와는 다른 것이 상전에게 있다고 말합니다. "위협을 그치라." 상전들은 종들을 위협하지 말라는 것입니다. 신체적인 위협, 경제적인 위협, 심리적인 위협, 사회적인 위협을 가하는 것은 그리스도 안에서 종을 대하는 상전의 도리가 아니라는 것입니다. 종들에 대하여 생명을 위협하고, 밥을 굶기고, 폭언을 하고, 독방에 가두고, 그들을 폭도로 내모는 상전들이 있습니다. 이러한 상전의 위협들에 대해 종들은 대처할 수 없고 당할 수밖에 없습니다. 이러한 위협만이 아니라 상전이 종을 대할 때에는 눈빛과 표정도 위협의 도구일 수 있습니다. 평범한 인사말과 가벼운 의성어도 위협의 수단일 수 있습니다. 대수롭지 않은 스킨십도 위협의 일환일 수 있습니다. 제안이나 권고도 위협으로 작용할 수 있습니다. 사소한 심부름 요청도 강요의 방편일 수 있습니다. 이는 상전의 자리가 그 모든 행위들의 전제이기 때문입니다. 이처럼 상전이 종을 대하는 것은 종이 상전을 대하는 것보다 어려운 일입니다. 상전에게 추가로 요구된 위협의 금지는 상전이 종의 양심까지 배려해야 한다는 것입니다. 그러니 더더욱 어려울 수밖에 없습니다.

상전이 종을 위협하는 것을 금지한 이유에 대해 바울은 두 가지를 제시하고 있습니다. 첫째, 종들과 상전들의 상전이 하늘에 계시다는 것입니다. 둘째, 그 상전이신 하나님은 사람을 외모로 취하는 일이 없는 줄 상전들이 알고 있다는 것입니다. 하나님 앞에서 종들과 상전들은 신분의 차이가 없습니다. 모두의 상전이신 하나님 앞에서는 종들과 상전들이 모두 종입니다. 인간의 동등성 개념의 뿌리가 여기에 있습니다. 인간 문맥 안에서는 비록 신분의 사회적인, 정치적인, 제도적인, 경제적인, 문화적인, 지성적인 차이가 있지만 하나님 앞에서는 그러한 차이가 소멸되고 만다는 것입니다. 하나님은 사람들 사이에서 합의된 신분의 차이라는 외모를 보시지 않습니다. 부자와 빈자, 박식한 자와 무식한 자, 지혜로운 자와 우매한 자, 권력이 높은 자와 낮은 자, 체력이 강한 자와 약한 자, 유명한 자와 무명한 자, 아름다운 자와 추한 자, 남자와 여자, 노인과 아이, 자유인과 종, 사장과 직원, 대통령과 시민, 원장과 청소부, 교수와 학생, 부모와 자녀는 비록 외모는 다르지만 하나님의 눈에는 모두 동등하게 그의 형상대로 지음을 받은, 천하보다 존귀한 자입니다.

하나님의 사람들도 외모로 사람을 취하지 않고 하나님의 눈으로 모든 사람들을 보는 자입니다. 비록 시대마다 다양한 제도와 법과 문화와 규범 때문에 사회적인 상황이 다르지만 영원토록 변하지 않는 관점은 하나님의 형상대로 지음을 받은 모든 사람들이 가진 존재의 무게는 결코 다르지 않다는 것입니다. 그래서 사회적인 신분의 격차가 가장 두드러진 상전과 종의 주종적인 관계도 하나님 앞에서는 무색해질 수밖에 없습니다. 어떤 사람들의 눈에는 이것이 부당하게 보일 것입니다. 피땀을 흘려서 이룩한 이 땅에서의 업적과 취득한 자격과 직위가 마치 아무것도 아닌 것이라고 말하는 듯해서 서운하고 억울하고 섭섭한 마음이 들 수 있습니다. 그러나 하나님의 나라는 먹고 마시는 것이 아닙니다. 직위의 높낮이와 빈부의 격차와 업적의 다소에 있지 않습니다. 하나님의 나라는 의와 평강과 희락에 있습니다.

하나님의 성품이 발현되는 곳입니다. 하나님의 영광이 선포되는 곳입니다. 모두가 형제와 자매로 어떠한 높낮이도 없는 한 가족이 되는 곳입니다.

그러나 지금 우리의 사회는 다양한 종류의 상전과 종의 관계들로 구성되어 있습니다. 각각의 관계에는 이권을 둘러싼 각 주체들 사이의 살벌한 긴장과 첨예한 대립이 있습니다. 외모를 보지 않으시는 우리 모두의 상전이신 하나님의 존재를 망각하면 종과 상전의 관계는 약하면 먹힌다는 약육강식 수준의 험악하고 전투적인 분위기가 조성될 수밖에 없습니다. 그러나 교회는 하나님을 범사에 인정하고 하나님의 영광을 위해 존재하는 그리스도 예수의 몸입니다. 교회는 종이 상전을 주님처럼 대하고 상전이 종을 동등한 형제처럼 대하여 상전과 종이 하나님 앞에서 동등한 존엄성의 무게를 가졌다는 사실을 이 시대의 불화와 불평등과 갈등과 대립과 분열을 일소하는 해법으로 제시하는 곳입니다. 교회는 이렇게 함으로써 세상의 빛과 소금이 되는 것입니다.

이러한 교회의 아름다운 사례를 우리는 골로새 교회의 한 성도였던 빌레몬과 오네시모 사이의 관계에서 발견할 수 있습니다. 빌레몬은 상전이고 오네시모는 그의 종입니다. 오네시모는 주인의 돈을 훔쳐서 주인에게 손해를 끼치고 도망을 쳤습니다. 그런데 그가 바울을 만나서 예수를 믿고 바울을 섬깁니다. 이에 바울은 그의 주인이요 자신의 동역자인 빌레몬에게 편지를 보냅니다. "이후로는 종과 같이 대하지 아니하고 종 이상으로 곧 사랑받는 형제로 둘 자라. 내게 특별히 그러하거든 하물며 육신과 주 안에서 상관된 네게랴." 몬 1:16 편지에서 바울은 오네시모가 자신의 심복이며, 종 이상으로 사랑받는 형제이며, 그가 진 빚은 자신이 갚아 줄 것이라고 말하면서 그가 복음을 위하여 바울 자신을 섬기도록 허락해 달라는 부탁을 드립니다.

　　여기에서 주목할 것은 바울이 오네시모의 빚을 없었던 것으로 해달라거나 종인 오네시모의 신분을 바꾸어 달라고 말하지 않고 당시의 사회적인 질서였던 노예제도 속에서도 그를 형제로 대우해 달라고 말했다는 것입니다. 어떠한 제도하에 있더라도 그리스도 안에서는 비록 종과 상전의 관계라 할지라도 얼마든지 동역자가 될 수 있고 동등한 형제의 관계를 맺을 수 있다는 것입니다. 물론 상전이 종을 동등한 형제로 대한다고 할지라도 종이 그것을 이용하면 안 될 것입니다. "믿는 상전이 있는 자들은 그 상전을 형제라고 가볍게 여기지 말고 더 잘 섬기게 하라."^{딤전 6:2} 비록 믿음의 상전이 그리스도 안에서 종을 일가족의 동등한 형제로 대한다고 할지라도 그와 비기려고 한다든지 존경의 수위를 낮추지 말고 오히려 더 존경하고 더 잘 섬기라는 것입니다.

노동과 일의 본질

상전과 종의 관계를 생각할 때에 우리는 일의 본질을 한번 생각해 볼 필요가 있습니다. 일이라는 것은 사실 신분을 구분하는 기준이 아닙니다. 노동은 태초부터 하나님의 형상대로 지음을 받은 인간에게 복으로서 명하여진 것입니다. 그때부터 인간은 생육하고 번성하고 땅에 충만하여 땅을 정복하고 다스려야 했습니다. 그런데 일이나 노동이 피지배자 계급의 전유물이 되었고 가치의 상징인 돈에 의해서 거래되는 것으로 인식되어 사람들은 살기 위해서, 생존에 필요한 봉급을 위해서 일하고 있습니다. 그러나 도로시 L. 세이어즈의 입술을 빌려 말한다면, 일은 "사람의 본성이 올바로 발휘되고 거기서 기쁨을 찾는 통로이며, 하나님께 영광을 돌리게끔 그 본성이 성취되는 일종의 생활 방식"입니다. 그녀는 이러한 삶의 방식이 무너지면 문제가 생긴다고 말합니다. 전쟁도 터집니다. 일에 대한 우리의 사고가 바뀌면 질문도 달라질 수밖에 없다고 말합니다.

기업체는 "수지가 맞는 일인가?"가 아니라 "좋은 일인가?"를 질문하고, 노동자는 자신이 "무엇을 만들고 있는가?"가 아니라 자신의 일이 "무슨 가치가 있는가?"를 질문하고, 상품에 대해 기업체는 "사람들을 구슬려서 그것을 사게 만들 수 있을까?"가 아니라 "그 물건은 유용한 것인가?"를 질문하고, 직업에 대해 노동자는 "월급이 얼만가?"가 아니라 "내 능력을 최대한 활용할 수 있는 일인가?"를 질문하게 될 것입니다. 돈을 중심으로 일을 생각하면 고용자는 값싼 노동력만 찾으려고 할 것이고, 노동자는 월급이 많은 일자리만 찾으려고 할 것입니다. 각자가 자신에게 주어진 하나님의 은사를 잘 발휘하여 하나님의 나라와 의를 추구하는 일을 외면하고 그저 돈이 기준이 된 고용의 왜곡된 질서에만 순응하면 사회에는 소망이 없습니다. 경쟁과 분쟁과 갈등만 조장하게 될 것입니다.

사랑하는 성도 여러분, 지금 어디에 서 계십니까? 누구를 위해 서 계십니까? 어디에 서 계시든지 하나님의 뜻을 수행하고 계십니까? 창조주가 각자에게 배분해 주신 은사를 활용하여 최고의 가치와 의미를 산출하고 계십니까? 왜 사시고 무엇을 위해 사십니까? 이러한 질문들이 여러분의 삶을 주도하게 하십시오. 다른 질문들이 여러분의 삶을 유린하게 하지 마시기를 바랍니다. 종은 상전을 주님처럼 섬기고 상전은 종을 형제처럼 여긴다는 하나님의 뜻은 종을 값을 지불하고 산 상전과 상전에게 팔린 종 사이의 돈 중심적인 관계를 완전히 뒤집는 혁명적인 사고일 것입니다. 어떠한 신분을 가지고 어떠한 직종에서 어떠한 직위를 가지고 있더라도 돈 때문에 일하지 않고 돈 때문에 일을 요구하지 않고 모두가 주님 때문에 하나님과 이웃을 사랑하고 의와 평강과 희락을 추구하며 범사에 감사하고 항상 기뻐하고 늘 주님과 교통하는 그런 하나님의 뜻을 수행하는 사람이 된다는 것은 기독교가 이 세상에 제시하는 진정한 유토피아 사회의 핵심적인 것입니다. 이 대안은 시대마다 갈아입는 법이나 제도와는 무관하게 실현될 수 있기 때문에 지금도 유효한 것입니다.

25.
전투하는 교회

¹⁰ 끝으로 너희가 주 안에서와 그 힘의 능력으로 강건하여지고 ¹¹ 마귀의 간계를 능히 대적하기 위하여 하나님의 전신 갑주를 입으라. ¹² 우리의 씨름은 혈과 육을 상대하는 것이 아니요 통치자들과 권세들과 이 어둠의 세상 주관자들과 하늘에 있는 악의 영들을 상대함이라. ¹³ 그러므로 하나님의 전신 갑주를 취하라. 이는 악한 날에 너희가 능히 대적하고 모든 일을 행한 후에 서기 위함이라. | 엡 6:10-13

교회는 하나님의 사랑과 기쁨과 소망과 믿음과 자비와 긍휼이 넘치는 곳입니다. 그러나 그것이 교회의 전부인 것은 아닙니다. 간과하지 말아야 할 교회의 다른 특성이 있습니다. 교회의 오랜 역사에서 믿음의 선진들이 생각한 교회의 다른 특성은 '전투하는 교회'^{Ecclesia militans} 라는 것입니다. 이는 이 땅에서의 교회가 깨끗한 승리를 만끽하고 화려한 영광을 누리는 것보다 전투하는 성격을 가졌다는 것입니다. 이러한 이해는 위의 본문에 근거한 것입니다. 바울은 에베소 교회를 향한 당부의 끝자락에 이르러 하나님의 전신 갑주 권면과 더불어 우리가

당면한 전쟁의 본질은 무엇이고 어떤 대상과의 싸움이며 어떻게 대처해야 하는지의 문제를 다룹니다.

지금까지 바울은 인간 문맥 안에서 형성되는 관계성들, 남편과 아내, 부모와 자녀, 상전과 종의 관계 안에서의 하나님의 뜻을 설명해 왔습니다. 이제 그러한 관계성들 안에서 하나님의 뜻을 발견하고 실천하되 우리가 주목해야 할 싸움의 보다 심층적인 실상은 역시 영적인 대립이 그 내면에 있다는 것입니다. 세상의 모든 현상들은 비록 우리의 눈을 차지하고 있지만 보이는 것이 전부가 아닙니다. 바울이 다른 곳에서 언급한 것처럼 "보이는 것은 나타난 것으로 말미암아 된 것"이 아닙니다.[히 11:3] 보이는 것만을 전부로 생각하고 보이는 것에만 반응하면 허공을 치는 것과 같습니다. 나타난 현상의 배후에 있는 보이지 않는 근원을 주목하고 알아야 영적인 싸움에서 이깁니다.

하나님의 전신 갑주

바울은 10-11절에서 현상의 심층에 대해 말합니다. "끝으로 너희가 주 안에서와 그 힘의 능력으로 강건하여지고 마귀의 간계를 능히 대적하기 위하여 하나님의 전신 갑주를 입으라." 먼저 바울은 우리가 주 안에서와 그 힘의 능력으로 강건해질 필요가 있다고 말합니다. 하나님의 사람들이 강해지는 방법은 몸의 근력을 키우고 인맥의 폭을 넓히고 권력의 지위를 높이고 아군의 수를 늘리고 전략의 날을 예리하게 다듬는 방식이 아닙니다. 바울은 우리가 오직 그리스도 안에서만 강력해질 수 있다고 말합니다. 그리스도 밖에서는 연약해질 수밖에 없습니다. 사탄은 우리를 그리스도 밖으로 유인하기 위해 우리를 강하게 만들 것 같은 돈이나 권력이나 명예라는 미끼를 던집니다. 물지 마십시오. 속지 마십시오. 우리는 스스로의 능력이 아니라 주님의 힘으로만 강력해질 수 있습니다. 영적인 전쟁에서 필요한 것은 주님의 힘입니다.

바울은 "하나님의 전신 갑주" 이야기를 꺼냅니다. 여기에서 우리는 무장의 방식이 이 세상의 군수적인 무장과는 완전히 다르다는 사실을 확인할 수 있습니다. 왜 우리는 그리스도 안에서 그의 능력으로 하나님의 전신 갑주를 취해야 하는 것일까요? 이러한 무장의 이유는 바로 마귀의 간계를 능히 대적하기 위한 것이라고 바울은 말합니다. 즉, 영적인 대적과 싸우기 위해서는 영적인 무장이 필요하기 때문에 우리의 전인격과 삶 전체를 하나님의 갑주로 무장해야 한다는 것입니다. 바울은 지금 인류의 역사에서 한 번도 소개되지 않은 종류의 전쟁과 무장의 방식을 가르치고 있습니다. 이것은 한 민족이 다른 민족을 정복하고 집을 불태우고 포로를 노예로 삼고 재물을 탈취하는 전쟁의 개념과는 완전히 다릅니다. 그런 전쟁에 익숙한 우리에게 바울의 전쟁 이야기는 마치 소설처럼 들립니다. 손에 잡히지도 않고 실감도 나지 않고 설득력도 없습니다. 그러나 영적인 현실을 보십시오. 우리가 살아가는 삶의 모든 영역에는 마귀의 교활한 간계가 너무나도 많이 개입하고 있습니다. 남편과 아내의 관계에도, 부모와 자녀의 관계에도, 상전과 종의 관계에도 마귀의 간사한 속임수와 이간질이 곳곳에 은둔해 있습니다.

그런데 문제는 그런 마귀의 고약한 활동들이 우리의 눈에는 보이지도 않고 귀에는 들리지도 않는다는 것입니다. 상식적인 판단의 망에도 쉽게 걸러지지 않습니다. 그리스도 안에서 그의 힘으로만 마귀의 움직임을 감지할 수 있고 대처할 수 있기 때문에 하나님의 전신 갑주 없이는 전쟁에서 늘 패배할 수밖에 없습니다. 그래서 부부가 갈라지고 부모와 자녀가 원수로 돌변하고 상전과 종이 이권의 첨예한 대립각만 세웁니다. 이처럼 우리는 어떤 사건을 눈에 보이는 인과의 문맥에서 이해하고 대처하는 경향성을 가지고 있습니다. 하지만 눈에 보이는 남편과 아내와 부모와 자녀와 상전과 종을 원수로 분류하지 마십시오. 눈에 보이는 대상을 분노와 증오의 칼로 찌르지 마십시오. 만약 그렇게 분류하고 찌른다면 우리가 서로 원수처럼 대립하고 분열하는 것을 배후에서 조종하고 즐기는 마귀의 간계에 보란 듯이 넘어가는 것입니다.

물론 나에게 상처와 아픔과 피해를 주는 사람들과 그 배후에서 역사하는 마귀의 간계를 구분하고 각 대상에게 걸맞은 반응과 조치를 취한다는 것은 대단히 어려운 일입니다. 그러나 그리스도 안에서 주님의 의로운 판단력을 의지하면 식별할 수 있습니다. 먼저 자신을 돌아보십시오. 내가 잘못을 저지를 때에 나 자신과 그 배후에서 역사하는 마귀의 간계를 구분해 보십시오. 바울은 말합니다. "만일 내가 원하지 아니하는 그것을 하면 이를 행하는 자는 내가 아니요 내 속에 거하는 죄니라."롬 7:20 바울은 범죄의 상황에서 자신과 죄를 예리하게 구분하고 있습니다. 즉, 만일 우리가 원하지 아니하는 악을 저지르면 그것은 자신이 아니라 자기 안에서 역사하는 마귀의 간계라는 것입니다. 물론 죄가 내 안에서 역사하면 나에게 죄의 책임이 있습니다. 그러나 문제를 해결하는 것은 사람을 정죄하고 공격하는 것이 아니라 죄를 제거하는 것에 있음을 놓치지 마십시오.

자신이 죽어야 한다고 말씀하신 예수님은, 무례하게 그 죽음을 말리며 인간적인 일을 도모하는 베드로를 혹독하게 책망하신 적이 있습니다. 그때 주님은 베드로를 향해 "너, 꺼져"라고 말하지 않고 "사탄아, 물러가라"고 하셨습니다. 이처럼 주님은 베드로의 인간적인 모습을 보고서도 그를 미워하고 증오하고 분노하신 것이 아니라 베드로의 인간적인 제안을 충동한 마귀의 간계를 간파하고 그것을 대적하신 것입니다. 예수님은 이 땅에서 마귀의 간계를 막으시되 혈과 육에 속한 싸움의 방식으로 그리하신 것이 아닙니다. 진실로 대적해야 하는 원수가 누구인지, 어떻게 싸워야 하는지, 필요한 것은 무엇인지, 혈육의 원수와 영의 원수를 어떻게 구분해야 하는지를 본 보이신 분입니다.

싸움의 대상

예수님의 본을 따라 바울은 우리가 주목해야 하는 싸움의 보다 구체적인 대상을 12절에서 밝힙니다. "우리의 씨름은 혈과 육을 상대하는 것이 아니요 통치자들과 권세들과 이 어둠의 세상 주관자들과 하늘에 있는 악의 영들을 상대함이라." 사랑하는 성도 여러분, 혈과 육으로 분류되는 남편이나 아내와 싸우려고 분노의 발톱을 세우고 증오의 이빨을 갈지 마십시오. 집에서 부모나 자녀와 신경전을 벌이지 마십시오. 학교의 학우나 직장의 동료와 경쟁의 칼을 갈지 마십시오. 회사에서 사장이나 직원과 원수를 맺지 마십시오. 이러한 혈과 육을 상대하는 씨름은 핀트가 빗나간 것이고 번지수를 잘못 짚은 것입니다. 비록 우리에게 상처를 주고 아프게 하고 억울하게 하고 손해를 끼쳐도 그들은 여전히 우리의 사랑과 섬김의 대상이며 결코 싸움의 적수가 아닙니다. 그들과의 싸움에서 승리의 기쁨을 누리려고 하지 마십시오.

눈에 보이는 인간 원수들에 대한 예수님의 가르침을 들어 보십시오. "너희 듣는 자에게 내가 이르노니 너희 원수를 사랑하며 너희를 미워하는 자를 선대하며 너희를 저주하는 자를 위하여 축복하며 너희를 모욕하는 자를 위하여 기도하라."^{눅 6:27-28} 싸움의 대상을 혼동하면 주님의 이 명령을 거스르는 어리석은 범법자가 될 수 있습니다. 혈과 육은 싸움의 대상이 결코 아닙니다. 우리의 영적인 싸움은 통치자들, 권세들, 이 어둠의 세상 주관자들, 하늘에 있는 악의 영들을 상대하는 것입니다. 우리가 싸우는 원수들의 이러한 목록은 에베소서 1장에 이미 다른 방식으로 제시되어 있습니다. "모든 통치와 권세와 능력과 주권과 이 세상뿐 아니라 오는 세상에 일컫는 모든 이름 위에 뛰어나게 하시고."^{엡 1:21} 바울은 우리가 상대하는 영적 싸움의 대상들이 이미 주님의 권세 아래에 굴복하고 있다고 말합니다. 우리의 승리는 바로 이러한 사실에 근거한 것입니다. 주님께서 우리의 영적인 대적들 위에 계시기 때문에 교회는 그리스도 안에서 얼마든지 원수들을 능히 이길 수 있습니다. 1장과 6장에서 우리의 영적인 대적들을 언급하고 있다는 것은 바울이 에베소서 전체를 교회가 당면한 영적 전투를 의식하며 썼음을 암시하고 있습니다.

"통치자들", "권세들", "어둠의 세상 주관자들", "하늘에 있는 악의 영들"은 모두 혈과 육에 속한 개념들이 아닙니다. "통치자들"은 땅에서 통치하는 자들의 배후에서 작용하는 악한 영들을 가리키고,

"권세들"은 힘을 가진 자들의 배후에서 역사하는 악한 영들을 가리키며, "어둠의 세상 주관자들"은 이 세상의 어두운 기준들과 규범들과 제도들과 관행들의 배후에서 작용하는 악한 영들을 가리키고, "하늘에 있는 악의 영들"은 세계의 분위기와 유행을 주도하는 활동들의 배후에서 작용하는 악의 영들을 가리키는 말입니다. 특정한 인간 통치자와 권세자와 주권자를 끄집어 내린다고 문제가 해결되는 것은 아닙니다. 그들을 제압하고 이기는 방법은 통치자를 폐위하고 권세를 박탈하고 어둠의 세상을 주관하는 자들의 수족을 결박하고 하늘에 있는 악의 영들을 땅 아래로 소환하는 물리적인 방식에 있지 않습니다. 그리스도 안에서 그의 권능에서 나오는 힘으로, 즉 하나님의 전신 갑주를 입고 싸워야만 이깁니다.

승리 이후의 자세

그래서 바울은 13절에서 반복해서 말합니다. "그러므로 하나님의 전신 갑주를 취하라." 여기에서 바울은 영적인 무장의 독특한 이유를 이렇게 밝힙니다. "이는 악한 날에 너희가 능히 대적하고 모든 일을 행한 후에 서기 위함이라." 먼저 우리가 살아가는 시대를 바울은 "악한 날"이라고 규정하고 있습니다. 선한 시대가 아니라 악한 시대에 우리가 싸우는 대적들은 쉽게 얕잡아 볼 상대가 아닙니다. 시대적인 분위기가 대체로 대적들을 편들고 있기 때문에 이 땅에서 사용하는 무기로는 그들을 당해 낼 수 없습니다. 그래서 우리는 악한 날에 악한 영들을 능히 대적하기 위하여 하나님의 전신 갑주 혹은 주님의 권능으로 무장해야 한다는 것입니다. 그래야 승산이 있습니다. 그런데 마귀를 대적하는 것과는 별개로 하나님의 전신 갑주 무장의 또 다른 이유는 모든 일을 행한 이후에 서기 위한 것입니다.

이 중요한 대목이 얼마나 쉽게 간과되고 있는지 모릅니다. 우리의 영적 전쟁은 분명히 마귀의 간계를 대적하는 것입니다. 이것은 예수님이 이 땅에서 본 보이신 것입니다. "하나님의 아들이 나타나신 것은 마귀의 일을 멸하려 하심이라."^{요일 3:8} 마귀의 일을 멸하는 것의 중요성은 아무리 강조해도 지나침이 없습니다. 그런데 영적인 무장의 두 번째 이유로 바울이 언급한 것은 우리도 당연히 예수님의 발자취를 따라 마귀의 일들을 멸해야 하는데, 그것은 전쟁의 전부도 아니고 궁극적인 부분도 아니라는 것입니다.

전쟁의 핵심, 무장의 보다 본질적인 목적은 마귀의 일들을 멸한 이후에 우리가 하나님 앞에 올바르게 서 있어야 한다는 것입니다. 교회에는 마귀의 일을 멸하는 것이 마치 경건의 본질인 것처럼 그 일에 투신하는 분들이 있습니다. 그리고 모든 일들의 배후에 마귀가 역사하고 있다는 사실이 마치 모든 사건의 본질인 것처럼 범사에 마귀만 인정하고 늘 마귀에게 반응하는 분들도 있습니다. 마귀는 우리가 싸워야 하는 대적들의 수령이며 그의 일들을 멸하는 것은 교회에 대단히 중요한 일입니다. 그러나 그럼에도 불구하고 우리의 긍정적인 싸움은 범사에 마귀를 인정하는 것이 아니라 하나님을 인정하는 것입니다. 영적인 전쟁에는 우리 개개인과 교회 공동체가 하나님 앞에 올바르게 서는 보다 궁극적인 싸움이 있다는 사실을 잊지 마십시오.

사실 마귀와 전투하는 교회 이야기가 서신의 끝자락에 등장하는 이유는 그것이 싸움의 궁극적인 것이거나 교회가 존재하는 목적이기 때문이 아닙니다. 그렇게 오해할 것 같아서 바울은 하나님의 전신 갑주 무장의 이유로서 하나님 앞에 견고히 서야 한다는 점을 덧붙인 것입니다. 다른 곳에서 그는 말합니다. "내가 내 몸을 쳐 복종하게 함은 내가 남에게 전파한 후에 자신이 도리어 버림을 당할까 두려워함이로다."고전 9:27 바울은 타인에게 복음을 전파하는 방식으로 마귀의 일들을 멸하는 사역을 누구보다 충실하게 했습니다. 그러나 전파한 이후에 자신이 도리어 버림을 당할까 두려워도 했습니다. 그래서 하나님 앞에서 복종의 자리에 서 있기 위하여 자신의 몸을 쳤습니다. 이처럼 바울은 마귀의 일들을 멸하는 것에서 만족하지 않고 자신을 하나님 앞에 견고히 세우는 일까지 했던 것입니다. 영적 전쟁에서 이 대목을 놓치지 마십시오. 복음을 유력하게 증거하고 뜨거운 예배를 드리고 열정적인 찬양을 드리고 사활을 건 기도를 드린 다음에 영적 전쟁에서 이겼다는 자만에 빠지지 마십시오. 적을 화끈하게 꺾는 것보다 어쩌면 더 중요한 자신을 하나님 앞에 세우는 싸움이 남아 있음을 잊지 마십시오. 바울도 복음을 증거하는 전쟁의 승리 이후에 자신의 몸을 쳐서 복종하게 했다면 바울보다 연약한 우리는 더더욱 그리해야 할 것입니다.

마귀를 멸하기는 하였으나 자신을 하나님 앞에 온전히 세우는 일을 경홀히 여긴 사람들의 안타까운 모습을 보십시오. "그날에 많은 사람이 나더러 이르되 주여, 주여, 우리가 주의 이름으로 선지자 노릇하며 주의 이름으로 귀신을 쫓아내며 주의 이름으로 많은 권능을 행하지 아니하였나이까 하리니 그때에 내가 그들에게 밝히 말하되 내가 너희를 도무지 알지 못하니 불법을 행하는 자들아, 내게서 떠나가라 하리라."^{마 7:22-23} 선지자 노릇도 하고, 주님의 이름으로 귀신을 쫓아내고, 주님의 이름으로 많은 권능을 행하여도 하나님의 사람임을 입증한 것은 아닙니다. 하나님은 당나귀의 입술로도 찬양하게 만들 수 있고 젖먹이 아이들의 입술로도 찬양하게 만들 수 있습니다. 마귀의 일을 멸하는 것은 천사들의 힘으로도 얼마든지 하실 수 있습니다.

우리의 미래를 예언하고 질병을 치료하고, 우리를 쓰러지게 하고 깔깔 웃게 만들고, 우리의 썩은 이빨을 금이빨로 바꾸고, 심지어 그 모든 것들을 주님의 이름으로 행하는 사람이라 할지라도 그가 하나님의 사역자는 아닐 수 있습니다. 불법을 행하는 자일 수 있습니다. 거짓의 아비인 마귀를 단순하게 생각하지 마십시오. 너무도 교활해서 죄가 없었던 아담과 하와도 속여서 범죄하게 만들었던 자입니다. 마귀가 전쟁에서 지는 것도 사악한 전략일 수 있습니다. 마귀는 너무도 교활해서 자신과 싸워서 이겼다고 생각하는 자들로 하여금 그들이 마치 하나님의 사람이며 하나님의 종인 것처럼 착각하게 만들면서 불법을 저지르게 만듭니다. 심지어 복음을 전파하게 하는 것도 마귀의 전략일 수 있습니다. 복음의 전파로 어둠의 세상이 무너지고 빛의 나라가 도래하는 것처럼 보이게 만듭니다. 하지만 복음의 전파조차 마귀의 '페인트 모션'일 수 있습니다. 그래서 바울도 복음 전파 이후에 하나님 앞에 자신을 쳐서 복종시킨 것입니다. 우리도 마귀를 대적한 이후에 복음을 전파한 이후에, 우리 자신이 과연 하나님 앞에 온전히 서 있는지를 점검하지 않으면 안 됩니다.

그렇다고 오해하진 마십시오. 하나님의 모든 사람들이 가진 선지자와 제사장과 왕의 직분을 소홀히 여기거나 수행하지 말라는 말이 아닙니다. 복음의 전파는 너무나도 좋고 마땅한 일입니다. 바울은 말합니다. "그들은 나의 매임에 괴로움을 더하게 할 줄로 생각하여 순수하지 못하게 다툼으로 그리스도를 전파하느니라. 그러면 무엇이냐. 겉치레로 하나 참으로 하나 무슨 방도로 하든지 전파되는 것은 그리스도니 이로써 나는 기뻐하고 또한 기뻐하리라." 빌 1:17-18 바울은 자신을 괴롭게 만드는 불순한 다툼이든 겉치레든 진심이든 그리스도 예수가 전파되는 일이라면 가리지 않고 기뻐했고 심장이 뛰었던 분입니다. 그럼에도 불구하고 바울은 자신을 돌아보는 일에 긴장의 끈을 늦추지 않습니다. 하나님 앞에 자신을 세우는 끝마무리 작업을 빠뜨리지 않습니다.

십자가의 무장

이처럼 바울은 마귀의 간계를 멸하는 것과 자신을 하나님 앞에 세우는 일을 동시에 수행하기 위해서는 그리스도 안에서 하나님의 전신 갑주, 즉 그리스도 예수의 권능에서 나오는 힘으로 무장해야 한다고 말합니다. 그리스도 예수께서 이 땅에서 보이신 권능은 천군과 천사를 동원하고 호령하여 하늘과 땅의 모든 대적들을 결박하는 것이 아닙니다. 물론 예수님은 충분히 그렇게 하실 수 있습니다. "너는 내가 내 아버지께 구하여 지금 열두 군단 더 되는 천사를 보내시게 할 수 없는 줄로 아느냐. 내가 만일 그렇게 하면 이런 일이 있으리라 한 성경이 어떻게 이루어지겠느냐 하시더라." 마 26:53-54 그러나 그렇게 하시지 않는다고 하십니다. 하나님의 말씀을 이 땅에서 성취하고 완성하기 위해 바로 우리가 보내심을 받았기 때문에 천사들의 동원은 예수님의 방식이 아닙니다. 그의 권능은 그가 짊어지신 십자가에 있습니다. "십자가의 도가 멸망하는 자들에게는 미련한 것이요 구원을 받는 우리에게는 하나님의 능력이라." 고전 1:18

　　마귀들을 능히 대적하고 하나님 앞에 우리 자신을 세우는 방식은 십자가로 전신을 무장하는 것입니다. 십자가를 짊어지는 것은 하나님의 뜻을 나의 뜻으로 수용하는 것입니다. 나에게는 사망이 역사하고 생명은 타인에게 역사하는 것입니다. 나는 죽고 그리스도 예수가 내 안에 사시는 것입니다. 이로써 그리스도 예수가 증거되는 것입니다. 내가 증거되지 않고 오직 그리스도 예수만 증거되는 것이 바로 십자가를 짊어지는 것입니다. 하나님의 전신 갑주를 취하는 것입니다. 그리스도 안에서 그 권능의 힘으로 무장하는 것입니다. 이로써 마귀의 일들을 멸하고 우리 자신을 하나님 앞에 온전히 세우는 것입니다. 이 어두운 세상에서 정사와 권세와 권능과 주권을 가진 악한 영들을 대적하여 이기기 위해서는 주님의 권능인 십자가 이외에 다른 무장은 없습니다.

26.
하나님의 전신 갑주

¹⁴ 그런즉 서서 진리로 너희 허리띠를 띠고 의의 호심경을 붙이고 ¹⁵ 평안의 복음이 준비한 것으로 신을 신고 ¹⁶ 모든 것 위에 믿음의 방패를 가지고 이로써 능히 악한 자의 모든 불화살을 소멸하고 ¹⁷ 구원의 투구와 성령의 검 곧 하나님의 말씀을 가지라. | 엡 6:14-17

전쟁에서 무장하지 않은 군사는 패배할 수밖에 없습니다. 영적인 전쟁에 있어서도 우리가 최고의 무장인 하나님의 전신 갑주로 무장하지 않는다면 마귀의 승리는 아마도 필연적인 결과일 것입니다. 바울이 말하는 하나님의 전신 갑주 내용은 참으로 꼼꼼하고 결코 허술하지 않습니다. 그것은 영적인 전쟁을 수행하는 모든 하나님의 사람들이 반드시 알아야 하고 더하지도 빼지도 말아야 할 무장의 필수적인 것들로만 구성되어 있습니다. 구체적인 구성물은 진리의 허리띠, 의의 호심경, 평안의 복음이 준비한 군화, 믿음의 방패, 구원의 투구, 성령의 검입니다.

진리의 허리띠, 의의 호심경

먼저 14절을 보십시오. "그런즉 서서 진리로 너희 허리띠를 띠고 의의 호심경을 붙이고." 첫째, 바울은 서서 진리로 너희 허리띠를 띠라고 말합니다. 허리는 몸의 모든 힘들이 집결되는 곳입니다. 허리띠는 그 힘들을 쓸 때에 반드시 필요한 것입니다. 우리의 힘은 진리에서 나옵니다. 진리에 단 한 조각의 거짓만 섞여도 그 허리띠는 끊어질 수밖에 없습니다. 힘을 버티지 못합니다. 그러므로 거짓의 불순물을 철저하게 제거해서 순수한 진리의 허리띠를 준비해서 허리에 차십시오. 그 진리가 나의 사회성과 신체성과 덕성과 지성과 감성과 의지라는 전인격과 삶 전체의 허리를 휘감도록 계속해서 하나님의 말씀을 읽고 암기하고 연구하고 묵상하고 실천하는 일에 게으르지 마십시오. 자신을 부인하고 부인해서 그 진리의 바다에 한 방울의 인간적인 생각도 혼합되지 않게 하십시오. 하나님의 뜻과 생각을 가감 없이 순전한 믿음으로 받으시기 바랍니다.

진리의 허리띠를 띠는 무장은 일시적인 행위나 이벤트가 아니라 지속적인 과정을 통해 성취되는 일입니다. 진리의 순도와 강도를 계속해서 높이고 분량을 계속해서 늘려 가야 하는 일입니다. 순도가 높으면 마귀의 예리한 간계도 진멸할 수 있고, 강도가 높으면 마귀의 강력한 간계도 진멸할 수 있고, 분량이 많으면 마귀의 광범위한 간계를 진멸할 수 있습니다. 그러나 진리의 허리띠가 불순하고 약하고 짧으면 쉽게 끊어질 수 있고 그 허리띠를 너무 느슨하게 매면 바지가 흘러내려 왕성하게 활동할 수 없습니다. 늘 소극적인 태도를 취할 수밖에 없습니다. 진리에 있어서 빈약하면 마귀의 간계가 예리하고 강하고 폭넓게 보여서 위축되고 피하고 싶어질 것입니다. 그러나 진리에 부요한 자가 되어 보십시오. 마귀가 두렵지 않습니다. 그의 간계와 속임수가 아무리 세밀하고 강력하고 두터워도 무섭지가 않습니다. 진리는 거짓도 이기고 거짓의 아비도 능히 이깁니다.

마귀의 핵심적인 간계는 속임수에 있습니다. 그의 모든 간계는 속임수와 얽혀 있습니다. 그 속임수를 이기는 유일한 방법은 그 거짓의 대척점에 서 있는 진리를 허리띠로 삼아 무장하는 것입니다. 선으로 악을 이기듯이 진리로 거짓을 이기는 것입니다. 그러나 거짓을 거짓으로 대응하면 마귀의 간계에 협조하는 것입니다. 거짓을 거짓으로 이겨도 지는 이유가 여기에 있습니다. 거짓은 모양새도 취하지 마십시오. 가정에서, 직장에서, 학교에서, 교회에서 우리는 거짓과 부딪혀서 아픔을 당하고 손해를 입습니다. 그런데 이것을 보복하기 위해 거짓으로 꾸미는 경우가 있습니다. 그렇게 하면 혈과 육에 속한 사람에게 보복할 수는 있겠지만 마귀의 간계를 멸하지는 못합니다. 오히려 마귀를 편드는 것입니다. 그에게 승리의 손을 들어 주는 것입니다. 거짓이 광기를 부리며 우리를 괴롭힐 때 더욱 순수한 진리로 대응하는 것이 곧 마귀를 이기는 최고의 길입니다.

진리의 허리띠는 개개인이 매는 것이기도 하지만 교회 공동체 전체의 허리를 매는 띠이기도 하다는 사실을 잊지 마십시오. 진리는 한 개인의 독점물이 아닙니다. 교회 전체가 공유하여 공동체의 견고한 허리띠로 삼아야 하는 것입니다. 그리고 진리의 허리띠를 생각할 때에 진리가 바로 그리스도 예수라는 사실을 잊지 마십시오. 진리의 허리띠를 견고하게 매는 방법은 교회가 진리이신 그리스도 예수의 사랑의 높이와 너비와 길이와 깊이를 깨달아 알고 실천하는 것입니다. 그리스도 예수의 사랑을 알면 알수록, 그의 사랑을 실천하면 할수록 우리는 진리의 높이와 너비와 길이와 깊이를 얻고 진리의 허리띠를 견고하게 맬 수 있습니다. 그래서 사랑은 믿음의 공동체인 교회를 "온전하게 매는 띠"라고 바울은 말합니다.골 3:14

　　진리이신 그리스도 예수로 허리띠를 삼는다는 것의 보다 심층적인 의미는 십자가와 관계되어 있습니다. 예수님은 허리에 수건을 두르시고 제자들의 발을 씻으시는 종의 모습을 본 보이신 적이 있습니다. 진리 자체시며 진리의 샘이시며 최고의 진리이신 그리스도 예수께서 겸손의 수건을 허리에 두르시고 종으로서 섬기신 것은 우리가 진리를 허리띠로 삼을 때에 진리를 주관하고 사용하는 자가 아니라 종으로서 진리를 섬기는 종의 태도를 취하여야 함을 가르치고 있습니다. 진리를 허리띠로 삼는다는 것은 종으로서 아버지의 말씀을 섬기되 십자가에 달려 죽기까지 순종하신 예수님의 발자취를 그대로 따른다는 뜻입니다. 즉, 진리를 위하여 죽기까지 순종하는 것입니다. 즉, 서서 진리로 허리띠를 띠라는 말은 바로 진리의 성취인 십자가를 짊어지는 것입니다.

　　둘째, 의의 호심경을 가슴에 붙이라고 말합니다. 호심경은 가슴 혹은 마음을 보호하는 것입니다. 지혜자는 말합니다. "모든 지킬 만한 것 중에 더욱 네 마음을 지키라. 생명의 근원이 이에서 남이니라."잠 4:23 이 말씀에 의하면, 호심경의 필요성은 재론의 여지가 없습니다. 가슴과 마음을 지키는 호심경의 의미를 이해하기 위해서는 이스라엘 자손의 대제사장 아론의 흉패를 보십시오. "호심경"은 아론이 가슴에 붙였던 "흉패"와 동일한 것입니다. 아론의 흉패는 무엇을 의미하는 것일까요? "아론이 성소에 들어갈 때에는 이스라엘 아들들의 이름을 기록한 이 판결 흉패를 가슴에 붙여 여호와 앞에 영원한 기념을 삼을 것이니라."^{출 28:29}

아론의 흉패는 판결의 흉패이며 하나님 앞에 이스라엘 열두 지파의 이름을 영원한 기념으로 삼기 위하여 그 안에 이름들을 기록한 것으로서 성소에 들어갈 때마다 아론의 가슴에 부착해야 했던 것입니다. 아론은 우림과 둠밈이 들어간 흉패를 가슴에 부착하지 않고서는 하나님 앞에 설 수 없습니다. "너는 우림과 둠밈을 판결 흉패 안에 넣어 아론이 여호와 앞에 들어갈 때에 그의 가슴에 붙이게 하라. 아론은 여호와 앞에서 이스라엘 자손의 흉패를 항상 그의 가슴에 붙일지니라."^{출 28:30} 이처럼 아론은 하나님께 나아갈 때마다 자신과 모든 백성에 대해 우림과 둠밈에 기초한 하나님의 의로운 판단을 받아야 했습니다. 흉패가 없이 하나님께 나아가는 자는 죽습니다.

그렇다면 하나님의 전신 갑주 무장의 하나로서 영적 군사가 착용해야 하는 신약적인 의의 흉패는 어떤 것일까요? 여기에서 "의"는 그리스도 예수의 의입니다. 이것은 율법의 의와는 구별되는 또 다른 하나님의 의, 즉 믿음으로 말미암아 우리에게 주어지는 그리스도 예수의 의입니다. "또 모세의 율법으로 너희가 의롭다 하심을 얻지 못하던 모든 일에도 이 사람을 힘입어 믿는 자마다 의롭다 하심을 얻는 이것이라."^{행 13:39} 하나님의 의롭다 하심이 없으면 군사의 심장은 뛰지 않을 것입니다. 하나님의 군사는 오직 믿음의 의로만 하나님 앞에서 살아갈 수 있습니다. 구약의 우림과 둠밈에 해당하는 믿음의 의를 따라서 우리는 하나님의 판단을 받습니다. 그 판단의 결과는 그리스도 예수의 의 때문에 저주와 사망이 아닙니다. 영원한 생명을 얻는 판결을 받습니다.

믿음의 의가 없이는 한 순간도 하나님 앞으로 나아갈 수 없습니다. 하나님의 의로운 판단을 견딜 수 없습니다. 그래서 오직 그리스도 예수의 의를 힘입어 나아갈 수 있습니다. 나아가 하나님의 군사는 율법을 따라 타인을 판단하는 자가 아닙니다. 눈에 보이는 외모나 행위에 근거하여 판단하지 않습니다. 아무리 연약하고 무지하고 가난하고 비천해도 그리스도 예수를 믿어 그의 의를 가슴에 붙인 사람은 누구든지 하나님의 자녀와 백성임을 인정하는 태도를 취합니다. 누구든지 그리스도 예수를 믿으면 의롭다 하심을 얻고 하나님의 자녀와 백성이 된다는 사실을 기준으로 판단하고 처신하는 자입니다. 믿음의 의를 늘 보존하고 믿음의 의에 따른 판단력을 키우시기 바랍니다. 그것이 의의 호심경을 가슴에 붙이는 것입니다.

평안의 복음이 준비한 군화

세 번째의 무장은 15절에 기록되어 있습니다. "평안의 복음이 준비한 것으로 신을 신고." 군사의 신발은 평안의 복음이 준비한 것이어야 한다고 바울은 말합니다. 평안의 복음은 하나님의 군사로 부름을 받은 우리 모두의 신입니다. 즉, 평안의 복음은 바로 우리의 모든 움직임과 출입과 이동을 주관하는 신입니다. 주님께서 모세에게 하신 말씀을 들어 보십시오. "주께서 이르시되 네 발의 신을 벗으라. 네가 서 있는 곳은 거룩한 땅이니라."[행 7:33] "거룩한 땅"은 하나님의 임재가 있는 곳입니다. 지성소는 하나님의 임재가 있기 때문에 지극히 거룩한 곳입니다. 그런데 하나님은 계시지 않는 곳이 없습니다. 천지와 만물에 충만하신 분입니다. 하나님을 아는 사람들은 출입하는 모든 곳이 거룩한 땅이기에 어디를 가든지 자신의 신발을 벗을 수밖에 없습니다. 자신의 신을 벗은 군사가 신어야 할 군화는 바로 복음의 신입니다. 우리의 출입은 복음의 신이 정합니다.

복음은 참으로 놀라운 것입니다. 복음을 받아 하나님의 자녀와 백성이 된 사람들, 즉 복음의 신발을 신은 사람들은 예루살렘, 온 유다, 사마리아, 땅끝까지 이동하며 그리스도 예수를 전파하는 증인의 길을 걷습니다. 예루살렘, 어쩌면 자신의 자아일 수 있습니다. 복음의 신을 신지 않으면 늘 부패한 예루살렘 안에 머뭅니다. 자아에 갇혀서 살아가는 자기중심적인 인생을 살아갈 수밖에 없습니다. 복음이 없는 인생은 어디에 있더라도 무엇을 하더라도 언제라도 자기 때문에 자기를 위해서 자기를 향하여 살아가는 삶입니다.

그러나 복음의 신발을 착용하면 예루살렘 자체가 변합니다. 자아가 변합니다. 나아가 온 유다로 관심과 의식을 돌립니다. 자기가 속한 공동체 전체와 더불어 복음의 비밀과 은혜를 나눕니다. 그들을 주님의 품으로 이끕니다. 복음의 신을 신으면 온 유다의 경계선도 훌쩍 넘습니다. 사마리아 지역까지 이릅니다. 사실 사마리아 지역에는 거리끼는 사람들이 많습니다. 그들과는 상종하고 싶지 않습니다. 그들과는 대화하고 싶지도 않고 만나고 싶지도 않습니다. 그러나 복음의 신은 그러한 인간 문맥 안에서의 부정적인 관계성에 얽매이지 않습니다. 나로 하여금 나에게 거짓과 조롱과 핍박과 손해와 억울함과 무례함을 행한 자들을 향해서도 발걸음을 옮기게 만듭니다. 나아가 복음의 신발은 땅끝까지 이르러야 직성이 풀립니다. 복음의 신발 착용자는 자신을 둘러싼 공동체의 경계를 넘어 온 천하에 다니며 만민에게 복음을 전파하고 모든 족속으로 제자를 삼기 위하여 걸음을 옮깁니다. 땅끝까지 이르러야 비로소 만족을 누립니다.

평화의 복음으로 만들어진 신을 신어야 한다고 말하는 바울 자신을 보십시오. 그는 약 31세에 하나님의 전적인 은혜로 복음의 신발을 신습니다. 바울은 유대인 출신이고 율법을 지키며 자신의 의를 추구하고 세우려고 했던 자입니다. "하나님의 의를 모르고 자기 의를 세우려고 힘써 하나님의 의에 복종하지 아니하였느니라." 롬 10:3 그러나 다메섹 도상에서 주님과의 만남으로 복음을 깨닫고 복음의 신발을 신습니다. 그러고는 자신의 의를 구하지 않고 자신이 먼저 변화를 받습니다. 그리고 예루살렘 지역을 떠나 자아를 넘어 자기가 속한 공동체인 온 유대를 향합니다. 이스라엘 백성 전체의 영적인 회복에 관심과 의식을 쏟습니다. "나의 형제 곧 골육의 친척을 위하여 내 자신이 저주를 받아 그리스도에게서 끊어질지라도 원하는 바로라." 롬 9:3

바울은 자신을 배신하고 버린 사람들도 마음으로 품습니다. "내가 처음 변명할 때에 나와 함께한 자가 하나도 없고 다 나를 버렸으나 그들에게 허물을 돌리지 않기를 원하노라." 딤후 4:16 복음으로 말미암아 그는 주님께서 유언으로 남기시고 예언으로 들려주신 말씀을 가슴에 품고 땅끝까지 복음의 신을 신고 나갑니다. "이제는 이 지방에 일할 곳이 없고 또 여러 해 전부터 언제든지 서바나로 갈 때에 너희에게 가기를 바라고 있었으니." 롬 15:23 바울은 자신이 있던 지방에서 복음의 제사장 직무를 수행할 곳이 이제는 없어져서 언제든지 서바나로 가려고 했습니다.

서바나는 당시 로마의 끝 혹은 땅끝으로 이해되던 땅입니다. 바울은 이처럼 복음의 신발을 신은 이후로 예수님의 예언을 성취하는 증인의 길을 갔습니다. 우리도 복음의 신발을 신으면 자아의 경계선을 뛰어넘습니다. 혈통에 따른 공동체의 경계선도 넘습니다. 나아가 나를 미워하고 공격하고 비방하는 원수들의 지역까지 지경을 넓힙니다. 결국 이 지구에 복음의 발걸음이 금지된 곳은 없다고 판단하여 온 천하에 다니며 만민에게 복음을 전파하는 진정한 세계인의 길을 걷습니다. 여러분도, 자신의 기호와 가치관과 판단과 욕망의 신을 벗고 복음의 신을 신으시기 바랍니다. 복음의 신이 움직이는 방향과 장소로 이동하는 세계인이 되시기를 바랍니다.

그리고 복음은 결코 전쟁과 폭력의 방식으로 전파되지 않습니다. 복음은 하나님과 인간의 화평을 도모하는 그리스도 예수의 의입니다. 즉, 복음은 화평의 속성을 가지고 있습니다. 화평의 복음은 평화의 방식에 의해서만 전파될 수 있습니다. 그래서 하나님의 군사는 평화의 복음으로 만든 군화를 신습니다. 이러한 점에서 하나님의 군사는 이 땅에서의 군인과는 전혀 다릅니다. 땅의 군사는 폭력을 수단으로 삼지만 하늘의 군사는 평화를 수단으로 삼습니다. 그러나 기독교의 역사에는 전쟁과 폭력을 복음 전파의 수단으로 삼은 시기들이 있었고 그러한 일은 지금도 적잖은 곳에서 진행되고 있습니다. 하지만 복음의 전파를 위한 폭력의 사용은 어떠한 경우에도 정당화될 수 없습니다. 인격적인 존재는 폭력에 굴복하지 않습니다. 겉으로는 강제적인 굴종의 결과를 낳을 수 있겠지만 인간의 마음은 폭력 따위로는 변하지 않습니다. 그러나 경계의 벽을 허무는 평화의 복음은 인간의 내면을 파고들어 결국 전인격을 바꿉니다.

믿음의 방패

영적인 무장의 네 번째 요소는 16절에 기록되어 있습니다. "모든 것위에 믿음의 방패를 가지고 이로써 능히 악한 자의 모든 불화살을 소멸하고." 믿음의 방패를 가지라고 바울은 말합니다. 믿음은 다른 모든무장들을 덮습니다. 진리의 무장도, 의의 무장도, 복음의 무장도 믿음으로 덮어서 보호하지 않으면 위태로울 수 있습니다. 진실로 믿음은전쟁의 승패를 좌우할 정도로 중차대한 것입니다. 그래서 요한은 말합니다. "무릇 하나님께로부터 난 자마다 세상을 이기느니라. 세상을이기는 승리는 이것이니 우리의 믿음이니라." 요일 5:4 믿음이 흔들리면진리도 상대화될 수밖에 없고, 믿음으로 말미암는 의도 흔들릴 것이고, 복음의 전파도 시들해질 수밖에 없습니다.

우리가 착용한 진리의 허리띠와 의의 호심경과 복음의 신발은무시로 마귀의 위협을 당하고 있습니다. 바울의 말처럼 우리를 향하여 "악한 자의 모든 불화살"이 쉴 새 없이 날아들고 있습니다. 불화살의 영적인 공격은 물리적인 위협과는 다른 것입니다. 무시로 날아드는마귀의 위협적인 불화살을 모두 막아 낼 수 있는 유일한 방패는 믿음밖에 없습니다. 다른 대체물이 없습니다. 베드로도 동일한 것을 말합니다. "근신하라. 깨어라. 너희 대적 마귀가 우는 사자같이 두루 다니며 삼킬 자를 찾나니 너희는 믿음을 굳건하게 하여 그를 대적하라." 벧전 5:8-9

마귀의 모든 불화살을 막아 내는 믿음의 방패는 어떤 것일까요? 인용된 베드로의 설명에 의하면 오직 주님만이 우리를 친히 온전하게 하시며 굳건하게 하시며 강하게 하시며 터를 견고하게 하신다는 사실을 확신하는 것입니다. 과학적인 발견과 고고학적 발굴 때문에 성경의 진리를 의심하지 마십시오. 나의 삶과 행동이 온전해야 의롭게 된다는 주변의 그럴듯한 목소리 때문에 믿음으로 말미암아 주어진 그리스도 예수의 값없는 의를 의심하지 마십시오. 복음이 전파되지 않고 오히려 위협을 당한다고 칼을 뽑지 마시고 폭력을 휘두르지 마십시오. 진리의 확고함은 하나님께 있습니다. 사람 앞에서의 의가 아니라 하나님 앞에서의 의로움은 인간이 스스로 산출하는 것이 아니라 주님만이 주실 수 있습니다. 복음의 전파도 우리에게 임하신 성령의 권능으로 말미암아 성취되는 일입니다. 이 모든 것이 주님께 의존하고 있기 때문에 의심하면 패합니다. 이길 수 없습니다.

구원의 투구와 성령의 검

바울은 17절에서 마지막 두 가지의 무장을 소개하고 있습니다. "구원의 투구와 성령의 검 곧 하나님의 말씀을 가지라." 먼저 무장의 다섯 번째 요소인 구원의 투구를 보십시오. 구원은 사람의 일이 아니라 하나님의 일입니다. 인간은 구원에 관여할 수 없습니다. 예수님의 말입니다. "낙타가 바늘귀로 들어가는 것이 부자가 하나님의 나라에 들어가는 것보다 쉬우니라."^{마 19:24} 인간에게 구원은 낙타가 바늘귀로 들어가는 것보다 어려운 일입니다. 이 말을 들은 제자들은 크게 놀랍니다. 아무도 구원을 받지 못할 것이라는 절망감이 놀람으로 표출된 것입니

6부. 세상과 전투하는 교회

다. 누가 구원을 받을 수 있을까요? 인간 편에서는 해답이 없습니다. "예수께서 그들을 보시며 이르시되 사람으로는 할 수 없으나 하나님으로서는 다 하실 수 있느니라."마 19:26 구원은 하나님께 속한 것입니다.

　머리는 생각과 판단을 관장하는 곳입니다. 그 머리는 오직 구원의 투구를 써야만 보호할 수 있습니다. 우리는 그리스도 예수의 대속적인 죽음과 율법의 완성을 믿음으로 말미암아 구원을 받은 자입니다. 이 구원은 영원토록 변경되지 않고 소멸되지 않습니다. 구원자 하나님의 무효화 없이는 어떠한 환난이나 곤고나 박해나 기근이나 위험이나 칼이나 사망이나 권력자나 천사들도 우리의 구원을 취소할 수 있는 유효한 변수가 아닙니다. 구원을 받은 사람들은 영원한 생명을 얻습니다. 하나님의 자녀가 되는 권세를 얻습니다. 천국의 시민이 누리는 특권을 받습니다. 그리스도 예수와 함께 하나님의 영광과 기업을 상속할 것입니다.

　구원의 투구는 이러한 생각으로 우리의 머리를 가득 채우는 것입니다. 이 땅에서의 신분과 자격과 직분이 아니라 하늘의 신분과 자격과 직분이 여러분의 사유와 인생을 주장하게 하십시오. 생각이 달라지면 인생이 바뀝니다. 사람의 생각은 하나님의 생각과 마치 하늘과 땅처럼 판이하게 다르다고 했습니다. 구원의 투구는 아버지 하나님의 생각으로 머리를 가득 채우는 것입니다. 다른 생각이 머리를 파고들면 우리의 인생은 그 생각의 조정을 받습니다. 다른 생각과 논리와 가치관이 머리에 들어오지 못하도록 구원의 투구를 쓰십시오.

　하나님의 전신 갑주 무장의 마지막 요소는 "성령의 검"입니다. 다른 무장들은 모두 자신을 보호하는 방어용 무기지만 성령의 검은 유일하게 적을 섬멸하는 공격용 무기에 해당되는 것입니다. 바울은 "하나님의 말씀"이 바로 검이라고 말합니다. 같은 맥락에서 히브리서 기자의 기록을 보십시오. "하나님의 말씀은 살아 있고 활력이 있어 좌우에 날 선 어떤 검보다도 예리하여 혼과 영과 및 관절과 골수를 찔러 쪼개기까지 하며 또 마음의 생각과 뜻을 판단하나니."^{히 4:12} 하나님의 말씀은 참으로 어떠한 칼보다도 더 예리한 검입니다. 한쪽만이 아니라 좌우에 날이 있습니다. 잘못하면 자신도 다치고 타인에게 상처를 줄 수도 있는 위험한 검입니다.

자신과 타인을 모두 다치게 할 수 있는 하나님의 예리한 검은 미숙한 자의 손에 맡겨지지 않습니다. 말씀의 검을 다루는 것은 장성한 사람의 몫입니다. 예리한 검일수록 더 정교한 훈련을 요구하는 법입니다. 인간의 몸을 다루는 의사가 예리한 메스를 능란하게 다루기 위해서는 훈련의 기간이 최소한 10년은 걸립니다. 인간의 영혼을 다루는 의사가 성령의 검을 제대로 다루기 위해서는 얼마나 오래 훈련을 받아야 할까요? 신학교의 제도적인 과정만 보더라도 목회학 석사 3년, 신학 석사 2년, 신학 박사 5년 정도가 걸립니다. 그리고 한 가정을 잘 다스리는 자로서 검증을 받아야 하고 교회에서 덕을 세우는 자인지의 여부를 거쳐야 하고 외부인의 선한 증거까지 얻어야 비로소 목회자의 자격을 얻습니다. 평생이 걸려도 부족할 것입니다.

에베소서 문맥에서 볼 때, 영혼까지 찔러 쪼개는 하나님의 말씀을 다루는 장성한 자는 "하나님의 아들을 믿는 것과 아는 일에 하나가 되어 온전한 사람"을 이룬 자입니다.^{엡 4:13} 그리스도 예수로 충만한 자입니다. 그리스도 예수의 영이신 성령으로 충만한 자입니다. 진실로 장성한 자는 인간의 사사로운 생각과 판단을 따르지 않고 성령의 이끌림을 받아 선악을 분별하는 자입니다. 그는 성령으로 살고 성령으로 행하고 성령의 소욕을 성취하는 자입니다. 하나님의 말씀은 성령에 완전히 사로잡힌 사람의 손에 맡겨지는 검이기 때문에 성령의 검입니다. 성령께서 주관하는 검이기 때문에 성령의 검입니다. 이것은 성령의 이끌림이 없이는 올바르게 사용될 수 없기 때문에 성령의 검입니다. 성령의 열매를 맺기 때문에 성령의 검입니다.

하나님의 말씀, 곧 성령의 검을 거머쥐는 방법은 하나님의 모든 말씀에 순종하는 것입니다. 머리에 정보를 저장하는 방식이 아닙니다. 입술에서 화려한 언어로 출고하는 방식도 아닙니다. 우리의 전 인격이 하나님의 말씀에 순종할 때에 성령의 검은 손에 잡힙니다. 하나님의 말씀에 나의 영혼이 순복하고, 마음이 순복하고, 의지가 순복하고, 생각이 순복하고, 입술이 순복하고, 눈빛이 순복하고, 수족이 순복해야 성령의 검을 잡은 자입니다. 한 사람이 목회자의 제도적인 절차를 거쳤다고 해서 성령의 검술사 자격이 주어지는 것은 결코 아닙니다. 성령의 검은 성령에 사로잡혀 전적으로 순종하는 자에게 주어지는 것입니다.

그리고 그렇게 성령의 검을 잡은 자에게는 두려움이 없습니다. "대저 하나님의 모든 말씀은 능하지 못하심이 없느니라."^{눅 1:37} 하나님의 모든 말씀은 이 세상에서 불가능해 보이는 모든 일들을 가능하게 만듭니다. 하나님의 말씀은 우리에게 익숙한 이 땅에서의 순수한 자연법과 사회법과 도덕법의 원천이기 때문에 그것들과 충돌되지 않습니다. 나아가 그런 법들의 한계에 묶이지도 않습니다. 그래서 하나님의 말씀은 능하지 못하심이 없습니다. 그리스도 안에서 언제나 "예"라고 고백하고 순종하여 전능하신 하나님의 말씀을 검으로 잡은 거룩한 칼잡이가 되십시오.

사랑하는 성도 여러분, 우리는 이 세상에서 전투하는 교회의 정체성을 가지고 있습니다. 우리가 싸우는 싸움은 혈과 육에 속한 자들과의 대결이 아닙니다. 마귀의 의지가 작용하는 권세와 주권과 어두운 세상의 악한 영들과 싸우는 것입니다. 인류의 모든 역사에서 한 번도 중단되지 않은 마귀의 간계를 멸하는 일입니다. 이러한 싸움을 위해서는 하나님의 전신 갑주, 즉 그리스도 예수의 권능에서 나오는 힘으로 무장되지 않으면 안 됩니다. 믿는 자들에게 하나님의 지혜와 능력인 예수님의 십자가가 제공하는 무장의 내용들은 진리의 허리띠, 의의 흉배, 복음의 신, 믿음의 방패, 구원의 투구, 성령의 검입니다. 이것들 중에 군사에게 필요하지 않은 것은 하나도 없습니다. 이 모든 장비들로 완벽하게 무장해야 마귀의 간계를 멸하고 승리한 이후에도 하나님 앞에서 우리 자신을 온전하게 세울 수 있습니다. 마귀는 지금도 굶주린 이빨을 흉악하게 드러내고 날카로운 발톱을 세우며 사방에서 우리를 공격하고 있습니다. 하나님의 전신 갑주 무장은 선택이 아닙니다. 필히 착용해야 하고 착용하지 않으면 필패할 수밖에 없습니다.

그리고 반드시 기억해야 하는 것은 하나님의 전신 갑주를 취하는 일이 개인적인 성격과 공동체적 성격을 동시에 가지고 있다는 것입니다. 무장의 여섯 가지 요소들을 두루두루 구비하는 일은 하나님의 모든 사람에게 주어진 각자의 개별적인 몫입니다. 그러나 하나님은 무장의 모든 요소들을 특정한 개인에게 최고의 수준으로 몰아서 주시지는 않습니다. 사람마다 다른 강점과 약점을 골고루 가지고 있습니다. 각자에게 강점과 약점이 다른 이유는 어디에 있을까요? 그것은 바로 무장의 공동체적 성격과 결부되어 있습니다. 이 세상에서 완전한 무장을 갖출 정도로 자립적인 사람은 하나도 없습니다. 그래서 자신의 강점으로 타인의 약점을, 타인의 강점으로 자신의 약점을 보완할 수 있도록 더불어 공동체를 이루지 않으면 안 됩니다. 그래서 영적인 무장은 공동체를 이루어야 온전할 수 있습니다. 혼자서도 완전한 무장을 이루는 사람은 하나도 없습니다.

구약에서 가장 강력한 지도자는 아마도 모세일 것입니다. 그러나 그에게는 눌변의 약점이 있어서 능변의 소유자인 아론이 도와야만 했습니다. 경험이 많은 장인 이드로의 조언도 들어야만 했습니다. 시간적인 제약 때문에 모든 사람들의 문제를 해결해 줄 수 없어서 오백부장, 백부장, 오십부장, 십부장의 도움을 얻어야만 했습니다. 이처럼 모세조차 하나님의 백성을 지키고 보호하고 인도함에 있어서 공동체적 리더십을 구성해야 했습니다. 아무리 탁월했던 지도자 모세도 완벽한 무장을 구비한 사람은 아닙니다. 그래서 동역자의 도움을 받습니다. 이것은 지도자의 결함도 아니고 부끄러운 일도 아닙니다. 아름다운 것입니다. 하나님의 섭리로서 의도된 것입니다. 하나님의 교회는 원래 그런 곳입니다. 협력과 동역과 연합의 공동체를 이루어야 하는 곳입니다.

서로의 부족함과 연약함을 지적하고 비난하고 정죄하실 필요가 없습니다. 혹시 자신의 눈에 상대방의 연약함이 보였다면 그것은 나의 강함으로 보완해 주어야 할 부분을 주님께서 보여 주신 것입니다. 각자의 강점으로 서로의 약점을 보완하는 사랑의 띠는 교회를 견고하고 아름다운 공동체로 만듭니다. 물론 상대방의 강점을 배워서 내 것으로 만드는 방식을 따라 무장의 온전함을 추구할 수도 있습니다. 그것도 필요한 일입니다. 그러나 사랑의 띠로 서로의 결속력을 강화하여 하나의 연합된 몸을 이룬다면 굳이 상대방의 강점이 내게로 전이되지 않더라도 내 것처럼 소유한 셈이 되어서 온전한 무장에 이를 수 있습니다. 사랑하는 성도 여러분, 우리는 영적인 전쟁에 직면하여 필요한 무장을 함에 있어서도 서로가 서로를 필요로 하고 연합하고 하나 될 수밖에 없는 그리스도 예수의 몸이라는 사실을 잊지 마시기를 바랍니다. 그래서 바울은 주님의 권능에서 나오는 힘으로 무장해야 되는 대상을 "너희"라고 칭한 것입니다.

사랑하는 성도 여러분, 전쟁은 하나님께 속한 것입니다. 그것의 의미는 전쟁의 여부와 전쟁의 대상과 전쟁의 시기와 전쟁의 승리가 여호와께 있다는 것입니다. 그러나 이것은 대장이신 하나님이 전쟁에서 직접 싸우시기 때문에 우리는 뒷짐을 지고 구경만 하면 된다는 의미가 아닙니다. 하나님께 전쟁이 속했다는 것은 하나님의 전신갑주 없이는 결코 전쟁에서 승리할 수 없다는 말입니다. 성질을 부리는 방식으로, 소리를 지르는 방식으로, 날카로운 눈으로 째려보는 방식으로, 주먹을 쥐고 위협하는 방식으로 전쟁에 임한다면 반드시 패배할 수밖에 없다는 뜻입니다. 진리의 허리띠와 의의 호심경과 평안의 복음이 예비한 신과 믿음의 방패와 구원의 투구와 성령의 검으로 무장해야 전쟁에서 승리할 수 있습니다. 전투하는 지상의 교회가 이 땅에서 승리하는 비결은 바로 여기에 있습니다.

27.
기도하는 교회

¹⁸ 모든 기도와 간구를 하되 항상 성령 안에서 기도하고 이를 위하여 깨어 구하기를 항상 힘쓰며 여러 성도를 위하여 구하라. ¹⁹ 또 나를 위하여 구할 것은 내게 말씀을 주사 나로 입을 열어 복음의 비밀을 담대히 알리게 하옵소서 할 것이니 ²⁰ 이 일을 위하여 내가 쇠사슬에 매인 사신이 된 것은 나로 이 일에 당연히 할 말을 담대히 하게 하려 하심이라. | 엡 6:18-20

마귀의 간계를 멸하면서 하나님 앞에 우리 자신을 세우는 영적인 싸움의 본질을 파악하고, 이 싸움의 적수가 혈과 육에 속한 사람들이 아니라 정사와 권세와 어둠의 세상 주관자들 및 악의 영들이기 때문에 하나님의 전신 갑주, 즉 진리의 허리띠와 의의 호심경과 복음의 신발과 믿음의 방패와 구원의 투구와 성령의 검으로 무장해야 한다는 사실 이외에도 영적 전쟁에는 또 다른 국면이 있습니다. 즉, 지상에서 전투하는 교회는 기도하는 교회여야 한다는 것입니다. 바울은 영적 전쟁에 대한 논의의 끝자락에 강력한 기도의 필요성을 강조하고 있습니다. 영적인 전쟁을 알고 최고의 무장을 갖추어도 기도하지 않는

교회는 마귀에게 패하고 망합니다. 기도는 잘 갖추어진 무장의 정상적인 기능을 가능하게 만들고 그 무장에 역동적인 생기를 불어넣습니다. "이르시되 기도 외에 다른 것으로는 이런 종류가 나갈 수 없느니라 하시니라." ^{막 9:29}

영적인 군사의 기도

18절은 영적인 전쟁에 임한 군사의 기도가 어떠해야 하는지를 잘 묘사하고 있습니다. "모든 기도와 간구를 하되 항상 성령 안에서 기도하고 이를 위하여 깨어 구하기를 항상 힘쓰며 여러 성도를 위하여 구하라." 바울이 말하는 기도는 특정한 사건과 대상과 상태와 상황에 대한 것이 아닙니다. "모든 기도와 간구", 즉 모든 종류의 기도와 간구를 하나님께 드려야 한다고 말합니다. 이것은 우리가 범사에 기도해야 한다는 뜻입니다. 수련회, 리모델링, 전도여행, 해외 선교, 사회봉사, 헌신 예배 등의 행사들이 있을 때에만 기도하는 것이 아닙니다. 마귀는 우리가 의식하고 개시하는 전쟁의 때에만 활동하지 않습니다. 마귀의 공격은 때를 가리지 않습니다. 무시로 사방에서 공격하기 때문에 늘 깨어 계십시오. 살아가는 삶의 모든 영역들과 상황들이 기도 없이는 도무지 유지될 수 없습니다. 기도가 삶이라는 말의 의미는 여기에 있습니다. 기도는 우리의 무력함과 절망을 인정하고 백기를 흔들며 하나님께 투항하고 전적으로 하나님을 의지하며 도움을 요청하는 삶입니다. 그래서 기도와 삶은 한순간도 분리될 수 없습니다.

　　범사에 모든 종류의 기도와 간구를 드릴 때에 두 가지의 방법이 있다고 바울은 말합니다. 첫 번째 방법은 모든 종류의 기도와 간구를 "항상" 기도해야 한다는 것입니다. 이는 어떠한 사안에 대해서든 우리가 쉬지 않고 하나님과 대화하는 소통의 끈을 붙들고 있어야 한다는 말입니다. 하나님께 의지하며 도움을 요청하는 마음의 태도를 계속해서 유지해야 한다는 것입니다. 관심과 의식을 하나님 이외의 다른 것에 빼앗기지 말아야 한다는 뜻입니다. 어떻게 그럴 수 있을까요? 솔직히 하나님만 항상 생각하고 의식하고 관심을 기울이며 하나님과 대화를 나눈다는 것은 우리의 생각에 불가능해 보입니다. 그러나 쉬지 않고 기도하는 방법이 유일하게 하나 있습니다. 하나님을 사랑하는 것입니다. 사랑하면 지루하지 않습니다. 질리지도 않습니다. 어렵거나 힘들지도 않습니다. 하루에 24시간 동안 기도해도 그 시간이 짧습니다.

"야곱이 라헬을 위하여 칠 년 동안 라반을 섬겼으나 그를 사랑하는 까닭에 칠 년을 며칠같이 여겼더라."^{창 29:20} 라헬을 사랑한 야곱처럼 즐겁고 행복하기 때문에 오히려 소통과 교류를 중단하고 싶지가 않습니다. 하나님을 사랑하면 매사에 매 순간마다 항상 기도하는 것이 결코 불쾌한 숙제가 아닙니다. 기도를 중단하는 것이 더 어렵고 힘들 것입니다. 사실 "항상" 구하라는 말은 아무나 할 수 없습니다. "항상" 구하라는 약속의 카드는 한 가족의 가장도, 한 기관의 대표도, 한 교회의 당회장도, 한 기업의 총재도, 이 세상의 그 누구도 감히 꺼내지 못합니다. "항상" 구하라는 말은 하겠지만 누구도 책임질 수 없는 말입니다. 그 말은 항상 도움을 준비하고 계신 주님만이 하실 수 있고 주님만이 책임지실 능력을 가지고 계십니다. 하나님은 항상 우리에게 도움 주기를 원하시며 도움의 요청을 기다리고 계시기 때문에 항상 기도해야 한다고 말씀하신 것입니다.

두 번째 방법은 "성령 안에서" 기도해야 한다는 것입니다. 모든 상황과 모든 순간에는 마땅히 기도해야 할 내용이 있습니다. 그런데 인간은 연약하여 마땅히 드려야 할 기도의 내용을 잘 모릅니다. 그래서 바울은 말합니다. "성령도 우리의 연약함을 도우시나니 우리는 마땅히 기도할 바를 알지 못하나 오직 성령이 말할 수 없는 탄식으로 우리를 위하여 친히 간구하시느니라."롬 8:26 이는 성령의 도우심이 없다면 우리는 마땅히 구하여야 할 바를 알지도 못하고 구하지도 못하게 된다는 것입니다. 성령의 도우심이 없어서 마땅히 구하여야 할 것과 무관한 것을 구하게 된다면 비록 항상 기도하는 행위는 있더라도 기도하지 않은 셈이 될 것입니다.

성령 안에서 드리는 기도의 구체적인 의미는 어떤 것일까요? 하나님의 말씀 안에서 기도하는 것입니다. "예수 그리스도시라. 물로만 아니요 물과 피로 임하셨고 증언하는 이는 성령이시니 성령은 진리니라."요일 5:6 진리이신 성령은 예수님을 증언하는 분이라고 요한은 말합니다. 그런데 성령은 진리이기 때문에 성령 안에서 기도하는 것은 진리 안에서 기도하는 것과 같습니다. 그리고 성령의 증언은 성령의 충만함을 입은 사람들이 기록한 성경과 다르지 않습니다. 예수를 증언하는 성령님 안에서 기도하는 것은 예수를 증거하는 성경 안에서 기도하는 것과 같습니다. 우리가 마땅히 구해야 할 것들은 성령의 감동으로 쓰인 성경에 다 기록되어 있습니다.

조지 뮬러는 2만 5천 번 기도(하루 1건이면 68년치)의 응답을 받은 신앙의 거인으로 유명한 분입니다. 대부분의 성도들은 뮬러처럼 무수한 기도의 응답은 받고 싶어 하나 정작 뮬러의 기도법은 배우려고 하지 않는 경향이 있습니다. 뮬러는 무려 63년 동안 15만 명의 고아들을 하나님의 사랑으로 양육한 '고아들의 아버지'로 불립니다. 그런 뮬러가 보여 준 기도의 본보기는 성경에 기록된 말씀을 따라 성경적인 기도를 드렸다는 것입니다. 먼저 뮬러는 시편에서 하나님이 "고아의 아버지"시 68:5 요 "고아를 도우시는 이"시 10:14 라는 사실을 배웁니다. 그는 성경에서 고아를 사랑하고 돌보는 것은 고아의 아버지 하나님을 섬기는 것이고 그 하나님의 일을 수행하는 것이라는 확신을 갖습니다. 진리이신 주님께서 이 땅에 계셨으면 했었을 그런 일을 하고자 했습니다. 그리고 성경의 구체적인 가르침에 근거하여 고아들의 필요를 채우기 위해 매사에 매 순간마다 무릎을 꿇습니다. 이러한 뮬러의 기도법은 "항상 성령 안에서" 기도하는 것과 동일한 것입니다. 우리의 기도도 인간의 사사로운 욕망의 분출을 위함이 아니라 성경에서 명백하게 계시하신 하나님의 뜻만을 위하여 범사에 성령 안에서만 항상 드려지게 하십시오.

그리고 이렇게 기도하기 위하여 바울은 우리가 깨어 있어야 한다고 말합니다. 졸지 말라는 것입니다. 기도에 대한 의식의 끈을 놓지 말라는 것입니다. 범사에 항상 기도해야 한다는 사실을 쉬지 않고 의식해야 한다는 것입니다. 바쁘고 분주하게 살아가다 보면 기도의 의식을 상실할 때가 많습니다. 여기에는 사탄의 은밀한 개입과 고약한 전략이 감지되는 것도 아닙니다. 그래서 범사에 기도해야 한다는 의식의 무장을 쉽게 해제하고 긴장의 끈도 풀어서 내던지고 안이한 태도를 취합니다. 그러나 모든 상황 속에서 하나님께 쉬지 않고 기도하는 것은 우리를 향하신 하나님의 뜻입니다. 깨어 계십시오. 하나님께 우리가 무시로 도움을 요청 드릴 수 있다는 것은 얼마나 놀라운 특권인지 모릅니다. 문제가 생길 때마다 세상에서 최고의 권력자인 왕에게 도움을 요청하는 것보다도 더 크고 탁월한 것입니다. 주님께서 주신 특권을 무시로 사용하고 누리시기 바랍니다.

그리고 바울은 우리에게 '모든 인내로써' 기도를 드리라고 말합니다. "너희에게 인내가 필요함은 너희가 하나님의 뜻을 행한 후에 약속하신 것을 받기 위함이라."히 10:36 이것은 우리가 하나님께 무언가를 간구한 이후에 간구한 것을 받기 위해 인내하며 기다려야 한다는 것입니다. 그런데 왜 하나님은 기도에 즉각적인 응답을 주시지는 않는 것일까요? 왜 기다려야 하는 것일까요? 응답의 때까지 인내와 기다림의 기간을 우리에게 주시는 것은 다 우리를 위한 것입니다. 인내는 우리로 하여금 일의 성취와 응답의 주도권이 기도하는 우리에게 있지 않고 응답을 주시는 하나님께 있다는 사실을 깨닫고 인정하게 만듭니다. 응답의 결과와 때와 방식의 결정은 하나님께 있습니다. 그분께는 우리의 기도에 응답하실 의무가 없습니다. 하나님의 모든 응답은 그분의 사랑에서 나오는 은혜의 결과이지 신적인 책임의 불가피한 완수가 결코 아닙니다.

그리고 바울은 '모든 성도들을 위한 간구'에 있어서 깨어 있으라고 말합니다. 모든 기도와 간구를 위하여 깨어 있으되 자신만을 위한 간구에 매달리지 마십시오. 모든 기도는 개인을 위한 것이 아니라 공동체를 위한 것입니다. 주님께서 우리에게 가르치신 주기도문 안에서도 개인의 사적인 기도는 찾아볼 수 없습니다. 예수님의 기도문은 하나님 자신과 "우리"라는 공동체를 위한 기도로 구성되어 있습니다. 일용할 양식을 우리에게 주시고, 우리의 죄를 사하시고, 우리가 시험에 들지 말게 하시고, 우리를 악에서 구해 달라는 것입니다. 그렇다고 개개인이 기도에서 배제되는 것은 아닙니다. "우리"라는 공동체 안에 개개인이 포함되어 있는 식입니다.

영적인 전쟁을 수행하기 위해서는 '모든 성도들'을 위해 기도하지 않으면 안 됩니다. 모든 성도들의 죄에 대하여 회개하고 모든 성도들의 필요들을 구하시기 바랍니다. 영적인 전쟁에서 기도해 주지 않아도 될 불필요한 성도는 하나도 없습니다. 모든 사람들이 각자의 고유한 임무를 가졌으며 그것에 충실해야 전쟁에서 이깁니다. 충실할 수 있도록 서로를 위해 기도해 주십시오. 서로를 위해 기도할 때에 기도자와 기도의 수혜자 모두가 하나님의 복을 받습니다. 기독교의 복이 작용하는 원리가 거기에 있습니다. "너를 축복하는 자에게는 내가 복을 내리고 너를 저주하는 자에게는 내가 저주하리니 땅의 모든 족속이 너로 말미암아 복을 얻을 것이라 하신지라."창 12:3 축복하는 자가 축복을 받습니다. 남을 위하는데 내가 복을 받습니다. 나아가 영적 전쟁에서 승리하는 원리도 모든 성도들이 서로가 서로를 위해 기도하는 기도의 하나 됨에 있습니다. 제자들을 향한 예수님의 기도를 보십시오. "거룩하신 아버지여, 내게 주신 아버지의 이름으로 그들을 보전하사 우리와 같이 그들도 하나가 되게 하옵소서."요 17:11 그럼 어떻게 하나가 될 수 있을까요? 하나 되는 방법은 서로가 서로를 향한 사랑의 띠로, 평화의 줄로, 기도의 끈으로 연결되는 것입니다.

경건한 믿음의 사람들 중에 자신만을 위한 기도에 매달린 사람은 아무도 없습니다. 모세의 경우에도 비록 가나안에 들어가게 해달라는 자신만을 위한 기도를 드렸지만 다음과 같은 하나님의 응답을 받습니다. "그만해도 족하니 이 일로 다시 내게 말하지 말라."^{신 3:26} 이에 모세는 하나님의 응답을 따라 가나안 입성의 뜻을 깨끗하게 접습니다. 이는 하나님의 차가운 거절이 비록 마음에는 쓰라린 일이지만 하나님의 뜻이라면 40년간 고대했던 가나안 입성이라 할지라도 얼마든지 내려놓을 수 있다는 뜻입니다. 바울도 자신의 몸에서 사탄의 가시를 제거해 달라는 자신만을 위한 기도를 하나님께 올린 적이 있습니다. "내 은혜가 네게 족하도다. 이는 내 능력이 약한 데서 온전하여짐이라."^{고후 12:9} 이처럼 하나님의 뜻과 능력과 섭리가 더 온전하게 드러나기 위해 몸의 질병에 대한 기도도 거절되는 경우가 있습니다. 이에 대해 바울은 세 번의 기도를 드렸지만 은혜가 족하다는 하나님의 뜻에 승복하고 치유의 기대감도 접습니다. 그렇다고 해서 바울이 상처를 받은 것도 아니고 삐진 것도 아니고 믿음에서 실족한 것도 아닙니다.

믿음의 사도이신 예수님은 40일을 주야로 주리신 이후 돌을 떡으로 만들어야 할 필요성이 극에 달하였던 절박한 기아 상태 속에서도 개인만을 위한 기도를 드리시지 않습니다. 비록 십자가의 죽음 앞에서 아버지의 뜻이라면 지나가게 해달라고 기도를 드렸지만 하나님과 그의 백성 전체를 위한 기도로서 아버지의 원대로 되기를 원한다는 고백으로 기도의 마무리를 짓습니다. "아버지여, 만일 아버지의 뜻이거든 이 잔을 내게서 옮기시옵소서. 그러나 내 원대로 마시옵고 아버지의 원대로 되기를 원하나이다."^{눅 22:42} 기도는 나의 뜻이 아니라 하나님의 뜻을 추구하는 것입니다. 나아가 기도는 자신을 위하지 않고 하나님과 타인을 위하는 것입니다. 모세와 바울과 주님처럼 하나님의 뜻을 따라 서로를 위해 기도하는 성도들이 되시기를 바랍니다.

전도를 위한 기도

나아가 바울은 자신과 관련하여 에베소 교회 성도들께 복음의 전파를 위한 기도의 부탁을 19절에서 드립니다. "또 나를 위하여 구할 것은 내게 말씀을 주사 나로 입을 열어 복음의 비밀을 담대히 알리게 하옵소서 할 것이니." 바울이 부탁한 기도의 내용은 주님께서 자기에게 메시지를 주시라는 것입니다. 정확히 번역하면 '내가 입을 열 때에 나에게 메시지가 주어지게 해달라'는 것입니다. 물론 성경을 읽고 묵상하고 연구할 때에도 하나님의 뜻을 분명히 깨닫기 위한 기도를 드려야 하겠지만, 일상 속에서 만나는 모든 사람들과 대화하는 매 순간마다 주님께 메시지를 주시라고 기도해야 한다는 것입니다. 복음을 전파하는 자는 어떠한 때에라도 자신의 말을 전하는 자가 아닙니다. 만나는 모든 사람에게 매 순간마다 주어지는 하나님의 메시지를 전파하는 자입니다.

자신의 생각을 하나님의 말씀인 양 자기 마음대로 전하면 거짓 선지자가 될 수밖에 없습니다. 거짓 선지자의 말을 듣는 자들은 형벌을 받을 것이고 그런 말을 하는 거짓 선지자도 죽음의 형벌을 당할 것입니다. 참으로 가슴 떨리는 모세의 기록을 보십시오. "누구든지 내 이름으로 전하는 내 말을 듣지 아니하는 자는 내게 벌을 받을 것이요 만일 어떤 선지자가 내가 전하라고 명령하지 아니한 말을 제 마음대로 내 이름으로 전하든지 다른 신들의 이름으로 말하면 그 선지자는 죽임을 당하리라."^{신 18:19-20} 하나님의 이름으로 거짓을 말하는 자에 대해 하나님은 엄중히 경고하고 계십니다. 하나님의 사람은 성경을 읽을 때마다 깨달음을 달라고 엎드려야 하고 검증되지 않은 설교자의 말에는 아예 귀도 기울이지 않는 것이 좋습니다. 같이 성경공부 하자고 미혹하고 어떤 이에게도 발설하지 말고 비밀로 해달라는 간악한 주문까지 하는 이단들이 많습니다. 우리도 매 순간마다 주님의 말씀을 구하지 않으면 이단처럼 거짓될 수 있습니다.

바울은 주님께서 깨닫게 하신 말씀을 "담대히" 선포할 수 있도록 에베소 교회에 기도를 부탁하고 있습니다. 자신의 사사로운 생각을 말할 때에는 누구나 주저할 수밖에 없습니다. 그러나 주님께서 주신 말씀은 담대히 선포할 수 있습니다. 나아가 주님의 도우심 없이는 전파해야 할 말씀도 알지 못합니다. 혹시 복음의 비밀을 안다고 할지라도 담대히 전할 수는 없습니다. 저와 여러분도 바울처럼 복음의 비밀을 전파하기 위해 메시지의 신적인 내용과 전달의 담대한 방식에 있어서 전적으로 주님을 의지하는 전도자가 되시기를 바랍니다. 가정에서, 직장에서, 학교에서, 거리에서, 타지에서 사람들을 만날 때마다 순간순간 나눌 메시지를 달라고 기도를 하십시오. 무례하지 않게 거북하지 않게 친절하고 따뜻하게 그러나 담대히 전할 수 있도록 주님께 기도를 하십시오. 내용과 방식 모두에 있어서 주님을 의지하는 자가 하나님의 종입니다.

바울은 복음의 비밀 전파와 자신의 관계를 20절에서 이렇게 말합니다. "이 일을 위하여 내가 쇠사슬에 매인 사신이 된 것은 나로

이 일에 당연히 할 말을 담대히 하게 하려 하심이라." 에베소 교회에 보낸 바울의 이 편지는 감옥에서 쓰인 것입니다. 이 편지를 바울은 복음의 비밀을 말한다는 이유로 제도적 권력에 의해 쇠사슬에 매인 상황에서 썼습니다. 그런데도 바울은 감옥에서 꺼내 달라는 기도를 부탁하지 않습니다. 고단한 수감 생활 속에서도 주님의 나라를 먼저 구합니다. 하나님의 말씀이 담대히 전파될 수 있기를 간구하고 있습니다. 자신의 유익보다 하나님의 나라와 의를 먼저 구하는 바울의 기도에서 우리는 두 가지의 교훈을 배웁니다.

첫째, 바울은 비록 감옥에 갇혀서 부자유한 몸이 되었지만 그래도 하나님의 말씀은 얽매이지 않는다는 것입니다. 복음은 어떠한 장애물에 의해서도 방해를 받지 않습니다. "복음으로 말미암아 내가 죄인과 같이 매이는 데까지 고난을 받았으나 하나님의 말씀은 매이지 아니하니라."딤후 2:9 복음을 전하는 사람은 죄수로 매이지만 하나님의 말씀은 결코 매이지 않습니다. 역사 속에서 하나님의 말씀을 증거하던 사람들이 횡령, 성추행, 표절, 뇌물, 불법 등의 다양한 이유들로 인해 사람들의 정당한 비판과 정죄를 당해 왔습니다. 아무리 위대해 보이는 신앙의 거인들도 부패하고 연약한 인간일 수밖에 없습니다. 하지만 인간은 연약하여 넘어지고 부패하나 말씀은 매이지 않습니다.

둘째, 바울이 복음의 비밀을 담대히 전파하게 해달라는 기도 부탁을 드린 것은 자신의 매인 몸에 자유가 주어질 것을 고려했기 때문이 아니라는 것입니다. 물론 복음을 전파하면 복음이 매일 수 없기 때문에 복음을 전파하는 자도 매이지 않도록 자유가 주어질 가능성이 대단히 높습니다. 바울은 비록 복음 때문에 감옥에 매였지만 매이지 않는 복음 때문에 실제로 다시 놓임을 받습니다. 그러나 이것은 바울이 자신의 자유를 위해 복음을 수단으로 이용한 결과가 아닙니다. 오히려 하나님의 나라와 의를 먼저 구하면 다른 부수적인 것들을 더하여 주신다는 말씀이 그에게 응한 것입니다. 사랑하는 성도 여러분, 바울처럼 매인 몸이든지 아니면 자유로운 몸이든지 인생의 초점을 복음이 전파되는 일에 두기 바랍니다. 복음을 전파하면 다른 모든 것들은 더하여 주실 것입니다.

사실 많은 사람들이 하나님의 뜻을 앞세워서 자신의 욕망을 챙깁니다. 이것은 주객이 전도된 것입니다. 먼저 구해야 하는 것을 수단으로 삼고 더하여 주어지는 삶의 필요를 기도의 영순위로 삼는 격입니다. 나의 소원이 성취되는 것을 하나님의 뜻이라고 생각하지 마십시오. 자신의 욕망을 하나님의 뜻이라는 이름으로 포장하지 마십시오. 우리를 향하신 하나님의 뜻은 우리가 먼저 복음을 추구할 때에 인생의 마당에 저절로 펼쳐지는 것입니다. 복음을 전파하려 할 때에 하나님의 뜻은 알아서 우리의 인생 속에 최적의 자리를 잡습니다. 복음을 전파할 때에 우리에게 발생하는 모든 일들은 대체로 의심할 필요도 없는 하나님의 뜻입니다. 바울은 복음을 담대히 전파하기 위해 심지어 "쇠사슬에 매인 사신"이 된 것조차도 하나님의 뜻이라고 말합니다.

"쇠사슬에 매인 사신"은 사실 어떠한 복음 전도자도 원하지 않는 것입니다. 복음을 전파하는 하나님의 사신이 된다는 것은 분명 명예로운 일입니다. 그러나 쇠사슬에 매이는 것은 모든 사람에게 껄끄러운 일이고 모두가 꺼려 하는 일입니다. 바울은 주님 앞에서의 명예로운 일을 위하여 사람들 앞에서의 껄끄러운 일을 피하거나 마다하지 않습니다. 심지어 생명도 아끼기를 않습니다. "내가 달려갈 길과 주 예수께 받은 사명 곧 하나님의 은혜의 복음을 증언하는 일을 마치려 함에는 나의 생명조차 조금도 귀한 것으로 여기지 아니하노라."^행 ^{20:24} 바울은 대부분의 사람들이 동의하기 어려운 판단력을 가지고 있습니다. 이런 판단력은 복음을 자신의 생명보다 더 귀한 것으로 여기지 않으면 그 누구도 가질 수 없는 것입니다. 그런데 자신의 생명보다 복음을 더 귀하게 여기는 것은 지극히 합리적인 것입니다. 인간의 일시적인 생명은 코의 호흡에 있지만 영원한 생명은 주님의 복음에 있습니다. 일시적인 생명보다 영원한 생명을 얻는 것이 더 큰 득입니다. 그러므로 코의 호흡보다 주님의 복음을 더 선호하는 것은 당연한 것입니다. 그래서 바울도 천하보다 귀한 자신의 생명조차 복음보다 못한 후순위로 밀어낸 것입니다.

바울은 지금 에베소 교회를 향해 그리스도 예수의 종으로서 확립한 자신의 인생관과 가치관을 기도의 부탁 형식으로 전수하고 있습니다. 강요하는 방식이 아니라 본을 보이는 방식으로 다가가고 있습니다. 기도의 동참을 권하는 방식으로 초청하고 있습니다. 하나님의 사람에게 복음을 전파하는 것은 가장 행복하고 가장 설레는 일입니다. 그것을 위해서 하나님의 메시지를 매 순간마다 받아서 모든 사람에게 담대히 전파하는 것보다 더 유쾌하고 뿌듯하고 즐거운 일은 없을 것입니다. 육신적인 측면에서 바울에게 가장 긴급한 필요는 감옥에서 나와 자유인이 되는 것입니다. 그런데 신속한 출옥은 복음의 담대한 전파를 사모하는 바울의 간절함에 떠밀려 기도의 목록에는 끼지도 못합니다. 출옥에는 아예 관심도 없고 의식도 없는 듯합니다.

　　사랑하는 성도 여러분, 우리는 어떠한 인생관과 가치관을 가지고 있습니까? 바울은 영적인 전쟁의 본질을 가르치고, 전쟁에 임하는 군사가 갖추어야 하는 무장의 방식을 설명하고, 모든 기도와 간구로 하나님께 나아가야 함을 에베소 성도에게 가르친 이후에 자신의 소망을 밝힙니다. 하나님의 복음을 담대히 전파하게 해달라는 것입니다. 이것은 영적인 전쟁을 수행하는 본질적인 내용이 온 천하에 다니며 만민에게 하나님의 복음을 담대히 전파하는 것이며, 진리의 허리띠와 의의 호심경과 복음의 신발과 믿음의 방패와 구원의 투구와 성령의 검으로 무장하는 이유는 그 복음을 담대히 전파하기 위함이며, 모든 기도와 간구로 하나님께 깨어서 엎드리는 이유도 하나님의 복음을 담대히 전파하기 위한 것임을 뜻합니다. 이러한 바울은 자신이 최고의 복음 전파자인 그리스도 예수를 본받은 것처럼 자신을 본으로 삼으라고 우리에게 권합니다. 바울처럼 복음을 생명보다 소중하게 여기고 복음을 위해서 생명을 조금도 귀한 것으로 여기지 않고 죽음도 복음 전파 수단의 하나로 삼는 가치관과 인생관을 가지시는 저와 여러분이 되시기를 바랍니다.

28.
사랑하는 교회

<blockquote>

²¹ 나의 사정 곧 내가 무엇을 하는지 너희에게도 알리려 하노니 사랑을 받은 형제요 주 안에서 진실한 일꾼인 두기고가 모든 일을 너희에게 알리리라. ²² 우리 사정을 알리고 또 너희 마음을 위로하기 위하여 내가 특별히 그를 너희에게 보내었노라. ²³ 아버지 하나님과 주 예수 그리스도께로부터 평안과 믿음을 겸한 사랑이 형제들에게 있을지어다. ²⁴ 우리 주 예수 그리스도를 변함없이 사랑하는 모든 자에게 은혜가 있을지어다. | 엡 6:21-24

</blockquote>

그리스도 예수를 너무나도 사랑하는 바울은 감옥 안에서도 에베소 교회를 향한 사랑에 빠져 있습니다. 누구든지 하나님 사랑에 빠지면 형제 사랑에도 빠질 수밖에 없습니다. 하나님 사랑과 이웃 사랑은 동전의 양면처럼 연동되어 있으며, 마치 톱니바퀴 같아서 단독으로 작용할 수 없는 것입니다. "누구든지 하나님을 사랑하노라 하고 그 형제를 미워하면 이는 거짓말하는 자니 보는 바 그 형제를 사랑하지 아니하는 자는 보지 못하는 바 하나님을 사랑할 수 없느니라."요일 4:20 형제를 사랑하지 않는 자가 하나님을 사랑하는 것은 불가능한 일입니

다. 역으로 하나님을 사랑하지 않으면서 형제를 사랑하는 것도 불가능한 일입니다. "우리가 하나님을 사랑하고 그의 계명들을 지킬 때에 이로써 우리가 하나님의 자녀를 사랑하는 줄을 아느니라."^{요일 5:2} 하나님을 사랑하기 때문에 바울은 에베소 교회도 사랑하고 있습니다.

바울의 두기고

서로 사랑하면 서로를 더 알고 또한 알려지고 싶어 하며, 알면 잠잠할 수 없습니다. 서로를 위로하고 위로도 받고 싶어 하는 법입니다. 그래서 바울은 지금 자신의 사정을 자신이 너무나도 사랑하는 에베소 교회에 알리기를 원합니다. 그리고 사랑하는 에베소 성도들의 마음을 위로하고 싶습니다. 21-22절을 보십시오. "나의 사정 곧 내가 무엇을 하는지 너희에게도 알리려 하노니 사랑을 받은 형제요 주 안에서 진실한 일꾼인 두기고가 모든 일을 너희에게 알리리라. 우리 사정을 알리고 또 너희 마음을 위로하기 위하여 내가 특별히 그를 너희에게 보내었노라." 바울이 알리고자 하는 자신의 "사정"은 바울 자신과 관련된 모든 것들을 뜻합니다. 지금 어디에 있는지, 어떻게 지내고 있는지, 무엇을 하고 있는지, 무엇을 원하고 있는지에 대한 일체의 사정을 에베소 교회에 알리기를 원합니다. 그런데 바울은 모든 사정들 중에서도 자신이 무엇을 하는지에 특별한 비중을 두고 있습니다. 쇠사슬에 매인 복음의 사신 자격으로 바울이 행하고자 하는 일은 당연히 복음을 증거하는 것입니다. 그래서 그것을 위해 기도해 달라고도 했던 것입니다.

이 서신을 통해 바울은 에베소 성도들도 전도의 일에 동참하면 좋겠다는 뉘앙스를 풍깁니다. 누군가의 사정을 안다는 것은 언제나 책임을 수반하는 일입니다. "그러므로 사람이 선을 행할 줄 알고도 행하지 아니하면 죄니라."^{약 4:17} 선을 알고도 행하는 책임에 소홀하면 죄라고 야고보는 말합니다. 복음을 전파하는 것은 선입니다. 죽어 가는 영혼에게 영원한 생명을 전하는 것보다 더 선한 일은 없습니다. 이러한 사실을 알고도 동참하지 않는다면 죄라고 야고보는 말합니다. 우리가 서로의 긴급한 사정을 알면 잠잠할 수 없습니다. 알면서도 서로 돕거나 협력하지 않는 대담한 '모른 척'은 죄입니다. 서로의 사정을 알려고만 하지 마십시오. 입방아용 사냥감을 찾듯이 수다의 데이터만 확보하고 아무런 도움도 주지 않는 사람들이 있습니다. 삶은 너무도 왜소하고 부실한데, 정보만 머리에 가득한 사람들이 있습니다. 안다는 것 자체는 자랑이 아닙니다. 아는 만큼 살아야 부끄럽지 않은 것입니다. 물론 지식은 하나님이 우리에게 선물로 주신 것입니다. 그러나 그 선물은 내 자신의 쾌락을 위함이 아니라 섬김을 위한 것입니다. 섬기라고 주신 지식이 섬김으로 이어지지 않으면 비판과 험담의 근거로 작용할 수 있습니다.

교회에는 유독 성도들의 은밀한 사정에 밝은 사람들이 있습니다. 그러나 그 지식은 자신의 예리한 관찰력과 뛰어난 안목에서 나온 결과가 아닙니다. 주님께서 알게 하신 것입니다. 왜 알게 하신 것일까요? 도우라는 것입니다. 사랑으로 섬기라는 것입니다. 나이가 들수록 많이 보이고 많이 들립니다. 깊고 은밀한 것까지도 읽힙니다. 혹시 타인의 안타까운 사정과 극복되지 않은 단점이나 약점을 알았다면 그것에 대해 잠잠하지 마십시오. 떠벌리고 다니라는 말이 아닙니다. 상대방을 비판하고 정죄할 꼬투리로 삼으라는 것은 더더욱 아닙니다. 그들의 약점과 치부를 막아 주십시오. 회복시켜 주십시오. "믿음이 강한 우리는 마땅히 믿음이 약한 자의 약점을 담당하고 자기를 기쁘게 하지 아니할 것이라."롬 15:1 안다는 것 자체는 자랑할 것도 아니지만 부끄러워하거나 껄끄러워할 일도 아닙니다. 지식은 언제나 주님께서 상대방을 돕고자 할 때에 우리로 하여금 사랑의 손길이 되라는 초청이며 기회이기 때문에 환영하고 기뻐하고 감사할 일입니다.

자신의 사정을 알리기 위해 바울은 소아시아 출신의 두기고를 택하여 에베소 교회에 보냅니다. 두기고는 편지를 잘 전달하는 자입니다. 에베소 교회에 바울의 에베소 서신만을 전달한 것이 아니라, 골로새 교회에는 바울의 골로새 서신을, 빌레몬에 대해서는 바울의 빌레몬 서신을, 디도에 대해서는 바울의 디도 서신을 전달한, 우편배달부의 독특한 소명을 가진 자입니다. 서신 전달자는 편지라는 메시지의 수레만 전달하는 자가 아닙니다. 서신을 바르게 전달하기 위해서는 발신자의 사정을 정확하게 파악할 필요가 있습니다. 두기고는 바울의 사정을 누구보다 더 잘 알되, 편지에는 다 담을 수 없는 바울의 깊은 사연들도 알았던 자입니다. 그래서 그는 문서만 전달하지 않고 바울과 관련된 모든 것들을 전해 줄 수 있기 때문에 선택된 것입니다.

그것만이 아닙니다. 특별히 21절에는 두기고가 바울에 의해 편지 전달자로 선택된 두 가지의 구체적인 이유가 언급되어 있습니다. 첫째는 두기고가 "사랑을 받은 형제"라는 이유로, 둘째는 "주 안에서 진실한 일꾼"이기 때문에 선택된 것입니다. 먼저, 에베소 교회를 향한 바울의 사랑을 전달할 적격자는 바울처럼 에베소 교회를 사랑하는 형제여야 한다는 것입니다. 두기고는 바울이 사랑하는 자였으며 바울의 사랑을 통해 주님의 사랑도 경험한 자입니다. 사랑은 사랑하는 자의 마음에만 담길 수 있습니다. 에베소 교회를 바울만큼 사랑하지 않는 사람은 에베소 교회를 향한 바울의 사랑을 제대로 전달할 수가 없습니다. 사랑의 정보는 전달할 수 있겠지만 사랑의 질감은 전달할 수 없습니다. 주님의 사랑을 받은 우리도 주님의 사랑과 위로를 타인에게 전달하기 위해서는 마치 주님이 그를 사랑하고 위로하신 것처럼 사랑하고 위로하지 않으면 안 될 것입니다. 주님의 사랑을 알고 주님의 사랑으로 사랑하는 자가 주님의 증인이 될 수 있습니다. 한 영혼을 천하보다 귀하게 여기시고 그 영혼의 구원을 위해 자신의 생명도 내어 주신 예수님의 사랑이 나를 움직여야 비로소 주님의 증인이 되는 것입니다. 증인은 이웃을 내 몸처럼 사랑할 수밖에 없습니다.

그리고 주 안에서 진실한 일꾼이 되지 않으면 안 됩니다. 두기고는 인간 바울을 추종한 일꾼이 아닙니다. 그는 바울에게 그리스도 안에서의 진실한 종입니다. 진실한 종에 대한 바울의 언급을 다시 보십시오. "눈가림만 하여 사람을 기쁘게 하는 자처럼 하지 말고 그리스도의 종들처럼 마음으로 하나님의 뜻을 행하고 기쁜 마음으로 섬기기를 주께 하듯 하고 사람들에게 하듯 하지 말라." 엡 6:6-7 두기고는 인간 바울만을 기쁘게 하는 자가 아닙니다. 바울의 심부름을 하면서도 그리스도 예수의 종들처럼 마음으로 하나님의 뜻을 행하였던 자입니다. 바울의 편지를 배달하되 인간 상전을 대하듯이 억지로 마지못해 하지 않고 기쁜 마음으로 섬기기를 주께 하듯이 전달했던 자입니다. 그래서 두기고는 주 안에서 진실한 종입니다.

우리는 예수의 두기고

우리도 두기고와 같이 편지 전달자의 소명을 받은 자입니다. 바울은 우리를 편지와 편지 전달자에 비유하고 있습니다. "너희는 우리의 편지라. 우리 마음에 썼고 뭇사람이 알고 읽는 바라. 너희는 우리로 말미암아 나타난 그리스도의 편지니 이는 먹으로 쓴 것이 아니요 오직 살아 계신 하나님의 영으로 쓴 것이며 또 돌판에 쓴 것이 아니요 오직 육의 마음판에 쓴 것이라."고후 3:2-3 바울은 먼저 우리 자신이 사도들로 말미암아 나타난 그리스도 예수의 편지라고 말합니다. 비록 인간 사도들이 전하여 준 복음을 들은 자이지만 오직 살아 계신 하나님의 영으로 말미암아 우리의 마음판에 복음이 쓰인 편지임을 잊지 마십시오. 성령에 의해 우리의 마음판에 쓰인 그리스도 예수의 편지는 과거에 모세에게 주어진 편지로서 돌판에 새겨진 율법과는 다른 것입니다.

이 편지는 예레미야 선지자를 통해 예언된 것입니다. "또 새 영을 너희 속에 두고 새 마음을 너희에게 주되 너희 육신에서 굳은 마음을 제거하고 부드러운 마음을 줄 것이며 또 내 영을 너희 속에 두어 너희로 내 율례를 행하게 하리니 너희가 내 규례를 지켜 행할지라."겔 36:26-27 성령께서 친히 우리의 마음에 거하셔서 부드러운 마음을 주셨고 우리로 하여금 하나님의 계명을 지키게 하셨다고 모세는 말합니다. 즉, 우리로 하여금 하나님의 말씀을 마음에 담고 행동에 담아서 전달하는 편지가 되게 하셨다는 것입니다. 우리는 우리의 의지와 노력과 실력으로 쓰인 주님의 편지가 아닙니다. 성령으로 말미암아 우리의 마음과 몸에 주의 복음이 쓰인 편지가 된 자입니다. 바울이 편지를 맡긴 두기고의 마음과 행실은 바울의 뜻과 생각을 담은 편지라고 볼 수 있습니다.

사랑하는 성도 여러분, 그리스도 예수에 대하여 하나님의 사랑을 받고 주 안에서 신실한 일꾼인 두기고가 되십시오. 주님께서 아무리 심오하고 풍성한 진리를 담으셔도 가감 없이 그대로 전달할 수 있는 편지가 되십시오. 그리고 여러분 각자의 두기고는 누구인지 생각해 보십시오. 우리의 사정을 있는 그대로 알리고 맡겨도 될 여러분의 두기고는 있습니까? 먼저 각자가 서로에게 주 안에서 신실한 두기고가 되시기를 바라고 동시에 그런 두기고를 달라고 주께 구하시기 바랍니다. 사실 우리의 모든 사정을 다 알려도 괜찮은 유일한 두기고는 하나님 외에 아무도 없습니다. 하나님은 우리의 모든 사정을 알아도 공격과 비방과 정죄로 반응하지 않으시고 오히려 위로와 치유와 회복과 활력을 더하시는 분입니다. 가리지 않고 가능하면 많이 깊이 알릴수록 좋은 분입니다.

두기고는 바울의 사정을 정확하게 전달하고 바울의 위로를 에베소 교회에 정확하게 전달할 편지이기 때문에 선택된 것입니다. 편지는 작성자의 뜻과 생각을 전달하는 것이지 전달자의 뜻과 생각을 전달하는 도구가 아닙니다. 두기고는 사람들로 하여금 자신을 보고 바울의 사정과 위로를 얻게 할 올바른 편지인 것입니다. 우리도 주님의 뜻과 생각을 전달하는 편지의 소명을 가진 자입니다. 우리는 누구의 편지를 누구에게 얼마나 잘 전달하고 있습니까? 우리의 마음과 행실은 자신의 뜻과 생각이 아니라 주님의 뜻과 생각을 잘 담아내고 있습니까? 우리를 본 자들이 과연 주님의 사랑과 위로를 경험하고 있습니까? 아니면 편지의 부실함 때문에 주님의 뜻과 생각이 왜곡되고, 주님의 사랑과 위로는 고사하고 주님을 향한 적개심과 혐오감을 촉발하고 있지는 않습니까?

바울은 편지 전달자 두기고의 신상을 언급한 이후에 23절에서 마지막 인사말을 건넵니다. "아버지 하나님과 주 예수 그리스도께로부터 평안과 믿음을 겸한 사랑이 형제들에게 있을지어다." 편지의 서두에서 은혜와 평강을 구하였던 바울은 편지의 말미에서 "평안과 믿음을 겸한 사랑"을 구하고 있습니다. 그 사랑은 아버지 하나님과 그리스도 예수에 의해서 주어지는 것이라고 말합니다. 이는 "평안과 믿음을 겸한 사랑"이 이 땅에서 경험하는 일반적인 사랑과는 다르다는 것입니다. 아버지나 어머니를 출처로 삼은 부모의 사랑도 너무도 귀하고 아름다운 것이지만 하나님과 예수를 출처로 삼은 "평안과 믿음을 겸한 사랑"과는 비교할 수 없습니다. 물론 이 땅에서의 사랑도 하나님을 간접적인 출처로 둔 것일 수 있습니다. 하지만 이 땅에서의 사랑은 아무리 길더라도 죽음과 더불어 소멸되기 때문에 일시적인 것입니다. 심리적인 것이고 감정적인 것이어서 한 사람의 영혼을 관통하는 사랑이 아닙니다. 게다가 사소한 요인에 의해서도 쉽게 변하기 때문에 지속성과 내구성이 없습니다.

그러나 아버지 하나님은 그리스도 예수의 십자가 죽음을 통해 영원히 변하지 않는 전인격적 사랑을 우리에게 우리의 믿음으로 말미암아 영원히 주십니다. 그 사랑은 아버지 하나님과 예수님이 그 근원이기 때문에 이 땅에는 그것을 변경하고 축소하고 소멸할 어떠한 변수도 없습니다. 그러한 하나님의 평안과 사랑이 우리에게 있으면 안으로는 어떠한 두려움과 근심과 걱정도 출입할 수 없으며 밖으로는 타인에게 하나님의 사랑을 나눌 수밖에 없습니다. 그러한 사랑을 받은 바울은 지금 그런 사랑을 에베소 교회에게 나누고 싶어서 기원하고 있습니다. 바울이 경험하지 않았다면 알지도 못하는 평안과 사랑에 대한 그의 기원은 거짓일 것입니다. 사도들이 편지를 쓸 때마다 하나님의 사랑을 기원하는 것도 그들이 주로부터 받았기 때문이고 그것을 타인에게 나누지 않을 수 없기 때문에 그러는 것입니다.

사랑하는 성도 여러분, 하나님의 사랑을 풍성히 받고 계십니까? 아버지 하나님은 주셨는데 혹시 우리가 받지 못했다면 어디에 문제가 있는 것일까요? 바울은 "믿음을 겸한" 사랑을 언급하며 믿음이 없으면 이미 우리에게 주어진 사랑도 받지 못한다는 사실을 가르치는 듯합니다. 믿음으로 하나님의 사랑을 구하시기 바랍니다. 이것은 우리에게 있어도 되고 없어도 되는 것이 아닙니다. 없으면 불안과 근심과 걱정과 두려움과 증오에 사로잡혀 살아갈 수밖에 없는 필수적인 것입니다. 그러나 있으면 온 세상이 다르게 보일 것입니다. 어떠한 사람을 보더라도 어떠한 상황에 있더라도 어떠한 때에라도 하나님의 사랑이 주장하는 안목으로 바라보고 처신하게 될 것입니다. 삶의 목적이 달라지고 삶의 방식도 달라질 것입니다. 하나님의 나라와 의를 추구하고 희생의 십자가를 짊어지는 삶을 살아갈 것입니다. 어떠한 고통이 따르고 어떠한 손해가 발생해도 마음의 평안을 상실하지 않고 심지어 고통과 손해의 주범조차 사랑하고 축복하고 기도해 줄 것입니다.

사도의 기원

바울은 24절에서 에베소 교회를 위해 하나님의 은혜를 기원하고 있습니다. "우리 주 예수 그리스도를 변함없이 사랑하는 모든 자에게 은혜가 있을지어다." 하나님의 은혜는 모든 사람에게 필요한 것이지만 바울은 특별히 그 은혜가 "우리 주 예수 그리스도를 변함없이 사랑하는 모든 자"에게 주어지길 원합니다. 예수를 향한 우리의 사랑에 아무런 변함도 없으려면 그 사랑의 조건에 어떠한 변함도 없어야 할 것입니다. 그런데 이 세상에는 변하지 않는 것이 하나도 없습니다. 변한다는 것은 세상의 모든 것들이 시간의 영향을 받는다는 뜻입니다. 시간의 영향을 받지 않는 불변적인 것은 영원한 것밖에 없습니다. 만약 예수를 향한 사랑의 조건이 영원한 것이라면 그 사랑에도 변화가 일어날 수 없을 것입니다. 예수를 향한 우리의 사랑은 무엇에 근거한 것인가요?

많은 사람들이 예수를 왕으로, 의원으로, 선지자로, 초월적인 존재로 여깁니다. 왕으로 여기는 사람들이 예수를 사랑하는 것은 왕의 측근이 되어서 정치적인 출세나 성공을 얻으려는 기대감에 근거한 것입니다. 의원으로 여기는 사람들이 예수를 사랑하는 것은 그를 사랑하면 자신의 질병이 치료될 수 있다는 기대감에 근거한 것입니다. 선지자로 여기는 사람들이 예수를 사랑하는 것은 이 세상의 석학들도 알지 못하는 신비로운 지식의 전수에 대한 기대감에 근거한 것입니다. 초월적인 존재로 여기는 사람들이 예수를 사랑하는 것은 이 세상의 자연적인 질서를 능가하는 초자연적 기적에 대한 기대감에 근거한 것입니다. 예수에 대한 오해와 그릇된 기대감이 사랑의 조건으로 있다면 그 사랑은 조건의 가변성 때문에 변화될 수밖에 없을 것입니다.

예수를 향한 우리의 사랑이 변하지 않으려면 베드로의 고백처럼 나에게 죄 사함을 주시고 영원한 생명을 주신 주님은 그리스도시요 살아 계신 하나님의 아들이시라는 사실에 근거해야 할 것입니다. 예수가 기름 부으심을 받은 메시아란 사실은 변하지 않습니다. 살아 계신 하나님의 아들이란 사실도 변하지 않습니다. 그러한 주님께서 우리에게 베푸신 구원의 사랑도 변하지 않습니다. 이러한 조건의 불변성 때문에 그리스도 예수를 향한 우리의 사랑도 변하지 않을 것입니다. 사랑의 불변적인 이유가 가변적인 요소로 교체되면 주님을 향한 우리의 사랑도 흔들릴 수밖에 없습니다. 주님을 향한 우리의 사랑을 경제적인 부와 사회적인 지위와 신체적인 건강과 세상적인 명예의 유무에 의탁하지 마십시오. 주님께서 우리에게 주신 사랑이 무조건적 아가페의 사랑이듯 주님께 드리는 우리의 사랑도 아가페의 무조건적 사랑이 되게 하십시오.

주님을 변함없이 사랑하는 사람은 그의 몸 된 교회를 변함없이 사랑하게 될 것입니다. 교회를 사랑하지 않는 자는 주님을 사랑하지 않는 자입니다. 교회를 핍박하는 자는 주님을 핍박하는 자입니다. 바울은 이것을 경험한 자입니다. "땅에 엎드러져 들으매 소리가 있어 이르시되 사울아, 사울아, 네가 어찌하여 나를 박해하느냐."^{행 9:4} 이것은 기독교를 박멸하기 위해 예수 따르는 무리를 잡아서 감옥에도 넣고 죽이기도 했던 바울에게 주어진 예수의 말입니다. 주님은 교회를 핍박한 사울에게 자신을 핍박한 것이라고 말합니다. 주님과 교회가 다르지 않다는 것입니다. 바울이 생각하는 사랑은 어떤 것인가요? "모든 것을 참으며 모든 것을 믿으며 모든 것을 바라며 모든 것을 견디느니라."^{고전 13:7} 사랑하는 성도 여러분, 교회를 위해 이러한 사랑을 하십시오. 인내에는 예외가 없습니다. 믿음과 소망에도 예외가 없습니다. 어떠한 상황 속에서도 누구에 대해서도 인내와 믿음과 소망을 버리지 마십시오. 그게 변함없이 교회를 사랑하는 것입니다.

아름다운 교회

바울은 에베소 교회를 향한 편지에서 참된 교회의 본질은 무엇이며, 교회의 머리는 누구이며, 교회의 이상적인 모습은 어떤 것이며, 교회의 목적은 무엇이며, 교회의 섬김이는 누구이며, 그들의 존재 이유는 무엇이며, 교회가 당면한 영적 전쟁은 무엇이며, 어떻게 준비해야 하고 어떻게 싸워야 하며, 어떻게 기도해야 하며, 이러한 교회에 하나님의 평강과 사랑과 은혜가 없으면 어떻게 되는지에 대해 너무나도 꼼꼼하게 가르치고 있습니다. 오직 하나님의 기뻐하신 뜻을 따라서 창세전부터 택함을 받은 자들이 예수의 십자가 희생을 힘입어 성령으로 말미암아 하나님의 자녀가 되고 그리스도 예수를 머리로 모신 교회로 모여서 사랑 안에서 서로 협력하여 도움을 입음으로 그리스도 예수에게까지 자라되 주님처럼 거룩하고 흠 없이 되어 마귀의 모든 간계를 멸하고 하나님의 놀라운 영광을 찬미하고 그런 찬양의 맥락에서 하늘과 땅의 모든 것들이 그리스도 안에서 통일되어 하나님의 나라가 완성되고 그 안에서 하나님의 평강과 사랑과 은혜가 차고 넘치는 것이 바로 참된 주님의 교회라는 것입니다. 그 교회는 하나님을 예배하는 교회, 전파하는 교회, 서로 연합하는 교회, 서로의 사랑 안에서 성장하는 교회, 협력하는 교회, 세상으로 확대되는 교회, 원수와 전투하는 교회, 항상 모든 성도들을 위해 기도하는 교회, 하나님과 이웃을 사랑하는 교회라고 바울은 말합니다. 바울은 그런 교회를 꿈꾸며 자신의 생명을 조금도 귀한 것으로 여기지 않았던 그리스도 예수의 죽으심을 본받아 인생을 걸었고 에베소 성도들을 향해 동참을 권하며 오고 오는 모든 세대의 교회에 대해서도 동참의 손을 뻗고 있습니다. 고난과 영광이 입 맞추는 이 길에서 주님께서 우리를 기다리고 계십니다. 모든 것을 참으며 믿으며 바라며 견디며 이 복음의 길에 주님께서 오실 그때까지 동행할 우리 모두에게 그리스도 예수의 무한한 은혜와 아버지 하나님의 지극한 사랑과 성령의 영원한 교통이 함께하시기를 진심으로 바랍니다. 아멘.

| 스터디 가이드 |

1. **부모와 자녀**: 자녀에 대한 부모의 사랑은 우리를 향한 하나님의 사랑을 상
   징한다. 우리가 아니라 자신에 근거한 하나님의 사랑처럼 부모는 자녀를
   사랑하되 주님 때문에 사랑해야 한다. 자녀도 부모를 공경하되 부모의 어
   떠함이 아니라 하나님 때문에 공경해야 한다.

2. **주인과 종**: 종은 육체의 상전을 섬기되 주님을 섬기듯이 섬기라고 바울은
   가르친다. 궁극적인 보상은 진정한 상전이신 주님에 의해서 주어진다. 상
   전은 종을 형제로 대해야 하는데, 그 이유는 하나님이 종과 상전 모두의
   궁극적인 상전이기 때문이다.

3. **전투하는 교회**: 지상에 있는 교회는 계속해서 전투한다. 전투의 대상은 혈
   과 육이 아니라 마귀와 죄이며 이를 위해서 하나님의 갑옷을 착용해야 한
   다. 전투의 목적은 승리하는 것이지만 승리 이후에 교만하지 않고 겸손하
   고 올바르게 서 있는 게 더 중요하다.

4. **하나님의 전신 갑주**: 하나님의 전신 갑주는 진리의 허리띠, 의의 호심경,
   평안의 복음으로 준비된 신, 믿음의 방패, 구원의 투구, 그리고 성령의 검
   곧 하나님의 말씀이다. 이 모든 것들을 완벽하게 착용한 군사는 예수시며,
   그가 구비한 최고의 전략과 전투력은 십자가다.

5. **기도하는 교회**: 하나님의 무장이 제대로 발휘되기 위해서는 기도가 필요
   하다. 모든 종류의 기도를 하되 항상 기도해야 하고 성령 안에서 마땅히
   구할 바를 기도해야 하고 모든 성도를 위해 기도해야 한다. 특별히 복음이
   땅끝까지 이르도록 기도해야 한다.

6. **사랑하는 교회**: 교회가 전투하고 기도하는 방식은 바로 사랑이다. 특별히
   그리스도 예수로 말미암은 평강과 믿음을 겸한 사랑으로 서로를 깊이 사
   랑해야 한다. 주님을 변함없이 사랑하는 모든 자는 주께서 베푸시는 무한
   한 사랑의 항구적인 수혜자가 된다.